国学名著　讲读系列

史记讲读

王冉冉　　著

华东师范大学出版社
-上海-

王元化　顾问
胡晓明　主编

图书在版编目(CIP)数据

史记讲读/王冉冉著. —上海:华东师范大学出版社,2019
(国学名著讲读系列)
ISBN 978-7-5675-9625-2

Ⅰ.①史… Ⅱ.①王… Ⅲ.①中国历史-古代史-纪传体②《史记》-注释 Ⅳ.①K204.2

中国版本图书馆 CIP 数据核字(2019)第 202865 号

国学名著讲读系列
史记讲读

著　　者	王冉冉
策划组稿	曹利群　张俊玲
责任编辑	乔　健　许　静
责任校对	邱红穗　时东明
封面设计	夏艺堂艺术设计
版式设计	卢晓红

出版发行	华东师范大学出版社
社　　址	上海市中山北路 3663 号　邮编 200062
网　　址	www.ecnupress.com.cn
电　　话	021-60821666　行政传真 021-62572105
客服电话	021-62865537　门市(邮购)电话 021-62869887
地　　址	上海市中山北路 3663 号华东师范大学校内先锋路口
网　　店	http://hdsdcbs.tmall.com

印刷者	浙江临安曙光印务有限公司
开　　本	787×1092　16 开
印　　张	23
字　　数	426 千字
版　　次	2020 年 3 月第 2 版
印　　次	2021 年 10 月第 2 次
书　　号	ISBN 978-7-5675-9625-2
定　　价	78.00 元

出版人　王　焰

(如发现本版图书有印订质量问题,请寄回本社客服中心调换或电话 021-62865537 联系)

目录

序　王元化 / 1

史记概述 / 1
秦本纪 / 39
项羽本纪 / 63
吕太后本纪 / 96
孝文本纪 / 111
表序 / 135
三代世表第一 / 138
十二诸侯年表第二 / 141
六国年表第三 / 144
秦楚之际月表第四 / 148
汉兴以来诸侯王年表第五 / 151
高祖功臣侯者年表第六 / 153
惠景间侯者年表第七 / 156
建元以来侯者年表第八 / 157
建元已来王子侯者年表第九 / 158
平准书 / 160
齐太公世家 / 181
孔子世家 / 213
陈丞相世家 / 249
苏秦列传 / 263
匈奴列传 / 290
循吏列传 / 316
儒林列传 / 324
游侠列传 / 345

序

王元化

  中国自古以来有着十分浓厚的人文经典意识。一方面是传世文献中有着代代相承的丰富多样的文化典籍（这在世界文化中是罕见的），另一方面是千百年来读书人对经典的持续研讨和长期诵读传统（这在世界历史上也是罕见的）。由于废科举，兴新学，由于新文化运动和建立新民族国家需要，也由于二十世纪百年中国的动乱不安，这一传统被迫中断了。但是近年来似乎又有了一点存亡继绝的新机会。其直接的动力，一方面是自上而下地提倡大力弘扬和培育民族精神，另一方面更主要的是自下而上，由民间社会力量以及一些知识分子推动的又一次"传统文化热"，尤其表现在与八十年代坐而论道的文化批判不同，一些十分自发的社会文化教育形式的新探索。譬如各地开展的少儿诵读经典活动，一些民间学堂的传统文化研习，一些民办学校、农村新兴私塾等，对学习传统经典的恢复，以及一些大学里新体制的建立等。其时代原因，表面上看起来与中国近十年的经济活力与和平崛起有关系，其实比这复杂得多。至少可以提到的是：转型社会的道德危机和意义迷失所致的社会生活新问题及其迫切性；世界范围内各种思想的相互竞争相互激荡；在全球经济一体化和科技至上的社会环境中，公民社会的人文精神品质正在迅速流失；在这个背景下，青年一代人中国文化特质正在迅速丧失；中国近现代思想史上，由文化激进主义而带来的弊端渐渐显露，中国文化由遭受践踏到重新复苏的自身逻辑以及文化觉醒；以及从经验主义出发，从社会问题出发，实用地融合各种思想文化的资源以有利于社会全面发展和人的全面发展的新视野等等。总之，一方面是出现了重要的新机会，另一方面也有前所未有的危机。惟其复杂而多元，我们就不应该停留于旧的二元对立的思路，不应该坚执于概念义理的论争，不应该单一地思考文化思想的建设问题，而应该从生活的实践出发，根据我们变化了的时代内涵，提炼新的问题意识，回应社会的真正需要，再认传统经典的学习问题。

所以，这套书我是欣然赞成的。在目前中国文化的发展出现前所未有的新机会，同时也是出现前所未有危机的情况下，华东师范大学出版社愿意做一点负起社会责任的事情，体现了他们的眼光、见识和魄力。如果有更多的出版社和文化单位愿意援手传统文化积累培育工作，中国文化的复兴是有希望的。是为序。

二〇〇五年七月二十二日

史记概述

（上）

《史记》，鲁迅先生曾誉之为"史家之绝唱，无韵之离骚"。前一句高度评价了《史记》的史学价值，后一句则高度评价了《史记》的文学价值，这是对《史记》相当公允的定位。

自《史记》问世以来，对它的评价有褒有贬。褒之者惊叹《史记》学识之淹博通贯、文笔之雄深雅健、内容之博大精深、体例之周密详备，以下便是一些有代表性的例子：

通才著书以百数，惟太史公为广大，余皆丛残小论。

（桓谭《新论》）

汉朝人莫不能为文，独司马相如、太史公、刘向、扬雄为之最。

（韩愈《昌黎先生集》卷一八《答刘正父书》）

司马氏世司典籍，工于制作，故能上稽仲尼之意，会《诗》、《书》、《左传》、《国语》、《世本》、《战国策》、《楚汉春秋》之言，通黄帝尧舜至于秦汉之世，勒成一书，分为五体：本纪纪年，世家传代，表以正历，书以类事，传以著人。惟百代而下，史官不能易其法，学者不能舍其书。六经之后，惟有此作。

（郑樵《通志·总叙》）

而太史公之才，天固纵之以虬龙杳幻之怪，骡褭超逸之姿，然于六艺百家之书，无所不读，独能抽其隽而得其解。

（茅坤《刻史记评林序》）

《檀弓》、《考工记》、《孟子》、左氏、《战国策》、司马迁，圣于文者乎？其叙事则化工之肖物。

（王世贞《艺苑卮言》卷三）

余尝论《史记》之文，类大禹治水，山海之鬼怪毕出，黄帝张乐，洞庭之鱼龙怒飞，此当直以文章论，而儒家以理学捃束之，史家以体裁义例掎摭之，太史公不受也。

(陈继儒《史记定本序》)

《史记》以命世之才,旷代之识,高视千载,创立《史记》。

(钱谦益《牧斋有学集》卷一四)

夫史迁绝学,《春秋》之后一人而已。其范围千古,牢笼百家者,惟创例发凡,卓见绝识,有以追古作者之原,自具《春秋》家学耳。

(章学诚《文史通义·申郑》)

太史公诚史界之造物主也。

(梁启超《中国史界革命案》)

一部二十四史,人皆以《太史公书》第一,宋人乃以欧阳《五代史》比《史记》。其实何可比也,非徒文章不可比,即事迹亦不可比。

(章太炎《略论读史之法》)

我们必须注意《史记》是在一部历史书之外,又是一部文艺创作。

(李长之《司马迁之人格与风格》)

而对史记进行贬低者主要出于两个角度:一是认为《史记》的思想观念不够正统,例如班彪班固父子曾经认为《史记》"其是非颇谬于圣人"、"论大道则先黄老而后六经,序游侠则退处士而进奸雄,述货殖则崇势利而羞贱贫"[①];王允贬《史记》为"谤书"[②];刘勰曾经说《史记》"爱奇反经之尤"[③];王通批评《史记》"论繁而志寡"[④];东坡指斥《史记》论商鞅、桑弘羊之功为"大罪二"[⑤];王若虚认为《史记》是"发其私愤者"[⑥]……这些无非是以正统的儒家观念衡量《史记》,认为司马迁在进行历史评判时不以圣人之是非为是非,又对帝王尤其是秦皇汉武颇有非议之词,因此便是颇具异端色彩的"非圣之书"了。其实,用现在的眼光来看,这些恰恰是司马迁的胆识过人之处。一是认为《史记》的体例不够精纯,如班彪曾认为《史记》"进项羽陈涉黜淮南衡山,细意委曲,条例不精"[⑦];后世也颇有一些文人学士认为《史记》将项羽归入本纪,将孔子、陈涉归入世家,将淮南、衡山归入列传有乖体例。推究起来,主要是因为这些人囿于"序帝王则曰本纪,公侯传国则曰世家,卿士特起则曰

---

① 《汉书·司马迁传》及《后汉书·班彪传》
② 《后汉书·蔡邕传》
③ 《文心雕龙·史传》
④ 《中说》卷二
⑤ 《东坡志林》卷四
⑥ 《滹南遗老集·史记辨惑》
⑦ 《后汉书·班彪传》

列传"①的成见,仅仅以人物之身份作为归结史书体例的标准。"伟大也需要人懂",他们未能深察司马迁之用心,所以对《史记》的体例作了不公允的评价。实际上,司马迁在为《史记》创立体例时颇重视"综核名实",主要是以人物在历史发展过程中所起的实际作用作为归入本纪、世家还是列传的标准。例如,从十表来看,唯一的一个月表是《秦楚之际月表》。何以如此?只因在太史公的心目中,由秦亡到汉兴是历史发展过程中的一大转折,而在这转折中,决定天下大势的主体在楚而不在汉,故称为秦楚之际而不称为秦汉之际。不用说,在这大转折时期,"秦失其政,陈涉首难,豪杰蜂起,相与并争,不可胜数。然羽非有尺寸乘轨,起陇亩之中,三年,遂将五诸侯灭秦,分裂天下,而封王侯,政由羽出,号为'霸王',位虽不终,近古以来未尝有也",项羽起了极为关键的作用,按其历史地位、历史影响将他归入"本纪"不正好能够勾勒出历史发展之大势吗?司马迁又不为孝惠帝立本纪而为吕太后立本纪,这也是因为孝惠帝名分上是天子可是政不由己,吕太后虽名分上为"高祖微时妃也"却"女主称制",且有"政不出房户,天下晏然"的历史作用。基于此,司马迁的体例安排一方面能够显吕氏之篡夺,一方面能够明历史之真实,倒是班固为惠帝立了本纪之外再写一篇《高后纪》反而显得胶柱鼓瑟了。

  不论对《史记》是褒是贬,古人对《史记》的史学成就都甚为称许,就连对《史记》颇持苛论的班氏父子也承认司马迁"有良史之材",称赞《史记》"善序事理,辨而不华,质而不俚,其文直,其事核,不虚美,不隐恶,故谓之实录"。

  近代以来,②由于科学实证理念的影响,人们过于夸大科学的作用,常常把自然科学的研究方法移植于人文学科,很容易重"解释"而轻"理解"。按照巴赫金的理论,"在解释的时候,只存在一个意识、一个主体;在理解的时候,则有两个意识、两个主体。对客体不可能有对话关系,所以解释不含有对话因素……而理解在某种程度上总是对话性的"。人文学科是把人作为研究对象的,我们当然不能只把人看成一个客体,那是把"人"与"物"混为一谈了。我们还要把人看成是主体,尊重其主体性。清代学者崔述在《考信录提要》中曾指出:"人之情好以己度人,以今度古,以不肖度圣贤",这其实就是以一个主体(己)来"解释"另一个主体(他人),使主体沦落为客体,所谓"解释"不过只是"己"的独白而已,被"己"解释的主体被剥夺了话语权。正确的方法是:通过与另一个主体对话获得对主体的"理解"。

---

① 《后汉书·班彪传》
② 《汉书·司马迁传》

那么,怎么与另一个主体对话呢?以司马迁为例,我们不要"以己度人,以今度古,以不肖度圣贤",而要结合司马迁的历史背景,让司马迁用他的言行与我们对话。

罗曼罗兰曾说:"我称为英雄的,并非以思想或强力称雄的人,而只是靠心灵而伟大的人。一些为了善而受苦的伟大的心灵,他们除了仁慈,我不承认还有什么优越的标记。""没有伟大的品格,就没有伟大的人,甚至也没有伟大的艺术家,伟大的行动者。"司马迁便是有着伟大品格、靠心灵而伟大的人。

就说他的实录精神吧,这可不仅仅是史学上的一种态度,还是一种伟大的人文精神。也许有人会说,写史书当然要写得客观真实了,实录本来就是史家应有的素质。是啊,应该。可是,当不应该的事情被许多人做了之后,做了应该之事的人就显出其可贵了。

不妨就以班固为例,他的祖姑是班婕妤,班氏家族作为外戚,在汉成帝时期曾炫赫一时,《汉书》最后一篇《叙传》(有些模仿司马迁的《太史公自序》)便这样记载:"建始、河平之际,许、班之贵,倾动前朝,熏灼四方,赏赐无量,空虚内臧,女宠至极,不可尚矣。"自然,班彪、班固父子对汉室甚有感情。班彪曾写《王命论》,认为汉承尧运,而且天降符瑞:"初刘媪任高祖而梦与神遇,震电晦冥,有龙蛇之怪。及其长而多灵,有异于众,是以王、武感物而折券,吕公睹形而进女;秦皇东游以厌其气,吕后望云而知所处;始受命则白蛇分,西入关则五星聚。"所以,他宣称刘氏据有天下乃是天命,"勇如信、布,强如梁、籍,咸如王莽,然卒润镬伏质,烹醢分裂",警告那些"乱臣贼子"不要再来觊觎皇位。至于韩信、彭越等人是否含冤被杀,那就不是对皇室深有感情的班彪所考虑的了。班固对刘氏皇族的感情恐怕比他父亲还要深:当他被人告发私修国史时,汉明帝是他的救命恩人,不仅赦免了他,而且还提供了优厚条件让他来修《汉书》。这就难怪班固在《两都赋》甚至说明帝时的国家疆域空前辽阔,所谓"孝武所不能征,孝宣所不能臣,莫不陆詟水果,奔走而来宾"。又说此时天下太平,风调雨顺。其实,读一读《后汉书·明帝纪》便可知,外族有羌、北匈奴、西域等多次犯边,有好几次都把汉军打得大败;诸侯王有楚王刘英、淮阳王刘延谋反;而且,水灾颇多,连明帝本人诏书中都承认"永平(明帝年号)之政,百姓怨结",班固却把永平之政描绘成前代帝王难以比拟的和谐社会,很明显是歪曲事实。他又有感于《尚书·尧典》颂尧之德,作《典引》以叙汉德。班固指责了司马迁"微文刺讥,贬损当世"的做法,在《典引》中把刘氏政权描绘成继伏羲氏、神农氏、唐尧、虞舜、夏禹、商汤和周武王之后的"受命"帝王。这就难怪在

《汉书·高帝纪》中,班固编造了汉刘乃唐尧之后的一个世系:尧有一支后代在夏代为御龙氏,在商代为豕韦氏,在周代为唐杜氏,在春秋晋国为范氏。范氏有一个叫士会的在鲁文公时曾逃亡到秦,晋人担心秦国重用士会,便设计将他骗回。士会留在秦国的部分家眷就改以刘为氏了。刘氏先在秦,后入魏,最后又迁到了丰地,而刘邦便起于丰地刘氏。

  班固的编造并非空穴来风,唐尧后代由御龙氏到入秦为刘氏的世系乃附会《左传》文公十三年、襄公二十四年和昭公二十九年的相关记载,刘氏后来迁到丰地则是采用刘向的说法。问题是,刘氏为尧后,先秦典籍中除《左传》外无有言及,学界不少人士曾怀疑乃刘歆篡改。至于刘向的说法,其实是为王莽代汉制造舆论:尧曾禅让,汉既然为尧后,自然应当学习老祖宗,自然应当把皇位禅让给王莽喽。班固只取"汉为尧后"之说以表明刘氏为受命帝王,对其观点有利则取,不利则舍,对史料这样的处理当然不能说是"实录"了。另外,《汉书》之《叙传》中明确表示对《史记》将刘汉"编于百王之末,厕于秦、项之列"深为不满,又以断代史的形式来宣汉颂汉,将刘汉政权神化美化,而刘汉政权的罪状恶行有许多却因其尊显汉室的立场被有意无意地忽略了。从"实录"的角度来看,这些都不"应该"。

  陈寿所著的《三国志》是"前四史"之一,史学成就有口皆碑,然而事涉本朝就写得颇多不实之处。"司马昭之心,路人皆知",这都成了成语了,而曹髦不仅被废,还被杀,《汉晋春秋》、《晋纪》、《魏氏春秋》皆载曹髦为司马昭手下成济所杀,而且都不约而同地记述,成济杀曹髦之前颇为犹豫(那在当时可是大逆不道的罪名),贾充抬出司马昭作后台,成济才敢动手。而在《三国志》中竟然是这样写曹髦之死的:"五月己丑,高贵乡公卒,年二十。"路人皆知的"司马昭之心"在《三国志》中是看不出的!

  司马迁明确宣称自己写作史书是为了寄托孤愤:"夫诗书隐约者,欲遂其志之思也。昔西伯拘羑里,演《周易》;孔子厄陈蔡,作《春秋》;屈原放逐,著《离骚》;左丘失明,厥有《国语》;孙子膑脚,而论《兵法》;不韦迁蜀,世传《吕览》;韩非囚秦,《说难》、《孤愤》;《诗》三百篇,大抵贤圣发愤之所为作也。此人皆意有所郁结,不得通其道也,故述往事,思来者。于是卒述陶唐以来,至于麟止,自黄帝始"①,可是寄托孤愤并非是发泄私愤。"子长于《封禅》、《平准》等书,《匈奴》、《大宛》等传,直

---

① 《史记·太史公自序》

笔无隐"①，他自己在《太史公自序》中也明确地说："贬天子，退诸侯，讨大夫"，将批判的矛头指向了当时的最高统治者，表现出鲜明的批判精神，这在当时是非常难能可贵的。

中国古代士人敢批评君主与权贵的并不是没有。例如，战国时代，很多士人对君主与权贵颇不客气，而君主与权贵们不仅不敢把他们怎么样，反而还对他们更尊重了。当然不是这些君主与权贵们更开明或更软弱，而是因为在各国的竞争中，士人的重要作用被君主与权贵们感受到了，"万乘之君，得罪一士，社稷其危"②、"贤人在而天下服，一人用而天下从"③成了他们的共识。明智的君主与权贵们纷纷礼贤下士，而士人们也颇为自尊，不仅与君主们分庭抗礼，甚至还常常凌驾于君主之上。

如鲁穆公对子思说自己愿意同士人做朋友，自以为很给士人面子了，没想到子思反而很不高兴，因为子思认为君主应当把士人作为老师来尊敬侍奉④。又如燕昭王向郭隗请教，郭隗对他说："帝者与师处，王者与友处，亡国与役处"，把君主对待士人的态度视为国家兴亡的关键⑤。又如齐宣王因生病而想让孟子朝拜他，要让今人看来不是拍马屁的绝好时机嘛，没想到孟子反而觉得那样做有伤自尊，认为真正有作为的君主"必有所不召之臣，欲有谋焉，则就之"，一定要以恭敬的态度对待士人。而士人确实值得君主这样对待，因为"天下有达尊三：爵一、齿一、德一。朝廷莫如爵，乡党莫如齿，辅世长民莫如德，恶得有其一，以慢其二哉！""彼以其富，我以吾仁；彼以其爵，我以吾义"。总之，孟子认为士人的"德"、"仁"、"义"是优越于君主的，君主不能怠慢，齐宣王要求孟子朝拜其实就是对士人的怠慢，于是便也以自己生病为由拒绝了齐宣王的要求⑥。又如王斗想要见宣王，齐宣王让人召他进来，王斗说："斗趋见王为好势，王趋见斗为好士"，齐宣王听人转达了这番话后便"趋而迎之于门"⑦。甚至，荀子还曾明确提出"从道不从君"的说法，把士人所拥有的"道"置于"君"之上。《荀子·尧问》中甚至还说，由于荀子"德若尧禹，世少知之；方术不用，为人所疑；其知至明，循道正行，足以为纪纲"而"宜为帝

---

① 王鸣盛《十七史商榷》卷六
② 《战国策·楚策》
③ 《战国策·秦策》
④ 见《孟子·万章下》
⑤ 见《战国策·燕策》
⑥ 见《孟子·公孙丑下》
⑦ 见《战国策·齐策》

王"。……可以看出,此时人们进行价值判断的标准并不是权力,而是士人所拥有的道、仁、德、义等。

然而,当秦建立大一统帝国之后,权力成为人们最敬畏的东西,再没有什么东西能够制约权力。在《秦始皇本纪》中,尉缭得到秦王嬴政的礼遇,却说:"秦王这个人,高鼻梁,长眼睛,老鹰的胸脯,豺狼的声音,缺乏恩德而有虎狼之心,穷困的时候容易对人谦下,得志的时候也会轻易地吃人。我不过是个平民,可是他见到我常常非常谦下。如果秦王夺取天下的心愿得以实现,天下人都将被他奴役。我不能同他长久交往。"尉缭"天下人都将被他奴役"的预言在嬴政由秦王变为秦始皇后得到了证实。

汉武帝作为铁腕人物又巩固加强了君主专制制度,所以,在司马迁所处的时代,即使贵为王侯将相,奴性人格也表现得非常明显。

有人把汉武帝任用酷吏与实行法治混为一谈,并把这作为汉武帝雄才大略的一个方面加以称赞。怎样看待这一问题呢?不妨看一看《汉书·张汤传》、《汉书·杜周传》中的两段:

> 是时,上方乡文学,汤决大狱,欲傅古义,乃请博士弟子治《尚书》、《春秋》补廷尉史,平亭疑法。奏谳疑,必奏先为上分别其原,上所是,受而著谳法廷尉挈令,扬主之明。奏事即谴,汤摧谢,乡上意所便,必引正监掾史贤者,曰:"固为臣议,如上责臣,臣弗用,愚抵此。"罪常释。间即奏事,上善之,曰:"臣非知为此奏,乃监、掾、史某所为。"其欲荐吏,扬人之善、解人之过如此。所治即上意所欲罪,予监吏深刻者;即上意所欲释,予监吏轻平者。

> (杜)周为廷尉,其治大抵放张汤,而善候司。上所欲挤者,因而陷之;上所欲释,久系待问而微见其冤状。客有谓周曰:"君为天下决平,不循三尺法,专以人主意指为狱,狱者固如是乎?"周曰:"三尺安出哉?前主所是著为律,后主所是疏为令;当时为是,何古之法乎!"

张汤、杜周是武帝时著名酷吏,司马迁便将他们列入《史记·酷吏列传》中。然而,他们所执之"法"是什么?是"上意"、"人主意指",是汉武帝的个人好恶。如果是武帝想要加罪的,张汤就交给执法严苛的官员去办理;要是武帝想宽恕的,就交给执法轻平的官员去办理。而杜周更是善于窥测武帝的意图,武帝想要排挤的,就趁机加以陷害;武帝想放一马的的,就长期囚禁待审,暗中显露其冤情。甚至,当有人指责他"以人主意指为狱"时,他竟然说:"法律出自哪里呢?不就是前代人主与后代人主认为对的嘛!"一言以蔽之,"人主即法律"!

又如，武帝在位期间共任用了卫绾、窦婴、许昌、田蚡、薛泽、公孙弘、李蔡、严青翟、赵周、石庆、公孙贺、刘屈氂、田千秋十三位丞相，其中，卫绾是景帝时被任命为丞相的，武帝即位才几个月便将他罢免；田千秋是武帝晚年任命的丞相，两年后武帝就死了。除了这一首一尾两位在武帝时任期较短的丞相，剩下的丞相有六位被问罪诛杀。以至于有人戏言，武帝时的宰相真是"被宰之相"。后世有所谓"天上神仙府，人间宰相家"的说法，唐传奇《逸史》中的《太阴夫人》、《李林甫》、《齐映》、《李吉甫》四篇更为夸张，当面临天上神仙与人间宰相的选择时，卢杞、李林甫、齐映、李吉甫竟都不约而同地选择了人间宰相。虽然这是小说家言，但也能表现出人们对宰相的艳羡心理。而在汉武帝时，担任宰相竟然被视为畏途。如《汉书·公孙贺传》中，当武帝拜公孙贺为相时，公孙贺顿首哭泣，极力推辞，武帝亦为之流泪，命人"扶起丞相"。公孙贺不肯起来，武帝自己起身离开了，公孙贺不得已才接受了任命。有人向公孙贺询问缘故，公孙贺说："主上贤明，臣不足以称，恐负重责，从是殆矣。""主上贤明"云云已无法知晓是否是公孙贺的由衷之言，不过他说担任丞相后自己就危险了（"从是殆矣"）的预言相当准确，他果然在丞相任上被族诛。

而能够保全性命的丞相都是些什么人呢？武帝之前，丞相多由功臣、列侯担任，这些人之所以拜相更多不是靠天子恩赐，而是来自于军功、威望或姻戚等，所以，相对于君权的独立性要强些。而武帝则从布衣寒儒中提拔公孙弘作丞相，对公孙弘来说，最感恩的当然是武帝，做武帝的奴才便是很自然的事情了。诗经学者辕固早就看出公孙弘不是能坚持原则的人，曾告诫他要"务正学以言，无曲学以阿世"①，果然，被武帝提拔重用以后，公孙弘很懂得迎合主上的意欲：武帝穷奢极欲，他就说人主应当"广大"，而人臣应当节俭；武帝刚愎自用，他在议事时就从不表达自己的意见，而是将若干种方案提供给武帝，请武帝自行选择；如果自己的上奏被否决，他决不与武帝争论。甚至还发生过这样的事情：有一次，他和汲黯等大臣约好向武帝提意见，可是来到武帝面前时，他违背约定，只顺着武帝的意思讲话。汲黯当场揭穿他，说他不忠，他却说："夫知臣者以臣为忠，不知臣者以臣为不忠"，而汉武帝竟然认为他说得对，而且从此之后，别人越说公孙弘不好，武帝就对公孙弘越好。武帝还为公孙弘开了汉家先拜相后封侯的先例，连公孙弘自己都很自卑，觉得自己无功受封，恳请告老还乡，武帝则又给他许多赏赐，挽留他继续任

---

① 《汉书·儒林传》

相。结果,公孙弘安享荣华,八十岁那年才死于丞相任上。

另一位在丞相任上善终的石庆以"醇谨"而著称。有一次,他为武帝驾驶马车,武帝问他车中有几马,这是一目了然的,可他还很认真地用鞭子指着马数了一遍,回答说:"六匹。"他任相期间,朝政大事多不取决于他,他也从未提出过建设性意见①。至于薛泽与许昌,才能也是相当平庸,史称"廉谨,为丞相备员而已,无所能发明功名著于世者"②。最后一名丞相田千秋更是一名"火箭式干部",只因一句话合了武帝的意便被拜相,《汉书》中其本传称"千秋无他材能术学,又无伐阅功劳,特以一言寤意,旬月取宰相封侯,世未尝有也"。连匈奴人都说:"汉置丞相,非用贤也,妄一男子上书即得之矣。"③

可以看出,武帝拜相与其说是看重"人才",还不如说是看重"奴才"。听话的,即使尸位素餐也可以苟全性命。

以今人的眼光,很容易称赞武帝不拘一格提拔人才,这样的例子除了前面的公孙弘,还可举出大将军卫青。卫青是郑季与卫媪的私生子,由于姐姐卫子夫的原因而冒姓卫。发迹之前,卫青不过是平阳侯的家奴,当有人为他看相说"贵人也,官至封侯"的时候,连他自己都不相信,说:"人奴之生,得无笞骂即足矣,安得封侯事乎!"可想而知,不经正常选举任官程序,被武帝破格提拔,卫青对武帝是多么的感激涕零。所以,我们还要看到,武帝的这种破格也是一种权术。这就难怪"大将军青侍中,上踞厕视之。丞相弘宴见,上或时不冠。"④武帝哪里是尊重人才,他其实是以恩主自居,看透了这些奴才会因自己对他们的"恩德"而非常听话的。公孙弘的听话前面我们已有转述,大将军卫青权倾一时,拥兵甚重,转战千里,何等威风!可我们不妨看看这样一件轶事:有一次,卫青手下将领苏建全军覆没,独自回到卫青营中。卫青与部将们商议怎样处置,部将们有的主张斩苏建以立威,有的主张应当宽赦苏建,总之都请大将军自己裁夺。卫青则别出心裁,他说:"青幸得以肺附待罪行间,不患无威,而霸说我以明威,甚失臣意。且使臣职虽当斩将,以臣之尊宠而不敢自擅专诛于境外,其归天子,天子自裁之,于以风为人臣不敢专权,不亦可乎?"其中言"为人臣不敢专权",那么,应该由谁来专权呢?不是不言而喻了吗?还有一件事情也耐人寻味,有一次,苏建劝卫青招纳贤才,可卫青回

---

① 《汉书·万石列传》
② 《汉书·张周赵任申屠传》
③ 《汉书·田千秋传》
④ 《汉书·张冯汲郑传》

答说:"自魏其、武安之厚宾客,天子常切齿。彼亲待士大夫,招贤黜不肖者,人主之柄也。人臣奉法遵职而已,何与招士!"虽贵为大将军,卫青只敢以武帝的家奴自居。

严复在翻译《孟德斯鸠法意》所作按语中说得好:"中国自秦以来,无所谓天下也,无所谓国也,皆家而已,一姓之兴则亿兆为之臣妾,其兴也,此一家之兴也,其亡也,此一家之亡也……顾其所利害者,亦利害于一家而已,未尝为天下计也。"历史可以证明,在君主专制制度下,一个王朝的兴起与兴盛往往以天下人沦为奴隶为代价("一姓之兴则亿兆为之臣妾")的。即使拥有一定特权的将相公卿,如果没有些奴性,不要说继续享有特权,连身家性命都会失掉。前面举有公孙弘石庆张汤杜周卫青田千秋等人的例子,我们不妨再看看其他一些例子。

由于财政开支严重不足,汉武帝改革币制,其中做出了这样掠夺天下财富的事情:汉武帝私家狩猎场上林苑有许多白鹿,便把白鹿皮进行加工制成皮币,代替以前的铜币,在全国流通。这就使得许多人的财富在一夜之间变为废铜,而汉武帝则凭着决策特权大大增加了能供自己调度的财政收入。于是,社会分配严重不公,经济生产遭到很大破坏,许多人因此而破产,生活状况恶化。这本是祸国殃民的决策,可是,当大司农颜异提出不同意见时,只因没有顺随武帝的意思,就被捕入狱。有一个客人探望他,谈到当今政策的不便时,颜异"吃一堑长一智",不再敢发表自己的意见,只不过嘴唇稍稍动了动,结果,竟然被以"腹非"的罪名杀掉了。这件事情至少可表明两方面:一是臣子们的言行被监视得如此严密,自由度极低;一是与天子意见不同甚至可能导致杀身之祸。在这样的专制政治下,"公卿大夫多谄谀取容"[①]便可想而知了。这种专制不仅在汉武帝当世起着巨大作用,还有着历史积淀,影响了中国的国民性格。梁启超先生在《论私德》一文中说得好:"吾民族数千年生息于专制空气之下,苟欲进取,必以诈伪;苟欲自全,必以卑屈。"要获得"自全"这一可怜的权利竟然只好付出"卑屈"的代价,国人的奴性就是这样炼成的。

在这样的历史语境中,司马迁因人格独立而表现出的批判精神当然弥足珍贵。何况,他还突破了人性的弱点,不以人废言,"恶而知其美"。

例如,《平准书》是公认的批评武帝最为严厉的篇章之一,可就在这一篇里,司马迁还是实录了他对灾民的种种抚恤措施,还写了他打击豪强兼并之徒的一些经

[①]《汉书·食货志》

济制度；在《匈奴列传》、《卫将军骠骑列传》中，汉武帝抵抗侵略、打击匈奴的事迹一桩都没有拉下，将《汉书》中此类事迹的描写比照一下就可以看出来；汉武帝兴儒学、办教育的"文治"在《平津侯主父列传》、《儒林列传》等篇中都有记述……总之，后人所称赞的汉武帝的雄才大略皆可在《史记》中找到依据，司马迁并没有隐瞒武帝的相关事迹。至于有人认为司马迁在《孝武本纪》中将汉武帝描述成只知道求神仙长生的荒唐人物，那完全是因为对《史记》流传过程缺少了解。其实，早在班固所处的东汉初期，《史记》已不是完整的一部书了，《汉书·司马迁传》声称《史记》"十篇缺，有目无篇。"这缺失的十篇中就有武帝的本纪，《史记·太史公自序》中称之为《今上本纪》，我们现在看到的《孝武本纪》实际上是后人节略改写《封禅书》而成，而《封禅书》正是写秦皇汉武祭祀祈福、求神仙长生之术的一篇！

不仅对汉武帝"恶而知其美"，司马迁本人是深受酷吏之害的，他对酷吏也十分痛恨，可在《酷吏列传》中，司马迁对郅都的"敢直谏，面折大臣于朝"、"公廉，不发私书，问遗无所受，请寄无所听"，张汤的"扬人之善蔽人之过"，赵禹的"据法守正"等均予以公允的评价；司马迁对卫青、霍去病因裙带关系致身显贵不以为然，但是卫、霍的赫赫军功正是在他笔下大放异彩，而《汉书》尽管对卫、霍的感情也许比司马迁要深，记卫、霍事迹也没能多出什么细节；司马迁对公孙弘的"曲学阿世"非常痛恨，可他也记述了公孙弘的节俭及其在兴儒学、办教育方面的重要作用……

与"恶而知其美"相对应的是"爱而知其丑"。魏公子信陵君是司马迁大力褒扬的一个人物，"六国中公卿将相，惟信陵真能下士，从谏若流，故独能抑秦。救赵正所以抑秦，而非其始能救赵，则后亦不能抑秦也。文二千五百余字，而公子字凡一百四十余，见极尽慨慕之意"①，可是，司马迁同样也对信陵君的"与宾客为长夜饮，饮醇酒，多近妇女。日夜为乐饮者四岁，竟病酒而卒"秉笔直书；孔子是司马迁最为崇敬的人物之一，但是他也在《孔子世家》、《太史公自序》等篇章中指出了孔子与儒家的一些弊病，而且对许多历史人物的评价也突破了孔子与儒家思想的局限，以至于班氏父子与后世许多人把"其是非颇谬于圣人"、"先黄老而后六经"视为他重要的"罪状"；司马迁对李广的不幸遭遇十分同情，也指出统治者对他的不公对待（例如尽管战功卓著，因私受梁孝王印信、卷入景帝与梁孝王的政治矛盾而不能受赏；汉武帝因李广"数奇"而不让他与单于对敌，卫青为了给救命恩人公孙

---

① 汤谐：《史记半解·信陵君列传》。

敖立功的机会而强令李广改道等），但是，司马迁对李广的评价是公允的，后人称赞"但使龙城飞将在，不教胡马度阴山"、"卫青不败由天幸，李广无功缘数奇"，对李广评价过高，可是，这笔账并不能算在司马迁头上。

司马迁其实记述了李广"自负其能"的匹夫之勇：追匈奴三名射雕者而遇险，尽管以急智脱险，弃大军于不顾、无谓犯险本身就是为将者的一大失误；此外，"其射，见敌急，非在数十步之内，度不中不发，发即应弦而倒。用此，其将兵数困辱，其射猛兽亦为所伤云"，缺少对风险的控制能力。

司马迁也记述了李广的仁而不仁：尽管对手下极其爱护，"广廉，得赏赐辄分其麾下，饮食与士共之……乏绝之处，见水，士卒不尽饮，广不近水，士卒不尽食，广不尝食。宽缓不苛，士以此爱乐为用"，可李广行军打仗竟然连巡逻警戒都不设，正如当时另一名将程不识所说的，一旦仓促遇敌就很难办了。这样的做法恐怕就很难说是对手下的真正爱护，倒有点儿像家长的溺爱；有一位霸陵尉依法禁止射猎晚归的李广入境，尽管因酒醉而冒犯了李广的尊严，可怎么着也罪不至死吧，而李广被重新起用后不久就滥用职权把这位霸陵尉杀了。也许是司马迁有意安排吧，在另一位与匈奴作战的名将韩安国的传记（就在《李将军列传》的前一篇）里，韩安国遭到狱卒田甲的侮辱，韩安国说："死灰就不会复燃吗？"田甲说："复燃就再灭掉！"比霸陵尉可是蛮横无理多啦，可人家韩安国怎么样呢？当他"复燃"之后，田甲吓得逃跑了，韩安国说得倒很凶："田甲不回来任职，我灭他的族！"可当田甲肉袒谢罪的时候，韩安国一笑泯恩仇，再没有秋后算账，而且待田甲还很好。对比这二人的胸襟，高下立判；另外，司马迁还严厉谴责了李广"杀降"的不仁行为，并将之归为李广不能封侯的原因。

我们还不妨结合司马迁的家世生平来理解他在《史记》中表现出的史学精神。要了解司马迁的生平，有三篇重要文献是必读的，一篇是司马迁自己的《太史公自序》，一篇是他的《报任少卿书》，一篇是班固的《汉书·司马迁传》，后一篇其实是对前两篇的摘抄、补充与评论。由这三篇我们可以知道，司马迁"年十岁，则诵古文"，他曾向孔安国问学，又曾从董仲舒习《春秋》，后来他又子受父业作了太史令，"百年之间，天下遗闻古事靡不毕集太史公"，为他写作史书打下了坚实的基础，提供了丰富的来源。二十岁起，他又游历天下，在会稽、禹穴、九疑等地考察舜、禹的史迹，在沅湘探究屈原的传说，在齐鲁观孔子之遗风，在鄱薛梁楚考楚汉战争之旧址，不仅读万卷书，而且行万里路，这些都是使《史记》成为皇皇巨著的重要因素。

司马迁还经历了一个由盛转衰的历史时代。"文景之治"后，汉武帝初即位时,正是国力鼎盛时期:"至今上即位数岁,汉兴七十余年之间,国家无事,非遇水旱之灾,民则人给家足,都鄙廪庾皆满,而府库余货财。京师之钱累巨万,贯朽而不可校。太仓之粟陈陈相因,充溢露积于外,至腐败不可食。众庶街巷有马,阡陌之间成群,而乘字牝者傧而不得聚会。守闾阎者食粱肉,为吏者长子孙,居官者以为姓号。故人人自爱而重犯法,先行义而后绌耻辱焉。当此之时,网疏而民富,役财骄溢,或至兼并豪党之徒,以武断于乡曲。宗室有土公卿大夫以下,争于奢侈,室庐舆服僭于上,无限度。"①而武帝后期统治时则是:"武帝虽有攘四夷广土斥境之功,然多杀士众,竭民财力,奢泰亡度,天下虚耗,百姓流离,物故者半。蝗虫大起,赤地数千里,或人民相食,畜积至今(按:宣帝时)未复。亡德泽于民"②;"武帝始临天下,尊贤用士,辟地广境数千里,自见功大威行,遂从耆欲,用度不足,乃行一切之变,使犯法者赎罪,入谷者补吏,是以天下奢侈,官乱民贫,盗贼并起,亡命者众。郡国恐伏其诛,则择便巧吏书习于计簿能欺上府者,以为右职;奸轨不胜,则取勇猛能操切百姓者,以苛暴威服下者,使居大位。故亡义而有财者显于世,欺谩而善书者尊于朝,悖逆而勇猛者贵于官。"③"奸猾巧法,转相比况,禁罔浸密。律、令凡三百五十九章,大辟四百九条,千八百八十二事,死罪决事比万三千四百七十二事。文书盈于几阁,典者不能遍睹。是以郡国承用者驳,或罪同而论异。奸吏因缘为市,所欲活则傅生议,所欲陷则予死比,议者咸冤伤之"④……

由盛而衰的巨大转变冲击着司马迁敏锐的史心,何况,遭逢国变之际他又猝遇李陵之祸。

扬雄曾在其名著《法言》中说:"仲尼多爱,爱义也;子长多爱,爱奇也",司马迁对奇士奇行确实是比较偏爱的(后面我们还有论述),可是,他写李陵事迹却较为平实(可能与受到迫害有关),不过就是写李陵继承了爷爷李广的骑射绝技,曾经深入匈奴二千多里,未见到敌人而返。天汉二年(公元前99年),为了分散匈奴兵力,减轻贰师将军李广利所承受的军事压力,汉廷派李陵率步兵五千人出居延以北千余里,遭到单于亲自率领的八万骑兵的包围,李陵军死者过半,杀伤匈奴则居然有万余人。最后,李陵军"食乏而救兵不到",在匈奴的招降下,李陵说了一句:"无面目报陛下",投降了匈奴。其所率五千人后来只有四百余人逃回汉境。匈奴

---

① 《史记·平准书》
② 《汉书·夏侯胜传》
③ 《汉书·贡禹传》
④ 《汉书·刑法志》

单于得到李陵之后,把女儿许给李陵为妻,并重用李陵。汉武帝听说后便将李氏家族灭门。对李陵的投降变节,司马迁还写了这么一句话:"自是之后,李氏名败,而陇西之士居门下者皆用为耻焉。"

而在《汉书》那里,掌握的史料较《史记》多,记叙年代比《史记》久,李陵降匈奴的经过至少比《史记》多出以下一些细节:

一、指出李陵只有步兵而没有骑兵这一异常现象的原因——汉武帝的猜疑与刁难。起初,汉武帝只命令李陵为李广利管理后勤,李陵不甘心,希望能够独当一面地临阵杀敌。汉武帝以为李陵不愿为他的大舅子(李广利乃武帝宠妃李夫人之兄)效劳,便说:"怎么,你不愿归属贰师将军吗?我已经派遣很多军队了,可没有骑兵给你。"李陵没有气馁,说:"不用骑兵,我愿率五千步兵以少击众,挺进单于的地盘!"这番豪言壮语感染了武帝,就答应了李陵的请求,并下诏强弩都尉(从官名就可看出这支部队装备精良)路博德迎接李陵军。路博德是老将,资历比李陵深,官位比李陵高,耻于做李陵的后卫部队,便上书给武帝,谎称现在进击匈奴的时机尚未成熟,愿意留住李陵,待来年春天再联合其他几支部队共同攻打匈奴。这封书信使武帝大怒,他以为这是李陵后悔出征匈奴,所以才让路博德上了这么一封书信。于是,他又下诏给路博德,其中说:"我想给李陵骑兵,李陵却说要以少击众。"从前面所叙可知,他何曾说过要给李陵骑兵啊!如今,只因为一面之词,他便对李陵有了猜疑,猜疑的结果就是强令李陵马上出击匈奴。

二、表现出李陵的将才。李陵五千人在浚稽山与匈奴遭遇,单于见汉军人少,派了三万骑兵一拥而上,李陵则作了周密部署:在两山之间安营,以大车为屏障。李陵率军出营列阵,命"前行持戟盾,后行持弓弩",当匈奴骑兵逼近军营时,李陵军万箭齐发,由于距离较近,敌人"应弦而倒",汉军乘胜追击,杀敌数千。单于大惊,召集附近部队八万余骑进攻李陵,李陵且战且退,撤入一个山谷中。由于多日作战,将士有不少中了箭伤。李陵命令负三处以上伤者乘车,负伤两处者扶车而走,负一处伤者,手执武器坚持作战。出于迷信,李陵声称士气不够振作是因为军中有女子,便将随军女子杀光。命令是苛刻的,杀戮女子是残忍的,然而将士们居然在第二天的战斗中又"斩首三千余级",可见司马迁在《报任安书》中说李陵"与士信,临财廉,取予义,分别有让,恭俭下人……素与士大夫绝甘分少,能得人之死力"并非虚言。又过了四五天,李陵军到来到了一个芦苇荡中,匈奴在上风处纵火,想要烧死汉军,李陵命令军中放火自救。汉军南撤到了山下,与匈奴在树木间战斗,又杀敌数千。还向匈奴发射连弩,将单于逼走。单于以为遇到了汉军精兵,一度想要撤军,手下将领声称:"单于亲自率领数万骑兵攻打数千汉军都拿不下,以后怎么号令边地将领呢?而且还让汉人更加轻视匈奴。再战四五十里的样子就将到了平地,那时再不能将汉人打败,我们再撤退。"这时李陵军又杀敌二千余人,匈奴都将要撤军了,李陵军有一军官叛逃,将李陵军孤立无援、弓箭将尽的实情报告给匈奴,匈奴将李陵军包围,李陵军所携的五十万支箭全部用完,此时居然还有三千余人,简直是一个奇迹。有将士劝李陵突围,李陵说:"公止!吾不死,非丈夫也!"而到了后来却投降了匈奴,降得非常突兀,令人觉得司马迁说的并不是没有可能:李陵不死降匈奴是为了以后能找机会报答汉廷。

三、记叙了李陵被灭门乃是一桩冤案。李陵后来质问汉使,自己以五千步兵威震匈奴,只因没有后援而兵败,无负于汉,汉为什么将李氏灭门?汉使回答说:"传闻李少卿为匈奴带兵。"李陵说:"那是李绪,不是我。"原来,李绪与李陵都字少卿,汉廷弄错了。

四、记叙了汉武帝陷李陵于绝境之后居然不思己过,不发救兵却一心等着李陵为他战死,当司马迁替李陵说话时又以为司马迁在讥讽他的大舅子李广利,将司马迁处以腐刑。还记叙了李陵降敌很久之后,武帝自己也认识到自己的错误,悔恨没有给李陵提供援军,重赏了四百多名突围回来的李陵部下。

有尊汉立场的《汉书》是如此记叙李陵事件的,孰是孰非应当很清楚了。毋庸讳言,李陵之祸对司马迁刺激很大,然而,难能可贵的是,司马迁既没有意志消沉,也没有迁怒于人,那巨大的刺激反而促使他继承发扬《春秋》的史学精神,融之于家学修养与自己的人格学识,表现出相当深刻的史学精神。

司马迁在《太史公自序》中并不讳言《春秋》对自己的影响:"自周公卒五百岁而有孔子。孔子卒后至于今五百岁,有能绍明世,正《易传》,继《春秋》,本《诗》、《书》、《礼》、《乐》之际?意在斯乎!意在斯乎!小子何敢让焉",把承继《春秋》精神视为自己当仁不让的一项使命。司马迁认为,《春秋》"是非二百四十二年之中,以为天下仪表,贬天子,退诸侯,讨大夫,以达王事而已矣";"夫《春秋》,上明三王之道,下辨人事之纪,别嫌疑,明是非,定犹豫,善善恶恶,贤贤贱不肖,存亡国,继绝世,补敝起废,王道之大者也";"《春秋》辨是非,故长于治人";"《春秋》以道义。拨乱世反之正,莫近于《春秋》",是"礼义之大宗"……他的《史记》也表现出不以"天子"、"诸侯"、"大夫"等政治权威为主体的批判精神,以及以"是非善恶"、"王道"、"礼义"为标准的理性精神。

司马迁出身于史官家庭,有着源远流长的家学修养——"司马氏世典周史",

其父司马谈又是一位渊博的学者："学天官于唐都,受《易》于杨何,习道论于黄子。"他的《论六家要旨》是对先秦诸子百家进行评说的一篇专论,司马迁在《太史公自序》中完整地保存了这篇文章:

《易大传》："天下一致而百虑,同归而殊涂。"夫阴阳、儒、墨、名、法、道德,此务为治者也,直所从言之异路,有省不省耳。尝窃观阴阳之术,大祥而众忌讳,使人拘而多所畏;然其序四时之大顺,不可失也。儒者博而寡要,劳而少功,是以其事难尽从;然其序君臣父子之礼,列夫妇长幼之别,不可易也。墨者俭而难遵,是以其事不可遍循;然其强本节用,不可废也。法家严而少恩;然其正君臣上下之分,不可改矣。名家使人俭而善失真;然其正名实,不可不察也。道家使人精神专一,动合无形,赡足万物。其为术也,因阴阳之大顺,采儒墨之善,撮名法之要,与时迁移,应物变化,立俗施事,无所不宜,指约而易操,事少而功多。儒者则不然。以为人主天下之仪表也,主倡而臣和,主先而臣随。如此则主劳而臣逸。至于大道之要,去健羡,释此而任术。夫神大用则竭,形大劳则敝。形神骚动,欲与天地长久,非所闻也。

夫阴阳四时、八位、十二度、二十四节,各有教令,顺之者昌,逆之者不死则亡,未必然也,故曰"使人拘而多畏"。夫春生夏长,秋收冬藏,此天道之大经也,弗顺则无以为天下纲纪,故曰"四时之大顺,不可失也"。

夫儒者以六艺为法。六艺经传以千万数,累世不能通其学,当年不能究其礼,故曰"博而寡要,劳而少功"。若夫列君臣父子之礼,序夫妇长幼之别,虽百家弗能易也。

墨者亦尚尧舜道,言其德行曰："堂高三尺,土阶三等,茅茨不剪,采椽不刮。食土簋,啜土刑,粝粱之食,藜藿之羹。夏日葛衣,冬日鹿裘。"其送死,桐棺三寸,举音不尽其哀。教丧礼,必以此为万民之率。使天下法若此,则尊卑无别也。夫世异时移,事业不必同,故曰"俭而难遵"。要曰强本节用,则人给家足之道也。此墨子之所长,虽百家弗能废也。

法家不别亲疏,不殊贵贱,一断于法,则亲亲尊尊之恩绝矣。可以行一时之计,而不可长用也,故曰"严而少恩"。若尊主卑臣,明分职不得相逾越,虽百家弗能改也。

名家苛察缴绕,使人不得反其意,专决于名而失人情,故曰"使人俭而善失真"。若夫控名责实,参伍不失,此不可不察也。

道家无为,又曰无不为,其实易行,其辞难知。其术以虚无为本,以因循为用。无成执,无常形,故能究万物之情。不为物先,不为物后,故能为万物主。有法无法,因时为业;有度无度,因物与合。故曰"圣人不朽,时变是守。虚者道之常也,因者君之纲"也。群臣并至,使各自明也。其实中其声者谓之端,实不中其声者谓之窾。窾言不听,奸乃不生,贤不肖自分,白黑乃形。在所欲用耳,何事不成。乃合大道,混混冥冥。光耀天下,复反无名。凡人所生者神也,所托者形也。神大用则竭,形大劳则敝,形神离则死。死者不可复生,离者不可复反,故圣人重之。由是观之,神者生之本也,形者生之具也。不先定其神形,而曰"我有以治天下",何由哉?

这篇文章可以在一定程度上表明司马迁所接受教育的基础。前人在为司马迁所受"先黄老而后六经"之指责进行辩护时有这样一种观点:"先黄老而后六经"的是司马谈,这笔账不应算在司马迁头上。如黄淳耀《史记评论》中云:"世多谓太史公序《六家要旨》,进道德而绌儒术。余按此非迁意,乃述其父谈之言也";何焯《义门读书记·史记》中云:"至于'先黄老而后六经',自是史谈所论,谈当文景之后,当黄老者,随时也。至迁则不然矣。老子与韩非同传,仲尼为世家,《自序》言'礼以节人'云云,止言六经,不及黄老,父子自不同。"这种观点有一定道理,不过,司马迁在自己的著作中引述乃父的文章,按照古人的孝道,这本身就是对乃父观点的认同。司马谈《论六家要旨》中说儒家"累世不能通其学,当年不能究其礼"、"博而寡要,劳而少功",司马迁在《孔子世家》这本是推崇儒学的篇章中也批评儒学"累世不能殚其学,当年不能究其礼",连行文都与司马谈在《论六家要旨》中所说的几乎相同;司马谈在六家中评价最高的是黄老之学,在《史记》中,以黄老之学为基础的种种为政措施也得到了司马迁的高度评价。在司马迁所处的时代,儒学已是官学,可是,司马迁在学术思想上并没有追随时尚,也没有屈从权威,应当说,在一定程度上与他的家学教育有关。司马迁写作《史记》在一定程度上亦是承乃父之遗命:"是岁天子始建汉家之封,而太史公留滞周南,不得与从事,故发愤且卒。而子迁适使反,见父于河洛之间。太史公执迁手而泣曰:'余先周室之太史也。自上世尝显功名于虞夏,典天官事。后世中衰,绝于予乎?汝复为太史,则续吾祖矣。今天子接千岁之统,封泰山,而余不得从行,是命也夫,命也夫!余死,汝必为太史;为太史,无忘吾所欲论著矣。且夫孝始于事亲,中于事君,终于立身。扬名于后世,以显父母,此孝之大者。夫天下称诵周公,言其能论歌文武之德,宣周邵之风,达太王王季之思虑,爰及公刘,以尊后稷也。幽厉之后,王道缺,礼乐衰,孔子修旧起废,论《诗》、《书》,作《春秋》,则学者至今则之。自获麟以来四百有余岁,而诸侯相兼,史记放绝。今汉兴,海内一统,明主贤君忠臣死义之士,余为太史而弗论载,废天下之史文,余甚惧焉,汝其念哉!'迁俯首流涕曰:'小子不敏,请悉论先人所次旧闻,弗敢阙。'"①

"究天人之际"的"天人"与董仲舒"天人感应"的"天人"不同。董氏援阴阳学入儒学,认为人间种种行为可与"天"显示的种种灾祥相应:人的行为是正确的,天便降祥瑞;人的行为是错误的,天便降祸殃。总之,"天"是有意志的,这有意志之"天"能够对人进行公正的奖惩。而在司马迁那里,"天"是无意志的。在《伯夷列传》中,司马迁有这样的质疑:"或曰:'天道无亲,常与善人。'若伯夷、叔齐,可谓善人者非邪?积仁笃行如此而饿死!且七十子之徒,仲尼独荐颜渊为好学。然回也屡空,糟糠不厌,而卒蚤夭。天之报施善人,其何如哉?盗跖日杀不辜,肝人之肉,暴戾恣睢,聚党数千人横行天下,竟以寿终。是遵何德哉?若至近世,操行不轨,专犯忌讳,而终身逸乐,富厚累世不绝。或择地而蹈之,行不由径,非公正不发愤,而遇祸灾者,不可胜数也。余甚惑焉,傥所谓天道,是邪非邪?"这样的质疑其实是对赏善罚恶的有意志之天的否定,是看到了历史发展过程中的偶然性因素。在其他地方,司马迁还多次表现出这样的质疑,如"秦始小国僻远,诸夏宾之,比于戎翟,至献公之后常雄诸侯。论秦之德义不如鲁卫之暴戾者,量秦之兵不如三晋之强也,然卒并天下,非必险固便形埶利也,盖若天所助焉"②、"昔虞、夏之兴,积善累功数十年,德洽百姓,摄行政事,考之于天,然后在位。汤、武之王,乃由契、后稷修仁行义十余世,不期而会孟津八百诸侯,犹以为未可,其后乃放弑。秦起襄公,章于文、缪、献、孝之后,稍以蚕食六国,百有余载,至始皇乃能并冠带之伦。以德若彼,用力如此,盖一统若斯之难也。秦既称帝,患兵革不休,以有诸侯也,于是无尺土之封,堕坏名城,销锋镝,鉏豪桀,维万世之安。然王迹之兴,起于闾巷,合从讨伐,轶于三代,乡秦之禁,适足以资贤者为驱除难耳。故愤发其所为天下雄,安在无土不王。此乃传之所谓大圣乎?岂非天哉,岂非天哉"③等。

一方面,《史记》注意到历史偶然性,另一方面,《史记》也强调人的主体作用,这就是所谓的"究天人之际"。注意到历史偶然性就不会像许多史官那样为某些帝王幸运地得到天下而附会为种种神化的传说,强调人的主体作用则使《史记》很注重人之行为与成败祸福之间的因果关系。例如,在《项羽本纪》中,司马迁指出:

---

① 《史记·太史公自序》
② 《史记·六国年表序》
③ 《史记·秦楚之际月表序》

"吾闻之周生曰：'舜目盖重瞳子'，又闻项羽亦重瞳子。羽岂其苗裔邪？何兴之暴也！夫秦失其政，陈涉首难，豪杰蜂起，相与并争，不可胜数。然羽非有尺寸乘埶，起陇亩之中，三年，遂将五诸侯灭秦，分裂天下，而封王侯，政由羽出，号为'霸王'，位虽不终，近古以来未尝有也。及羽背关怀楚，放逐义帝而自立，怨王侯叛己，难矣。自矜功伐，奋其私智而不师古，谓霸王之业，欲以力征经营天下，五年卒亡其国，身死东城，尚不觉寤而不自责，过矣。乃引'天亡我，非用兵之罪也'，岂不谬哉！"在《蒙恬列传》中，司马迁又指出："夫秦之初灭诸侯，天下之心未定，痍伤者未瘳，而恬为名将，不以此时强谏，振百姓之急，养老存孤，务修众庶之和，而阿意兴功，此其兄弟遇诛，不亦宜乎！何乃罪地脉哉？"这些都是"究天人之际"的很好例子，表现出深刻的理性精神。而且，这种理性精神不仅看重逻辑思辨的"理"，还看重秉持公心的"情"，是富有民族特色的情理兼顾的理性精神。所以，在《史记》当中，我们既能看到义正辞严，也可看到"废书而叹"、"流涕"、"祇回留之不能去"、"此非人所为"的真情流露。

"究天人之际"又是建立在"通古今之变"基础上的。也就是说，沉潜于历史深处，在"古今如何变"以及"古今何以变"的考究中达到"通"的目的，以此辨析出何者是历史偶然性、何者是人所发挥的主体作用，从而总结出历史经验与教训。综观《史记》，司马迁在描述"古今何以变"时主要突出了四大变局：一为上古帝王(详见《五帝本纪》)与"三代"(详见《夏本纪》、《殷本纪》、《周本纪》)所代表的"德治"、"王道"政治由于周厉王"暴虐侈傲"、为国人所逐而渐渐式微，开始转入由齐桓晋文等"春秋五霸"为政治主体的"霸道"政治时期，一为秦以武力统一六国的暴政时期，一为刘邦由布衣至天子的楚汉战争时期，一为汉王朝统治时期。不仅勾画出历史发展之大变局，司马迁还很重视探究历史变化的根本原因，如在《报任少卿书》中强调要"稽其成败兴坏之纪"，在《自序》里表示"原始察终，见盛观衰"。司马迁并不只是说说而已，这些原则在《史记》的具体写作中得到了贯彻实行，如《十二诸侯年表序》："于是谱十二诸侯，自共和讫孔子，表见《春秋》、《国语》学者所讥盛衰大指著于篇，为成学治古文者要删焉"；《六国年表序》："余于是因《秦记》，踵春秋之后，起周元王，表六国时事，讫二世，凡二百七十年，著诸所闻兴坏之端。后有君子，以览观焉"；《平准书》："农工商交易之路通，而龟贝金钱刀布之币兴焉。所从来久远，自高辛氏之前尚矣，靡得而记云。故《书》道唐虞之际，《诗》述殷周之世，安宁则长庠序，先本绌末，以礼义防于利；事变多故而亦反是。是以物盛则衰，时极而转，一质一文，终始之变也……古者尝竭天下之资财以奉其上，犹自以为不足也。无异故云,事势之流,相激使然,曷足怪焉"等等。《史记》对《易传》也有着多处征引与阐发,表现出与其一致的变通精神。

司马迁学富五车,却并没有食古不化,而是对历史人物、历史事件作出精当的评判,这些评判既不代表官方,也不假借圣人的名义,而是以独立精神体现着太史公的学识与境界,是地地道道的"一家之言"。《史记》本名《太史公书》或《太史公记》,这在一定程度上颇能体现出《史记》以史书而兼子书的"一家之言"性质。对这一性质,我们学习《史记》具体篇目时将能深刻体会到。

除了这些可贵的史学精神之外,《史记》的史学成就主要可归纳为以下几个方面:

(一)"厥协六经异传,整齐百家杂语"①,对中国自黄帝至武帝太初年间的历史作了一次贯穿古今、推究天人的系统整理。司马迁博学多才,其写作《史记》时明确指出所征引的书目便有六经及其异传、诸子著作、《五帝德》、《帝系姓》、《春秋历谱谍》、《铎氏微》、《国语》、《战国策》等,后世学者还考索出《史记》史料来源有许多。以这些文献为基础,司马迁的《史记》不仅是一部史学巨著,还是一项以一己之力独立完成的伟大的文化工程。

(二)有创例之功,把古代记言与记事两种体例有机地结合在一起,在编年体史籍经典《春秋》之后别立一格,确立了以人物为中心的纪传体,并使这种体例成为中国正史的标准体例,衣被史界至二千年。

《史记》纪传体的体例博大精深:十二本纪是纲领,勾画出历史沿革之大势;三十世家如环绕着车轴的辐条(司马迁引用《老子》中的话说"三十辐共一毂"),七十列传又以人物的生平事迹补充历史事件的具体细节。本纪、世家、列传主要是以人物为中心,十表则是以时间为中心,二者纵横交织、互补相映,起到了很好的效果。八书则又以"典章经制"为线索,提供了经济(《平准书》)、文化(《礼书》、《乐书》、《历书》、《封禅书》)、军事(《律书》)、水利(《河渠书》)、天文(《天官书》)等方面的史料。除此之外,司马迁还有着"原始察终"的史学观念与方法论,例如《惠景间侯者年表序》中云:"咸表终始",《天官书》中云:"终始古今,深观时变,察其精粗",《六国年表序》、《秦楚之际月表序》、《高祖功臣侯者年表序》中强调要"综其终始"、"察其终始"、"谨其终始",这样的史学意识使得司马迁在把历史文字化时很重视历史事件的因果关系与发展脉络,在精神实质上又颇具纪事本末体的特征。

---

① 《史记·太史公自序》

刘知几曾指责《史记》的体例有这样的弊病："同为一事,分在数篇,断续相离,前后屡出,于《高纪》,则云'语在《项传》',于《项传》,则云'事具《高纪》'",这其实是没有看到《史记》的一种史法——"互见法"。"互见法"是由苏洵提出的①,虽然刘知几所言《史记》"于《高纪》,则云'语在《项传》'"是很典型的"互见法",但是并不能说"前后屡出"便有"断续相离"之弊,因为《史记》的"互见法"并不是事件简单的重复,而是对于史实详略的剪裁。例如,有助于刻画项羽性格、表现项羽历史地位历史影响的史实在《项羽本纪》中不妨浓笔重彩,与之关系不大者则不妨放在别的篇章如《高祖本纪》、《陈丞相世家》、《淮阴侯列传》等之中记述,这样才是好钢用在了刃上。如果与项羽稍有牵涉的历史事件都铺陈在一起,那反而是眉毛胡子一把抓,缺少中心、缺少重点、头绪不清、层次混乱,才真的有弊了。

司马迁的互见法在很多时候使用得相当高明。以《孝文本纪》为例,孝文帝是司马迁很赞赏的一位皇帝,篇末专门安排了景帝的一篇诏书与群臣的一封奏章,以"他山之石"来"攻玉",高度评价了孝文帝:"临天下,通关梁,不异远方。除诽谤,去肉刑,赏赐长老,收恤孤独,以育群生。减嗜欲,不受献,不私其利也。罪人不帑,不诛无罪。除宫刑,出美人,重绝人之世。朕既不敏,不能识。此皆上古之所不及,而孝文皇帝亲行之。德厚侔天地,利泽施四海,靡不获福焉"、"世功莫大于高皇帝,德莫盛于孝文皇帝,高皇庙宜为帝者太祖之庙,孝文皇帝庙宜为帝者太宗之庙",论赞部分的"太史公曰"又把孝文帝许为"仁者"。这样一位传主,司马迁主要表现的是其"仁厚"、"宽缓"的性格,可是当我们读《孝文本纪》开头时,血腥气简直要扑面而来——"孝文皇帝,高祖中子也。高祖十一年春,已破陈豨军,定代地,立为代王,都中都。太后薄氏子。即位十七年,高后八年七月,高后崩。九月,诸吕吕产等欲为乱,以危刘氏,大臣共诛之,谋召立代王",原来这位仁德之君能登上皇帝的宝座是在一场剑拔弩张、血雨腥风的宫廷斗争之后。后人称赏司马迁塑造人物形象"有一样人便用一样笔墨",而此时如果详尽描述那场剑拔弩张、血雨腥风的宫廷斗争,这样的笔墨与孝文帝"仁厚"、"宽缓"的形象便不甚谐和了。打一个形象的比方,就在我们稍微感到一点血腥气的时候,司马迁举重若轻地吹了一口气,把那点血腥气吹到了《吕太后本纪》中,因为此时他轻轻地道了一句:"事在吕后语中"。可以看出,这里的"互见法"在"一样人便用一样笔墨"时起到了很好的效果。

---

① 见《苏老泉先生全集》卷九。

需要指出的是,除"互见法"外,《史记》中还有一种"迭见法"。二者最本质的区别是:"互见法"中的事件是详与略的关系,而"迭见法"中的事件则是重复的关系。读《周本纪》与《吴世家》、《齐世家》、《鲁世家》、《燕世家》等诸侯世家时,我们可以发现一些事件如"齐桓公始霸"、"孔子摄鲁相事"等反复出现,这便是迭见法。当然,这里的重复也不是简单的重复,而是"有意味的重复",凭着这样"有意味的重复",《史记》勾勒出特定时期关乎天下的重大事件,勾勒出历史发展之大势。就是通过多种史法的相互补充,相互渗透,《史记》作为中国第一部纪传体通史、第一部正史起到了很好的范例作用,有着崇高的历史地位,有着彪炳千古的历史影响。

(三)史识超卓。古代史家常常以"才""学""识"三个标准来评价史学成就,司马迁可谓三者兼备,其中史识甚至还往往能够超越时代。这在后面对具体篇目的解读中可以看到许多例子,此处不赘。

(四)史学内容相当丰富,史学体系详备严密。后来之正史尚有"详于帝皇而略于民间"、"乃帝王将相之家谱与功德簿耳"等弊病,《史记》作为中国第一部正史,不仅重视军国大事之记载,而且还叙述社会中种种现象:在典章制度方面有"八书",涉及天文、历法、礼乐、军事、政法、财经、漕运水利在等诸多方面;在人,举凡有一技之长可采者,均为之作传(如记医生的《扁鹊仓公列传》、记术士的《日者列传》和《龟策列传》,记商人的《货殖列传》,记俳优的《滑稽列传》等);不仅详述汉民族之兴衰,而且还突破"内诸夏而外夷狄"的传统偏见,为朝鲜、匈奴、大宛、东越、南越、西南夷等少数民族立传;不仅注重政治史、军事史,而且还很注重经济史(主要见于《平准书》、《河渠书》、《货殖列传》)、思想史、文化史(如《孔子世家》、《老子韩非列传》、《孟子荀卿列传》、《仲尼弟子列传》、《儒林列传》等)。

(五)史学态度非常严谨。司马迁有得天独厚的家学教育,有渊博的学识,有实地考察的实践,身为太史令又可拥有大量的史料来源,可是,他在处理史料时仍非常严谨。众所周知,《史记》之记载始于黄帝,可是,他却不说"卒述黄帝以来",而说"卒述陶唐以来",为什么呢?因为黄帝所距时代较远,其事迹有不少传说的内容,仅能说是传说史,而"《尚书》独载尧以来"[1],已有文献可征,与传说史相比自然是较可信了。司马迁对二者的可信程度作了清楚的区别,述黄帝之事迹时将《五帝德》、《帝系姓》与《左传》、《国语》相参证,另外又比勘缀辑了《孟子》、《韩非子》、《吕氏春秋》、《墨子》、《庄子》、《礼记·檀弓》及《郊特牲》、《战国策》等典籍中

---

[1]《史记·尧本纪》

的史料,还剔除了"百家言黄帝"时的"不雅驯之言",其史学态度之严谨,可见一斑。此外,《三代世表序》中说:"五帝、三代之记,尚矣。自殷以前诸侯不可得而谱,周以来乃颇可著。孔子因史文次春秋,纪元年,正时日月,盖其详哉。至于序《尚书》则略,无年月;或颇有,然多阙,不可录。故疑则传疑,盖其慎也";《高祖功臣侯者年表序》中说:"书其明,疑者阙之";《楚世家》中说:"其后中微,或在中国,或在蛮夷,弗能纪其世"……信则传信,疑则存疑,这些都能表现出司马迁严谨的史学态度。

(下)

司马迁写作《史记》不仅有着史学方面的种种追求,在文学尚未自觉的西汉时期,他还有着"重文"的倾向。如果问同学们,在《史记》中写得最长的一篇传记是什么,大家恐怕不会想到,在《史记》中写得最长的一篇传记并不是帝王将相的生平事迹,而是《司马相如列传》。这一传记之所以如此之长,一方面是司马迁把浓笔重彩集中于一介文人,把与"天下存亡"无甚干系的文人的浪漫爱情以及"口吃"、"病渴"、"尽卖其车骑,买一酒舍酤酒,而令文君当炉。相如身自著犊鼻裈,与保庸杂作,涤器于市中"等生活琐事津津乐道于正史之中。其中还渲染了地方官员对这个文人的礼敬:"会梁孝王卒,相如归,而家贫,无以自业。素与临邛令王吉相善,吉曰:'长卿久宦游不遂,而来过我。'于是相如往,舍都亭。临邛令缪为恭敬,日往朝相如。相如初尚见之,后称病,使从者谢吉,吉愈益谨肃。临邛中多富人,而卓王孙家僮八百人,程郑亦数百人,二人乃相谓曰:'令有贵客,为具召之。'并召令。令既至,卓氏客以百数。至日中,谒司马长卿,长卿谢病不能往,临邛令不敢尝食,自往迎相如。相如不得已,强往,一坐尽倾。酒酣,临邛令前奏琴曰:'窃闻长卿好之,愿以自娱。'相如辞谢,为鼓一再行。"另外一方面,此文收录了司马相如的大量文章如《子虚赋》、《上林赋》、《喻巴蜀檄》、《谏猎疏》、《哀二世赋》、《难蜀父老》、《大人赋》、《封禅书》等,以至于后人有这样的说法:"太史公序次相如,特爱其文赋而已"[①],"马班二史,于相如、扬雄诸家之著赋,俱详载于列传。自刘知几以还,从而抵排非笑者,盖不胜其纷纷矣;要皆不为知言也。盖为后世文苑之权舆,而文苑必致文采之实迹,以视范史而下,标文苑止叙文人行略者为远胜

---

① 茅坤:《史记钞》卷八二。

也。然而汉廷之赋,实非苟作;长篇录入于全传,足以见其人之极思,殆与贾疏董策为用不同,而同主于以文传人也"①,这些都是看到了司马迁在写史时的"重文"倾向。而且,有时候,司马迁还有着"因文而立传"的情形。以《邹阳列传》为例,此传叙邹阳之事迹相当简单,不过是说邹阳游于梁孝王门下,为人所妒,这些人进谗言于梁孝王,孝王怒而将邹阳收监,邹阳于狱中上书,感动了孝王,孝王待其为上客。全文共1700余字,邹阳狱中所上书就有1600字左右,占全文的94%。很明显,与其说司马迁是在为邹阳立传,不如说是因为他觉得邹阳狱中上梁王书是绝妙好辞,如此文章若不能流传后世颇为可惜,所以他立有邹阳一传来在史书中保存这篇文章,此种情形也就是所谓的"因文而立传"。无论是浓笔重彩地入文人于正史,还是"因文而立传",我们都可以看到,在文学尚未自觉的西汉,文人自认是"主上所蓄弄"、被"俳优视之",文学被看作是"雕虫小技,壮夫不为",司马迁却已经有着"重文"的倾向,他写作《史记》不仅有着史学方面的追求,而且,还把文学手法运用于史著之中,使其作品有着很强的文学性与很高的文学价值。

这一点其实在距他年代不算久远的班固那里就已经被注意到了,班固在《汉书》当中一方面称许司马迁为"良史",另一方面又说武帝时"儒雅则公孙弘、董仲舒、儿宽,笃行则石建、石庆,质直则汲黯、卜式,推贤则韩安国、郑当时,定令则赵禹、张汤,文章则司马迁、相如,滑稽则东方朔、枚皋,应对则严助、朱买臣,历数则唐都、洛下闳,协律则李延年,运筹则桑弘羊,奉使则张骞、苏武,将率则卫青、霍去病"②,把司马迁与司马相如并列,承认并高度赞扬了司马迁的文学才能。唐宋以降,《史记》更是被古文家们奉为文章的楷模。尤其是在明代,从文学角度对《史记》进行评点者比比皆是:前后七子标举"文必秦汉"时常常举《史记》为例,把《史记》视为秦汉之"文"(而不是史书)的代表,其中王世贞还在《艺苑卮言》卷三中把《史记》称为"圣于文者";"唐宋派"归有光对《史记》的五色圈点是从文学角度点评史书的名作,"唐宋派"另外两位主要代表人物唐顺之、茅坤亦有《荆川先生精选批点史记》、《史记钞》,也是以"文"本位对史书进行点评。这时还出现了《史记》的许多"评林"本,如凌稚隆之《史记评林》,焦竑选辑、李廷机注、李光缙汇评的《史记萃宝评林》,陈仁锡的《史记评林》,朱东观的《史记集评》等。这些"评林"本荟萃了不同时代对《史记》的点评,其中有很多明人点评,加以比较就可以发现,明人多从文

---

① 章学诚:《文史通义·诗教下》。
② 《汉书·卜式儿宽传》

学角度对《史记》加以评点。清代,桐城派古文家们大谈"义法"、"文法"、"笔法"时还是离不开《史记》,《史记》又成了桐城派的古文范本。

不仅仅在古文领域,《史记》作为叙事文学的典范之作还对后世的小说创作有着深远的影响。

清代学者赵翼云:"古书凡纪事及解经者,皆谓之传。非专记一人之事迹也。其专记一人为一传者,则自迁始。"综观二十四史,《史记》"五体"(本纪、世家、列传、表、书)的名目颇有变更或未必全部具有,例如《汉书》改"书"为"志"、《新五代史》改"书"为"考",《晋书》新增"载记",《后汉书》、《三国志》、《梁书》、《陈书》、《北齐书》、《周书》、《南史》、《北史》皆无"表"、"志"、"世家"……尽管有着这些变迁,"专记一人为一传"的纪传体体例则是为二十四史无一例外所沿袭的。不仅仅在史学界,在小说的领域,唐传奇融"史笔"、"诗才"、"议论"为一体,其"史笔"在很大程度上就表现为对"专记一人为一传"的摹仿与借鉴。

唐代单篇传奇文以"传"名篇者很多,有《补江总白猿传》、《柳氏传》、《霍小玉传》、《南柯太守传》、《庐江冯媪传》、《谢小娥传》、《李娃传》、《东城老父传》、《长恨歌传》、《冯燕传》、《无双传》、《虬髯客传》、《上清传》、《杨倡传》、《莺莺传》等。唐人小说集中的作品原来并无标题,可是,体例上基本上也都是"专记一人为一传"。

纪传体体例对明清小说亦影响甚大:小说作者常常把自已的作品视为人物之传(或单传或列传,视具体情形而定。一般而言,长、中篇小说多列传,短篇小说基本上是以一人之传作为结构全篇的主要方式),如《水浒传》的原名为《江湖豪客传》①,《儒林外史》是为形形色色的儒林人物立传,其中为了寄托自己"礼乐兵农"的政治理想还为萧云仙立了传,为表明"礼失而求诸野"的感叹而为沉琼枝、鲍文卿、市井四大奇人立传。正是因为吴敬梓把自已的作品视为人物之列传,他才常常以"仅驱使各种人物,行列而来,事与其来俱起,亦与其去俱迄"②的方式结构全篇,以至于有"虽云长篇,颇类短制"之讥,这种情形在明清小说中还可以找出很多;又如《平山冷燕》的结尾处写道:"至今京城中俱盛传平、山、冷、燕为四才子。闲窗阅史,不胜忻慕,而为之立传云",这种以人物之传作为小说题目的情形在明清长、中篇小说中甚为普遍,如《金瓶梅》、《三妙传》、《痴婆子传》、《玉娇梨》、《好逑传》、《女才子书》、《古今烈女传演义》、《英云梦传》、《女仙外史》、《飞龙全传》、《雪

---

① 《兴化县续志》卷十三
② 鲁迅:《中国小说史略》第二十三篇。

月梅》《儿女英雄传》等。

纪传体体例对明清小说的评点亦颇有影响。兹姑举几例以见一斑：

> 列传始自某王之某年，迄某王之某年，事覈而详，语俚而显……是列传亦世宙间之大帐簿也。
>
> （陈继儒《叙列国传》）

> 稗官固效古氏史法也，虽一部前后必有数篇，一篇之中凡有数事，然但有一人，必为一人立传，若有十人，必为十人立传。夫人必立传者，史氏一定之例也。
>
> （金圣叹《水浒传》第三十三回总评）

> 一百八人，人各一传。
>
> （刘廷玑《在园杂志》卷二）

> 有一人一传者，有一人附见数传者，有数人并见一传者，映带有情，转折不测，深得太史公笔法。
>
> （樵余《水浒后传》论略）

> 百忙中忽入刘、曹二小传。
>
> （毛宗岗《三国演义》第一回总评）

> 自二十五回至此，皆为云长立传。
>
> （毛宗岗《三国演义》第二十七回总评）

> 人但知《三国演义》是叙龙争虎斗之事，而不知为凤为鸾为莺为燕，篇中有应接不暇者，令人于干戈队里时见红裙，旌旗影中常睹粉黛，殆以豪士传与美人传合为一书矣。
>
> （毛宗岗《读三国志法》）

> 《史记》有独传，有合传，却是分开做的。《金瓶梅》却是一百回共成一传，而千百人总合一传，内却又断断续续，各人自有一传。
>
> （张竹坡《批评第一奇书金瓶梅读法》）

> 《聊斋》以传记体叙小说之事，仿《史》《汉》遗法。
>
> （冯镇峦《读聊斋杂说》）

《史记》的人物传记还形成了一定的格式：开头简述人物的姓氏、家族、乡里或者外貌、性格等。如"高祖，沛丰邑中阳里人，姓刘氏，字季。父曰太公，母曰刘媪。其先刘媪尝息大泽之陂，梦与神遇。是时雷电晦冥，太公往视，则见蛟龙于其上。已而有身，遂产高祖。高祖为人，隆准而龙颜，美须髯，左股有七十二黑子。仁而爱人,喜施,意豁如也。常有大度,不事家人生产作业"(《高祖本纪》)。"留侯张良者,其先韩人也。大父开地,相韩昭侯、宣惠王、襄哀王。父平,相釐王、悼惠王。悼惠王二十三年,平卒。卒二十岁,秦灭韩。良年少,未宦事韩。韩破,良家僮三百人,弟死不葬,悉以家财求客刺秦王,为韩报仇,以大父、父五世相韩故。"(《留侯世家》)"乐毅者,其先祖曰乐羊。乐羊为魏文侯将,伐取中山,魏文侯封乐羊以灵寿。乐羊死,葬于灵寿,其后子孙因家焉。中山复国,至赵武灵王时复灭中山,而乐氏后有乐毅。乐毅贤,好兵,赵人举之。"(《乐毅列传》)"张丞相苍者,阳武人也。好书律历。秦时为御史,主柱下方书。有罪,亡归。及沛公略地过阳武,苍以客从攻南阳。苍坐法当斩,解衣伏质,身长大,肥白如瓠,时王陵见而怪其美士,乃言沛公,赦勿斩。遂从西入武关,至咸阳。"(《张丞相列传》)……

而许多唐传奇的开头皆采取了此种格式,此处只略举几例:"唐贞元中,有张生者,性温茂,美风容,内秉坚孤,非礼不可入。"(《莺莺传》)"小娥姓谢氏,豫章人,估客女也。生八岁丧母,嫁历阳侠士段居贞。"(《谢小娥传》)"庐江尉李侃者,陇西人,家于洛之河南。太和初,卒于官。"(《冥音录》)"前进士王洙字学源,其先琅琊人,元和十三年春擢第。尝居邹鲁间名山习业。"(《东阳夜怪录》)……有人曾统计,汪辟疆所编《唐人小说》中的七十五篇小说中,"有三十六篇是用典型的纪传体方式起头的。其余各篇虽不如上述例子典型,但仍然是一开始便交待时间、地点、人物,与纪传体开篇精神基本吻合"①。在明清小说中,人物出场之际对人物进行介绍时也常常采取此种格式。

作为史书,《史记》述人物事迹既要记人之生,又要载人之死,如此方是历史人物的完整传记。按现在的眼光来看,小说完全可截取人物某一段时期的经历,不必对他们的一生作出有头有尾的交待。可是,唐传奇在描述人物的主要事迹之后总要有个尾巴,一定要从人物之生写到人物之死,否则就是以"莫知所之"、"不知所适"、"遂亡其所在"、"后世人莫有遇者"等句式交待人物之结局。明清小说中也有很多这样的例子,甚至某些人物的结局若未被明确交待还会被认为是一种缺漏,如金圣叹就批评《水浒传》没有写王进下落如何,没有写栾廷玉如何死是作品中的白玉微瑕。造成这些情形的原因不用说还是由于史记的传记格式对中国古代的小说有着深远影响。

《史记》人物传记后一般都有以"太史公曰"形式出现的论赞,这些论赞或褒贬

---

① 李少雍:《司马迁传记文学论稿》,重庆出版社,1987,第124—125页。

人物，或表明作传缘起，或进行考证，这样的格式也影响到了唐传奇，至于《聊斋志异》篇末的"异史氏曰"那就更加明显了。

　　《史记》中的许多人物和事迹还成为后世小说戏曲取材的对象，而且，因为《史记》塑造人物、描绘事件的典型性，人们在谈到某一类型的人物或事件时常常以《史记》中的人物与事件进行指代。如说到仗义疏财、结纳人才之士不妨称之为"赛孟尝"，说到骁勇骠悍之人不妨称之为"小霸王"，说到知己不妨称之为"管鲍之交"，说到暗藏杀机的聚会不妨称之为"鸿门宴"，说到别有用心不妨称之为"项庄舞剑"，说到命薄时蹇常常会提起李广，谈到豪富之人往往以邓通指代。

　　《史记》的人物事迹还形成了众多典故，中国古代的文学作品常常会用到。《史记》中的典故如此众多，简直可以说是俯拾皆是，以至于我们随便用一些方式编排这些典故居然都能串起来。下面就用"东西南北中"与"一二三四五"把《史记》中的一些典故给串起来。

　　先看一看"东"：

　　　　李斯未相秦，且逐东门兔。

　　　　　　　　　　　　　　　　　　　　　（李白《送溧阳宋少府陟》）

　　　　千载商山芝，往者东门瓜。

　　　　　　　　　　　　　　　　　　　　　　　　　　　（杜甫《喜晴》）

　　　　东门有闲地，谁种邵平瓜。

　　　　　　　　　　　　　　　　　　　　（许浑《下第寓居崇圣寺有感》）

　　　　知道东门黄犬，不似西山白鹭，风月了平生。

　　　　　　　　　　　　　　　　　　　（葛长庚《水调歌头·草涨一湖绿》）

　　　　谁叹东门猎倦，谁笑南阳舞罢，万事五更钟。

　　　　　　　　　　　　　　　　　　　（刘辰翁《水调歌头·百千孙孙子》）

"东门"的典故出于《史记》的主要有二：一见于《李斯列传》：

　　　　二世二年七月，具斯五刑，论腰斩咸阳市。斯出狱，与其中子俱执，顾谓其中子曰："吾欲与若复牵黄犬俱出上蔡东门逐狡兔，岂可得乎！"遂父子相哭，而夷三族。

李斯贪图富贵，与赵高勾结谋害了公子扶苏而立二世胡亥，最后又为赵高陷害。临刑前，李斯有一番悲叹。后常常用"东门"之悲、"上蔡"之悲、"东门黄犬"、"上蔡黄犬"、"东门狡兔"、"上蔡狡兔"等表示对仕途险恶、富贵无常的感叹。

　　一见于《萧相国世家》：

召平者,故秦东陵侯。秦破,为布衣,贫,种瓜于长安城东,瓜美,故世俗谓之"东陵瓜",从召平以为名也。

召平秦时为侯而后来潦倒,以卖瓜为生,后世常常以"东门瓜"为典慨叹世事沧桑。如:

路旁时卖故侯瓜,门前学种先生柳。

(王维《老将行》)

别后能相忆,东陵有故侯。

(骆宾王《秋日送别》)

欲知东陵味,青门五色瓜。

(李峤《瓜》)

"东门瓜"有时还可指代归隐,如"儒冠曾把身误。弓刀千骑成何事,误了邵平瓜圃"(晁补之《摸鱼儿·买陂塘》)、"有邵平瓜圃,渊明菊径,谁肯徘徊"(吴泳《八声甘州·每逢人》)、"重慕想,东陵晦迹,彭泽归来,左右琴书自乐,松菊相依"(周邦彦《西平乐·稚柳苏晴》)、"何如种瓜秫,带一锄,归去隐东陵"(张炎《木兰花慢·江南无贺老》)、"举手钓鳌客,削迹种瓜侯"(张元干《水调歌头·举手钓鳌客》)等。

再看一看"东郭履":

自笑东郭履,侧惭狐白温。

(李白《赠宣城赵太守悦》)

雪中东郭履,堂上老莱衣。

(李商隐《崔处士》)

步绕周遭,疑便是,踏雪当年东郭。

(杨无咎《念奴娇·单于吹罢》)

疏散履穿东郭,流离马没蓝关。

(陈德武《西江月·疏散履穿东郭》)

这里所说的"东郭履"是指什么呢?读了《史记·滑稽列传》中这个典故的出处你就会明白了:

武帝时,大将军卫青者,卫后兄也,封为长平侯。从军击匈奴,至余吾水上而还,斩首捕虏,有功来归,诏赐金千斤。将军出宫门,齐人东郭先生以方士待诏公车,当道遮卫将军车,拜谒曰:"愿白事。"将军止车前,东郭先生旁车言曰:"王夫人新得幸于上,家贫。今将军得金千斤,诚以其半赐王夫人之亲,人主闻之必喜。此所谓奇策便计也。"卫将军谢之曰:"先生幸告之以便计,请奉教。"于是卫将军乃以五百金为王夫人之亲寿。王夫人以闻武帝。帝曰:"大将军不知为此。"问之安所受计策,对曰:"受之待诏者东郭先生。"诏召东郭先生,拜以为郡都尉。东郭先生久待诏公车,贫困饥寒,衣敝,履不完。行雪中,履有上无下,足尽践地。道中人笑之,东郭先生应之曰:"谁能履行雪中,令人视之,其上履也,其履下处乃似人足者乎?"及其拜为二千石,佩青緺,出宫门,行谢主人。故所以同官待诏者,等比祖道于都门外。荣华道路,立名当世。此所谓衣褐怀宝者也。

原来,东郭先生是一位"衣褐怀宝者",也就是出身贫贱却很有才能的人。他潦倒时曾着无底鞋在雪地中行走,为路人所笑。后世文人便以"东郭履"为典指代贫困。

《史记》中与"西"有关的典故可举出"西山",如李白有诗句云:"夷齐是何人,独守西山饿"(《少年子》)、陈子昂有诗句云:"西山伤遗老,东陵有故侯"(《感遇诗》)、储光羲有诗句云:"焚香东海君,侍坐西山童"(《刘先生闲居》),都用西山来指代隐居,其出处在《史记》中的《伯夷列传》:

  西伯卒,武王载木主,号为文王,东伐纣。伯夷、叔齐叩马而谏曰:"父死不葬,爰及干戈,可谓孝乎?以臣弑君,可谓仁乎?"左右欲兵之。太公曰:"此义人也。"扶而去之。武王已平殷乱,天下宗周,而伯夷、叔齐耻之,义不食周粟,隐于首阳山,采薇而食之。及饿且死,作歌。其辞曰:"登彼西山兮,采其薇矣。以暴易暴兮,不知其非矣。神农、虞、夏忽焉没兮,我安適归矣?于嗟徂兮,命之衰矣!"遂饿死于首阳山。

伯夷叔齐不食周粟,隐于首阳山而饿死,死前所作歌把首阳山称为"西山",李白、陈子昂、储光羲所言"西山"均非泛指,均是用伯夷叔齐隐于首阳山之典。

如果你读到"南极老人自有星,北山移文谁勒铭"(杜甫《覃山人隐居》)、"老人在南极,地远光不发。见则寿圣明,原照高高厥"(元稹《遗兴》)等提到南极老人星的句子,你可不要以为这些句子一定是在祝福长寿。《史记》之《天官书》中有这样一段:"狼比地有大星,曰南极老人。老人见,治安;不见,兵起。常以秋分时候之于南郊",南极老人星不仅仅是寿星,更是预兆国运之星,所以后世常常以此典来指代天下太平、国家兴盛。如:

  正值升平,万几多暇,夜色澄鲜,漏声迢递,南极星中,有老人呈瑞。

(柳永《醉蓬莱·渐亭皋叶下》)

昔在仁皇当极治,南极星宫,曾降嘉瑞。

(杨无咎《蝶恋花·昔在仁皇当极治》)

南极老人呈瑞处,丙丁躔次光相烛。

(姜特立《满江红·小小华堂》)

春事恰平分,南极老人星瑞。

(刘仙伦《好事近·春事恰平分》)

遥瞻南极,瑞彩照盘坡。

(彭止《满庭芳·月闰清秋》)

《史记》之《殷本纪》中有这样一段:"帝纣资辨捷疾,闻见甚敏;材力过人,手格猛兽;知足以距谏,言足以饰非;矜人臣以能,高天下以声,以为皆出己之下。好酒淫乐,嬖于妇人。爱妲己,妲己之言是从。于是使师涓作新淫声,北里之舞,靡靡之乐。"其中,"靡靡之音"已成为成语而为人们熟知,"北里"在后世也成了典故,可用来指代荒淫生活,亦可用来指乐曲,如"北里当绝听,祸莫大于淫"(元稹《桐花》)、"似出听,新声北里"(葛胜仲《蓦声溪·春风野外》)等。

《史记·匈奴列传》中有这样一段:"孝文皇帝复遣宗室女公主为单于阏氏,使宦者燕人中行说傅公主。说不欲行,汉强使之。说曰:'必我行也,为汉患者。'中行说既至,因降单于,单于甚亲幸之。"此后,中行说果然数次不利于汉朝。后来,"中行"一词也就成了卖国贼的代名词,如"少年有意伏中行"(李好古《江城子·平沙浅草接天长》)、"谁人缚可汗,谁人笞中行"(雷发《乌乌歌》)等。

有些典故大家可以说是耳熟能详,可是却未必能知道其确切出处。例如,大家常常说"一诺千金",可是大家知道它出于《史记》吗?典见《史记》之《季布栾布列传》:

楚人曹丘生,辩士,数招权顾金钱。事贵人赵同等,与窦长君善。季布闻之,寄书谏窦长君曰:"吾闻曹丘生非长者,勿与通。"及曹丘生归,欲得书请季布。窦长君曰:"季将军不说足下,足下无往。"固请书,遂行。使人先发书,季布果大怒,待曹丘。曹丘至,即揖季布曰:"楚人谚曰'得黄金百,不如得季布一诺',足下何以得此声于梁楚间哉?且仆楚人,足下亦楚人也。仆游扬足下之名于天下,顾不重邪?何足下距仆之深也!"季布乃大说,引入,留数月,为上客,厚送之。季布名所以益闻者,曹丘扬之也。

顺便说一下,此段中出现的曹丘生在后世也成为典故,用来指举荐者。如"曹丘生莫游扬"(刘克庄《沁园春·历事三朝》)、"故人人作曹丘之誉"(《平山冷燕》第十二回)等。

"二顷田"的典故大家比较陌生,大家不妨看看这么几句:

张仪所以只掉三寸舌,苏秦所以不垦二顷田。

(李白《笑歌行》)

聊租二顷田,方课子弟耕。

(韦应物《寓居永定精舍》)

二顷季子田,岁晏常自足。

(权德舆《数名诗》)

二顷良田无处觅,归去来兮。待有良田是几时。

(苏轼《减字木兰花·贤哉令尹》)

但有竹屋三间,良田二顷,便可休官,日对漏壶永。

(吴泳《祝英台近·小池塘》)

这里的"二顷田"亦非泛指,而是《史记·苏秦列传》中的一个典故:

苏秦为从约长,并相六国。北报赵王,乃行过雒阳,车骑辎重,诸侯各发使送之甚众,疑于王者。周显王闻之恐惧,除道,使人郊劳。苏秦之昆弟妻嫂侧目不敢仰视,俯伏侍取食。苏秦笑谓其嫂曰:"何前倨而后恭也?"嫂委虵蒲服,以面掩地而谢曰:"见季子位高金多也。"苏秦喟然叹曰:"此一人之身,富贵则亲戚畏惧,贫贱则轻易之,况众人乎!且使我有雒阳负郭田二顷,吾岂能佩六国相印乎!"于是散千金以赐宗族朋友。

苏秦说自己有二顷负郭田说不定就会安居下来、不求闻达,后世用这个典故主要是指代隐居。

下面再来看一下"三走"这一典故,李贺有诗句云"我闻古人壮心骨,古人三走无摧捽"(《送沈亚之歌》),这里的"三走"乃失败、受挫之意,典见《史记·管晏列传》:

管仲曰:"吾始困时,尝与鲍叔贾,分财利多自与,鲍叔不以我为贪,知我贫也。吾尝为鲍叔谋事而更穷困,鲍叔不以我为愚,知时有利不利也。吾尝三仕三见逐于君,鲍叔不以我为不肖,知我不遭时也。吾尝三战三走,鲍叔不以我为怯,知我有老母也。公子纠败,召忽死之,吾幽囚受辱,鲍叔不以我为无耻,知我不羞小节而耻功名不显于天下也。生我者父母,知我者鲍子也。"

黄庭坚有诗句云:"持家徒有四立壁,治病不蕲三折肱"(《寄黄几复》),此处以"四立壁"指代生活贫困,典见《史记·司马相如列传》:

文君夜亡奔相如,相如乃与驰归成都。家居徒四壁立。卓王孙大怒曰:"女至不材,我不忍杀,不分一钱也。"人或谓王孙,王孙终不听。文君久之不乐,曰:"长卿第俱如临邛,从昆弟假贷犹足为生,何至自苦如此!"

最后我们再来看一看"五星聚"的典故:

十月五星聚,七年四海宾。

(王珪《咏汉高祖》)

已开千里国,还聚五星文。

(李峤《井》)

五星夜聚,汉兴秦亡。白马素车,降于道傍。

(王昌龄《轵道赋》)

犹记五星丁卯聚,更迟几岁甲申连。

(刘辰翁《双调望江南·盘之所》)

更细算何时,五星同会,天下太平未。

(伍梅城《摸鱼儿·极知君》)

作为典故,"五星聚"可指国运兴盛,因为《史记·天官书》中说:"汉兴,五星聚于东井"。

《史记》有着"重文"的倾向,又对后世的文学作品有着深远影响,可以说,它既是一部史学名著,而且又是一部文学名著。那么,《史记》的文学性主要表现在哪些方面呢?

首先,司马迁《史记》纪传的体例强调以人为中心,在《报任少卿书》中又明确提出"究天人之际,通古今之变"的写作宗旨,这就暗合"文学即人学"的命题。《史记》关注人物个性,营造出众多栩栩如生、有血有肉的人物形象,为大家所熟知的就有商纣王、周文王、姜子牙、周公、老子、庄子、孔子、孟子、荀子、韩非子、齐桓公、晋文公、管仲、晏婴、孙武、吴起、廉颇、蔺相如、荆轲、高渐离、专诸、要离、聂政、秦始皇、吕不韦、赵高、李斯、项羽、刘邦、张良、萧何、韩信、樊哙、陈平、周勃、李广、张汤等。司马迁不是简单地记录、评判历史人物,而是以种种文学手法来塑造人物形象。以《项羽本纪》为例,项羽的力拔山兮气盖世的"霸气"便给人以鲜明深刻的印象。司马迁像一个高明的画家,为项羽在历史中留下了一幅难以磨灭的画像。司马迁是如何达到这样的艺术效果的呢?其文学手法是多样的,因篇幅关系,这里只给大家介绍古文家津津乐道的一个技法——"颊上三毫"法。何谓"颊上三毫"?这就要谈到《世说新语》中的一个小故事:

顾长康画裴叔则，颊上益三毛。人问其故，顾曰："裴楷俊朗有识具，正此是其识具。"看画者寻之，定觉益三毛如有神明，殊胜未安时。

为什么顾恺之画裴楷时添上了本来并不存在的"三毛"，反而更好地画出了裴楷的相貌呢？按宋代古文家魏了翁的说法，"人之精神气质往往聚于一端"，但是，这"一端"并不是很容易就被人发现的，一个艺术家凭自己的眼光发现了这"一端"，他不妨就在这"一端"加上点标志引起大家的注意，那"三毛"就起到了提起大家注意的作用。项羽的"霸气"可以说是他精神气质之"一端"，司马迁提醒读者对此加以注意的"颊上三毛"则可以说是对项羽之"怒"的描写。司马迁对项羽之"怒"的描写有泛写，又有特写，有明写，又有暗写。泛写时既注意表现项羽之"怒"的强度（如"虽吴中子弟皆已惮籍矣"、"一府中皆惧伏，莫敢起"、"诸侯军无不人人惴恐"、"杀汉卒十余万人"、"汉卒十余万人皆入睢水，睢水为之不流"等），又从密度方面表现项羽之"怒"（田荣反，项羽怒；陈余、赵王歇反，项羽怒；刘邦反，项羽怒；彭越反，项羽怒；刘邦纠集诸侯之兵伐楚，项羽怒；黥布反，项羽怒……），如此频繁出现的"怒"字增强了行文的气势。特写时，司马迁抓住项羽"重瞳"的特点进行特写，如广武之战与垓下突围：

楚汉久相持未决，丁壮苦军旅，老弱罢转漕。项王谓汉王曰："天下匈匈数岁者，徒以吾两人耳，愿与汉王挑战决雌雄，毋徒苦天下之民父子为也。"汉王笑谢曰："吾宁斗智，不能斗力。"项王令壮士出挑战。汉有善骑射者楼烦，楚挑战三合，楼烦辄射杀之。项王大怒，乃自被甲持戟挑战。楼烦欲射之，项王瞋目叱之，楼烦目不敢视，手不敢发，遂走还入壁，不敢复出。汉王使人间问之，乃项王也。汉王大惊。

项王乃复引兵而东，至东城，乃有二十八骑。汉骑追者数千人。项王自度不得脱。谓其骑曰："吾起兵至今八岁矣，身七十余战，所当者破，所击者服，未尝败北，遂霸有天下。然今卒困于此，此天之亡我，非战之罪也。今日固决死，愿为诸君快战，必三胜之，为诸君溃围，斩将，刈旗，令诸君知天亡我，非战之罪也。"乃分其骑以为四队，四向。汉军围之数重。项王谓其骑曰："吾为公取彼一将。"令四面骑驰下，期山东为三处。遇山东，分为三处，汉军不知项王所在，乃分军为三，复围之。项王乃驰，复斩汉一都尉，杀数十百人，复聚其骑，亡其两骑耳。于是项王大呼驰下，汉军皆披靡，遂斩汉一将。是时，赤泉侯为骑将，追项王，项王瞋目而叱之，赤泉侯人马俱惊，辟易数里。

需要指出的是,在写人的时候,司马迁不仅能够表现人物的外部特征,而且还很好地描绘出人物的内心活动,这在史书中是不多见的。以《曹相国世家》为例,其中写到刘邦的三次"大喜":

  汉三年,汉王与项羽相距京索之间,上数使使劳苦丞相。鲍生谓丞相曰:"王暴衣露盖,数使使劳苦君者,有疑君心也。为君计,莫若遣君子孙昆弟能胜兵者悉诣军所,上必益信君。"于是何从其计,汉王大说。

  汉十一年,陈豨反,高祖自将,至邯郸。未罢,淮阴侯谋反关中,吕后用萧何计,诛淮阴侯,语在淮阴事中。上已闻淮阴侯诛,使使拜丞相何为相国,益封五千户,令卒五百人一都尉为相国卫。诸君皆贺,召平独吊。召平者,故秦东陵侯。秦破,为布衣,贫,种瓜于长安城东,瓜美,故世俗谓之"东陵瓜",从召平以为名也。召平谓相国曰:"祸自此始矣。上暴露于外而君守于中,非被矢石之事而益君封置卫者,以今者淮阴侯新反于中,疑君心矣。夫置卫卫君,非以宠君也。愿君让封勿受,悉以家私财佐军,则上心说。"相国从其计,高帝乃大喜。

  汉十二年秋,黥布反,上自将击之,数使使问相国何为。相国为上在军,乃拊循勉力百姓,悉以所有佐军,如陈豨时。客有说相国曰:"君灭族不久矣。夫君位为相国,功第一,可复加哉?然君初入关中,得百姓心,十余年矣,皆附君,常复孳孳得民和。上所为数问君者,畏君倾动关中。今君胡不多买田地,贱贳贷以自污?上心乃安。"于是相国从其计,上乃大说。

司马迁并没有采用心理独白的方式(史书中也不允许这样的方式),只是写了刘邦的三次"大喜"就表现出很微妙的内心活动——刘邦的猜忌、多疑、虚伪;萧何的小心、勤谨、明哲保身。内心活动的微妙甚至到了这种地步:萧何甚至还不得不在适当的时候做一些适当的坏事,否则就会有杀身之祸。

  其次,《史记》将曲折生动的情节与琐碎却又有味的细节有机地结合在一起。扬雄曾说:"子长多爱,爱奇也",《史记》中既有惊心动魄的政治斗争,又有金戈铁马的战争场面,还有天马行空的刺客与游侠,司马迁描述起来都是绘声绘色,生动传神,有很强的传奇性,例如《秦本纪》、《秦始皇本纪》、《晋世家》、《留侯世家》、《陈丞相世家》、《范雎列传》、《田单列传》、《白起王翦列传》、《孙子吴起列传》、《淮阴侯列传》、《李将军列传》、《刺客列传》、《游侠列传》等;更加难能可贵的是,司马迁还把日常生活中的琐碎细节写入史书当中，这些细节其实能够很好地表现人物性格，甚至预示出人物以后的命运。例如《李斯列传》与《酷吏列传》当中的张汤传都写到了老鼠，写张良写他为人穿鞋的细节，写刘邦时多次提到他洗脚的细节……

另外，司马迁在《史记》中注入真挚浓郁的情感，或渲染出强烈的悲剧氛围，或感慨世态炎凉，或"废书而叹"，或拍案而起，或对人物寄予深切同情……引人思考社会的不公、人物自身的失误甚至人生、命运、人道这样的大命题。"文以情动人"，司马迁的此种写作态度使本来是史书的《史记》具有很强的文学性。

还有，《史记》的章法、句法乃至用词都颇有独到之处，成为后世学习写作古文的典范。无论是唐宋八大家，还是明代的归有光、唐顺之、王慎中、茅坤等人，清代的桐城派，都从文学的角度对司马迁作出高度评价。

最后还要说明的是，司马迁不仅是史学家、文学家，他还是一位颇为深刻的思想者。《史记》所表现出的富于启发意义的诸多思想不在《概述》部分一一列举了，将贯穿在以后对具体篇章的分析与专题论述之中。

教材体例：

以中华书局三家注本《史记》为底本，精选其中十二个篇章加以详注，帮助同学进行原典阅读。"题解"部分概括介绍这十二个篇章的主要内容，篇章后有"文化拓展"、"文学链接"、"集评"、"思考与讨论"四个部分，将《史记》的多个篇章对照综合、融会贯通，并联系其他著作、言论等概括出一定的专题，把读原典与系统化、研究性学习结合起来。其中，"表序"、《平准书》因体例较为特殊，只安排了"题解"与"集评"。另外，《儒林列传》、《匈奴列传》的文化史意义较为重要，所以此二篇的"文学链接"在本教材中只设"相关文学典故"、"后世有关的著名文学作品"两项，不再设"文学分析"。本教材的"文学分析"不作泛泛而谈、大而化之的人物形象分析、情节分析、语言分析，而是参考前人的文学评点切实点出各篇章在文学上的特异之处，不追求面面俱到，而是力图以点带面，引导同学们举一反三。

推荐参考文献：

哈佛燕京学社引得编纂处编：《史记及注释综合引得》，1947。

黄福銮编：《史记索引》(《二十四史索引》之一)，香港中文大学崇基书院远东学术研究所，1963。

钟华编：《史记人名索引》，中华书局，1977。

张枕石、吴树平编：《二十四史纪传人名索引【史记部分】》，中华书局，1980。

吴树平编：《史记人名索引》，中华书局，1982。

泷川龟太郎：《史记会注考证》，日本东方文化学院东京研究所，1934。

段书安编：《史记三家注引书索引》，中华书局，1982。

杨燕起、俞樟华编：《史记研究资料索引和论文专著提要》，北京师范大学出版社，1989。

张新科、俞樟华：《史记研究史略》，三秦出版社，1990。

王利器主编：《史记注译》，三秦出版社，1988。

张大可：《史记全本新注》，三秦出版社，1990。

［明］凌稚隆辑校、〔明〕李光缙增补、［日］有井范平补标：《史记评林》，台北：地球出版社（影印本），1981。

张大可编：《史记论赞辑释》，陕西人民出版社，1986。

杨燕起等编：《历代名家评史记》，北京师范大学出版社，1986。

韩兆琦编注：《史记选注汇评》，中州古籍出版社，1990。

韩兆琦编：《史记笺证》，江西人民出版社，2016。

陈维新、于大成编：《史记论文集》，台北：西南出版社，1978。

黄沛荣编：《史记论文选集》，台北：长安出版社，1982。

张高评编：《史记研究粹编》，台北：复文出版社，1985。

《司马迁与史记论文集》第一～三辑，陕西人民出版社，1994—1996。

李长之：《司马迁的人格与风格》，台北：汉京出版社，1983。

张维岳编：《司马迁与史记新探》，台北：崧高出版社，1985。

张大可：《司马迁评传》，南京大学出版社，1994。

徐文珊：《史记评介》，台北：维新出版社，1973。

刘咸炘：《太史公书知意》，台北：鼎文出版社，1981。

孙德谦：《太史公书义法》，台北：中华出版社，1985。

韩兆琦：《史记通论》，北京：北京师范大学出版社，1990。

钱穆：《史记地理考》，台北：三民出版社，1968。

陈桐生：《中国史官文化与史记》，汕头大学出版社，1993。

陈桐生：《史记与今古文经学》，陕西师范大学出版社，1995。

陈桐生：《史记与诗经》，人民文学出版社，2000。

陈桐生：《史记与诸子百家之学》，安徽大学出版社，2006。

杨燕起：《史记的学术成就》，北京师范大学出版社，1996。

水泽利忠主编：《史记正义的研究》，日本汲古书院，1995。
张家英：《史记"十二本纪"疑诂》，黑龙江教育出版社，1997。
赵生群：《史记文献学丛稿》，江苏古籍出版社，2000。
宋嗣廉：《史记艺术美研究》，东北师范大学出版社，1986。
郭双成：《史记人物传记论稿》，中州古籍出版社，1986。
李少雍：《司马迁传记文学论稿》，重庆出版社，1987。
何世华：《史记美学论》，台北：水牛出版社，1992。
张新科：《史记与中国文学》，陕西人民教育出版社，1995。
可永雪编著：《史记文学成就论说》，内蒙古教育出版社，2001。

秦 本 纪

题解：

  《秦本纪》所述史实虽多，线索却很清楚。先是"明种姓"，开篇便言始祖女修乃颛顼帝（"五帝"之一）之苗裔，吞玄鸟卵而生大业，以后又列举了几位重要的祖先，其中大费（伯翳）是秦嬴姓之由来，后造父因有功于周穆王而被封在赵，秦又有一支以赵为氏。再到后来，非子因擅长畜牧而被封，周孝王曰："昔伯翳为舜主畜，畜多息，故有土，赐姓嬴。今其后世亦为朕息马，朕其分土为附庸。"于是，"邑之秦，使复续嬴氏祀，号曰秦嬴。"

  然后便开始描述秦由立国直至秦始皇统一天下之前的历史进程："襄公始国"、"祠上帝"——"文公始大"（文公十三年，"初有史以纪事，民多化者"；十六年，"文公以兵伐戎，戎败走。于是文公遂收周余民有之，地至岐，岐以东献之周"；二十年，"法初有三族之罪"）——出子时有三父之乱，三父等被处以"三族之罪"——穆公任用百里傒、蹇叔、孟明、由余等人，东服强晋，西霸戎翟——怀公、简公、躁公、厉公时"不宁"，国家动荡，三晋侵占秦西河地——至献公之后常雄诸侯——孝公任用商鞅"变法修刑"，国富民强；惠文王、悼武王、昭襄王、孝文王、庄襄王"蚕食诸侯"（贾谊《过秦论》曾称之为"六世之余烈"）——始皇统一天下。

  司马迁"原始察终"的历史观念与方法论在此篇表现得很明显。他在《太史公自序》里表示要"原始察终，见盛观衰"，而且确实善于在事情未发生之前看出兆头，总结出历史发展的因果联系。例如此篇载秦襄公"用骝驹、黄牛、羝羊各三，祠上帝西畤"，祠上帝、建西畤皆天子礼，因此作者在《六国年表序》中感叹说："太史公读《秦纪》，至犬戎败幽王，周东徙洛邑，秦襄公始封为诸侯，作西畤，用事上帝，僭端见矣！礼曰：'天子祭天地，诸侯祭其域内名山大川。'今秦杂戎翟之俗，先暴戾，后仁义，位在藩臣而胪于郊祀，君子惧焉"，由秦"祠上帝西畤"之"始"察出其"僭"之"终"。文中凡有此类，如文公十年，初为鄜畤，用三牢；十三年，初有史以纪事，民多化者；二十年，法初有三族之罪；武公二十年卒，初以人从死，从死者六十六人；简公六年，令吏初带剑……作者均特别标出，为历史事件追溯出深刻的历史根源。

本文在《史记》中是首先使用互见法的一篇。如写至孝公任用商鞅变法时，由于史实繁多，乃用互见法曰："其事在《商君》语中"；篇末又云："其语在《始皇本纪》中。"

本文还体现出《史记》重视刻画人物的特点。中国古代的史书常常沦为帝王将相的家谱与功德簿，记述人物与其说是描绘形象，还不如说是制造偶像。《史记》则塑造出有血有肉的人物形象，千载之下视之，"犹虎虎有生气"。在此篇中，刻画人物形象尤以秦穆公着笔最多。作者并未将秦穆公做脸谱化的简单处理，把他写成性格单一的道德化身或罪恶渊薮，而是写出了他的复杂性格：礼贤下士，宽容仁德，勇于改过而又固执己见，死后又用活人为殉，以至作者借君子之言说他"死而弃民"……司马迁以他的生花妙笔，塑造出一个立体的、栩栩如生的人物形象。

正文：

秦之先，帝颛顼①之苗裔孙曰女修。女修织，玄鸟陨卵，女修吞之，生子大业。大业取少典之子，曰女华。女华生大费，与禹平水土。已成，帝锡②玄圭③。禹受曰："非予能成，亦大费为辅。"帝舜曰："咨④尔费，赞⑤禹功，其赐尔皂⑥游⑦。尔后嗣将大出。"乃妻之姚姓之玉女⑧。大费拜受，佐舜调驯鸟兽，鸟兽多驯服，是为柏翳。舜赐姓嬴氏。

大费生子二人：一曰大廉，实鸟俗氏；二曰若木，实费氏。其玄孙曰费昌，子孙或在中国⑨，或在夷狄。费昌当夏桀之时，去夏归商，为汤御，以败桀于鸣条⑩。大廉玄孙曰孟戏、中衍，鸟身人言。帝太戊闻而卜之使

---

① 颛顼（zhuān xū）：传说中的上古帝王，"五帝"之一。
② 锡：同"赐"。
③ 玄圭：黑色的玉圭。圭，帝王或诸侯朝会、祭祀时所用礼器。舜赐玄圭事见《夏本纪》。
④ 咨：表示赞赏的叹词。
⑤ 赞：助，帮助。
⑥ 皂：黑色的。
⑦ 游：此处音 liú，同"旒"，旌旗之义。
⑧ 玉女：可指美女。《吕氏春秋·贵直》："惠公即位二年，淫色暴慢，身好玉女。"亦是旧时对他人之女的敬称。《礼记·祭统》："请君之玉女，与寡人共有敝邑。"此处兼而有之。
⑨ 中国：指中原地带。
⑩ 鸣条：地名。

御,吉,遂致使御而妻之。自太戊以下,中衍之后,遂世有功,以佐殷国,故嬴姓多显,遂为诸侯。

其玄孙曰中潏,在西戎,保西垂①。生蜚廉。蜚廉生恶来。恶来有力,蜚廉善走,父子俱以材力事殷纣。周武王之伐纣,并杀恶来。是时蜚廉为纣石②北方,还,无所报,为坛霍太山而报,得石棺,铭曰"帝令处父③不与殷乱,赐尔石棺以华氏④"。死,遂葬于霍太山。蜚廉复有子曰季胜。季胜生孟增。孟增幸于周成王,是为宅皋狼⑤。皋狼生衡父,衡父生造父。造父以善御幸于周缪王,得骥、温骊、骅駵、騄耳⑥之驷,西巡狩,乐而忘归。徐⑦偃王作乱,造父为缪王御,长驱归周,一日千里以救乱。缪王以赵城封造父,造父族由此为赵氏。自蜚廉生季胜已下五世至造父,别居赵。赵衰其后也。恶来革者,蜚廉子也,蚤⑧死。有子曰女防。女防生旁皋,旁皋生太几,太几生大骆,大骆生非子。以造父之宠,皆蒙赵城,姓赵氏。

非子居犬丘,好马及畜,善养息⑨之。犬丘人言之周孝王,孝王召使主马于汧渭之间,马大蕃息⑩。孝王欲以为大骆適嗣⑪。申侯之女为大骆妻,生子成为適。申侯乃言孝王曰:"昔我先郦山之女,为戎胥轩妻,生中潏,以亲故归周,保西垂,西垂以其故和睦。今我复与大骆妻,生適子成。申骆重婚,西戎皆服,所以为王。王其图之。"于是孝王曰:"昔伯翳为舜主畜,畜多息,故有土,赐姓嬴。今其后世亦为朕息马,朕其分土为附庸。"邑之秦,使复续嬴氏祀,号曰秦嬴。亦不废申侯之女子为骆適者,

---

① 垂:同"陲",边境之义。
② 石:此处脱字,疑为作石棺之意。
③ 处父:蜚廉别号。
④ 华氏:光耀家族。
⑤ 宅皋狼:皋狼,地名,宅皋狼,指居于皋狼。
⑥ 骥、温骊、骅駵、騄耳:皆是良马名。
⑦ 徐:此处是地名。《汉书·地理志》:"临淮有徐县,云故徐国。"
⑧ 蚤:同"早"。
⑨ 息:繁殖。
⑩ 蕃息:繁殖。"蕃"、"息"同义。
⑪ 適:嫡长子。適,通"嫡"。嗣:继承人。

以和西戎。

秦嬴生秦侯。秦侯立十年,卒。生公伯。公伯立三年,卒。生秦仲。秦仲立三年,周厉王无道,诸侯或叛之。西戎反王室,灭犬丘大骆之族。周宣王即位,乃以秦仲为大夫,诛西戎。西戎杀秦仲。秦仲立二十三年,死于戎。有子五人,其长者曰庄公。周宣王乃召庄公昆弟①五人,与兵七千人,使伐西戎,破之。于是复予秦仲后,及其先大骆地犬丘并有之,为西垂大夫。

庄公居其故西犬丘,生子三人,其长男世父。世父曰:"戎杀我大父②仲,我非杀戎王则不敢入邑。"遂将击戎,让其弟襄公。襄公为太子。庄公立四十四年,卒,太子襄公代立。襄公元年,以女弟缪嬴为丰王妻。襄公二年,戎围犬丘,世父击之,为戎人所虏。岁余,复归世父。七年春,周幽王用③褒姒废太子,立褒姒子为适,数欺诸侯,诸侯叛之。西戎犬戎与申侯伐周,杀幽王郦山下。而秦襄公将兵救周,战甚力,有功。周避犬戎难,东徙雒邑,襄公以兵送周平王。平王封襄公为诸侯,赐之岐以西之地。曰:"戎无道,侵夺我岐、丰之地,秦能攻逐戎,即有其地。"与誓,封爵之。襄公于是始国,与诸侯通使聘享④之礼,乃用驹䭿⑤、黄牛、羝羊各三,祠上帝⑥西畤⑦。十二年,伐戎而至岐,卒。生文公。

文公元年,居西垂宫。三年,文公以兵七百人东猎。四年,至汧渭之会。曰:"昔周邑我先秦嬴于此,后卒获为诸侯。"乃卜居之,占曰吉,即营邑之。十年,初为鄜畤⑧,用三牢⑨。十三年,初有史以纪事,民多化者。十六年,文公以兵伐戎,戎败走。于是文公遂收周余民有之,地至岐,岐

---

① 昆弟:兄弟。
② 大父:祖父。
③ 用:因。
④ 聘享:春秋战国时的外交礼节。诸侯之间通问修好为聘,诸侯向天子献纳方物为享。
⑤ 䭿:赤身黑鬣之马。
⑥ 上帝:此处指白帝。
⑦ 畤:祭处,祭祀天地五帝的祭坛。
⑧ 鄜:地名。畤:对天地的祭祀。
⑨ 三牢:指牛、羊、猪。牢,祭祀用的牺牲。

以东献之周。十九年,得陈宝①。二十年,法初有三族②之罪。二十七年,伐南山大梓,丰大特③。四十八年,文公太子卒,赐谥为竫公。竫公子立,是为宁公。竫公之长子为太子,是文公孙也。五十年,文公卒,葬西山。

宁公二年,公徙居平阳。遣兵伐荡社。三年,与亳战,亳王奔戎,遂灭荡社。四年,鲁公子翚弑其君隐公。十二年,伐荡氏,取之。宁公生十岁立,立十二年卒,葬西山。生子三人,长男武公为太子。武公弟德公,同母鲁姬子。生出子。宁公卒,大庶长弗忌、威垒、三父废太子而立出子为君。出子六年,三父等复共令人贼杀出子。出子生五岁立,立六年卒。三父等乃复立故太子武公。

武公元年,伐彭戏氏④,至于华山下,居平阳封宫。三年,诛三父等而夷三族,以其杀出子也。郑高渠眯⑤杀其君昭公。十年,伐邽、冀戎,初县之。十一年,初县杜、郑。灭小虢。

十三年,齐人管至父、连称等杀其君襄公而立公孙无知。晋灭霍、魏、耿。齐雍廪杀无知、管至父等而立齐桓公。齐、晋为强国。

十九年,晋曲沃始为晋侯。齐桓公伯⑥于鄄。

二十年,武公卒,葬雍平阳。初以人从死⑦,从死者六十六人。有子一人,名曰白,白不立,封平阳。立其弟德公。

德公元年,初居雍城大郑宫。以牺⑧三百牢祠鄜畤。卜居雍。后子

---

① 陈宝:《史记正义》引《括地志》:"宝鸡在岐州陈仓县东二十里故陈仓城中。晋太康地志云'秦文公时,陈仓人猎得兽,若彘,不知名,牵以献之。逢二童子,童子曰:"此名为媦,常在地中,食死人脑。"即欲杀之,拍捶其首。媦亦语曰:"二童子名陈宝,得雄者王,得雌者霸。"陈仓人乃逐二童子,化为雉,雌上陈仓北阪,为石,秦祠之'。"
② 三族:父母、兄弟、妻子。又或曰:父族、母族、妻族。
③ 特:公牛。
④ 彭戏氏:戎人之号。
⑤ 高渠眯:《左传》作"高梁弥"。
⑥ 伯:同"霸",称雄之意。
⑦ 从死:即殉葬。
⑧ 牺:用于祭祀的猪牛羊等。

孙饮马于河①。梁伯、芮伯来朝。二年,初伏②,以狗御蛊③。德公生三十三岁而立,立二年卒。生子三人:长子宣公,中子成公,少子穆公。长子宣公立。

宣公元年,卫、燕伐周,出④惠王,立王子颓。三年,郑伯、虢叔杀子颓而入惠王。四年,作密畤⑤与晋战河阳,胜之。十二年,宣公卒。生子九人,莫立,立其弟成公。

成公元年,梁伯、芮伯来朝。齐桓公伐山戎,次⑥于孤竹。成公立四年卒。子七人,莫立,立其弟缪公。

缪公任好⑦元年,自将伐茅津⑧,胜之。四年,迎妇于晋,晋太子申生姊也。其岁,齐桓公伐楚,至邵陵。

五年,晋献公灭虞、虢⑨,虏虞君与其大夫百里傒,以璧马赂于虞故也。既虏百里傒,以为秦缪公夫人媵⑩于秦。百里傒亡秦走宛,楚鄙人执之。缪公闻百里傒贤,欲重赎之,恐楚人不与,乃使人谓楚曰:"吾媵臣百里傒在焉,请以五羖羊⑪皮赎之。"楚人遂许与之。当是时,百里傒年已七十余。缪公释其囚,与语国事。谢曰:"臣亡国之臣,何足问!"缪公曰:"虞君不用子,故亡,非子罪也。"固问,语三日,缪公大说,授之国政,号曰五羖大夫。百里傒让曰:"臣不及臣友蹇叔,蹇叔贤而世莫知。臣常⑫游困于齐而乞食铚人,蹇叔收臣。臣因而欲事齐君无知,蹇叔止臣,臣得脱

---

① 饮马于河:指此后秦国力强盛,其土地已东扩至龙门之河。
② 伏:节气名。《史记正义》:"六月三伏之节,起秦德公为之,故云初伏。伏者,隐伏避盛暑也。"
③ 以狗御蛊:杀狗以祛除热毒邪气。蛊,本指毒虫,这里指伤人的热毒邪气。《史记正义》:"蛊者,热毒恶气为伤害人,故磔狗以御之。"
④ 出:赶走。
⑤ 密畤:《史记正义》引《括地志》:"秦宣公作密畤于渭南,祭青帝。"
⑥ 次:驻扎,停留。
⑦ 任好:缪公名。
⑧ 茅津:戎人之号。
⑨ 晋献公灭虞、虢:公元前655年,晋向虞国借道伐虢,虞君不听大夫公之奇有劝阻,借道给晋,晋灭虢后,在回师经过虞国时,灭了虞国。事见《左传·僖公五年》及《晋世家》。
⑩ 媵:古诸侯女儿出嫁时随嫁或陪嫁的人。
⑪ 羖(gǔ)羊:黑色的公羊。
⑫ 常:通"尝",曾经。

齐难,遂之周。周王子颓好牛,臣以养牛干①之。及颓欲用臣,蹇叔止臣,臣去,得不诛。事虞君,蹇叔止臣。臣知虞君不用臣,臣诚私利禄爵,且留。再用其言,得脱;一不用,及虞君难:是以知其贤。"于是缪公使人厚币②迎蹇叔,以为上大夫。

秋,缪公自将伐晋,战于河曲。晋骊姬作乱③,太子申生死新城④,重耳、夷吾出奔。

九年,齐桓公会诸侯于葵丘。

晋献公卒。立骊姬子奚齐,其臣里克杀奚齐。荀息立卓子,克又杀卓子及荀息。夷吾使人请秦,求入晋。于是缪公许之,使百里傒将兵送夷吾。夷吾谓曰:"诚得立,请割晋之河西八城与秦。"及至,已立,而使丕郑谢秦,背约不与河西城,而杀里克。丕郑闻之,恐,因与缪公谋曰:"晋人不欲夷吾,实欲重耳。今背秦约而杀里克,皆吕甥、郤芮之计也。愿君以利急召吕、郤,吕、郤至,则更入重耳便。"缪公许之,使人与丕郑归,召吕、郤。吕、郤等疑丕郑有间⑤,乃言夷吾杀丕郑。丕郑子丕豹奔秦,说缪公曰:"晋君无道,百姓不亲,可伐也。"缪公曰:"百姓苟不便,何故能诛其大臣?能诛其大臣,此其调⑥也。"不听,而阴⑦用豹。

十二年,齐管仲、隰朋死。

晋旱,来请粟。丕豹说缪公勿与,因其饥而伐之。缪公问公孙支,支曰:"饥穰,更事⑧耳,不可不与。"问百里傒,傒曰:"夷吾得罪于君,其百姓何罪?"于是用百里傒、公孙支言,卒与之粟。以船漕车转,自雍相望至绛⑨。

---

① 干:求,指求取禄位。
② 币:用作礼物的玉、马、皮、帛等。
③ 骊姬作乱:指骊姬害死太子申生,迫使公子重耳、夷吾出走。事详《晋世家》及《左传·僖公四年》、《左传·僖公五年》。
④ 新城:指曲沃。
⑤ 间:诡计。
⑥ 调:调和,指夷吾尚未失民心。
⑦ 阴:暗地里。
⑧ 更事:交替出现的事,犹常事。
⑨ 雍、绛:雍为秦国都,绛为晋国都。

十四年，秦饥，请粟于晋。晋君谋之群臣。虢射曰："因其饥伐之，可有大功。"晋君从之。十五年，兴兵将攻秦。缪公发兵，使丕豹将，自往击之。九月壬戌，与晋惠公夷吾合战于韩地。晋君弃其军，与秦争利，还①而马鸷②。缪公与麾下驰追之，不能得晋君，反为晋军所围。晋击缪公，缪公伤。于是岐下食善马者三百人驰冒③晋军，晋军解围，遂脱缪公而反生得晋君。初，缪公亡善马，岐下野人共得而食之者三百余人。吏逐得，欲法之。缪公曰："君子不以畜产害人。吾闻食善马肉不饮酒，伤人。"乃皆赐酒而赦之。三百人者闻秦击晋，皆求从，从而见缪公窘，亦皆推锋争死，以报食马之德。于是缪公虏晋君以归，令于国，"齐④宿，吾将以晋君祠上帝。"周天子闻之，曰"晋我同姓"，为请晋君。夷吾姊亦为缪公夫人，夫人闻之，乃衰绖跣，曰："妾兄弟不能相救，以辱君命。"缪公曰："我得晋君以为功，今天子为请，夫人是忧。"乃与晋君盟，许归之，更舍上舍，而馈之七牢⑤。十一月，归晋君夷吾，夷吾献其河西地，使太子圉为质于秦。秦妻子圉以宗女。是时秦地东至河⑥。

十八年，齐桓公卒。二十年，秦灭梁、芮。

二十二年，晋公子圉闻晋君病，曰："梁，我母家也，而秦灭之。我兄弟多，即君百岁后⑦，秦必留我，而晋轻，亦更立他子。"子圉乃亡归晋。二十三年，晋惠公卒，子圉立为君。秦怨圉亡去，乃迎晋公子重耳于楚，而妻以故子圉妻。重耳初谢，后乃受。缪公益礼厚遇之。二十四年春，秦使人告晋大臣，欲入重耳。晋许之，于是使人送重耳。二月，重耳立为晋君，是为文公。文公使人杀子圉。子圉是为怀公。

其秋，周襄王弟带以翟伐王，王出居郑。二十五年，周王使人⑧告难

---

① 还：此处通"旋"，很快地。
② 鸷（zhì）：指马陷入泥泞不可动弹。
③ 冒：不顾危险地攻击。
④ 齐：同"斋"，斋戒。
⑤ 七牢：诸侯礼，牛一羊一豕一为一牢。
⑥ 河：龙门河。
⑦ 百岁后：死的委婉说法。
⑧ 周王使人：指郑大夫烛之武。事详《左传·僖公三十年》。

于晋、秦。秦缪公将兵助晋文公入襄王，杀王弟带。二十八年，晋文公败楚于城濮。三十年，缪公助晋文公围郑。郑使人言缪公曰："亡郑厚晋，于晋而得矣，而秦未有利。晋之彊①，秦之忧也。"缪公乃罢兵归。晋亦罢。三十二年冬，晋文公卒。

郑人有卖郑于秦曰："我主②其城门，郑可袭也。"缪公问蹇叔、百里傒，对曰："径③数国千里而袭人，希④有得利者。且人卖郑，庸知我国人不有以我情告郑者乎？不可。"缪公曰："子不知也，吾已决矣。"遂发兵，使百里傒子孟明视，蹇叔子西乞术及白乙丙将兵。行日，百里傒、蹇叔二人哭之。缪公闻，怒曰："孤发兵而子沮哭吾军，何也？"二老曰："臣非敢沮君军。军行，臣子与往；臣老，迟还恐不相见，故哭耳。"二老退，谓其子曰："汝军即败，必于殽阨⑤矣。"三十三年春，秦兵遂东，更晋地，过周北门。周王孙满曰："秦师无礼，不败何待！"兵至滑，郑贩卖贾人弦高，持十二牛将卖之周，见秦兵，恐死虏，因献其牛，曰："闻大国将诛郑，郑君谨修守御备，使臣以牛十二劳军士。"秦三将军相谓曰："将袭郑，郑今已觉之，往无及已。"灭滑。滑，晋之边邑也。

当是时，晋文公丧尚未葬。太子襄公怒曰："秦侮我孤，因⑥丧破我滑。"遂墨衰绖，发兵遮⑦秦兵于殽，击之，大破秦军，无一人得脱者。虏秦三将以归。文公夫人，秦女⑧也，为秦三囚将请曰："缪公之怨此三人入于骨髓，愿令此三人归，令我君得自快烹之。"晋君许之，归秦三将。三将至，缪公素服郊迎，乡三人哭曰："孤以不用百里傒、蹇叔言以辱三子，三子何罪乎？子其悉心雪耻，毋怠。"遂复三人官秩⑨如故，愈益厚之。

三十四年，楚太子商臣弑其父成王代立。

---

① 彊：同"强"。
② 主：掌管。
③ 径：取径（于）。
④ 希：同"稀"，很少。
⑤ 阨：通"隘"，狭窄。
⑥ 因：趁。
⑦ 遮：拦住。
⑧ 秦女：缪公女。
⑨ 官秩：官爵与俸禄。

缪公于是复使孟明视等将兵伐晋，战于彭衙。秦不利，引兵归。

戎王使由余于秦。由余，其先晋人也，亡入戎，能晋言。闻缪公贤，故使由余观①秦。秦缪公示以宫室、积聚。由余曰："使鬼为之，则劳神矣。使人为之，亦苦民矣。"缪公怪之，问曰："中国以诗书礼乐法度为政，然尚时乱，今戎夷无此，何以为治，不亦难乎？"由余笑曰："此乃中国所以乱也。夫自上圣黄帝作为礼乐法度，身以先之，仅以小治。及其后世，日以骄淫。阻②法度之威，以责督于下，下罢③极则以仁义怨望于上，上下交争怨而相篡弑，至于灭宗，皆以此类也。夫戎夷不然。上含淳德以遇其下，下怀忠信以事其上，一国之政犹一身之治，不知所以治，此真圣人之治也。"于是缪公退而问内史廖曰："孤闻邻国有圣人，敌国之忧也。今由余贤，寡人之害，将柰之何？"内史廖曰："戎王处辟匿，未闻中国之声。君试遗其女乐，以夺其志；为由余请，以疏其间；留而莫遣，以失其期。戎王怪之，必疑由余。君臣有间，乃可虏也。且戎王好乐，必怠于政。"缪公曰："善。"因与由余曲席④而坐，传器而食，问其地形与其兵势尽詧⑤，而后令内史廖以女乐二八遗戎王。戎王受而说之，终年不还。于是秦乃归由余。由余数谏不听，缪公又数使人间要由余，由余遂去降秦。缪公以客礼礼之，问伐戎之形。

三十六年，缪公复益厚孟明等，使将兵伐晋，渡河焚船，大败晋人，取王官及鄗，以报殽之役。晋人皆城守不敢出。于是缪公乃自茅津渡河，封⑥殽中尸，为发丧，哭之三日。乃誓于军曰："嗟士卒！听无讙⑦，余誓告汝。古之人谋黄发番番⑧，则无所过。"以申⑨思不用蹇叔、百里傒之谋，故作此誓，令后世以记余过。君子闻之，皆为垂涕，曰："嗟乎！秦缪公之

---

① 观：察，考察。
② 阻：倚仗。
③ 罢：同"疲"，疲乏。
④ 曲席：床在穆公左右，相连而坐，故谓之"曲席"。
⑤ 詧：同"察"，此处是详明之意。
⑥ 封：埋葬。
⑦ 讙（huá）：同"哗"。
⑧ 番番：字似当作"皤"。皤，白头貌。老年人发白而更黄，故云黄发番番。
⑨ 申：告诫。

与人周①也,卒得孟明之庆。"

三十七年,秦用由余谋伐戎王,益国十二,开地千里,遂霸西戎。天子使召公过贺缪公以金鼓。三十九年,缪公卒,葬雍。从死者百七十七人,秦之良臣子舆氏三人名曰奄息、仲行、鍼虎,亦在从死之中。秦人哀之,为作歌《黄鸟》之诗。君子曰:"秦缪公广地益国,东服强晋,西霸戎夷,然不为诸侯盟主,亦宜哉。死而弃民,收其良臣而从死。且先王崩,尚犹遗德垂法,况夺之善人良臣百姓所哀者乎?是以知秦不能复东征也。"缪公子四十人,其太子䓨代立,是为康公。

康公元年。往岁缪公之卒,晋襄公亦卒;襄公之弟名雍,秦出②也,在秦。晋赵盾欲立之,使随会来迎雍,秦以兵送至令狐。晋立襄公子而反击秦师,秦师败,随会来奔。二年,秦伐晋,取武城,报令狐之役。四年,晋伐秦,取少梁。六年,秦伐晋,取羁马。战于河曲,大败晋军。晋人患随会在秦为乱,乃使魏雠馀详③反,合谋会,诈而得会,会遂归晋。康公立十二年卒,子共公立。

共公二年,晋赵穿弑其君灵公。三年,楚庄王强,北兵至雒,问周鼎。共公立五年卒,子桓公立。

桓公三年,晋败我一将。十年,楚庄王服郑,北败晋兵于河上。当是之时,楚霸,为会盟合诸侯。二十四年,晋厉公初立,与秦桓公夹河而盟。归而秦倍盟,与翟合谋击晋。二十六年,晋率诸侯伐秦,秦军败走,追至泾而还。桓公立二十七年卒,子景公立。

景公四年,晋栾书弑其君厉公。十五年,救郑,败晋兵于栎。是时晋悼公为盟主。十八年,晋悼公强,数会诸侯,率以伐秦,败秦军。秦军走,晋兵追之,遂渡泾,至棫林而还。二十七年,景公如晋,与平公盟,已而背之。三十六年,楚公子围弑其君而自立,是为灵王。景公母弟后子针有宠,景公母弟富,或谮④之,恐诛,乃奔晋,车重千乘。晋平公曰:"后子富

---

① 周:备,周全。
② 秦出:指雍母为秦女。
③ 详:同"佯",假装。
④ 谮(zhèn):说坏话诬陷别人。

如此,何以自亡?"对曰:"秦公无道,畏诛,欲待其后世乃归。"三十九年,楚灵王强,会诸侯于申,为盟主,杀齐庆封。景公立四十年卒,子哀公立。后子复来归秦。

哀公八年,楚公子弃疾弑灵王而自立,是为平王。十一年,楚平王来求秦女为太子建妻。至国,女好而自娶之。十五年,楚平王欲诛建,建亡;伍子胥奔吴。晋公室卑而六卿①强,欲内相攻,是以久秦晋不相攻。三十一年,吴王阖闾与伍子胥伐楚,楚王亡奔随,吴遂入郢。楚大夫申包胥②来告急,七日不食,日夜哭泣。于是秦乃发五百乘救楚,败吴师。吴师归,楚昭王乃得复入郢。哀公立三十六年卒。太子夷公,夷公蚤死,不得立,立夷公子,是为惠公。

惠公元年,孔子行鲁相事。五年,晋卿中行、范氏反晋,晋使智氏、赵简子攻之,范、中行氏亡奔齐。惠公立十年卒,子悼公立。

悼公二年,齐臣田乞弑其君孺子,立其兄阳生,是为悼公。六年,吴败齐师。齐人弑悼公,立其子简公。九年,晋定公与吴王夫差盟,争长于黄池,卒先吴③。吴强,陵④中国。十二年,齐田常弑简公,立其弟平公,常相之。十三年,楚灭陈。秦悼公立十四年卒,子厉共公立。孔子以悼公十二年卒。

厉共公二年,蜀人来赂。十六年,堑⑤河旁。以兵二万伐大荔,取其王城。二十一年,初县频阳。晋取武成。二十四年,晋乱,杀智伯,分其国与赵、韩、魏。二十五年,智开与邑人来奔。三十三年,伐义渠,虏其王。三十四年,日食。厉共公卒,子躁公立。

躁公二年,南郑反。十三年,义渠来伐,至渭南。十四年,躁公卒,立其弟怀公。

怀公四年,庶长鼌与大臣围怀公,怀公自杀。怀公太子曰昭子,蚤

---

① 六卿:晋国有范氏、中行氏、智氏、赵氏、韩氏、魏氏六个家族,世代为卿,称六卿。
② 申包胥:姓公孙,因封于申地,因称申包胥。
③ 先吴:(使)吴占先。
④ 陵:侵犯、欺侮。
⑤ 堑(qiàn):同"堑",此处是名词动用,指挖壕沟。

死，大臣乃立太子昭子之子，是为灵公。灵公，怀公孙也。

灵公六年，晋城少梁，秦击之。十三年，城籍姑。灵公卒，子献公不得立，立灵公季父悼子，是为简公。简公，昭子之弟而怀公子也。

简公六年，令吏初带剑。堑洛。城重泉①。十六年卒，子惠公立。

惠公十二年，子出子生。十三年，伐蜀，取南郑。惠公卒，出子立。

出子二年，庶长改迎灵公之子献公于河西而立之。杀出子及其母，沉之渊旁。秦以往者数易君，君臣乖乱②，故晋复强，夺秦河西地。

献公元年，止从死。二年，城栎阳。四年正月庚寅，孝公生。十一年，周太史儋见献公曰："周故与秦国合而别，别五百岁复合，合十七岁而霸王出。"十六年，桃冬花。十八年，雨金③栎阳。二十一年，与晋战于石门，斩首六万，天子贺以黼黻④。二十三年，与魏晋⑤战少梁，虏其将公孙痤。二十四年，献公卒，子孝公立，年已二十一岁矣。

孝公元年，河山⑥以东强国六，与齐威、楚宣、魏惠、燕悼、韩哀、赵成侯并。淮泗之间小国十余。楚、魏与秦接界。魏筑长城，自郑滨洛以北，有上郡。楚自汉中，南有巴、黔中。周室微，诸侯力政⑦，争相并。秦僻在雍州，不与中国诸侯之会盟，夷翟遇之。孝公于是布惠，振孤寡，招战士，明功赏。下令国中曰："昔我缪公自岐雍之间，修德行武，东平晋乱，以河⑧为界，西霸戎翟，广地千里，天子致伯，诸侯毕贺，为后世开业，甚光美。会往者厉、躁、简公、出子之不宁，国家内忧，未遑外事，三晋攻夺我先君河西地，诸侯卑秦、丑莫大焉。献公即位，镇抚边境，徙治栎阳，且欲东伐，复缪公之故地，修缪公之政令。寡人思念先君之意，常痛于心。宾客群臣有能出奇计强秦者，吾且尊官，与之分土。"于是乃出兵东围陕城，

---

① 城重泉：重泉，地名。城，名词动用，建城。
② 乖乱：混乱，不协调。
③ 冬花、雨金：冬天开花，雨中落金，均为吉兆。
④ 黼黻（fǔ fú）：绣有花纹的礼服。黼，黑白相间如斧形的花纹。黻，黑青相间的花纹。
⑤ 魏晋：即魏。秦献公九年（前376），韩、赵、魏三家全部瓜分晋地，废晋静公，晋亡。因魏国本是晋的一部分，所以称之为魏晋。
⑥ 河山：河，黄河。山，崤山。
⑦ 政：同"征"，征讨。
⑧ 河：指处指的是龙门河。

西斩戎之獂王。卫鞅闻是令下，西入秦，因①景监求见孝公。

二年，天子致胙②。

三年，卫鞅说孝公变法修刑，内务耕稼，外劝战死之赏罚，孝公善之。甘龙、杜挚等弗然，相与争之。卒用鞅法，百姓苦之；居三年，百姓便之。乃拜鞅为左庶长。其事在《商君》语中。

七年，与魏惠王会杜平。八年，与魏战元里，有功。十年，卫鞅为大良造，将兵围魏安邑，降之。十二年，作③为咸阳，筑冀阙④，秦徙都之。并诸小乡聚，集为大县，县一令，四十一县。为田开阡陌⑤。东地⑥渡洛。十四年，初为赋。十九年，天子致伯⑦。二十年，诸侯毕贺。秦使公子少官率师会诸侯逢泽，朝天子。

二十一年，齐败魏马陵。

二十二年，卫鞅击魏，虏魏公子卬。封鞅为列侯，号商君。

二十四年，与晋战雁门，虏其将魏错。

孝公卒，子惠文君立。是岁，诛卫鞅。鞅之初为秦施法，法不行，太子犯禁。鞅曰："法之不行，自于贵戚。君必欲行法，先于太子。太子不可黥，黥其傅师。"于是法大用，秦人治。及孝公卒，太子立，宗室多怨鞅，鞅亡，因以为反，而卒车裂以徇⑧秦国。

惠文君元年，楚、韩、赵、蜀人来朝。二年，天子贺。三年，王冠。四年，天子致文武胙。齐、魏为王。

五年，阴晋人犀首为大良造。六年，魏纳阴晋，阴晋更名宁秦。七年，公子卬与魏战，虏其将龙贾，斩首八万。八年，魏纳河西地。九年，渡河，取汾阴、皮氏。与魏王会应。围焦，降之。十年，张仪相秦。魏纳上

---

① 因：通过。
② 胙：祭祀用的肉，祭后分送给参与祭祀的人。
③ 作：开始。
④ 冀阙：也叫象魏、象阙，古代廷外公布法令的门阙。
⑤ 阡陌：田埂。南北方向的田埂叫"阡"，东西方向的田埂叫"陌"。"开阡陌"实际上是废除井田制。
⑥ 地：地界。
⑦ 伯：通"霸"。《太平御览》卷七十七引桓谭《新论》佚文："兴兵约盟，以信义矫世谓之伯。"
⑧ 徇：示众。

郡十五县。

十一年，县义渠。归魏焦、曲沃。十二年，初腊①。十三年四月戊午，魏君为王，韩亦为王。使张仪伐取陕，出其人与魏。

十四年，更为元年。二年，张仪与齐、楚大臣会齧桑。三年，韩、魏太子来朝。张仪相魏。五年，王游至北河②。七年，乐池相秦。韩、赵、魏、燕、齐帅匈奴共攻秦。秦使庶长疾与战修鱼，虏其将申差，败赵公子渴、韩太子奂，斩首八万二千。八年，张仪复相秦。九年，司马错伐蜀，灭之。伐取赵中都、西阳。十年，韩太子苍来质。伐取韩石章。伐败赵将泥。伐取义渠二十五城。十一年，樗里疾攻魏焦，降之。败韩岸门，斩首万，其将犀首走。公子通封于蜀。燕君让其臣子之。十二年，王与梁王会临晋。庶长疾攻赵，虏赵将庄。张仪相楚。十三年，庶长章击楚于丹阳，虏其将屈匄，斩首八万；又攻楚汉中，取地六百里，置汉中郡。楚围雍氏，秦使庶长疾助韩而东攻齐，到满助魏功燕。十四年，伐楚，取召陵。丹、犁臣，蜀相壮杀蜀侯来降。

惠王卒，子武王立。韩、魏、齐、楚、越皆宾从。

武王元年，与魏惠王会临晋。诛蜀相壮。张仪、魏章皆东出之魏。伐义渠、丹、犁。二年，初置丞相，樗里疾、甘茂为左右丞相。张仪死于魏。三年，与韩襄王会临晋外。南公揭卒，樗里疾相韩。武王谓甘茂曰："寡人欲容车通三川，窥周室，死不恨矣。"其秋，使甘茂、庶长封伐宜阳。四年，拔宜阳，斩首六万。涉河，城武遂。魏太子来朝。武王有力好戏，力士任鄙、乌获、孟说皆至大官。王与孟说举鼎，绝膑。八月，武王死。族孟说。武王取魏女为后，无子。立异母弟，是为昭襄王。昭襄母楚人，姓芈氏，号宣太后。武王死时，昭襄王为质于燕，燕人送归，得立。

昭襄王元年，严君疾为相。甘茂出之魏。二年，彗星见。庶长壮与大臣、诸侯、公子为逆，皆诛，及惠文后皆不得良死。悼武王后出归魏。三年，王冠。与楚王会黄棘，与楚上庸。四年，取蒲阪。彗星见。五年，

---

① 初腊：此时秦始仿效中原为腊日，故曰初腊。
② 北河：黄河北段。

魏王来朝应亭,复与魏蒲阪。六年,蜀侯煇反,司马错定蜀。庶长奂伐楚,斩首二万。泾阳君质于齐。日食,昼晦。七年,拔新城。樗里子卒。八年,使将军芈戎攻楚,取新市。齐使章子,魏使公孙喜,韩使暴鸢共攻楚方城,取唐昧。赵破中山,其君亡,竟死齐。魏公子劲、韩公子长为诸侯。九年,孟尝君薛文来相秦。奂攻楚,取八城,杀其将景快。十年,楚怀王入朝秦,秦留之。薛文以金受免①。楼缓为丞相。十一年,齐、韩、魏、赵、宋、中山五国共攻秦,至盐氏而还。秦与韩、魏河北及封陵以和。彗星见。楚怀王走之赵,赵不受,还之秦,即死,归葬。十二年,楼缓免,穰侯魏冉为相。予楚粟五万石。

十三年,向寿伐韩,取武始。左更白起攻新城。五大夫礼出亡奔魏。任鄙为汉中守。十四年,左更白起攻韩魏于伊阙,斩首二十四万,虏公孙喜,拔五城。十五年,大良造白起攻魏,取垣,复予之。攻楚,取宛。十六年,左更错取轵及邓。冉免,封公子市宛,公子悝邓,魏冉陶,为诸侯。十七年,城阳君入朝,及东周君来朝。秦以垣为蒲阪、皮氏。王之宜阳。十八年,错攻垣、河雍,决桥取之。十九年,王为西帝,齐为东帝,皆复去之。吕礼来自归。齐破宋,宋王在魏,死温。任鄙卒。二十年,王之汉中,又之上郡、北河。二十一年,错攻魏河内。魏献安邑,秦出其人,募徙河东赐爵,赦罪人迁之。泾阳君封宛。二十二年,蒙武伐齐。河东为九县。与楚王会宛。与赵王会中阳。二十三年,尉斯离与三晋、燕伐齐,破之济西。王与魏王会宜阳,与韩王会新城。二十四年,与楚王会鄢,又会穰。秦取魏安城,至大梁,燕、赵救之,秦军去。魏冉免相。二十五年,拔赵二城。与韩王会新城,与魏王会新明邑。二十六年,赦罪人迁之穰。侯冉复相。二十七年,错攻楚。赦罪人迁之南阳。白起攻赵,取代光狼城。又使司马错发陇西,因蜀攻楚黔中,拔之。二十八年,大良造白起攻楚,取鄢、邓,赦罪人迁之。二十九年,大良造白起攻楚,取郢为南郡,楚王走。周君来。王与楚王会襄陵。白起为武安君。三十年,蜀守若伐楚,取巫郡,及江南为黔中郡。三十一年,白起伐魏,取两城。楚人反我江

---

① 免:夺其相位。

南。三十二年,相穰侯攻魏,至大梁,破暴鸢,斩首四万,鸢走,魏入三县请和。三十三年,客卿胡阳攻魏卷、蔡阳、长社,取之。击芒卯华阳,破之,斩首十五万。魏入南阳以和。三十四年,秦与魏、韩上庸地为一郡,南阳免臣迁居之。三十五年,佐韩、魏、楚伐燕。初置南阳郡。三十六年,客卿灶攻齐,取刚、寿,予穰侯。三十八年,中更胡阳攻赵阏与,不能取。四十年,悼太子死魏,归葬芷阳。四十一年夏,攻魏,取邢丘、怀。四十二年,安国君为太子。十月,宣太后薨,葬芷阳郦山。九月,穰侯出之陶。四十三年,武安君白起攻韩,拔九城,斩首五万。四十四年,攻韩南(郡)〔阳〕,取之。四十五年,五大夫贲攻韩,取十城。叶阳君悝出之国,未至而死。四十七年,秦攻韩上党,上党降赵,秦因攻赵,赵发兵击秦,相距。秦使武安君白起击,大破赵于长平,四十余万尽杀之。四十八年十月,韩献垣雍。秦军分为三军。武安君归。王龁将伐赵皮牢,拔之。司马梗北定太原,尽有韩上党。正月,兵罢,复守上党。其十月,五大夫陵攻赵邯郸。四十九年正月,益发卒佐陵。陵战不善,免,王龁代将。其十月,将军张唐攻魏,为蔡尉捐①弗守,还斩之。五十年十月,武安君白起有罪,为士伍,迁阴密。张唐攻郑,拔之。十二月,益发卒军汾城旁。武安君白起有罪,死。龁攻邯郸,不拔,去,还奔汾军二月余。攻晋军,斩首六千,晋楚流死河二万人。攻汾城,即从唐拔宁新中,宁新中更名安阳。初作河桥。

五十一年,将军摎攻韩,取阳城、负黍,斩首四万。攻赵,取二十余县,首虏九万。西周君背秦,与诸侯约从,将天下锐兵出伊阙攻秦,令秦毋得通阳城。于是秦使将军摎攻西周。西周君走来自归,顿首受罪,尽献其邑三十六城,口②三万。秦王受献,归其君于周。五十二年,周民东亡,其器③九鼎入秦。周初亡。

五十三年,天下来宾。魏后,秦使摎伐魏,取吴城。韩王入朝,魏委

---

① 捐:弃,丢失。
② 口:人口。
③ 器:宝器。

国听令。五十四年，王郊见上帝于雍。五十六年秋，昭襄王卒，子孝文王立。尊唐八子为唐太后，而合其葬于先王①。韩王衰绖入吊祠，诸侯皆使其将相来吊祠，视②丧事。

孝文王元年，赦罪人，修先王功臣，襃厚③亲戚，弛④苑囿。孝文王除丧，十月己亥即位，三日辛丑卒，子庄襄王立。

庄襄王元年，大赦罪人，修先王功臣，施德厚骨肉而布惠于民。东周君与诸侯谋秦，秦使相国吕不韦诛之，尽入其国。秦不绝其祀，以阳人地赐周君，奉其祭祀。使蒙骜伐韩，韩献成皋、巩。秦界至大梁，初置三川郡。二年，使蒙骜攻赵，定太原。三年，蒙骜攻魏高都、汲，拔之。攻赵榆次、新城、狼孟，取三十七城，四月日食。王龁攻上党。初置太原郡⑤。魏将无忌⑥率五国⑦兵击秦，秦却于河外。蒙骜败，解⑧而去。五月丙午，庄襄王卒，子政立，是为秦始皇帝。

秦王政立二十六年，初并天下为三十六郡，号为始皇帝。始皇帝五十一年而崩，子胡亥立，是为二世皇帝。三年，诸侯并起叛秦，赵高杀二世，立子婴。子婴立月余，诸侯诛之，遂灭秦。其语在《始皇本纪》中。

太史公曰：秦之先为嬴姓。其后分封，以国为姓，有徐氏、郯氏、莒氏、终黎氏、运奄氏、菟裘氏、将梁氏、黄氏、江氏、修鱼氏、白冥氏、蜚廉氏、秦氏。然秦以其先造父封赵城，为赵氏。

一、文化拓展：

（1）《商君列传》中有这样一段记述：

　　公叔既死，公孙鞅闻秦孝公下令国中求贤者，将修缪公之业，东复侵地，

---

① 先王：指昭王。
② 视：料理，治办。
③ 襃：通"褒"，本指衣襟宽大，此处与"厚"联用意指对人宽厚。
④ 弛：本指放松、放宽，此处言"弛苑囿"指放宽国君在苑囿方面的禁令（古代帝王圈地作为游猎场所，称为"苑囿"，禁人出入）。
⑤ 太原郡：上党以北皆太原地，即前述三十七城。
⑥ 无忌：即信陵君。
⑦ 五国：燕、赵、韩、楚、魏。
⑧ 解：解职。

乃遂西入秦,因孝公宠臣景监以求见孝公。孝公既见卫鞅,语事良久,孝公时时睡,弗听。罢而孝公怒景监曰:"子之客妄人耳,安足用邪!"景监以让卫鞅。卫鞅曰:"吾说公以帝道,其志不开悟矣。"后五日,复求见鞅。鞅复见孝公,益愈,然而未中旨。罢而孝公复让景监,景监亦让鞅。鞅曰:"吾说公以王道而未入也。请复见鞅。"鞅复见孝公,孝公善之而未用也。罢而去。孝公谓景监曰:"汝客善,可与语矣。"鞅曰:"吾说公以霸道,其意欲用之矣。诚复见我,我知之矣。"卫鞅复见孝公。公与语,不自知膝之前於席也。语数日不厌。景监曰:"子何以中吾君?吾君之欢甚也。"鞅曰:"吾说君以帝王之道比三代,而君曰:'久远,吾不能待。且贤君者,各及其身显名天下,安能邑邑待数十百年以成帝王乎?'故吾以强国之术说君,君大说之耳。然亦难以比德於殷周矣。"

此段文字以生动的笔墨将秦孝公所采纳的治国之术定位为"霸道",另外还谈到了所谓的"帝道"、"王道"。由此引发出去,我们可以看到,《史记》还以"帝道"、"王道"与"霸道"来勾勒从五帝到秦的政治模式。

在《太史公自序》中,司马迁已明确指出:"著十二本纪,既科条之矣","本纪"所起的作用乃是提纲挈领、勾勒出历史发展之大势。第一篇《五帝本纪》正好与"帝道"对应,虽然有着不少传说史的内容,司马迁在此篇中热情赞颂了五帝的种种德治,把"帝道"视为最理想的政治模式;按照儒家观念,"王道"的代表是所谓的"三代之治"("三代"指夏、商、周),司马迁亦同意这样的说法,故立《夏本纪》、《殷本纪》、《周本纪》来对应"王道",称颂了三代明君们施仁义、行礼乐的种种政绩。从周王室之衰微到"政由五伯"("五伯"即"五霸"),再到"诸侯恣行,淫侈不轨,贼臣篡子滋起矣",直到秦统一天下,在政治中起主导作用的已不再是"王道",而是讲求富国强兵之术、依任武力征服、实行严刑峻法的"霸道"。秦从穆公的"东服强晋,西霸戎狄"到"献公之后常雄诸侯",直至秦王嬴政建立大一统帝国,"霸道"是其主导性政治模式,为秦立本纪正好可以表现历史发展之大势的变迁。

《史记索隐》引裴松之《史目》云:"天子称本纪,诸侯曰世家",赵翼《二十二史札记》中说:"本纪以序帝王",秦在始皇统一天下之前不过是一方诸侯,后世一些学者便对司马迁为秦立本纪颇有微词。综上所述,为秦立本纪实际上可以很好地发挥"本纪"的"科条"作用。不以表面之名分(周天子后来已徒有其名分)作为立"本纪"之缘由,而以秦国在历史发展中的实际地位、作用来定之以相应体例,既创例又破例,这正是史公过人的胆识。

(2)按儒家正统观念来看,与"帝道"、"王道"相比,"霸道"是最不足取的,从司马迁对秦之杀伐、苛政的种种记述,以及"秦之德义,不如鲁卫之暴戾者"、"秦取天下多暴"(《六国年表序》)等论断,可以看出,司马迁对"霸道"亦颇为抨击。不过,儒家正统观念把"霸道"与"王道"绝对对立起来,"霸道"的一些可取之处例如对富国强兵之术的采纳、对人才的重视等亦被他们一概抹杀了。而司马迁在《史记》中对于"霸道"则有着相当辩证的态度。以此篇为例,记述秦历代国君用墨最多的要数缪公任好,其治国之术是典型的"霸道",司马迁一方面指责了他"死而弃民",一方面对他的知人善用以及为秦国在乱世纷争中崛起所作的贡献又颇为赞许。同样的,司马迁一方面痛斥了秦的残暴,但另一方面也承认秦国"世异变,成功大"(《六国年表序》)。

二、文学链接:

1. 相关文学典故:

三良

而古人可慕,有愧三良之殉身;罔极衔哀,但同百姓之丧考。

（欧阳修《英宗皇帝灵驾发引祭文》）

泉上秦伯坟,下埋三良士。三良百夫特,岂为无益死。

（苏辙《秦穆公墓》）

由余兴秦

由余窥霸国,萧相奉兴王。

（苏颋《敬和崔尚书大明朝堂雨后望终南山见示之作》）

果不信道而斥焉以夷,则将友恶来、盗跖,而贱季札、由余乎?非所谓去名求实者矣。吾之所取者与《易》、《论语》合,虽圣人复生不可得而斥也。

（柳宗元《序隐遁道儒释》）

彼契丹者,有可乘之势三,而中国未之思焉,则亦足惜矣。臣观其朝廷百官之众,而中国士大夫交错于其间,固亦有贤俊慷慨不屈之士,而诟辱及于公卿,鞭扑行于殿陛,贵为将相,而不免囚徒之耻,宜其有愧愤郁结而思变者,特未有路耳。凡此皆可以致其心,虽不为吾用,亦以间疏其君臣。此由余之所以入秦也。

（苏轼《策断》）

五羊皮

秦穆五羊皮,买死百里傒。

（李白《鞠歌行》）

穆公赦贼

御者忿于一羹而华元败,赦食马者足以出秦缪公,遗翳桑者足以救赵宣子,事以一端起,则言亦因之。

(柳宗元《非国语·问战》)

孟明雪耻

是以孟明不屑三奔之消而罢匡秦之心,冯异不耻一败之失而摧辅汉之气,故其志卒行也,其功卒就也。此言虽小,可以喻大。此勃所以怀既往而不咎,指将来而骏奔,割万恨於生涯,进一篑於平地者。

(王勃《上百里昌言疏》)

2. 后世有关的著名文学作品：

贾谊《过秦论》 曹植《三良》 庾信《秦穆公饮盗骏马赞》 刘禹锡《三良冢赋》 皮日休《秦穆谥缪论》 苏洵《六国论》 苏轼《历代世变·秦穆公汉武帝》 苏辙《秦论》 杨慎《二伯论》 王世贞《读秦本纪》

3. 文学分析：

少余读《史记》,见其长于叙事,而论赞尤奇,窃叹六籍以后,善用长又善用短,唯司马氏哉!(陈文烛《二西园文集》卷二)

太史公凡纪表书传世家,每作一篇,必综会其世其帝其国其人其事之始终曲折,审其孰重孰轻,炯若观火,然后即其重者以立主意,复执此以制一切详略虚实之宜。(邱逢年《史记阐要·诸法皆归于浑融》)

《秦本纪》方成一片文字,秦以前本纪,旧史皆亡,故多凑合。秦虽暴乱,而史职不废,太史公当时有所本也。……又《史记》五帝三代本纪零碎,《秦纪》便好,盖秦原有史,故文字佳。《赵世家》文字周详,亦赵有史,其他想无全书故也。(《归震川评点本史记·秦本纪》)

《秦纪》多夸语,其世系事迹独详于列国,而于他书无征,盖秦史之旧也。不载《国策》一语,体制遂觉峻洁。盖有国史具存,有事迹可记故也。(方苞《史记评语·秦纪》)

《左氏》太文。子长质而不俚,然序论形势,指说人情,分明如画,文亦有余也。(冯班《钝吟杂录》卷四)

秦之自微而盛,凡作十结。至始皇并天下,号皇皇已极盛矣,而偏作一小段,以极败兴数语结之,盛极而衰之也。忽焉使英雄之心灰冷。(吴见思《史记论文·秦本纪》)

此篇为秦有天下作势，通篇趋重末段。有以善御主与分封，见无他功德，襄公得周地，缪公与晋争强，孝公以后与六国争强，皆所以力争天下之渐也。归太仆谓秦原有史，故《秦纪》文字佳，方侍郎亦谓此篇本秦史之旧。汝纶谓篇中叙春秋战国事，多与他篇相出入，皆史公所自为，决非秦史之语，惟篇首记秦初起事，不见他书，史公所采者博，不得谓全本史文也。（吴汝纶《桐城先生点勘史记·秦本纪》）

三、集评：

所贵为有贤者为其能治人国家也，治人国家，舍诗书礼乐法度无由也。今由余曰：是六者，中国之所以乱也，不如我戎夷无此六者之为善。如此而穆公以为贤而用之，则虽亡国无难矣，若之何其能霸哉？是特老庄之徒设为此言，以诋先生之法，太史公遂以为实而载之，过矣。

——司马光《司马文正公传家集》卷七三

《史记·秦本纪》："武公卒，葬雍平阳，初以人从死，从死者六十六人"，至献公元年方止从死。则知武公而下，十有八君之葬，必皆有从死者矣，不独缪公也。《黄鸟》之诗，特以奄息、仲行、鍼虎为秦之良臣，故国人哀之耳。夫一君之葬，使六十六人无罪而就死地，固已可骇，而缪公至用百七十七人，习俗之移人，虽缪公不能免，则献公亦贤矣哉。

——赵与旹《宾退录》卷八

由余言治类老子，偏驳不絜于道，然能行其意耳。太史公言秦穆公作《誓》，君子闻之皆为垂涕，不知此语何所据来尔，其次于书有以也。百里侯蹇叔皆且百岁，故曰："番番良士，膂力既愆，我尚有之。"盖深悔之也。城周之役，晋执政不能记践土之盟，既而晋亡。秦孝公出令，上距穆公二百五十年矣，穆公旧事常镜观之，宜其兴也。人未有自求强而不获者，彼不幸而得商鞅，百余年秦亦亡，遗患万世，悲夫！

——叶适《习学纪言》卷十九

晏元献论：秦穆公以由余为贤，用其谋伐戎，夫臣节有死无贰，戎使由余观秦，终竭谋虑灭其旧疆，岂钟仪操南音、乐毅不谋燕国之意哉？秦穆之致由余而辟戎土也，失君君臣臣之训矣。元献之论有补世教，故录之。

——王应麟《困学纪闻》卷十一

李善注《西京赋》，引《史记》谓穆公示之以宫室，引之登三休之台，由余曰："臣国土阶三尺，茅茨不剪，寡君犹谓作之者劳，居之者逸，此台若鬼"云云，其语比此为详。今所传《史记》本无之,岂为后人所删省,或指秦时之史乎?

——柯维骐《史记考要》卷二

秦伯伐晋,济河焚舟,晋人不出,封殽尸而还,遂霸西戎,用孟明也。君子是以知秦穆之为君也,举人之周也,与人之一也。

——黄震《黄氏日抄》卷三一

秦法自来惨刻,盖夷狄之故俗也。

——凌氏《史记评林·秦本纪》余有丁批语

钝吟云,近秦而与秦为难者无如晋,与秦同大而足以难秦者莫如楚,故插叙晋楚事为多。按庄襄之世,秦已尽取周地,固继周而王矣,然六国未亡,则犹存封建之遗制也。至始皇并吞而有之,分天下为三十六郡,于是三代规模一变。此《始皇本纪》所以离而为二也。

——何焯《义门读书记·史记》

按《索隐》云,秦本西戎附庸之君,不宜与五帝三王同称本纪,可降为秦世家。刘知几《史通》亦云:"姬自后稷至于西伯,嬴自伯翳至于庄王,爵乃诸侯而名隶本纪,应自西伯、庄王以上,别作周秦世家。"二说似皆近理,然以《史记》之编次条理考之,则有不得不纪秦者。盖秦伯王之业,章于缪孝,成于昭襄,此始皇因之所以并吞混一而称帝号也,故太史公于《秦本纪》末详载秦取蜀及南阳郡,又北定太原、上党,又初置三川、太原等郡,而于《始皇本纪》开端复作提挈云:"秦地已并巴、蜀、汉中,越宛有郢,置南郡矣;北收上郡以东有河东、太原、上党郡;东至荥阳,灭二周,置三川郡。"此正与《秦纪》末联合照应,针线相接,以为始皇并一天下之原本也。如欲降《秦本纪》为世家,则史家无世家在前、本纪在后之理,势必次《始皇本纪》于《周本纪》之后,而列《秦世家》于十二诸侯之中,将始皇开疆辟土席卷囊括之业,政不知从何处托基,其毋乃前后失序而本末不属乎!如拘诸侯不得为本纪之例,则始皇称帝后已尊庄襄王为太上皇,而惠文以来帝者之形已成,若泛泛列之诸侯世家中,亦恐非其伦等也。至《史通》以姬嬴并论,乃谓后稷以下西伯以上亦应降为世家,尤事理之必不可通者,周不可降,何独降秦耶!此其持论非不有见,惜徒为局外闲观而未察乎太史公编次之苦心也。读太史公《秦本纪》小序曰"昭襄业帝",则纪秦之旨太史公已自发之,后世读《史记》者,特未之深思耳。

——牛运震《史记评注·秦本纪》

《索隐》及《史通·本纪篇》谓庄襄以上,当为世家。梁氏曰:"三王事简,不别其代,秦则分列二纪,与三王殊例,当并始皇作一篇。"倘因事繁,则当依《索隐》、

《史通》之说,拔始皇以承周赧。《水经注》引薛瓒称为"秦世家",《史通》之所本矣。此说是也。归有光谓:"本如《周纪》,以简帙多始皇自为纪。"说似是而非。苟止为简帙多,则分上下可也,不宜别立。王拯又非归说,谓史公纪秦汉间事,非专为汉纪。此说尤谬。盖谓秦亦当详,而不知非王伯不得为纪也。何焯《读书记》曰:"庄襄之世,秦已尽取周地,固继周而王矣。然六国未亡,犹存封建之制,至始皇并吞而尽有之,三代规模一变。此秦本纪所以离为二。"此说亦曲。秦未并六国则伯亦未成,何云继王乎?然此说实有见。庄襄虽未统一,而周故已灭。始皇统一又在后,编年不可有空。若如刘、梁说将截自庄襄之灭周为始耶?讲截至始皇之灭齐为始耶?无论何从皆无首,不便叙事。史公殆亦因此难,不得已而并庄襄以前通叙之耳。章实斋《匡缪》篇谓十二本纪隐法《春秋》十二公,故"《秦纪》分割庄襄以前别为一卷,而末终汉武之世,为作《今上本纪》,明欲分占篇幅,欲副十二之数"。乃拘迹之谬,此说亦凿,非史公本意。

——刘咸炘《太史公书知意·本纪·秦本纪》

四、思考与讨论:

1. "原始察终"的历史观察法在本篇有哪些具体体现?

2. 细读本篇,参考《项羽本纪》、《吕太后本纪》、《孔子世家》、《陈涉世家》,谈谈你怎样理解《史记》的"立例"与"破例"?

3. 参考《十二诸侯年表序》、《六国年表序》、《秦楚之际月表序》与《秦始皇本纪》,谈谈秦由兴到亡的历史经验与教训。

项 羽 本 纪

题解：

　　本篇是《史记》中的文学名篇之一，许多家喻户晓的成语与典故如"破釜沉舟"、"作壁上观"、"鸿门宴"、"项庄舞剑，意在沛公"、"四面楚歌"、"霸王别姬"、"江东父老"、"乌江自刎"等都源于本篇。项羽，这位"喑呜叱咤，千人皆废"的盖世英雄，在秦汉之际的政治舞台上虽然只活跃了短短八个年头，但他灭秦之伟勋、辉煌之战绩、英雄末路之悲壮、从容赴死之慷慨，经司马迁的生花妙笔写来，不仅定格为史，深深铭刻在民族记忆之中；而且还升华为诗，扣人心弦，发人深省，使我们在千载之下还为之激昂、振奋，为之吟咏、唱叹。

　　战争是刻画项羽这个人物形象的宏大背景。就是在金戈铁马、血流成河、地崩山摧、杀声震天的战争背景下，项羽人格的英雄色彩和悲剧性得到强化。一方面，我们看到了项羽披甲持戟、瞋目而叱、快战溃围、斩将刈旗、东西驰骋、南征北战、力拔山、气盖世的英姿雄风；另一方面，我们也看到了他悲怜虞姬、护惜战马、体恤将士、愧对父老、宁为玉碎、不为瓦全的柔情悲怀；我们还能看到他目光短浅、心胸褊窄、凶残暴戾、优柔寡断、不谙机谋、好逞武勇等弱点错误。正如钱钟书先生所说："'言语呕呕'与'喑噁叱咤'；'恭敬慈爱'与'剽悍滑贼'；'爱人礼士'与'妒贤忌能'；'妇人之仁'与'屠阬残灭'；'分食推饮'与'玩印不予'皆若相反相违，而既具在羽一人之身。有似两身分书、一喉异曲，则又莫不同条共贯。科以心学性理，犁然有当。《史记》写人物性格，无复综如此者。"司马迁巧妙地把项羽性格中矛盾的各个侧面，有机地统一在一起，既突出了人物的性格特征，又表现出人物的复杂性与立体性。

　　在本篇中，司马迁以灭秦为界碑，以历史的纵向发展为线索，把项羽的一生分为前后两个时期来描写：

　　先是通过学书、学剑、学兵法诸事，表现了项羽的豪迈不群，但也同时令人见到了他性情的粗疏，为其日后的成功和失败都埋下了伏笔。随后作品描写了他看秦始皇巡游时的情景，当时项羽与其叔父一起观看，项羽说："彼可取而代也！"项梁赶紧手掩其口，说"勿妄言，族矣！"然而他也"以此奇籍"。用早年的一件事、一句话预示其日后的不凡是《史记》中常用的一种手法,在此也颇有画龙点睛之妙。后面,描写项羽从起事到名震天下可用明代凌约言的一段话来概括:"羽杀会稽守则一府慴服,'莫敢'起;羽杀宋义诸将皆慴服,'莫敢'枝梧;羽救巨鹿,诸将'莫敢'纵兵;已破秦军,诸侯膝行而前,'莫敢'仰视。势愈张而人愈惧,下四'莫敢'字,而羽当时勇猛可想见也。"(见凌氏《史记评林》)尤其是写项羽的"成名战"——巨鹿之战时,虽然只用了"乃悉引兵渡河,皆沉船,破釜甑,烧庐舍,持三日粮,以示士卒必死,无一还心"寥寥几句,却以短而劲节的句式营造出磅礴气势,淋漓酣畅地表现了项羽叱咤风云的大将气概。另外,还以"当是时,楚兵冠诸侯,诸侯军救巨鹿下者十余壁,莫敢纵兵。及楚击秦,诸将皆从壁上观。楚战士无不一以当十,楚兵呼声动天,诸侯军无不人人惴恐"的侧面描写、以限知视角的使用来烘托映衬项羽的英武形象。

后期主要写项羽一步步走向失败的过程。值得注意的是,作者始终把塑造项羽巨人般的英雄形象和浓郁的悲剧氛围巧妙地结合了起来,使项羽的形象不仅极为鲜明生动,而且还意蕴深厚。

鸿门宴是历史的转折点。从此,项羽就一步步地走向失败,走向灭亡。他兵力虽强,却被人处处牵着鼻子走:先是被田荣牵到了齐国,随后又被刘邦牵回了彭城;当他几次在荥阳取得了胜利、应对刘邦进一步发起进攻时,又总是被彭越牵回了梁地,简直是马不停蹄,疲于奔命。作品的后半部也曾多次写到了他的个人勇力,如当他与刘邦广武对峙,"项王令壮士出挑战,汉有善射者楼烦,楚挑战三合,楼烦辄射杀之。项王大怒,乃自披甲持戟挑战。楼烦欲射之,项王瞋目叱之,楼烦目不敢视,手不敢发,逆走还入壁,不敢复出。汉王使人间问之,乃项王也,汉王大惊";当他兵败垓下时,"乃分其骑以为四队,四向。汉军围之数重。项王谓其骑曰:'吾为公取彼一将。'令四面骑驰下,期山东为三处。于是项王大呼驰下,汉军皆披靡,遂斩汉一将。是时,赤泉侯为骑将,追项王,项王瞋目而叱之,赤泉侯人马俱惊,辟易数里。与其骑会为三处。汉军不知项王所在,乃分军为三,复围之。项王乃驰,复斩汉一都尉,杀数十百人,复聚其骑,亡其两骑耳。"虽说还是所向披靡,然而,正如吴见思《史记论文》中所说:"八十人渡江而西,忽化而二万,六七万,数十万,忽化而为八百余人,百余人,二十八骑,至无一人还。其兴也,如江涌;其亡也,如雪消。令人三叹",项羽毕竟已是处于"如雪消"的英雄末路了,他此时的个人勇力已经与"如江涌"时不可同日而语,我们不难看出其中的悲壮色彩。

如果说此种悲壮色彩还不过是粗线条勾勒,霸王别姬、乌江自刎则是对悲剧氛围的工笔渲染。令人称奇的是，司马迁的"工笔"不表现为精雕细刻，而是表现为生动传神：前者的点睛之处在"哭"，后者的点睛之处在"笑"。霸王别姬场面中的"哭"在本篇的"文学分析"部分中已有论述，此处不妨看一看项羽在乌江自刎时的"笑"：当他拒绝乌江亭长的救援、"不肯渡乌江"时，后有追兵，前有大江，英雄失志，霸王穷途，而且已面临自己一生的终点，他想必是悲愤填膺、百感交集吧，要表现出他此时复杂的心态、纷繁的情感，只怕千言万语也难以描绘。可是，司马迁只举重若轻地用了一个"笑"字，就把这一场面乃至全篇的悲剧氛围渲染得无以复加。我们完全可以想象，项羽此时的"笑"是悲凉的笑、愤恨的笑、无奈的笑、愧疚的笑、自责的笑、表达谢意的笑、苦痛的笑，还是无畏的笑、蔑视的笑、高傲的笑、自尊的笑、坚定的笑，伊或还有深情的笑、留恋的笑……我们简直忘了我们在读一部史书，不会煞风景地追问司马迁怎么知道项羽自刎前的表情？我们只知道，读到这里，一个悲剧英雄的形象跃然纸上。

正文：

项籍者，下相①人也，字羽。初起时，年二十四。其季父②项梁，梁父即楚将项燕，为秦将王翦所戮者也③。项氏世世为楚将，封于项，故姓项氏。

项籍少时，学书④不成，去⑤学剑，又不成。项梁怒之。籍曰："书足以记名姓而已。剑一人敌⑥，不足学，学万人敌。"于是项梁乃教籍兵法，籍大喜，略知其意，又不肯竟⑦学。项梁尝有栎阳逮⑧，乃请蕲狱掾曹咎书抵⑨栎阳狱掾司马欣，以故事得已⑩。项梁杀人，与籍避仇于吴中。吴中

---

① 下相：县名。治所在今江苏省宿迁县西南。
② 季父：小叔父。"季"，兄弟中排行最小的。
③ 为秦将王翦所戮：秦始皇二十三年（前224年），王翦虏楚王。项燕立昌平君为楚王，驻兵淮南反秦。第二年，王翦等破楚军，昌平君死，项燕自杀。事详《秦始皇本纪》。
④ 学书：学习认字和写字。
⑤ 去：放弃。
⑥ 敌：对抗，抵抗。
⑦ 竟：完成。
⑧ 栎阳：县名。治所在今山西省临潼县东北。逮：及，指有罪相连及。
⑨ 狱掾（yuàn）：掌管监狱管理的属员。掾，属员，相当于今天的办事员。抵：送到。
⑩ 以故：因此。已：了结。

贤士大夫皆出项梁下①。每吴中有大繇②役及丧,项梁常为主办,阴以兵法部勒③宾客及子弟,以是知其能。秦始皇帝游会稽④,渡浙江⑤,梁与籍俱观。籍曰:"彼可取而代也。"梁掩其口,曰:"毋妄言,族⑥矣!"梁以此奇籍。籍长八尺余,力能扛⑦鼎,才气过人,虽⑧吴中子弟皆已惮籍矣。

秦二世元年七月,陈涉等起大泽中。其九月,会稽守通⑨谓梁曰:"江西⑩皆反,此亦天亡秦之时也。吾闻先即制人,后则为人所制。吾欲发兵,使公及桓楚将⑪。"是时桓楚亡⑫在泽中。梁曰:"桓楚亡,人莫知其处,独籍知之耳。"梁乃出,诫⑬籍持剑居外待。梁复入,与守坐,曰:"请召籍,使受命召桓楚。"守曰:"诺。"梁召籍入。须臾,梁眴⑭籍曰:"可行矣!"于是籍遂拔剑斩守头。项梁持守头,佩其印绶⑮。门下大惊,扰乱⑯,籍所击杀数十百人,一府中皆慑伏⑰,莫敢起。梁乃召故所知豪吏,谕⑱以所为⑲起大事,遂举⑳吴中兵。使人收下县㉑,得精兵八千人。梁部署吴中豪杰为校尉、候、司马。有一人不得用,自言于梁。梁曰:"前时某丧使公

---

① 出项梁下:意指都不如项梁。
② 繇:通"徭"。
③ 阴:暗地里。部勒:部署,组织。
④ 会稽:山名,在今浙江省绍兴县东南。
⑤ 浙江:即今浙江省的钱塘江。
⑥ 族:被族诛。
⑦ 扛:举。
⑧ 虽:即使。
⑨ 通:《楚汉春秋》谓是殷通。
⑩ 江西:长江自安徽入江苏,形成偏南北流向的一段,以此段为界,江南地区称"江东",江北地区称"江西"。
⑪ 将:率领。
⑫ 亡:潜逃。
⑬ 诫:告诉。
⑭ 眴(shùn):使眼色。
⑮ 绶:丝带,常用于拴玉和印。
⑯ 扰乱:混乱。"扰"也是乱的意思。
⑰ 慑(shè)伏:惊吓得趴在地上。"慑",同"慑",惊吓、恐惧之意。
⑱ 谕:告诉。
⑲ 所为:之所以……的原因。
⑳ 举:发动。
㉑ 下县:此处指会稽郡以下所属各县。

主某事,不能办,以此不任用公。"众乃皆伏①。于是梁为会稽守,籍为裨将②,徇③下县。

广陵人召平于是为陈王徇广陵④,未能下。闻陈王败走,秦兵又且⑤至,乃渡江矫⑥陈王命,拜梁为楚王上柱国⑦。曰:"江东已定,急引兵西击秦。"项梁乃以八千人渡江而西。闻陈婴已下东阳,使使欲与连和俱西。陈婴者,故东阳令史⑧,居县中,素信谨,称为长者⑨。东阳少年杀其令,相聚数千人,欲置长,无适用⑩,乃请陈婴。婴谢不能,遂强立婴为长,县中从者得二万人。少年欲立婴便⑪为王,异军苍头特起⑫。陈婴母谓婴曰:"自我为汝家妇,未尝闻汝先古之有贵者。今暴⑬得大名,不祥。不如有所属,事成犹得封侯,事败易以亡,非世所指名⑭也。"婴乃不敢为王。谓其军吏曰:"项氏世世将家,有名于楚。今欲举大事,将非其人,不可。我倚名族,亡秦必矣。"于是众从其言,以兵属项梁。项梁渡淮,黥布⑮、蒲将军亦以兵属焉。凡六七万人,军⑯下邳。

当是时,秦嘉已立景驹为楚王⑰,军彭城东,欲距⑱项梁。项梁谓军

---

① 伏:通"服"。佩服。
② 裨将:副将。
③ 徇(xùn):兼有夺取、招降和安抚的意思。
④ 广陵:今扬州。
⑤ 且:将。
⑥ 矫:假传(命令)。
⑦ 上柱国:官名。
⑧ 令史:县令手下的书吏。《楚汉春秋》谓陈婴为东阳狱吏。
⑨ 长者:忠厚老实的人。
⑩ 无适用:没有恰当的人可以任用。
⑪ 便:立即。
⑫ 此句谓新起一支与众不同的军队,这个军队以黑色头巾为标志,与其他军队相区别。特起:新起,崛起。《史记集解》:"应劭曰:'苍头特起,言与众异也。苍头,谓士卒皂巾,若赤眉、青领,以相别也。'"
⑬ 暴:突然。
⑭ 指名:指着称说。
⑮ 黥布:英布。因曾受黥刑,所以称黥布。事详《黥布列传》。
⑯ 军:驻扎,动词。
⑰ 秦嘉:凌县(今江苏省苏迁县东南)人。一说广陵人。秦末起义将领之一。景驹:战国末年楚王的同族。陈涉被章邯打败后,下落不明,所以秦嘉另立景驹为王。
⑱ 距:通"拒"。

吏曰："陈王先首事,战不利,未闻所在。今秦嘉倍①陈王而立景驹,逆无道。"乃进兵击秦嘉。秦嘉军败走,追之至胡陵。嘉还战一日,嘉死,军降。景驹走死梁地。项梁已并秦嘉军,军胡陵,将引军而西。章邯军至栗,项梁使别将朱鸡石、馀樊君与战。馀樊君死。朱鸡石军败,亡走胡陵。项梁乃引兵入薛,诛鸡石。项梁前使项羽别攻襄城,襄城坚守不下。已拔,皆阬②之。还报项梁。项梁闻陈王定③死,召诸别将会薛计事。此时沛公④亦起沛,往焉。

居鄛人范增,年七十,素居家,好奇计,往说⑤项梁曰:"陈胜败固当。夫秦灭六国,楚最无罪。自怀王入秦不反⑥,楚人怜之至今,故楚南公⑦曰:'楚虽三户⑧,亡秦必楚'也。今陈胜首事,不立楚后而自立,其势不长。今君起江东,楚蠭午⑨之将皆争附君者,以君世世楚将,为能复立楚之后也。"于是项梁然其言,乃求楚怀王孙心民间,为人牧羊,立以为楚怀王,从民所望也。陈婴为楚上柱国,封五县,与怀王都盱台。项梁自号为武信君。

居数月,引兵攻亢父,与齐田荣、司马龙且军救东阿,大破秦军于东阿。田荣即引兵归,逐其王假。假亡走楚。假相田角亡走赵。角弟田间故齐将,居赵不敢归。田荣立田儋子市为齐王。项梁已破东阿下⑩军,遂追秦军。数使使⑪趣⑫齐兵,欲与俱西。田荣曰:"楚杀田假,赵杀田角、田

---

① 倍:通"背"。
② 阬(kēng):同"坑",活埋。
③ 定:确实。
④ 沛公:刘邦起兵时自称沛公。按楚国县令称公。
⑤ 说:游说。劝人听从自己的意见。
⑥ 怀王入秦不反:公元前299年,楚怀王被欺入秦,被秦昭王扣留,客死秦国。事详《楚世家》。反,通"返"。
⑦ 楚南公:《史记集解》:"徐广曰:楚人也,善言阴阳。"
⑧ 楚虽三户:目前还无确切解释,主要有两解:一指三户人家,极言其少;一指楚王族昭、屈、景三大姓。
⑨ 蠭午:纵横交错,蜂拥而起。蠭,同"蜂"。午,纵横交错的样子。
⑩ 下:附近的意思。
⑪ 使使:派遣使者。
⑫ 趣(cù):通"促"。催促。

间,乃发兵。"项梁曰:"田假为与国①之王,穷来从我,不忍杀之。"赵亦不杀田角、田间以市②于齐。齐遂不肯发兵助楚。项梁使沛公及项羽别攻城阳,屠之。西破秦军濮阳东,秦兵收入濮阳。沛公、项羽乃攻定陶。定陶未下,去,西略③地至雍丘,大破秦军,斩李由。还攻外黄,外黄未下。

项梁起④东阿,西,(北)[比]⑤至定陶,再破秦军,项羽等又斩李由,益轻秦,有骄色。宋义乃谏项梁曰:"战胜而将骄卒惰者败。今卒少⑥惰矣,秦兵日益,臣为君畏⑦之。"项梁弗听。乃使宋义使于齐。道遇齐使者高陵君显,曰:"公将见武信君乎?"曰:"然。"曰:"臣论武信君军必败。公徐行即免死,疾行则及祸。"秦果悉起兵益章邯,击楚军,大破之定陶,项梁死。沛公、项羽去外黄攻陈留,陈留坚守不能下。沛公、项羽相与谋曰:"今项梁军破,士卒恐。"乃与吕臣军俱引兵而东。吕臣军彭城东,项羽军彭城西,沛公军砀。

章邯已破项梁军,则以为楚地兵不足忧,乃渡河⑧击赵,大破之。当此时,赵歇为王,陈馀为将,张耳为相⑨,皆走入巨鹿城。章邯令王离、涉间围巨鹿,章邯军其南,筑甬道⑩而输之粟。陈馀为将,将卒数万人而军巨鹿之北,此所谓河北之军也。

楚兵已破于定陶,怀王恐,从盱台之彭城,并项羽、吕臣军自将之。以吕臣为司徒,以其父吕青为令尹,以沛公为砀郡长,封为武安侯,将砀郡兵。

初,宋义所遇齐使者高陵君显在楚军,见楚王曰:"宋义论武信君之

---

① 与国:友好国家。与:交好。
② 市:交易,讨好卖乖。
③ 略:夺取。
④ 起:起程,出发。
⑤ 比(bì):等到。
⑥ 少:通"稍",渐渐。
⑦ 畏:担心,担忧。
⑧ 河:黄河。
⑨ "陈馀为将"二句:陈馀、张耳本为刎颈之交,后反目为仇。二人都是魏国大梁人。详见《张耳陈馀列传》。
⑩ 甬道:两侧筑有墙垣的通道。

军必败,居数日,军果败。兵未战而先见败征①,此可谓知兵矣。"王召宋义与计事而大说之,因置以为上将军,项羽为鲁公,为次将,范增为末将,救赵。诸别将皆属宋义,号为卿子冠军②。行至安阳,留四十六日不进。项羽曰:"吾闻秦军围赵王巨鹿,疾引兵渡河,楚击其外,赵应其内,破秦军必矣。"宋义曰:"不然。夫搏牛之虻不可以破虮虱③。今秦攻赵,战胜则兵罢④,我承⑤其敝⑥;不胜,则我引兵鼓行⑦而西,必举⑧秦矣。故不如先斗秦赵⑨。夫被坚执锐⑩,义不如公;坐而运策,公不如义。"因下令军中曰:"猛如虎,很如羊⑪,贪如狼,强⑫不可使者,皆斩之。"乃遣其子宋襄相齐,身送之至无盐,饮酒高会⑬。天寒大雨,士卒冻饥。项羽曰:"将戮力⑭而攻秦,久留不行。今岁饥民贫,士卒食芋菽⑮,军无见粮⑯,乃饮酒高会,不引兵渡河因⑰赵食,与赵并力攻秦,乃曰'承其敝'。夫以秦之强,攻新造之赵,其势必举赵。赵举而秦强,何敝之承!且国兵新破,王坐不安席,埽⑱境内而专属于将军,国家安危,在此一举。今不恤士卒而徇⑲

---

① 征:征兆,预兆。
② 卿子冠军:卿子,当时对男子的尊称,犹言公子。冠军,在诸军君之上。当时宋义为上将军,故有此称。
③ 搏牛之虻不可以破虮虱:虻虫可以叮咬大牛,却不可以损害毛里的虮虱。比喻志在大不在小,要想灭秦,不可立即与章邯交战去救赵。
④ 罢(pí):通"疲",疲劳、疲乏。
⑤ 承:趁机利用。
⑥ 敝:困,疲惫。
⑦ 鼓行:击鼓前进。
⑧ 举:攻取,占领。
⑨ 斗秦、赵:使秦国和赵国互相争斗。
⑩ 被:同"披"。坚:指坚固的盔甲。锐:指锐利的兵器。
⑪ 很:同"狠",凶狠。羊性好斗,故引"很如羊"。
⑫ 强(jiàng):倔强。此指倔强不听指挥之人。
⑬ 高会:盛会,大宴宾客。
⑭ 戮力:肆力,努力。
⑮ 芋:蔬菜。菽:豆类。《史记集解》:徐广曰:"芋,一作'半'。半,五升器也。"骃案:瓒曰:"士卒食蔬菜,以菽杂半之。"
⑯ 见粮:现存的粮食。
⑰ 因:依靠,凭借。
⑱ 埽:同"扫",尽,全部。
⑲ 徇:谋求。

其私,非社稷之臣。"项羽晨朝上将军宋义,即其帐中斩宋义头,出令军中曰:"宋义与齐谋反楚,楚王阴令羽诛之。"当是时,诸将皆慴服,莫敢枝梧①。皆曰:"首立楚者,将军家也。今将军诛乱。"乃相与共立羽为假②上将军。使人追宋义子,及之齐,杀之。使桓楚报命③于怀王。怀王因使项羽为上将军,当阳君、蒲将军皆属项羽。

项羽已杀卿子冠军,威震楚国,名闻诸侯。乃遣当阳君、蒲将军将卒二万渡河④,救巨鹿。战少利,陈馀复请兵。项羽乃悉引兵渡河,皆沉船,破釜甑⑤,烧庐舍,持三日粮,以示士卒必死,无一还心。于是至则围王离,与秦军遇,九战⑥,绝其甬道,大破之,杀苏角,虏王离。涉间不降楚,自烧杀。当是时,楚兵冠诸侯。诸侯军救巨鹿下者十余壁⑦,莫敢纵兵。及楚击秦,诸将皆从壁上观。楚战士无不一以当十,楚兵呼声动天,诸侯军无不人人惴恐,于是已破秦军,项羽召见诸侯将,入辕门,无不膝行而前⑧,莫敢仰视。项羽由是始为诸侯上将军,诸侯皆属焉。

章邯军棘原,项羽军漳南,相持未战。秦军数却,二世使人让⑨章邯。章邯恐,使长史欣请事。至咸阳⑩,留司马门⑪三日,赵高不见,有不信之心。长史欣恐,还走其军,不敢出故道,赵高果使人追之,不及。欣至军,报曰:"赵高用事于中⑫,下无可为者。今战能胜,高必疾妒吾功;战不能胜,不免于死。愿将军孰计⑬之。"陈馀亦遗章邯书曰:"白起为秦将,南征

---

① 枝梧:即"支吾"。
② 假:暂时代理。
③ 报命:本为奉命出使,回来汇报的意思,这里只指报告的意思。
④ 河:指漳河。
⑤ 釜:锅。甑(zèng):做饭用的一种瓦器。
⑥ 九战:多次作战。
⑦ 下:《汉书·陈胜项籍传》无"下"字,疑衍。这里也可作"城下"讲。壁:壁垒,营垒。
⑧ 膝行而前:跪着前进。
⑨ 让:责备。
⑩ 咸阳:在今陕西省咸阳市东北。秦孝公于前350年自栎阳迁都于此。
⑪ 司马门:皇宫的外门。宫墙里面到处设有卫士,门外都有司马指挥卫士把守,故称司马门。
⑫ 中:朝廷中。
⑬ 孰计:仔细考虑。孰,通"熟"。

鄢郢，北阬马服，攻城略地，不可胜计，而竟赐死。蒙恬为秦将，北逐戎人①，开榆中地数千里，竟斩阳周②。何者？功多，秦不能尽封，因以法诛之。今将军为秦将三岁矣，所亡失以十万数，而诸侯并起滋益多。彼赵高素谀日久，今事急，亦恐二世诛之，故欲以法诛将军以塞责，使人更代将军以脱其祸。夫将军居外久，多内郤③，有功亦诛，无功亦诛。且天之亡秦，无④愚智皆知之。今将军内不能直谏，外为亡国将，孤特独立而欲常⑤存，岂不哀哉！将军何不还兵与诸侯为从⑥，约共攻秦，分王其地，南面称孤；此孰与身伏鈇质⑦，妻子为僇⑧乎？"章邯狐疑，阴使候⑨始成使项羽，欲约。约未成，项羽使蒲将军日夜引兵度三户⑩，军漳南，与秦战，再破之。项羽悉引兵击秦军汙水上，大破之。

　　章邯使人见项羽，欲约。项羽召军吏谋曰："粮少，欲听其约。"军吏皆曰："善。"项羽乃与期洹水南殷虚⑪上。已盟，章邯见项羽而流涕，为言赵高⑫。项羽乃立章邯为雍王，置楚军中。使长史欣为上将军，将秦军为前行⑬。

　　到新安。诸侯吏卒异时故繇使屯戍⑭过秦中，秦中吏卒遇之多无状⑮，及秦军降诸侯，诸侯吏卒乘胜多奴虏使之，轻折⑯辱秦吏卒。秦吏卒多窃言曰："章将军等诈吾属降诸侯，今能入关破秦，大善；即不能，诸

---

① 戎人：指匈奴人。
② 斩阳周：于阳周（地名）被斩。
③ 郤：通"隙"，裂缝，仇恨。
④ 无：无论。
⑤ 常：通"长"。
⑥ 还兵：倒戈。为从：联合。"从"通"纵"。
⑦ 鈇质：杀人刑具。鈇"通"斧"，斩人用的刑具。"质"通"锧"，斩人时所垫的砧板。
⑧ 僇：通"戮"。
⑨ 候：军候，官名。
⑩ 三户：地名。
⑪ 期：约期会晤。虚：通"墟"。
⑫ 为言赵高：向项羽诉说赵高（不信任自己的情况）。
⑬ 前行：前锋。
⑭ 异时：从前。故：从前，这里可译为曾经。繇(yáo)使：服徭役。屯戍：驻守边疆。
⑮ 遇：待。无状：无礼。
⑯ 轻：轻率，随便。折：折磨。

侯虏吾属而东，秦必尽诛吾父母妻子。"诸侯微①闻其计，以告项羽。项羽乃召黥布、蒲将军计曰："秦吏卒尚众，其心不服，至关中不听，事必危，不如击杀之，而独与章邯、长史欣、都尉翳入秦。"于是楚军夜击阬秦卒二十余万人新安城南。

行略定②秦地。函谷关有兵守关，不得入。又闻沛公已破咸阳③，项羽大怒，使当阳君等击关。项羽遂入，至于戏西。沛公军霸上，未得与项羽相见。沛公左司马曹无伤使人言于项羽曰："沛公欲王关中，使子婴为相，珍宝尽有之。"项羽大怒，曰："旦日飨④士卒，为击破沛公军！"当是时，项羽兵四十万，在新丰鸿门⑤，沛公兵十万，在霸上。范增说项羽曰："沛公居山东⑥时，贪于财货，好美姬。今入关，财物无所取，妇女无所幸，此其志不在小。吾令人望其气，皆为龙虎，成五采⑦，此天子气也。急击勿失。"

楚左尹项伯者，项羽季父也，素善留侯张良。张良是时从沛公，项伯乃夜驰之沛公军，私见张良，具⑧告以事，欲呼张良与俱去。曰："毋从俱死也。"张良曰："臣为韩王送沛公，沛公今事有急，亡去不义，不可不语。"良乃入，具告沛公。沛公大惊，曰："为之奈何？"张良曰："谁为大王为此计者？"曰："鲰生⑨说我曰'距关，毋内诸侯，秦地可尽王也'。故听之。"良曰："料大王士卒足以当项王乎？"沛公默然，曰："固不如也，且为之奈何？"张良曰："请往谓项伯，言沛公不敢背项王也。"沛公曰："君安与项伯有故？"张良曰："秦时与臣游，项伯杀人，臣活之。今事有急，故幸来告

---

① 微：暗地。
② 行：即将。略定：夺取，平定。
③ 沛公已破咸阳：楚怀王派宋义、项羽去河北救赵国时，又派刘邦从河南西进攻秦。刘邦进攻咸阳，子婴投降。
④ 旦日：明天。飨：犒赏酒肉。
⑤ 新丰鸿门：新丰，地名。秦时称骊邑，在今陕西省临潼县东。鸿门，山坡名。在临潼县东，今当地仍称项王营。
⑥ 山东：战国时泛指秦以外六国或六国土地，因在崤山、华山之东而得名。
⑦ 采：通"彩"。
⑧ 具：通"俱"。
⑨ 鲰（zōu）生：小鱼所生，引申为浅陋之人。古代骂人或自称之辞。

良。"沛公曰"孰与君少长?"良曰:"长于臣。"沛公曰"君为我呼入,吾得兄事之①。"张良出,要②项伯。项伯即入见沛公。沛公奉卮酒为寿③,约为婚姻,曰:"吾入关,秋豪④不敢有所近,籍吏民⑤,封府库,而待将军。所以遣将守关者,备他盗之出入与非常⑥也。日夜望将军至,岂敢反乎!愿伯具言臣之不敢倍德⑦也。"项伯许诺。谓沛公曰:"旦日不可不蚤自来谢⑧项王。"沛公曰:"诺。"于是项伯复夜去,至军中,具以沛公言报项王。因言曰:"沛公不先破关中,公岂敢入乎?今人有大功而击之,不义也,不如因善遇之。"项王许诺。

　　沛公旦日从百余骑来见项王,至鸿门,谢曰:"臣与将军戮力而攻秦,将军战河北,臣战河南,然不自意⑨能先入关破秦,得复见将军于此。今者有小人之言,令将军与臣有郤。"项王曰:"此沛公左司马曹无伤言之;不然,籍何以至此。"项王即日因留沛公与饮。项王、项伯东向坐⑩。亚父南向坐。亚父⑪者,范增也。沛公北向坐,张良西向侍。范增数目项王,举所佩玉玦⑫以示之者三,项王默然不应。范增起,出召项庄⑬,谓曰:"君王为人不忍,若入前为寿,寿毕,请以剑舞,因击沛公于坐,杀之。不者⑭,若属皆且为所虏。"庄则入为寿,寿毕,曰:"君王与沛公饮,军中无以为乐,请以剑舞。"项王曰:"诺。"项庄拔剑起舞,项伯亦拔剑起舞,常以身翼蔽沛公,庄不得击。于是张良至军门,见樊哙。樊哙曰:"今日之事何

---

① 兄事之:以待兄长之礼待之。
② 要:通"邀"。
③ 寿:向长者敬酒祝福。
④ 秋豪:鸟类秋天的毛最细,形容其细小。豪,通"毫",毫毛。
⑤ 籍吏民:登记官吏和庶民的户籍。籍,登记户籍,用作动词。
⑥ 非常:意外的事变。
⑦ 倍德:忘恩负义。倍,通"背"。德,恩德。
⑧ 蚤:通"早"。谢:道歉,谢罪。
⑨ 自意:自料。意,料,料想。
⑩ 东乡坐:即面向东坐。"乡"通"向"。《中经》曰:"堂上之位置,对堂下者,南向为贵;不对堂下者,唯东向为贵。"
⑪ 亚父:尊称,尊敬他仅次于父亲。一说亚父是范增的别名。
⑫ 玉玦:玉器名。圆形而有缺口。玦,与"决"谐音,范增举玉玦,是暗示项羽与刘邦决裂,杀掉刘邦
⑬ 项庄:项羽的堂弟。
⑭ 不(fǒu)者:不然的话。

如?"良曰:"甚急。今者项庄拔剑舞,其意常在沛公也。"哙曰:"此迫矣,臣请入,与之同命①。"哙即带剑拥盾入军门。交戟之卫士欲止不内,樊哙侧其盾以撞,卫士仆地,哙遂入,披帷西向立,瞋目视项王,头发上指,目眦②尽裂。项王按剑而跽③。曰:"客何为者?"张良曰:"沛公之参乘④樊哙者也。"项王曰:"壮士,赐之卮酒。"则与斗卮⑤酒。哙拜谢,起,立而饮之。项王曰:"赐之彘肩⑥。"则与一生彘肩。樊哙覆其盾于地,加彘肩上,拔剑切而啖⑦之。项王曰:"壮士,能复饮乎?"樊哙曰:"臣死且不避,卮酒安足辞!夫秦王有虎狼之心,杀人如不能举,刑人如恐不胜⑧,天下皆叛之。怀王与诸将约曰'先破秦入咸阳者王之'。今沛公先破秦入咸阳,豪毛不敢有所近,封闭宫室,还军霸上,以待大王来。故遣将守关者,备他盗出入与非常也。劳苦而功高如此,未有封侯之赏,而听细说⑨,欲诛有功之人。此亡秦之续耳,窃为大王不取也。"项王未有以应,曰:"坐。"樊哙从良坐。坐须臾,沛公起如厕,因招樊哙出。

沛公已出,项王使都尉陈平召沛公。沛公曰:"今者出,未辞也,为之奈何?"樊哙曰:"大行不顾细谨,大礼不辞小让。如今人方为刀俎,我为鱼肉,何辞为。"于是遂去。乃令张良留谢。良问曰:"大王来何操⑩?"曰:"我持白璧一双,欲献项王,玉斗一双,欲与亚父,会其怒,不敢献。公为我献之。"张良曰:"谨诺⑪。"当是时,项王军在鸿门下,沛公军在霸上,相去四十里。沛公则置车骑,脱身独骑,与樊哙、夏侯婴、靳

---

① 与之同命:有两解:一,与刘邦同生死;二,跟项羽拼命。
② 眦:眼角。
③ 跽:古人席地而坐,臀部贴在脚跟上,直身,臀不挨着脚跟为"跽",又称"长跪"。项羽按剑而跽,是以备不测。
④ 参乘:也叫陪乘。乘车时立于车右,相当于卫士。
⑤ 斗卮:大卮,大杯。一说,《汉书·樊哙传》"与"下无"斗"字,"斗"字是衍字。
⑥ 彘肩:猪前腿。
⑦ 啖:大口吃。
⑧ 胜:尽。
⑨ 细说:小人的谗言。
⑩ 操:执持。此指带礼物。
⑪ 谨诺:遵命的意思。

强、纪信等四人持剑盾步走,从郦山下,道芷阳间行①。沛公谓张良曰:"从此道至吾军,不过二十里耳。度我至军中,公乃入。"沛公已去,间至军中,张良入谢,曰:"沛公不胜桮杓②,不能辞。谨使臣良奉白璧一双,再拜③献大王足下;玉斗一双,再拜奉大将军足下。"项王曰:"沛公安在?"良曰:"闻大王有意督过之,脱身独去,已至军矣。"项王则受璧,置之坐上。亚父受玉斗,置之地,拔剑撞而破之,曰:"唉!竖子④不足与谋。夺项王天下者,必沛公也,吾属今为之虏矣。"沛公至军,立诛杀曹无伤。

居数日,项羽引兵西屠咸阳,杀秦降王子婴,烧秦宫室,火三月不灭;收其货宝妇女而东。人或说项王曰:"关中阻山河四塞⑤,地肥饶,可都以霸。"项王见秦宫室皆以⑥烧残破,又心怀思欲东归,曰:"富贵不归故乡,如衣绣夜行,谁知之者!"说者曰:"人言楚人沐猴而冠耳⑦,果然。"项王闻之,烹说者。

项王使人致命怀王⑧。怀王曰:"如约⑨。"乃尊怀王为义帝⑩。项王欲自王,先王诸将相。谓曰:"天下初发难时,假立诸侯后以伐秦⑪。然身被坚执锐首事,暴露于野三年,灭秦定天下者,皆将相诸君与籍之力也。义帝虽无功,故当分其地而王之⑫。"诸将皆曰:"善。"乃分天下,立诸将为

---

① 间行:抄小路走。
② 桮杓:饮酒用桮,取酒用勺。"桮杓"这里是酒的代称。不胜杯杓,意为已经喝醉,不能再喝,是委婉的说法。桮:同"杯"。
③ 再拜:先后拜两次,古代一种隆重的礼节。
④ 竖子:骂人的话,相当于"小子"。这里明指项庄,实指项羽。
⑤ 阻山河四塞:以山河为险阻,四面都有关塞屏障。《史记集解》引徐广曰:"东函谷,南武关,西散关,北萧关。"
⑥ 以:同"已"。
⑦ 沐猴:猕猴。沐猴而冠,言其纵使戴上人帽子,也始终办不成人事。
⑧ 致命:禀命,请示。
⑨ 如约:按照原来的约定办,即"先入关者王之"。
⑩ 义帝:意思是假帝、名义上的帝,而不是真正的帝。
⑪ 假立:姑且设立。指临时设立一些徒有虚名的傀儡人物。诸侯后:六国诸侯的后代,如韩成、田假、赵歇等。
⑫ 故:同"固",本来,诚然。

侯王。项王、范增疑沛公之有天下①，业已讲解，又恶负约，恐诸侯叛之②，乃阴谋曰："巴、蜀道险，秦之迁人③皆居蜀。"乃曰："巴蜀亦关中地也④。"故立沛公为汉王，王巴、蜀、汉中⑤，都南郑。而三分关中，王秦降将以距塞汉王。项王乃立章邯为雍王，王咸阳以西，都废丘⑥。长史欣者，故为栎阳狱掾，尝有德于项梁；都尉董翳者，本劝章邯降楚。故立司马欣为塞王，王咸阳以东至河，都栎阳；立董翳为翟王，王上郡⑦，都高奴⑧。徙魏王豹为西魏王，王河东⑨，都平阳⑩。瑕丘申阳者⑪，张耳嬖臣⑫也，先下河南⑬，迎楚河上，故立申阳为河南王，都雒阳。韩王成因⑭故都，都阳翟⑮。赵将司马卬定河内⑯，数有功，故立卬为殷王，王河内，都朝歌⑰。徙赵王歇为代王。赵相张耳素贤，又从入关，故立耳为常山王，王赵地，都襄国⑱。当阳君黥布为楚将，常冠军，故立布为九江王，都六⑲。鄱君

---

① 疑沛公之有天下四句：意谓担心刘邦会趁机取得天下，但是由于是已经讲和了（现在如果还对刘邦不好），那就要承担一个违背条约的罪名，怕让诸侯们由此背叛自己。

② 疑沛公之有天下四句：意谓担心刘邦会趁机取得天下，但是由于已经讲和了（现在如果对刘邦动手），那就要承担一个违背条约的罪名，怕诸侯们由此背叛自己。

③ 迁人：被迁谪流放的罪人。

④ 巴蜀亦关中地：自东方而言，巴蜀亦处于函谷关之西，且又自战国时属秦，故项羽等可以强辞曰："巴蜀亦关中地。"

⑤ 汉中：秦郡名，辖今陕西省秦岭以南地区。

⑥ 废丘：在今陕西省延安市东北。

⑦ 上郡：秦郡名，辖今山西省西南部地区。

⑧ 高奴：在今陕西省延安市东北。

⑨ 河东：秦郡名，辖今山西省西南部地区。

⑩ 平阳：在今山西省临汾西南。

⑪ 瑕丘申阳：申阳是人名，曾任瑕丘县令，故称。

⑫ 嬖臣：宠幸的臣仆。

⑬ 河南：汉郡名，秦时称三川郡，辖今河南省黄河以北及其所邻近的山西省东南、河北省南部地区。

⑭ 因：沿袭。阳翟曾是夏禹都城、郑国别都，所以此处称"因故都"。

⑮ 阳翟：今河南省禹县。

⑯ 河内：楚汉之际的郡名，辖今河南省黄河以北及邻近的山西省东南、河北省南部地区。

⑰ 朝歌：殷代故都，在今河南省淇县。

⑱ 襄国：在今河北省邢台西南。

⑲ 六：在今安徽省六安北。

吴芮率百越佐诸侯①，又从入关，故立芮为衡山王，都邾②。义帝柱国共敖将兵击南郡③，功多，因立敖为临江王，都江陵。徙燕王韩广为辽东王。燕将臧荼从楚救赵，因从入关，故立荼为燕王，都蓟④。徙齐王田市为胶东王。齐将田都从共救赵，因从入关，故立都为齐王，都临菑⑤。故秦所灭齐王建孙田安，项羽方渡河救赵，田安下济北数城，引其兵降项羽，故立安为济北王，都博阳⑥。田荣者，数负项梁，又不肯将兵从楚击秦，以故不封。成安君陈馀弃将印去，不从入关，然素闻其贤，有功于赵，闻其在南皮⑦，故因环封三县⑧。番君⑨将梅鋗功多，故封十万户侯。项王自立为西楚霸王⑩，王九郡⑪，都彭城。

汉之元年四月⑫，诸侯罢戏下⑬，各就国⑭。项王出之国，使人徙义帝，曰："古之帝者地方千里，必居上游。"乃使使徙义帝长沙郴县⑮。趣义帝行，其群臣稍稍背叛之，乃阴令衡山、临江王击杀之江中⑯。韩王成无军功，项王不使之国，与俱至彭城，废以为侯，已又杀之。臧荼之国，因逐

---

① 鄱君吴芮：吴芮曾任鄱阳湖（今江西省波阳东）令，故称。百越：过去居住在今广东、广西、福建以及湖南、江西南部的少数民族，因其种类繁多，故统称为"百越"。

② 邾：今湖北省黄冈。

③ 南郡：秦郡名，辖今湖北省西部地区。

④ 蓟：在今北京市西南。

⑤ 临菑：同"临淄"，在今山东省淄博市东北。

⑥ 博阳：即今山东省泰安东南的博县故城。一说，即山东省博平县西北的博平镇。

⑦ 南皮：即今河北省南皮。

⑧ 环封三县：把南皮周围三县封给陈馀。

⑨ 番君：同前"鄱君"。

⑩ 西楚霸王：旧称江陵（今湖北省江陵县）一带为南楚，吴县（今江苏省苏州市）一带为东楚，彭城（今徐州市）一带为西楚。项羽建都彭城，故称西楚霸王。所谓"霸王"，略同于春秋时期的霸主，即"诸侯盟主"的意思。

⑪ 九郡：九郡的具体说法不一，大致相当于战国时的梁国和楚国的部分地区，即河南省东部、山东省西南部和邻近的安徽、江苏两省的大部分地区。

⑫ 汉之元年：刘邦称汉王的第一年，公元前206年。

⑬ 诸侯罢戏下：各路诸侯都从项羽的麾下解散而去。戏，通"麾"，将帅用来指挥的大旗。

⑭ 就国：到自己的封地上去。

⑮ 郴县：即今湖南省郴县。当时属长沙郡。

⑯ 乃阴令衡山、临江王击杀之江中：衡山王是吴芮，临江王是共敖。据《黥布列传》云："项氏立怀王为义帝，徙都长沙，乃阴令九江王布等行击之。其八月，布使将击义帝，追杀至郴县。"则杀义帝者主要是黥布，而且杀于郴县，并非杀于"江中"，二处记述有矛盾。

韩广之辽东,广弗听,荼击杀广无终①,并王其地。

田荣闻项羽徙齐王市胶东,而立齐将田都为齐王,乃大怒,不肯遣齐王之胶东,因以齐反,迎击田都。田都走楚。齐王市畏项王,乃亡之胶东就国。田荣怒,追击杀之即墨②。荣因自立为齐王,而西杀击济北王田安,并王三齐③。荣与彭越将军印,令反梁地④。陈馀阴使张同、夏说说齐王田荣曰:"项羽为天下宰⑤,不平。今尽王故王于丑地,而王其群臣诸将善地,逐其故主赵王⑥,乃北居代,余以为不可。闻大王起兵,且不听不义,愿大王资⑦余兵,请以击常山⑧,以复赵王,请以国为扞蔽⑨。"齐王许之,因遣兵之赵。陈馀悉发三县兵,与齐并力击常山,大破之。张耳走归汉。陈馀迎故赵王歇于代,反之赵。赵王因立陈馀为代王。

是时,汉还定三秦⑩。项羽闻汉王皆已并关中,且东⑪,齐、赵叛之,大怒。乃以故吴令郑昌为韩王,以距汉。令萧公角等击彭越⑫。彭越败萧公角等。汉使张良徇韩,乃遗项王书曰:"汉王失职⑬,欲得关中,如约即止,不敢东。"又以齐、梁反书遗项王曰⑭:"齐欲与赵并灭楚。"楚以此故无西意,而北击齐。征兵九江王布。布称疾不往,使将将数千人行。项王由此怨布也。汉之二年冬,项羽遂北至城阳,田荣亦将兵会战。田荣

---

① 无终:秦县名,县治在今河北省蓟县。
② 即墨:秦县名,县治在今山东省平度东南。
③ 三齐:指齐、胶东、济北三国,其地均属战国齐地。
④ 荣与彭越将军印,令反梁地:详见《田儋列传》、《魏豹彭越列传》。
⑤ 为天下宰:指主持分封诸侯的事情。宰,主持、主宰。
⑥ 逐其故主赵王:梁玉绳《史记志疑》曰:"赵王歇乃陈馀之故主,'其'字当衍。"
⑦ 资:助、借给。
⑧ 击常山:指迎击常山王张耳,不使其入赵地称王。
⑨ 请以国为扞蔽:以赵国为齐国的屏障。扞,同"捍",屏障。
⑩ 三秦:秦地上的三个诸侯国,即雍、塞、翟。
⑪ 且东:即将要出兵东下。
⑫ 萧公角:曾任萧县县令,其名为角者,姓氏不详。钱大昕《十驾斋养新录》曰:"春秋之际,楚县令皆称公。楚汉之际,官名多沿楚制,故汉王其沛称沛公,楚有萧公、薛公、郯公、留公、柘公,汉有滕公、戚公,皆县令之称。"
⑬ 失职:没有得到应有的职位,即关中王。
⑭ 齐、梁:根据下文,可能是"齐、赵"之误。

不胜，走至平原①，平原民杀之。遂北烧夷齐城郭室屋，皆阬田荣降卒，系虏其老弱妇女。徇齐至北海②，多所残灭。齐人相聚而叛之。于是田荣弟田横收齐亡卒得数万人，反城阳。项王因留，连战未能下。

春③，汉王部五诸侯兵，凡五十六万人，东伐楚。项王闻之，即令诸将击齐，而自以精兵三万人南从鲁出胡陵。四月，汉皆已入彭城，收其货宝美人，日置酒高会。项王乃西从萧，晨击汉军而东，至彭城，日中，大破汉军。汉军皆走，相随入榖、泗水，杀汉卒十余万人。汉卒皆南走山，楚又追击至灵壁东睢水上。汉军却，为楚所挤，多杀，汉卒十余万人皆入睢水，睢水为之不流。围汉王三匝④。于是大风从西北而起，折木发屋，扬沙石，窈冥昼晦⑤，逢迎楚军⑥。楚军大乱，坏散，而汉王乃得与数十骑遁去。欲过沛，收家室而西；楚亦使人追之沛，取汉王家；家皆亡，不与汉王相见。汉王道逢得孝惠、鲁元⑦，乃载行。楚骑追汉王，汉王急，推堕孝惠、鲁元车下，滕公⑧常下收载之。如是者三。曰："虽急不可以驱，奈何弃之？"于是遂得脱。求太公、吕后不相遇⑨。审食其从太公、吕后间行，求汉王，反遇楚军。楚军遂与归，报项王，项王常置军中。

是时吕后兄周吕侯为汉将兵居下邑⑩，汉王间往从之，稍稍收其士卒。至荥阳，诸败军皆会⑪，萧何亦发关中老弱未傅悉诣⑫荥阳，复大振。

---

① 平原：秦郡名，郡治在今山东省平原西南。
② 北海：即渤海，这里是指今山东省维坊市、昌乐、寿光、昌邑等一带地区，因其北临渤海，故云。后来汉代在此设有北海郡。
③ 春：指汉之二年春，因当时用秦历，以十月为岁首，故春在同一年的冬季之后。
④ 三匝：三层。匝，周遭。
⑤ 窈冥昼晦：昏暗得犹如黑夜。窈冥，幽黑的样子。屈原《九歌》："日窈冥兮羌昼晦"，史公盖用其语。
⑥ 迎逢楚军：指黑风砂石冲着楚军吹去。逢迎，冲着，迎着。按：对于当时流行的这种神化刘邦的捏造，史公姑妄言之。
⑦ 孝惠：刘邦的嫡子，名盈，吕后所生。鲁元：刘邦之女，孝惠之姐。
⑧ 滕公：即夏侯婴，因其曾为滕县令，故云。夏侯婴是刘邦的太仆官，为之赶车。
⑨ 求：寻找。太公：刘邦之父。
⑩ 周吕侯：吕泽。刘邦即位后，大封功臣，吕泽被封为周吕侯。下邑——秦县名，县治在今江苏省砀山东。
⑪ 荥阳：古城名，在今河南省荥阳东北。
⑫ 未傅：未入丁壮册籍的人。傅，著录，登记。诣：到……去。

楚起于彭城,常乘胜逐北,与汉战荥阳南京、索间①,汉败楚,楚以故不能过荥阳而西。

项王之救彭城,追汉王至荥阳,田横亦得收齐,立田荣子广为齐王。汉王之败彭城,诸侯皆复与楚而背汉。汉军荥阳,筑甬道属之河②,以取敖仓③粟。汉之三年,项王数侵夺汉甬道,汉王食乏,恐,请和,割荥阳以西为汉。

项王欲听之。历阳侯范增曰:"汉易与耳④,今释弗取,后必悔之。"项王乃与范增急围荥阳。汉王患之,乃用陈平计间项王。项王使者来,为太牢具⑤,举欲进之。见使者,详⑥惊愕曰:"吾以为亚父使者,乃反项王使者。"更持去,以恶食食项王使者。使者归报项王,项王乃疑范增与汉有私,稍夺之权。范增大怒,曰:"天下事大定矣,君王自为之。原赐骸骨归卒伍⑦。"项王许之。行未至彭城,疽发背而死⑧。

汉将纪信说汉王曰:"事已急矣,请为王诳楚为王⑨,王可以间出⑩。"于是汉王夜出女子荥阳东门被甲二千人⑪,楚兵四面击之。纪信乘黄屋车⑫,傅左纛⑬,曰:"城中食尽,汉王降。"楚军皆呼万岁⑭。汉王亦与数十骑从城西门出,走成皋⑮。项王见纪信,问:"汉王安在?"曰:"汉王已出

---

① 京:秦县名,在今河南省荥阳东南。索:古城名,即今河南省荥阳。
② 属之河:(从荥阳)通到黄河边上。属:连接。
③ 敖仓:秦朝在荥阳西北敖山上修筑的大粮仓,下临黄河。
④ 易与:容易对付。
⑤ 太牢具:牛、羊、豕三牲皆备的食品,为古代待客的最高礼数。具:原指盛放食品的器具,后来即用以指食品。
⑥ 详:同"佯",假装。
⑦ 归卒伍:犹言"归家为民"。古代乡里的基层编制是五家为一伍,三百家为一卒。归卒伍,即回到基层的编制中去。
⑧ 疽:也叫痈,一种恶性的疥疮,多发于项部、背部和臀部,治疗不及时,会有生命危险。
⑨ 请为王诳楚为王:后"为王"二字疑衍,《高祖本纪》作"诈为汉王诳楚"。
⑩ 间出:乘隙而出。
⑪ 夜出女子荥阳东门被甲二千人:谓令二千女子披甲,伪装士兵而出。《陈丞相世家》迳作"陈平乃夜出女子二千人荥阳城东门"。
⑫ 黄屋车:以黄缯为篷盖的车,古代王者所乘。
⑬ 傅左纛(dào):车的左边,插着牦牛尾的饰物。这是古代王者仪仗。
⑭ 万岁:赵翼《二十二史札记》曰:"本古人庆贺之辞,后乃为至尊之专称。"
⑮ 成皋:古邑名,在今河南省荥阳西北。

矣。"项王烧杀纪信。

汉王使御史大夫周苛、枞公、魏豹守荥阳。周苛、枞公谋曰："反国之王，难与守城。"乃共杀魏豹。楚下荥阳城，生得周苛。项王谓周苛曰："为我将，我以公为上将军，封三万户。"周苛骂曰："若不趣①降汉，汉今虏若，若非汉敌也。"项王怒，烹周苛，并杀枞公。

汉王之出荥阳，南走宛、叶，得九江王布②，行收兵，复入保成皋。汉之四年，项王进兵围成皋。汉王逃，独与滕公出成皋北门，渡河走修武，从张耳、韩信军③。诸将稍稍得出成皋，从汉王。楚遂拔成皋，欲西。汉使兵距之巩，令其不得西。

是时，彭越渡河击楚东阿，杀楚将军薛公。项王乃自东击彭越。汉王得淮阴侯兵，欲渡河南。郑忠说汉王④，乃止壁河内。使刘贾将兵佐彭越，烧楚积聚。项王东击破之，走彭越。汉王则引兵渡河，复取成皋，军广武⑤，就敖仓食。项王已定东海来西⑥，与汉俱临广武而军⑦，相守数月。

当此时，彭越数反梁地，绝楚粮食，项王患之。为高俎，置太公其上，告汉王曰："今不急下，吾烹太公。"汉王曰："吾与项羽俱北面受命怀王⑧，曰'约为兄弟'，吾翁即若翁，必欲烹而翁，则幸分我一桮⑨羹。"项王怒，欲杀之。项伯曰："天下事未可知，且为天下者不顾家，虽杀之无益，祇益祸耳。"项王从之。

---

① 趣：速。
② 得九江王布：刘邦彭城之败后，曾拜说客随何往劝黥布反楚归汉，黥布几经动摇后，至此乃单身来归。
③ 从张耳、韩信军：从，往投。时张耳、韩信以破赵，驻兵修武，高祖乃诈称汉使者入营夺其兵。事详见《淮阴侯列传》。
④ 郑忠说汉王：郑忠是刘邦的郎中，他劝刘邦深沟高垒，暂时不与项羽作战，而派卢绾、刘贾等带兵入楚地，策应彭越多方以击之，使项王"备多力分"。事可参见《高祖本纪》。
⑤ 广武：古城名，在今河南省荥阳东北之广武山上。
⑥ 已定东海来西：稳定了东海郡的形势后，又回到西线来。东海，秦郡名，定东海即指打败彭越事。
⑦ 与汉俱临广武而军：广武山上有东西二城，相距二百余步，中隔广武涧，即刘项对峙处也。时刘邦据西城，项羽据东城。
⑧ 北面：意指臣服。
⑨ 桮：同"杯"。

楚汉久相持未决，丁壮苦军旅，老弱罢转漕①。项王谓汉王曰："天下匈匈数岁者②，徒以吾两人耳，愿与汉王挑战决雌雄，毋徒苦天下之民父子为也。"汉王笑谢曰："吾宁斗智，不能斗力。"项王令壮士出挑战。汉有善骑射者楼烦③，楚挑战三合④，楼烦辄射杀之。项王大怒，乃自被甲持戟挑战。楼烦欲射之，项王瞋目叱之，楼烦目不敢视，手不敢发，遂走还入壁，不敢复出。汉王使人间问⑤之，乃项王也。汉王大惊。于是项王乃即⑥汉王相与临广武间而语⑦。汉王数之⑧，项王怒，欲一战。汉王不听，项王伏弩射中汉王。汉王伤，走入成皋。

项王闻淮阴侯已举河北，破齐、赵⑨，且欲击楚，乃使龙且往击之⑩。淮阴侯与战，骑将灌婴击之，大破楚军，杀龙且。韩信因自立为齐王。项王闻龙且军破，则恐，使盱台人武涉往说淮阴侯⑪。淮阴侯弗听。是时，彭越复反，下梁地，绝楚粮。项王乃谓海春侯大司马曹咎等曰："谨守成皋，则汉欲挑战⑫，慎勿与战，毋令得东而已。我十五日必诛彭越，定梁地，复从将军。"乃东，行击陈留外黄⑬。

外黄不下。数日，已降，项王怒，悉令男子年十五已上诣城东，欲阬之。外黄令舍人儿年十三⑭，往说项王曰："彭越强劫外黄，外黄恐，故且

---

① 罢转漕：疲敝劳乏于运送粮饷。车运曰转、船运曰漕。罢，通"疲"。
② 匈匈：烦苦劳扰的样子。
③ 楼烦：指优秀射手。楼烦本北方种族名，其人善骑射，故号善射者为楼烦。
④ 三合：犹言三次，三回。
⑤ 间问：暗中打听。
⑥ 即：靠近。
⑦ 广武间：即广武涧。间，同"涧"。
⑧ 汉王数之：汉王罗列项羽十大罪状，详见《高祖本纪》。
⑨ 破齐、赵：梁玉绳《史记志疑》曰："韩信破赵已逾年矣，非破齐一时事。此与《高纪》皆多一'赵'字，《汉书》无。"
⑩ 乃使龙且往击之：韩信袭破齐军，齐王田广走高密，向楚求救，楚使龙且将二十万人救齐。详见《淮阴侯列传》。
⑪ 武涉往说淮阴侯：其辞令见《淮阴侯列传》。
⑫ 则：若。
⑬ 行击：前进攻打。陈留：秦县名，县治即今河南省开封东南的陈留城。外黄：秦县名，县治在今河南省民权西北。
⑭ 外黄令舍人儿：外黄县令的门客的孩子。舍人：依托于官僚贵族之家的士人，其地位高于一般仆从。

降,待大王。大王至,又皆阬之,百姓岂有归心?从此以东,梁地十余城皆恐,莫肯下矣。"项王然其言,乃赦外黄当阬者。东至睢阳①,闻之皆争下项王。

汉果数挑楚军战,楚军不出。使人辱之,五六日,大司马怒,渡兵汜水。士卒半渡,汉击之,大破楚军,尽得楚国货赂。大司马咎、长史翳、塞王欣皆自刭汜水上。大司马咎者,故蕲狱掾,长史欣亦故栎阳狱吏,两人尝有德于项梁,是以项王信任之。当是时,项王在睢阳,闻海春侯军败,则引兵还。汉军方围钟离眜②于荥阳东,项王至,汉军畏楚,尽走险阻。

是时,汉兵盛食多,项王兵罢食绝。汉遣陆贾③说项王,请太公,项王弗听。汉王复使侯公往说项王,项王乃与汉约,中分天下,割鸿沟以西者为汉④,鸿沟而东者为楚。项王许之,即归汉王父母妻子。军皆呼万岁。汉王乃封侯公为平国君。匿弗肯复见⑤。曰:"此天下辩士,所居倾⑥国,故号为平国君⑦。"项王已约,乃引兵解而东归。

汉欲西归,张良、陈平说曰:"汉有天下太半⑧,而诸侯皆附之。楚兵罢食尽,此天亡楚之时也,不如因其机而遂取之。今释弗击,此所谓'养虎自遗患'也。"汉王听之。汉五年,汉王乃追项王至阳夏南,止军,与淮阴侯韩信、建成侯彭越期会而击楚军。至固陵⑨,而信、越之兵不会。楚击汉军,大破之。汉王复入壁,深堑而自守。谓张子房曰:"诸侯不从约,为之奈何?"对曰:"楚兵且破,信、越未有分地,其不至固宜。君王能与共分天下,今可立致也。即不能,事未可知也。君王能自陈以东傅海⑩,尽

---

① 睢阳:秦县名,县治在今河南省商丘南。
② 钟离眜:项羽的猛将。
③ 陆贾:刘邦的谋士,说客,事迹见《郦生陆贾列传》。
④ 割鸿沟以西者为汉:鸿沟,战国时开凿的沟通黄河和淮水的运河。北起荥阳,东经中牟、开封,南流至淮阳东南入颍水(淮水的支流)。
⑤ 匿弗肯复见:谓刘邦躲避不欲见侯公。一说,指侯公不愿见刘邦,不图其赏赐。
⑥ 倾:颠覆。
⑦ 平国君:取其反称。
⑧ 太半:大半。《史记集解》引韦昭曰:"凡数三分有二为太半,一为少半。"
⑨ 固陵:秦县名,今河南省太康南。
⑩ 自陈以东傅海:大体包括今河南省东部,山东省西南部,和安徽江苏两省的北部地区。傅海,直到海边。

与韩信；睢阳以北至穀城①,以与彭越：使各自为战,则楚易败也。"汉王曰："善。"于是乃发使者告韩信、彭越曰："并力击楚。楚破,自陈以东傅海与齐王,睢阳以北至穀城与彭相国②。"使者至,韩信、彭越皆报曰："请今进兵。"韩信乃从齐往,刘贾军从寿春并行,屠城父③,至垓下④。大司马周殷叛楚,以舒屠六,举九江兵,随刘贾、彭越皆会垓下,诣项王⑤。

项王军壁垓下⑥,兵少食尽,汉军及诸侯兵围之数重。夜闻汉军四面皆楚歌⑦,项王乃大惊曰："汉皆已得楚乎？是何楚人之多也！"项王则夜起,饮帐中。有美人名虞,常幸从；骏马名骓⑧,常骑之。于是项王乃悲歌慷慨,自为诗曰："力拔山兮气盖世,时不利兮骓不逝。骓不逝兮可奈何,虞兮虞兮奈若何！"歌数阕⑨,美人和之。项王泣数行下,左右皆泣,莫能仰视。

于是项王乃上马骑⑩,麾下壮士骑从者八百余人,直夜⑪溃围南出,驰走。平明,汉军乃觉之,令骑将灌婴以五千骑追之。项王渡淮,骑能

---

① 睢阳以北至穀城：大体包括今河南省东北部和山东省西部一带地区。穀城：古邑名,在今山东省平阴西南。
② 彭相国：当初魏豹为魏王跟从刘邦时,刘邦曾封彭越为魏相国。
③ 屠城父：城父：古邑名,在今安徽省亳县东南。按：刘贾从寿春向垓下进军,不经过城父,屠城父者乃黥布也。
④ 垓下：古地名,在今安徽省灵壁东南的沱河北岸。
⑤ 大司马周殷叛楚五句：周殷,项羽的将领,官为大司马。时刘邦派人召诱之,殷遂叛楚归刘邦。以舒屠六,带领舒县(在今安徽省庐江西南)之众北行,而屠灭了六县。诣项王,此三字疑衍。按：此数句关系不明,事实为刘贾入楚地攻克寿春后,周殷又从舒县叛楚归汉,协助刘贾控制了九江郡(郡治寿春)的局势；而后又西行迎来了原为九江王、后来单身归汉的黥布；黥布军经过城父时,屠之。最后,周殷、黥布等皆随刘贾一同与刘邦、韩信等会师垓下。
⑥ 项王军壁垓下：按汉军诸路到达垓下后与项羽尚有一次决定性的大战。据《高祖本纪》云："五年(公元前202年),高祖与诸侯兵共击楚军,与项羽决胜垓下。淮阴将三十万自当之,孔将军居左,费将军居右,皇帝在后,绛侯、柴将军在皇帝后。项羽之卒可十万。淮阴先合,不利,却。孔将军费将军纵,楚兵不利,淮阴复乘之,大败垓下。"而后始得云"兵少食尽,汉军及诸侯兵围之数重也"。
⑦ 楚歌：唱楚地的民间歌谣。
⑧ 骓：毛色黑白相间的马。
⑨ 歌数阕：唱了几遍。阕,段,遍。
⑩ 于是项王乃上马骑：按："骑"字疑涉下文而衍者,《汉书》无"骑"字。
⑪ 直夜：中夜,半夜。

属①者百余人耳。项王至阴陵,迷失道,问一田父,田父绐②曰"左"。左,乃陷大泽中。以故汉追及之。项王乃复引兵而东,至东城③,乃有二十八骑。汉骑追者数千人。项王自度不得脱。谓其骑曰:"吾起兵至今八岁矣,身七十余战,所当者破,所击者服,未尝败北,遂霸有天下。然今卒困于此,此天之亡我,非战之罪也。今日固决死,愿为诸君快战④,必三胜之⑤,为诸君溃围,斩将,刈旗⑥,令诸君知天亡我,非战之罪也。"乃分其骑以为四队,四向。汉军围之数重。项王谓其骑曰:"吾为公取彼一将。"令四面骑驰下,期山东为三处⑦。于是项王大呼驰下,汉军皆披靡⑧,遂斩汉一将。是时,赤泉侯为骑将⑨,追项王,项王瞋目而叱之,赤泉侯人马俱惊,辟易数里。与其骑会为三处⑩。汉军不知项王所在,乃分军为三,复围之。项王乃驰,复斩汉一都尉,杀数十百人,复聚其骑,亡其两骑耳。乃谓其骑曰:"何如?"骑皆伏曰⑪:"如大王言。"

于是项王乃欲东渡乌江⑫。乌江亭长檥船⑬待,谓项王曰:"江东虽小,地方千里,众数十万人,亦足王也。愿大王急渡。今独臣有船,汉军至,无以渡。"项王笑曰:"天之亡我,我何渡为!且籍与江东子弟八千人渡江而西,今无一人还,纵江东父兄怜而王我,我何面目见之?纵彼不言,籍独不愧于心乎?"乃谓亭长曰:"吾知公长者。吾骑此马五岁,所当

---

① 属:跟随。
② 绐(dài):欺骗。
③ 东城:秦县名,县治在今安徽省定远县东南。
④ 快战:痛痛快快打一仗。
⑤ 三胜之:连续打败他几次。三,用指多次,有人说"三胜之"即指下述的"溃围、斩将、刈旗",恐非。
⑥ 刈旗:砍倒敌军的大旗。
⑦ 期山东为三处:约定好突围后在山东面的三个地点集合。期,约定。
⑧ 披靡:伏倒避散的样子。
⑨ 赤泉侯:杨喜,因获项羽尸体功被封为赤泉侯。赤泉,在今河南省淅川西。
⑩ 辟易:因畏惧而退避。辟,同"避"。易,易地,挪动了地方。
⑪ 骑皆伏曰:"如大王言":伏,同"服"。郭嵩焘《史记札记》曰:"项王自叙七十余战,史公所记独巨鹿、垓下两战为详。巨鹿之战全用烘托法,不一及战事;而于垓下显出项羽兵法及其斩将刈旗之功。项羽英雄,史公自是心折,亦由其好奇,于势穷力尽处自显神通。巨鹿、鸿门、垓下三段,自是史公《项羽纪》中聚精会神,极得意文字。"
⑫ 东渡乌江:谓欲从乌江浦渡长江东去。乌江浦:渡口名,在今安徽省和县东北之长江西岸。
⑬ 檥(yǐ)船:拢船靠岸。

无敌,尝一日行千里,不忍杀之,以赐公。"乃令骑皆下马步行,持短兵接战。独籍所杀汉军数百人。项王身亦被十余创。顾见汉骑司马①吕马童,曰:"若非吾故人乎?"马童面之②,指王翳曰:"此项王也。"项王乃曰:"吾闻汉购我头千金,邑万户,吾为若德③。乃自刎而死。王翳取其头,余骑相蹂践争项王,相杀者数十人。最其后,郎中骑杨喜,骑司马吕马童,郎中吕胜、杨武各得其一体。五人共会其体,皆是。故分其地为五④:封吕马童为中水侯⑤,封王翳为杜衍侯⑥,封杨喜为赤泉侯,封杨武为吴防侯⑦,封吕胜为涅阳侯⑧。

项王已死,楚地皆降汉,独鲁不下。汉乃引天下兵欲屠之,为其守礼义,为主死节,乃持项王头视鲁⑨,鲁父兄乃降。始,楚怀王初封项籍为鲁公,及其死,鲁最后下,故以鲁公礼葬项王穀城。汉王为发哀,泣之而去。

诸项氏枝属,汉王皆不诛。乃封项伯为射阳侯⑩。桃侯、平皋侯皆项氏,赐姓刘⑪。

太史公曰:吾闻之周生曰⑫:"舜目盖重瞳子",又闻项羽亦重瞳子。羽岂其苗裔⑬邪?何兴之暴⑭也!夫秦失其政,陈涉首难,豪杰蜂起,相与并争,不可胜数。然羽非有尺寸⑮,乘埶⑯起陇亩之中,三年,遂将五诸侯灭秦,分裂天下,而封王侯,政由羽出,号为"霸王",位虽不终,近古以

---

① 骑司马:骑兵中主管法纪的官。吕马童或系项王旧部反楚投汉者,故项羽以"故人"称之。
② 面之:对面细看。面,向。
③ 吾为若德:犹言"我给你做点好事"。
④ 故分其地为五:原曰得项王者"邑万户",今乃五人共得一尸,故将万户之邑分为五份,以赏五人。
⑤ 中水:地名,在今河北省献县西北。
⑥ 杜衍:地名,在今河南省南阳西南。
⑦ 吴防:地名,在今河南省遂平。
⑧ 涅阳:地名,在今河南省镇平南。
⑨ 视鲁:让鲁县人看。视:同"示"。
⑩ 射阳:地名,在今江苏省淮安东南。
⑪ 桃侯:名襄。桃亦县名,县治在今山东省汶上东北。平皋侯名佗。平皋在今河南省温县东。玄武侯名字不详。
⑫ 周生:周先生,汉时学者,名字不详,应是司马迁的长辈。
⑬ 苗裔:后代。
⑭ 暴:突然。
⑮ 非有尺寸:没有尺寸之地(为根基)。
⑯ 乘埶:趁势。埶,同"势"。

来未尝有也。及羽背关怀楚①,放逐义帝而自立,怨王侯叛己,难矣。自矜功伐②,奋其私智而不师古,谓霸王之业,欲以力征经营天下,五年卒亡其国,身死东城,尚不觉寤而不自责,过矣。乃引"天亡我,非用兵之罪也",岂不谬哉!

一、文化拓展:

(1)后世许多史家对此篇归入"本纪"颇有微词,如司马贞《史记索隐》便曾云:"项羽崛起,争雄一朝,假号西楚,竟未践天子之位,而身首别离,斯亦不可称'本纪',宜降为'世家'。"刘知几《史通》、欧阳修《原正统论》等亦持此种观点。不过,也有人为司马迁辩护,如张照《殿本史记考证》中便曾说:"史法,天子则称'本纪'者,盖祖述史迁之文,马迁之前,固无所谓'本纪'也。马迁之意并非以'本纪'非天子不可用也,特以天下之权之所在,则其人系天下之本,即谓之'本纪'。……后世史官以君为'本纪',臣为'列传',固亦无可议者,但是宗马迁之史法而小变之,顾不得转据后以议前也。《索隐》之说谬矣"。后者更具备历史发展的眼光,也更加辩证。

(2)"微言大义"的互见法:史公之互见法,颇得剪裁之妙,能够"微言大义"。同为项羽之"阴暗面",史公存其阬秦卒、屠城池、焚宫室等史实,互见汉王数落其"十罪"之事。推敲个中缘故,项羽阬杀士卒等乃纯粹客观之事,汉王罗列的罪名,却带有敌军鲜明的主观色彩。为表现项羽"真相",史公以互见法略去。

二、文学链接:

1. 相关文学典故:

万人敌

少年胆气壮,好勇万人敌。

(顾况《从军行》)

乌江自刎

力拔山兮忽到此,骓嘶懒渡乌江水。

(张碧《鸿沟》)

---

① 背关怀楚:顾炎武《日知录》:"谓舍关中形胜之地,而都彭城也。"
② 自矜功伐:夸耀自己的战功。矜,夸耀。

余花歆谢,又似乌江,骓兮不逝,虞兮奈尔。

（王质《笛家弄·水际闲行》）

一杯羹

伊昔临广武,连兵决雌雄。分我一杯羹,太皇乃汝翁。

（李白《登广武古战场怀古》）

仓皇斗智成何语,遗笑当年广武山。

（胡曾《咏史诗·广武山》）

可怜广武山前语,楚汉宁作教战场。

（韩偓《秋郊闲望有感》）

广武之战

广武之守伤其胸,固陵之役挠其师。

（李观《项籍碑铭并序》）

睢河岸外勇难施,广武山前血犹腥。

（王伯成《般涉调·哨遍·项羽自刎》）

阮籍广武之叹

(阮籍)尝登广武,观楚汉战处,叹曰："时无英雄,使竖子成名!"

（《晋书·阮籍传》）

阮籍重生,安敢轻言于广武。

（皮光业《吴越国武肃王庙碑铭》）

遂登广武以揽古,望梁台而寓词。

（独孤及《阮公啸台颂》）

故泣军门者谓皇皇而无主,叹广武者思沛上之英雄。

（罗隐《叙二狂生》）

破釜沉舟

我即卑宫菲食,尝胆卧薪,聚才智之精神;枕戈待旦,合方舟之物力,破釜沉舟,尚恐无救于事。

（史可法《请出师讨贼疏》）

欲令诸师毕渡,沉舟破釜,为不反之计。

（黄宗羲《移史馆熊公雨殷行状》）

衣绣夜行

上谓买臣曰："富贵不归故乡,如衣绣夜行,今子何如？"

（《汉书·朱买臣传》）

语曰："夜行被绣，不足为荣。"

（苏武《答李陵书》）

勖尔效才略，功成衣锦还。

（李白《送张遥之寿阳幕府》）

游宦三年，愿以君羹遗母；不居一国，欲其昼锦还乡。

（王维《送秘书晁监还日本国诗序》）

金印明年如斗，向中州，锦衣行昼。

（辛弃疾《水龙吟·次年南涧用前韵为仆寿再和以寿南涧》）

咱如今富贵还乡井，方信道耀门闾、昼锦荣。

（郑光祖《倩女离魂》第四折）

古人说："富贵不还乡，就如衣锦夜行。"那有知得？大人不如趁满任回来。

（黄小佩《廿载繁华梦》第二十回）

沐猴而冠

夫蓼太子知略不世出，非常人也，以为汉廷公卿列侯皆如沐猴而冠耳。

（《汉书·伍被传》）

至如轩冕黻班之士，苟不能匡化辅政，佐时益世，而徒俯仰取容，要荣求利，厚自封之资，丰私家之积，此沐猴而冠耳，尚焉足道哉。

（《晋书·张载传》）

楚人休笑沐猴冠，越俗徒夸翁子贤。

（苏轼《锦溪》）

岂不闻财上分明大丈夫，不由咱生嗔怒，我骂你个沐猴冠冕，牛马襟裾。

（石君宝《秋胡戏妻》第三折）

优孟衣冠笑沐猴，武灵胡服众人咻。

（黄遵宪《己亥续怀人诗》）

四面楚歌

昔武王伐殷，殷民倒戈；高祖诛项，四面楚歌。

（《三国志·吴书·胡综传》）

闻楚歌之四合，知汉卒之重围。

（李白《拟恨赋》）

人去紫台秋入塞，兵残楚帐夜闻歌。

（李商隐《泪》）

蓦然敛袂却亭亭,怕是曲中犹带,楚歌声。

（辛弃疾《虞美人·赋虞美人草》）

楚歌四面乌江败,吴火中原赤壁烧。

（赵翼《鄱阳湖怀古》）

2. 后世有关的著名文学作品:

李贺《马诗》,李德裕《项王亭赋》,杜牧《题乌江亭》,李观《项籍碑铭并序》,王禹偁《过鸿沟》,王安石《读秦汉间事》,苏洵《项籍》,苏轼《留侯论》、《论范增》,张耒《项羽》,李清照《夏日绝句》,陆游《项羽》,王世贞《书项羽传后》。

3. 文学分析:

(1) 本文写著名的"鸿门宴"有这样一段:

项王即日因留沛公与饮。项王、项伯东向坐。亚父南向坐。亚父者,范增也。沛公北向坐,张良西向侍。

刘邦先据关入秦,惹得项羽大怒,双方剑拔弩张,一触即发。情势如此紧张,司马迁却又不紧不慢地写了双方相会时所排的座次。从史书的角度来看,这样的写法似乎过于琐细,与历史所着重要表现的军国大事关系不大。《汉书》为项羽立传时大部分沿用了《史记》的原文,可是在写"鸿门宴"时就把这一段给删掉了。然而,《汉书》的这种作法使得后世古文家们甚为不满,认为这样的改动使得文学效果大为削弱。

从文学效果来看,这一段描写使得场景具体化,为后面项庄舞剑、樊哙闯帐等提供了一个表演的舞台。而且,这段座次描写实际上可以表现项羽、刘邦二人的不同性格:"东向坐"是古人尊贵的座位,主人一般不能坐在这个位置上,项羽却毫不客气地坐下了,这恰恰可以表现出他的妄自尊大(《史记》中"东向坐"还有一个例子,同样是表现出人物的妄自尊大:赵括自少时学兵法,言兵事,以天下莫能当。尝与其父奢言兵事,奢不能难,然不谓善。括母问奢其故,奢曰:"兵,死地也,而括易言之。使赵不将括即已,若必将之,破赵军者必括也。"及括将行,其母上书言于王曰:"括不可使将。"王曰:"何以?"对曰:"始妾事其父,时为将,身所奉饭饮而进食者以十数,所友者以百数,大王及宗室所赏赐者尽以予军吏士大夫,受命之日,不问家事。今括一旦为将,东向而朝,军吏无敢仰视之者,王所赐金帛,归藏于家,而日视便利田宅可买者买之。王以为何如其父?父子异心,愿王勿遣。"王曰:"母置之,吾已决矣。"括母因曰:"王终遣之,即有如不称,妾得无随坐乎?"王许诺。刘邦则"北向坐",这是一种俯首称臣的座次,刘邦在时机尚未成熟时颇能忍让,以此来掩饰自己的野心。其实,看到秦始皇仪仗时,他曾不无艳羡地说:"大丈夫当如此也";《高祖本纪》中还有这样一段:秦始皇帝常曰:"东南有天子气",于是因东游以厌之。高祖即自疑,亡匿,隐於芒、砀山泽岩石之间。吕后与人俱求,常得之。高祖怪问之。吕后曰:"季所居上常有云气,故从往常得季。"高祖心喜。沛中子弟或闻之,多欲附者矣。本篇中又有范增这样的说法:"沛公居山东时,贪于财货,好美姬。今入关,财物无所取,妇女无所幸,此其志不在小。吾令人望其气,皆为龙虎,成五采,此天子气也。急击勿失。"这些例子都颇能看出他的野心。

另外,本文在紧要关头细写座次又是所谓的"摇曳"法,即"急煞人事,偏用缓笔写之",很好地设置了悬念,更能引人入胜。

(2)霸王别姬一段,写项羽:于是项王乃悲歌慷慨,自为诗曰:"力拔山兮气盖世,时不利兮骓不逝。骓不逝兮可奈何,虞兮虞兮奈若何!"歌数阕,美人和之。项王泣数行下,左右皆泣,莫能仰视。"泣数行下"在《汉书》中是"泣下数行",虽然只是略微改动,文学效果却大不如《史记》。因为,"泣下数行"只是一般概述,如同一个远景镜头,"泣数行下"则是变远景镜头为特写镜头,更能表现项羽之泪乃英雄之泪,更好地渲染这里的悲壮气氛。

(3)本文的结构也甚为后人所称赞,如吴见思《史记论文》中便曾如此评点:"当时四海鼎沸,时事纷纭,乃操三寸之管,以一手独运,岂非难事?他于分封以前,如召平,如陈婴,如秦嘉,如范增,如田荣,如章邯诸事,逐段另起一头,合到项氏,百川之归海也。分封以后,如田荣反齐,如陈馀反赵,如周吕侯居下邑,如周苛杀魏豹,如彭越下梁,如淮阴侯举河北,逐段追述前事,合到本文,千山之起伏也。而中间总处、提处、间接处、遥接处,多用'于是'、'当是时'等字,神理一片。"

三、集评:

齐桓不以射钩而致嫌,故能成九合之功;秦穆不以一眚而掩德,故能复九败之辱;前史序项籍之所以失天下,曰:"于人之功无所记,于人之过无所遗。"管仲论鲍叔牙不可属国,曰:"闻人过终身不忘。"然则弃瑕录用者,霸王之道;记过遗才者,衰乱之源。

——陆贽《翰苑集》卷二一

项羽僭盗而死,未得成君,求之于古,则齐无知、卫州吁之类也,安得讳其名字,呼之曰王者乎!春秋吴楚僭拟书如列国,假使羽窃帝名正可抑同羣盗,况其名曰"西楚"，号止"霸王"者乎。霸王者，即当时诸侯，诸侯而称本纪，求名责实，再三乖缪。

——刘知几《史通》卷二

世称项王不王秦而归楚，故失天下。观其拥百万之众，西入函谷，擅天下之势，裂山河以王诸侯，自谓可以逞其私心，而人莫敢违，安行无礼，忍为不义，欲以一夫之力服亿兆之心，材高者见疑，功大者被黜，推此道以行之，虽百秦之地将能免于败亡乎。

——司马光《稽古录》卷十二

世之言雄暴虓武者，莫如刘季项籍。此两人者，岂有儿女之情哉。至其过故乡而感慨，别美人而涕泣，情发于言，流为歌词，含思凄婉，闻者动心焉。此两人者，岂其费心而得之哉？直寄其意耳。

——张耒《柯山集》卷四十

太史公论"羽非有尺寸，乘势起陇亩之中。三年，将五诸侯灭秦，分裂天下，而封王侯，政由羽出，号为'霸王'"，近古所无。不知古人之治，未尝崇长不义之人。《左氏》载郑瞒三人皆为诸侯所诛，盖是时先王之余政犹存，负力桀悍者终不得自肆。如项羽，气力不过长狄，而不幸遭世大坏，遂横行至此。迁以畏异之意，加嗟惜之辞，史法散矣。

——叶适《习学纪言》卷十九

愚观项羽，盗贼之雄耳。凡其失人心处，全在残忍；沛公脱秦民于水火者也，凡其得人心处，全在宽大。独遣长者扶义而西，而不许项羽，非怀王之贤不至是，然亦当时亲被苦祸，与秦民同在水火之中，故其推择权量的当如是。向使从羽之请，与沛公俱遣，慓悍猾贼，如虎狼之求逞，必闷闷不快于长者之事，而卿子冠军之剑且转而之沛公矣，其祸可胜言乎！沛公入关，秦民大喜，而汉氏四百年之祚卒定于此日，有以也夫。

——钱时《两汉笔记》卷一

项羽背约，绛灌樊哙劝汉王攻之，萧何止之。当是时，项王可攻乎？曰：未可也。羽阳尊义帝，未有弑逆之罪；封九江王英布，未有隙；封衡山王吴芮，未夺其地，未有怨；田荣陈馀虽大怨羽，远在齐赵；羽之罪在于杀宋义，然义亦骄矜，送子相齐，置酒高会。秦而胜赵，何敝之承？义固有以取羽之侮。羽之罪又在于坑秦卒二十余万。然当时闻见，习以为常。羽未出关东，归三秦，及羽之党合从以距汉，则以新造未就绪之汉，攻罪名未著、党羽未离之强楚，其不胜必矣。

——方回《续古今考》卷九

与高帝并起,灭秦之功略相当,而羽以霸王主盟,尤一时之雄也。秦灭六国,楚灭秦,秦既纪矣,可绌楚乎?故并尊羽于秦汉间,不欲以成败论英雄也。

——郝敬《史汉愚按》卷二

项王喑呜叱咤,千人皆废。然东城之役,灌婴以五千追之,虽杀伤过当,卒自刭,势也。垓下之战,汉兵亦六十万,非淮阴在军,鲜不为灵壁矣。第信亦非羽敌也。楚之谋臣,亚父而已,然其谋得与失,盖相等焉。其谋之失者,一曰立义帝;其谋之得者,一曰图沛公。以陈涉之庸也,大呼泽中,从者百万,智如梁、勇如籍,乃使立楚怀而君之。梁死,籍苦战以定天下,于怀无尺寸假也。虽然,君之矣,而弑之,以成汉之名,可乎?其图高祖也,识天下之大势,虽羽弗如也。世之俚儒,坚执以为笑端,夫沛公死,至今数千年,无二沛公也,当时可知也。曰:天将启之矣,其可废与。噫,斯语也,他人则可,亚父则不可。

——胡应麟《少室山房笔丛正笔》卷六

《孟子》云:"为天下驱民者,桀与纣也。"籍亦为汉驱者耳,岂能与汉争天下哉?迹其剽悍滑贼之性,嗜杀如嗜食,如起会稽,即诱杀守者,其后矫杀宋义,屠咸阳,残灭襄城,杀秦降王子婴,折韩王成、王陵母,甚至于杀义帝,此真天下之桀也。项欲举大事,霸西楚,其可得乎!

——凌氏《史记评林·项羽本纪》杨维桢批语

项王非特暴虐不得人心,亦从来无统一天下之志。既灭咸阳,而都彭城;既复彭城,而割荥阳;既割鸿沟,而死东归,殊预按兵休甲,宛然图伯筹画耳。岂知高祖规模宏远,天下不归于一不止哉?

——凌氏《史记评林·项羽本纪》凌稚隆批语

世谓羽与汉争天下,非也。羽曷尝有争天下之志哉!羽见秦灭诸侯而兼有之,故欲灭秦,复立诸侯,如曩时而身为盟主尔。故既分王,即都彭城;既和汉,即东归。羽皆以为按甲休兵为天下盟主之时,不知汉之心不尽得天下不止也。身死东城,不过欲以善战白于世,略无功业不就之悲,而汉之心,羽终其身不知。羽曷尝有争天下之志!

——黄震《黄氏日抄》卷四六

钝吟云:自秦亡后,天下之权在项羽,故作本纪。班孟坚《汉书》项羽与陈胜同传,与太史公不同。按当时羽实主约,汉封巴蜀,羽为之也,故太史公用共工之例,列于本纪。

——何焯《义门读书记·史记》

著纪传无特著初起之年,此独大书之,所以为三年灭秦,五年亡国作张本,正是痛惜之意。

——姚苎田《史记菁华录·项羽本纪》

文中书屠书灭书击书阬书杀降书烧夷书系虏,皆著其暴也;书惮书慴服书莫敢仰视书皆伏,皆著其以力服人也。夫以力服人者,未有能服人者也。

——王又朴《史记七篇读法》

史称增素好奇计,以事考之,增计不能奇也。凡羽之恃强失道,如汉王临广武而数之者,未闻增有所谏止;而两雄角逐,义理之端,事几之会,楚每失之,顾欲使壮士舞剑杀沛公于欢饮之间,是一老愚人而已。

——李晚芳《读史管见》卷一

四、思考与讨论:

1. 把项羽传记归入"本纪"或"世家",哪一个更合适?为什么?
2. 《项羽本纪》是文学名篇,你体会到的文学技法还有哪些?

吕太后本纪

题解：

  《吕太后本纪》在《史记》中是比较有特色的一个篇章。司马迁为一个女性单独立传，而且列在本纪之中，可见司马迁对于吕后的重视。在《吕太后本纪》中，司马迁主要表现了吕后的自私、狭隘和凶残，但是司马迁又不是简单地对吕后持一概否定的态度。从文中可以看出，司马迁认为，吕后的主要功绩体现在刘邦死后的十几年间，为维持社会稳定和经济发展做出一定的贡献："孝惠皇帝、高后之时，黎民得离战国之苦，君臣俱欲休息乎无为，故惠帝垂拱，高后女主称制，政不出房户，天下晏然，刑罚罕用，罪人是希，民务稼穑，衣食滋殖。"

  吕后为人"刚毅"，作风蛮横，稍不如意便大发雷霆，而且一定会采取严厉的手段。她把戚夫人制成"人彘"，连其亲生儿子都说："此非人所为"；孝惠帝与其庶兄齐王刘肥在宴会上行"家人"之礼使吕后大为光火，她立即派人拿来毒酒，想把刘肥毒死，吓得刘肥赶紧献出一座城池作为吕后女儿的"汤沐邑"，而且还尊她为"太后"，方得解脱；刘邦的另一个儿子赵王友，因为不喜欢吕后给他指定的王后，竟被吕后活活饿死，另两位赵王也先后被她迫害致死；为了集中权力，吕后规定刘邦所有的子侄都要娶吕姓女子为妻，于是乎竟发生了孝惠帝娶了他同胞姐姐的女儿做皇后的咄咄怪事。

  "王诸吕"和"诛诸吕"是当时统治集团内部的斗争核心，也是本文的主要叙事线索。在后世不少史家看来，"王诸吕"是对刘氏正统政权的极大危害，所以都视之为十恶不赦。而司马迁则在《吕太后本纪》的一开头就点明了吕后的两个哥哥都在刘邦身边为将、那位"长兄"还付出了生命的代价，吕后本人更是"佐高祖定天下"。司马迁不仅如实记述了吕氏家族为汉朝开国立下的汗马功劳，而且还点出吕后执政时也并不放任她的宗亲们胡作非为，特别记载了吕王嘉由于"居处骄恣"，被吕后废黜的事情。整体看来，诸吕还是比较安分的，没做多少祸国殃民的坏事，并不如东汉的外戚问题那样严重。这些，司马迁都作了相当客观的表现，不像后世史家以有色眼镜看待"王诸吕"事件。而"诛诸吕"的众位大臣，在司马迁笔下也不是那么的"正义凛然"：陈平、周勃等人因惧祸而顺遂吕后的私心，在一定程度上为"王诸吕"起到了推波助澜的作用;吕禄交出兵权是因为受到郦寄父子的欺骗,郦寄不免被世人责骂为卖友求荣之徒;诸吕并没有做过多少坏事却被无情地斩草除根,甚至,无辜的少帝只因刘兴居、滕公等人的争功而成为政治斗争的牺牲品……总之,我们应该"因为懂得,所以慈悲",大可不必对吕后提出过高的要求。固然,她很残忍,可是,如前所述,被后世史家视为正面形象的陈平周勃等人在铲除诸吕时不也相当心狠手辣吗?与其说吕后残忍,还不如说政治斗争是冷酷的。何况,作为男权社会中难得一见的"女主",作为卷入政治纷争的一名女性,作为以孤儿寡母的弱势统治大一统帝国的掌权者,吕后稍有差池,便会丢了江山,丢了性命,自然要处处小心,时时谨慎,以至于做出了很多"非人所为"的事情来。

《吕太后本纪》塑造传主的立体形象时不仅注重外部的细节描写,而且还能以传神之笔表现出人物的内心世界。例如,亲生儿子死去之时,在勾心斗角的政治斗争中,吕后的爱子天性都被异化了——"太后哭,泣不下。"直到政治威胁消除后,"其哭乃哀"。这些描写与其说是历史记载不如说是小说手法,是《史记》文学性的一大体现。

正文:

  吕太后者,高祖微时妃①也,生孝惠帝、女鲁元太后。及高祖为汉王,得定陶戚姬,爱幸②,生赵隐王如意。孝惠为人仁弱,高祖以为不类③我,常欲废太子,立戚姬子如意,如意类我。戚姬幸,常从上之④关东,日夜啼泣,欲立其子代太子。吕后年长,常留守,希⑤见上,益⑥疏。如意立为赵王后,几代太子者数矣,赖大臣争之,及留侯策⑦,太子得毋废。吕后为人刚毅,佐高祖定天下,所诛大臣多吕后力。吕后兄二人,皆为将。长兄周

---

① 妃:配偶。不是后来专指皇帝的配偶。《说文》释"妃"字:"匹也"。段玉裁注:"夫妇之片合,如帛之判合矣。故帛四丈曰'两',曰'匹'。人之配耦(偶)亦曰'匹'。妃本上下通称,后人以为贵耳。"
② 幸:专指帝王宠爱。"爱幸"为同义反复。
③ 类:似。
④ 之:至。
⑤ 希:同"稀"。
⑥ 益:更加。
⑦ 几代太子者数矣,赖大臣争之,及留侯策:事详见《留侯世家》、《叔孙通列传》、《张丞相列传》。留侯:汉代开国功臣之一张良。

吕侯死事①,封其子吕台为郦侯,子产为交侯,次兄吕释之为建成侯。

高祖十二年四月甲辰,崩长乐宫,太子袭号为帝。是时高祖八子:长男肥,孝惠兄也,异母,肥为齐王;余皆孝惠弟,戚姬子如意为赵王,薄夫人子恒为代王,诸姬子子恢为梁王,子友为淮阳王,子长为淮南王,子建为燕王。高祖弟交为楚王,兄子濞为吴王。非刘氏功臣番君吴芮子臣为长沙王。

吕后最怨戚夫人及其子赵王,乃令永巷②囚戚夫人,而召赵王。使者三反③,赵相建平侯周昌谓使者曰:"高帝属④臣赵王,赵王年少。窃闻太后怨戚夫人,欲召赵王并诛之,臣不敢遣王。王且亦病,不能奉诏。"吕后大怒,乃使人召赵相。赵相征至长安,乃使人复召赵王。王来,未到⑤。孝惠帝慈仁,知太后怒,自迎赵王霸上,与入宫,自挟与赵王起居饮食。太后欲杀之,不得间。孝惠元年十二月,帝晨出射⑥。赵王少,不能蚤⑦起。太后闻其独居,使人持酖饮之。犁⑧明,孝惠还,赵王已死。于是乃徙淮阳王友为赵王。夏,诏赐郦侯父追谥为令武侯。太后遂断戚夫人手足,去眼,煇耳⑨,饮瘖药⑩,使居厕中,命曰"人彘"。居数日,乃召孝惠帝观人彘。孝惠见,问,乃知其戚夫人,乃大哭,因病,岁余不能起。使人请太后曰:"此非人所为。臣为太后子,终不能治天下。"孝惠以此日饮为淫乐,不听政,故有病也。

二年,楚元王、齐悼惠王皆来朝。十月,孝惠与齐王燕饮⑪太后前,孝

---

① 死事:死于事。因故而亡,非善终。
② 永巷:《史记集解》引如淳曰:"《列女传》云周宣王姜后脱簪珥待罪永巷,后改为掖庭。"《史记索隐》:"永巷,别宫名,有长巷,故名之也。后改为掖庭。韦昭云:以为在掖门内,故谓之掖庭也。"
③ 反:通"返"。
④ 属:通"嘱"。嘱咐,托付。
⑤ 未到:言赵王到长安而未入宫。
⑥ 帝晨出射:晨:从晶辰声。本意是二十八星宿中的房星。这就是说皇帝在星辰还挂在天上的时候就出去射猎。这样,后文中的"犁明,孝惠还"才讲得通。
⑦ 蚤:通"早"。
⑧ 犁:通"黎"。
⑨ 煇:通"熏"。依《说文》段注。
⑩ 瘖(yīn):《说文》:"不能言也。"瘖药就是哑药。
⑪ 燕饮:即"宴饮"。

惠以为齐王兄①，置上坐，如家人之礼。太后怒，乃令酌两卮酖，置前，令齐王起为寿。齐王起，孝惠亦起，取卮欲俱为寿。太后乃恐，自起泛②孝惠卮。齐王怪之，因不敢饮，详③醉去。问，知其酖，齐王恐，自以为不得脱长安，忧。齐内史士说王曰："太后独有孝惠与鲁元公主。今王有七十余城，而公主乃食数城。王诚以一郡上太后，为公主汤沐邑④，太后必喜，王必无忧。"于是齐王乃上城阳之郡，尊公主为王太后⑤。吕后喜，许之。乃置酒齐邸⑥，乐饮，罢，归齐王。三年，方筑长安城，四年就半，五年六年城就。诸侯来会。十月朝贺。

七年秋八月戊寅，孝惠帝崩。发丧，太后哭，泣⑦不下。留侯子张辟强为侍中，年十五，谓丞相⑧曰："太后独有孝惠，今崩，哭不悲，君知其解乎？"丞相曰："何解？"辟强曰："帝毋⑨壮子，太后畏君等。君今请拜吕台、吕产、吕禄为将，将兵居南北军⑩，及诸吕皆入宫，居中用事，如此则太后心安，君等幸得脱祸矣。"丞相乃如辟强计。太后说，其哭乃哀。吕氏权由此起。乃大赦天下。九月辛丑，葬。太子即位为帝，谒⑪高庙。元年，号令一出太后。

太后称制⑫，议欲立诸吕为王，问右丞相王陵。王陵曰："高帝刑⑬白马盟曰'非刘氏而王，天下共击之'。今王吕氏，非约也。"太后不说。问左丞相陈平、绛侯周勃。勃等对曰："高帝定天下，王子弟，今太后称制，

---

① 孝惠以为齐王兄：即"孝惠以齐王为兄"的倒装。
② 泛：泼掉。
③ 详：通"佯"，假装。
④ 汤沐邑：名义上用于沐浴的封邑。
⑤ 尊公主为王太后：《史记集解》引如淳曰："张敖子偃为鲁王，故公主得为太后。"
⑥ 乃置酒齐邸：《史记正义》："汉法，诸侯各起邸第于京师。"
⑦ 泣：泪。
⑧ 丞相：此时的丞相是陈平。
⑨ 毋：通"无"。
⑩ 南北军：用来保卫两宫的卫队，汉高祖时始建。长乐宫在东，为北军；未央宫在西，为南军。
⑪ 谒：禀告，这里指在高庙中禀告即位登基。
⑫ 制：帝王之令。《史记·秦始皇本纪》："命为'制'，令为'诏'。""太后称制"等于说吕后践行了皇帝的职责。司马迁在这里并不避讳。
⑬ 刑：杀。

王昆弟诸吕，无所不可。"太后喜，罢朝。王陵让①陈平、绛侯曰："始与高帝喋血②盟，诸君不在邪？今高帝崩，太后女主，欲王吕氏，诸君从欲阿意背约，何面目见高帝地下？"陈平、绛侯曰："于今面折廷争，臣不如君；夫全社稷，定刘氏之后，君亦不如臣。"王陵无以应之。十一月，太后欲废王陵，乃拜为帝太傅，夺之相权。王陵遂病免归。乃以左丞相平为右丞相，以辟阳侯审食其为左丞相。左丞相不治事，令监宫中，如郎中令③。食其故得幸太后，常用事，公卿皆因而决事。乃追尊郦侯父为悼武王，欲以王诸吕为渐④。

四月，太后欲侯诸吕，乃先封高祖之功臣郎中令无择⑤为博城侯。鲁元公主薨，赐谥为鲁元太后。子偃为鲁王。鲁王父，宣平侯张敖也。封齐悼惠王子章为朱虚侯，以吕禄女妻之。齐丞相寿为平定侯。少府延为梧侯。乃封吕种为沛侯，吕平为扶柳侯，张买为南宫侯。

太后欲王吕氏，先立孝惠后宫子强为淮阳王，子不疑为常山王，子山为襄城侯，子朝为轵侯，子武为壶关侯。太后风⑥大臣，大臣请立郦侯吕台为吕王，太后许之。建成康侯释之卒，嗣子有罪，废，立其弟吕禄为胡陵侯，续康侯后。二年，常山王薨，以其弟襄城侯山为常山王，更名义。十一月，吕王台薨，谥为肃王，太子嘉代立为王。三年，无事。四年，封吕嬃为临光侯，吕他为俞侯，吕更始为赘其侯，吕忿为吕城侯，及诸侯丞相五人。

宣平侯女为孝惠皇后时，无子，详为有身，取美人子名之，杀其母，立所名子为太子。孝惠崩，太子立为帝。帝壮，或闻其母死，非真皇后子，乃出言曰："后安能杀吾母而名我？我未壮，壮即为变。"太后闻而患之，恐其为乱，乃幽之永巷中，言帝病甚，左右莫得见。太后曰："凡有天下治

---

① 让：责备。
② 喋(shà)血：即"歃血"。
③ 郎中令：官名，九卿之一，所属有大夫、谒者及朝门、羽林宿卫官。主要掌守宫殿门户。始于秦，汉初沿制。
④ 渐：开端。
⑤ 无择：《史记集解》徐广曰："姓冯。"
⑥ 风：即"讽"，暗示。

为万民命者,盖之如天,容之如地,上有欢心以安百姓,百姓欣然以事其上,欢欣交通①而天下治。今皇帝病久不已,乃失惑悍乱②,不能继嗣奉宗庙祭祀,不可属天下,其③代之。"群臣皆顿首言:"皇太后为天下齐民④计所以安宗庙社稷甚深,群臣顿首奉诏。"帝废位,太后幽杀之。五月丙辰,立常山王义为帝,更名曰弘。不称元年者,以太后制天下事也。以轵侯朝为常山王。置太尉官,绛侯勃为太尉。五年八月,淮阳王薨,以弟壶关侯武为淮阳王。六年十月,太后曰吕王嘉居处骄恣,废之,以肃王台弟吕产为吕王。夏,赦天下。封齐悼惠王子兴居为东牟侯。

七年正月,太后召赵王友。友以诸吕女为后,弗爱,爱他姬,诸吕女妒,怒去,谗之于太后,诬以罪过,曰:"吕氏安得王!太后百岁后,吾必击之。"太后怒,以故召赵王。赵王至,置邸不见,令卫围守之,弗与食。其群臣或窃馈,辄捕论之,赵王饿,乃歌曰:"诸吕用事兮刘氏危,迫胁王侯兮强授我妃。我妃既妒兮诬我以恶,谗女乱国兮上曾不寤。我无忠臣兮何故弃国?自决中野兮苍天举直⑤!于嗟不可悔兮宁蚤自财⑥。为王而饿死兮谁者怜之!吕氏绝理兮托天报仇。"丁丑,赵王幽死⑦,以民礼葬之长安民冢次⑧。

己丑,日食,昼晦。太后恶之,心不乐,乃谓左右曰:"此为我也。"

二月,徙梁王恢为赵王。吕王产徙为梁王,梁王不之国,为帝太傅。立皇子平昌侯太为吕王。更名梁曰吕,吕曰济川。太后女弟吕媭有女为营陵侯刘泽妻,泽为大将军。太后王诸吕,恐即崩后刘将军为害,乃以刘泽为琅邪王,以慰其心。

梁王恢之徙王赵,心怀不乐。太后以吕产女为赵王后。王后从官皆

---

① 交通:相通。
② 失惑:精神失常。悍乱:神志不清。
③ 其:表祈使或建议的语气词。
④ 齐民:平民。
⑤ 举直:行为完全正直。"苍天举直",即"我行正理直,苍天可鉴"之意。
⑥ 财:通"裁",决定。
⑦ 幽死:幽,囚禁。《荀子·王霸》"官人失要则死,公侯失礼则幽。"
⑧ 次:旁。

诸吕,擅权,微伺①赵王,赵王不得自恣。王有所爱姬,王后使人酖杀之。王乃为歌诗四章,令乐人歌之。王悲,六月即自杀。太后闻之,以为王用②妇人弃宗庙礼,废其嗣③。

宣平侯张敖卒,以子偃为鲁王,敖赐谥为鲁元王。

秋,太后使使告代王,欲徙王赵。代王谢,愿守代边④。

太傅产、丞相平等言,武信侯吕禄上侯,位次第一,请立为赵王。太后许之,追尊禄父康侯为赵昭王。九月,燕灵王建薨,有美人子,太后使人杀之,无后,国除。八年十月,立吕肃王子东平侯吕通为燕王,封通弟吕庄为东平侯。

三月中,吕后祓⑤,还过轵道⑥,见物如苍犬,据高后掖⑦,忽弗复见。卜之,云赵王如意为祟。高后遂病掖伤。

高后为外孙鲁元王偃年少,蚤失父母,孤弱,乃封张敖前姬两子,侈为新都侯,寿为乐昌侯,以辅鲁元王偃。及封中大谒者⑧张释为建陵侯,吕荣为祝兹侯。诸中宦者令丞皆为关内侯,食邑五百户。

七月中,高后病甚,乃令赵王吕禄为上将军,军北军;吕王产居南军。吕太后诫产、禄曰:"高帝已定天下,与大臣约,曰:'非刘氏王者,天下共击之。'吕氏王,大臣弗平。我即崩,帝年少,大臣恐为变。必据兵卫宫,慎毋送丧,毋为人所制。"辛巳,高后崩,遗诏赐诸侯王⑨各千金,将相列侯郎吏皆以秩赐金。大赦天下。以吕王产为相国,以吕禄女为帝后。

高后已葬,以左丞相审食其为帝太傅。

朱虚侯刘章有气力,东牟侯兴居其弟也。皆齐哀王弟,居长安。当

---

① 微伺:亦作"微司",暗中窥伺。
② 用:因为。
③ 废其嗣:废除其后代的王位继承权。
④ 愿守代边:茅坤《史记钞》:"文帝不愿徙赵,便有畏吕后而自远之意。"
⑤ 祓(fú):古代为除灾去邪而举行的一种仪式。一般于夏历正月、三月在宗庙、社坛或水边举行。
⑥ 轵道:古亭名,在今陕西省西安市东北。
⑦ 掖:通"腋"。
⑧ 中大谒者:官名。主管皇帝接收文件、传达诏命、接待宾客等事宜。此职常以阉人为之。
⑨ 诸侯王:《史记集解》引蔡邕曰:"皇子封为王者,其实古诸侯也。加号为王,故谓之诸侯王。王子弟封为侯者,谓之诸侯。"

是时,诸吕用事擅权,欲为乱,畏高帝故大臣绛、灌等,未敢发。朱虚侯妇,吕禄女,阴知其谋。恐见诛,乃阴令人告其兄齐王,欲令发兵西,诛诸吕而立。朱虚侯欲从中与大臣为应。齐王欲发兵,其相弗听。八月丙午,齐王欲使人诛相,相召平乃反,举兵欲围王,王因杀其相,遂发兵东,诈夺琅邪王兵,并将之而西。语在《齐王》语中。

齐王乃遗诸侯王书曰:"高帝平定天下,王诸子弟,悼惠王王齐。悼惠王薨,孝惠帝使留侯良立臣为齐王。孝惠崩,高后用事,春秋高,听诸吕,擅废帝更立,又比①杀三赵王②,灭梁、赵、燕以王诸吕,分齐为四。忠臣进谏,上惑乱弗听。今高后崩,而帝春秋富③,未能治天下,固恃大臣诸侯。而诸吕又擅自尊官,聚兵严威,劫列侯忠臣,矫制以令天下,宗庙所以危。寡人率兵入诛不当为王者。"汉闻之,相国吕产等乃遣颍阴侯灌婴将兵击之。灌婴至荥阳,乃谋曰:"诸吕权兵④关中,欲危刘氏而自立。今我破齐还报,此益吕氏之资也。"乃留屯荥阳,使使谕齐王及诸侯,与连和,以待吕氏变,共诛之。齐王闻之,乃还兵西界待约。

吕禄、吕产欲发乱关中,内惮绛侯、朱虚等,外畏齐、楚兵,又恐灌婴畔⑤之,欲待灌婴兵与齐合而发,犹豫未决。当是时,济川王太、淮阳王武、常山王朝名为少帝弟,及鲁元王吕后外孙,皆年少未之国,居长安。赵王禄、梁王产各将兵居南北军,皆吕氏之人。列侯群臣莫自坚其命⑥。

太尉绛侯勃不得入军中主兵。曲周侯郦商老病,其子寄与吕禄善。绛侯乃与丞相陈平谋,使人劫郦商⑦。令其子寄往绐说吕禄曰:"高帝与吕后共定天下,刘氏所立九王,吕氏所立三王,皆大臣之议,事已布告诸侯,诸侯皆以为宜。今太后崩,帝少,而足下佩赵王印,不急之国守藩,乃为上将,将兵留此,为大臣诸侯所疑。足下何不归将印,以兵属太尉?请

---

① 比:接连,连续。
② 三赵王:赵隐王如意,赵幽王友,赵王恢。
③ 春秋富:意思是指年轻。
④ 权兵:意思是掌握军权。
⑤ 畔:通"叛"。
⑥ 自坚其命:意思是拿定主意。
⑦ 郦商:刘邦的开国功臣,封曲周侯。其兄即郦食其。

梁王归相国印,与大臣盟而之国,齐兵必罢,大臣得安,足下高枕而王千里,此万世之利也。"吕禄信然其计,欲归将印,以兵属太尉。使人报吕产及诸吕老人,或以为便,或曰不便,计犹豫未有所决。吕禄信郦寄,时与出游猎。过其姑吕嬃,嬃大怒,曰:"若为将而弃军,吕氏今无处矣。"乃悉出珠玉宝器散堂下,曰:"毋为他人守也。"

左丞相食其免。

八月庚申旦,平阳侯窋行御史大夫事,见相国产计事。郎中令贾寿使从齐来,因数产曰:"王不蚤之国,今虽欲行,尚可得邪?"具以灌婴与齐楚合从,欲诛诸吕告产,乃趣①产急入宫。平阳侯颇闻其语,乃驰告丞相、太尉。太尉欲入北军②,不得入。襄平侯通尚③符节④,乃令持节矫内太尉北军。太尉复令郦寄与典客刘揭先说吕禄曰:"帝使太尉守北军,欲足下之国,急归将印辞去,不然,祸且起。"吕禄以为郦兄不欺己,遂解印属典客,而以兵授太尉。太尉将之入军门,行令军中曰:"为吕氏右袒⑤,为刘氏左袒。"军中皆左袒为刘氏。太尉行至,将军吕禄亦已解上将印去,太尉遂将北军。

然尚有南军。平阳侯闻之,以吕产谋告丞相平⑥,丞相平乃召朱虚侯佐太尉。太尉令朱虚侯监军门。令平阳侯告卫尉:"毋入相国产殿门。"吕产不知吕禄已去北军,乃入未央宫,欲为乱,殿门弗得入,裴回⑦往来。平阳侯恐弗胜,驰语太尉。太尉尚恐不胜诸吕,未敢讼言诛之,乃遣朱虚

---

① 趣:催促。
② 太尉欲入北军:吴仁杰《两汉刊误补遗》:"汉之兵制,常以北军为重,周勃一入北军,而吕产、吕更始辈束手被戮;戾太子不得北军之助,而卒败于丞相之兵,两军之势大略可睹矣。"
③ 尚:主管,掌握。
④ 符节:古代朝廷用作信物的凭证。符:用竹、木或金属制成,上书文字,剖为二,各执一半,使用时二者相合为验。节:以竹制成,用以证明身份。
⑤ 袒:"左袒"、"右袒"者,古人认为乃激励鼓舞军心之手段。何焯《义门读书记》:"木强老汉(周勃),仓促间未必学孙太傅也。"袁黄《增评历史纲鉴补》:"勃令军中'左袒',非有观望于其间,此勃之术也。军中忿吕氏而思刘氏,不待问可知也。必使之左袒,所以发其忠忿而为建义号令之始也。士一左袒,虽使有吕氏之人潜伏行伍中,亦皆胆落神褫,无能为矣。"
⑥ 梁玉绳《史记志疑》以为"平阳侯闻之"二句与上下文不接,且前已言平阳侯驰告丞相、太尉,当为重出。
⑦ 裴回:即"徘徊"。

侯谓曰："急入宫卫帝。"朱虚侯请卒，太尉予卒千余人。入未央宫门，遂见产廷中。日餔①时，遂击产。产走。天风大起，以故其从官乱，莫敢斗。逐产，杀之郎中府吏厕中。

朱虚侯已杀产，帝命谒者持节劳朱虚侯。朱虚侯欲夺节信，谒者不肯，朱虚侯则从与载，因节信驰走，斩长乐卫尉吕更始。还，驰入北军，报太尉。太尉起，拜贺朱虚侯曰："所患独吕产，今已诛，天下定矣。"遂遣人分部悉捕诸吕男女，无少长皆斩之。辛酉，捕斩吕禄，而笞杀吕嬃。使人诛燕王吕通，而废鲁王偃。壬戌，以帝太傅食其复为左丞相。戊辰，徙济川王王梁，立赵幽王子遂为赵王。遣朱虚侯章以诛诸吕氏事告齐王，令罢兵。灌婴兵亦罢荥阳而归。

诸大臣相与阴谋②曰："少帝及梁、淮阳、常山王，皆非真孝惠子也。吕后以计诈名他人子，杀其母，养后宫，令孝惠子之，立以为后，及诸王，以强吕氏。今皆已夷灭诸吕，而置所立，即长用事，吾属无类矣。不如视诸王最贤者立之。"或言："齐悼惠王高帝长子，今其適③子为齐王，推本言之，高帝適长孙，可立也。"大臣皆曰："吕氏以外家恶而几危宗庙，乱功臣。今齐王母家驷（钧），驷钧，恶人也。即立齐王，则复为吕氏。"欲立淮南王，以为少，母家又恶。乃曰："代王方今高帝见④子，最长，仁孝宽厚。太后家薄氏谨良。且立长故顺，以仁孝闻于天下，便。"乃相与共阴使人召代王。代王使人辞谢。再反，然后乘六乘传⑤。后九月晦日⑥己酉，至长安，舍代邸。大臣皆往谒，奉天子玺上代王，共尊立为天子。代王数让，群臣固请，然后听。

东牟侯兴居曰："吕氏吾无功，请得除宫⑦。"乃与太仆汝阴侯滕公入

---

① 餔：即申时（下午三点至五点）。
② 阴谋：暗暗商议。
③ 適：通"嫡"。
④ 见：通"现"。
⑤ 六乘传：六辆驿车。乘：古时一车四马为一乘。传：驿车。
⑥ 晦日：每月月末那天。
⑦ 除宫：清理皇宫。

宫,前谓少帝曰:"足下非刘氏,不当立。"乃顾麾左右执戟者掊兵①罢去。有数人不肯去兵,宦者令张泽谕告,亦去兵。滕公乃召乘舆车载少帝出。少帝曰:"欲将我安之乎?"滕公曰:"出就舍。"舍少府。乃奉天子法驾②,迎代王于邸。报曰:"宫谨除。"代王即夕入未央宫。有谒者十人持戟卫端门,曰:"天子在也,足下何为者而入?"代王乃谓太尉。太尉往谕,谒者十人皆掊兵而去。代王遂入而听政。夜,有司分部诛灭梁、淮阳、常山王及少帝于邸。

代王立为天子。二十三年崩,谥为孝文皇帝。

太史公曰:孝惠皇帝、高后之时,黎民得离战国之苦,君臣俱欲休息乎无为,故惠帝垂拱③,高后女主称制,政不出房户,天下晏然。刑罚罕用,罪人是希。民务稼穑,衣食滋殖。

一、文化拓展:

(1)梁启超曾批判国人有"私德"而无"公德"。所谓"公德",是就公众而言的道德标准,从小的方面来说是国家、民族,从大的方面来讲甚至可以是指人类。而"私德"则是就个人品德而言。从个人品德而言,吕后是一个很残忍的女性,把戚夫人变成"人彘";害死三个赵王;惠帝只不过与其庶兄齐王刘肥行家人礼便迁怒于刘肥,差点儿把堂堂的一方诸侯毒死……这些都是令人发指的恶行,后世的正统观念也是把吕后定位为"牝鸡司晨"、"凶悍残虐"的反面角色,几乎没什么好话来评价。司马迁则明确地称赞"孝惠皇帝、高后之时,黎民得离战国之苦,君臣俱欲休息乎无为,故惠帝垂拱,高后女主称制,政不出房户,天下晏然。刑罚罕用,罪人是希。民务稼穑,衣食滋殖",对吕后不吝赞词。其实,司马迁特别富于人道精神,《史记》中某些人物本来寄予了他深切的同情,但对于这些人物的不人道行为他仍然毫不留情地进行指责。如白起遭谗言而死,司马迁对其颇为同情,可是又记下白起临死前的忏悔:"我固当死。长平之战,赵卒降者数十万人,我诈而尽阬之,是足以死。"司马迁对李广的不幸更是非常同情,可是《李将军列传》中却又有这样一段记述:初,广之从弟李蔡与广俱事孝文帝。景帝时,蔡积功劳至二千石。

---

① 掊(fǔ)兵:放下兵器。掊:放下。
② 法驾:天子举行典礼时用的车驾。《史记集解》引蔡邕曰:"天子有大驾、小驾、法驾。上乘金根车,驾六马。有五时副车,驾四马,侍中参乘,属车三十六乘。"
③ 垂拱:垂衣拱手,清闲无事的样子。

孝武帝时,至代相。以元朔五年为轻车将军,从大将军击右贤王,有功中率,封为乐安侯。元狩二年中,代公孙弘为丞相。蔡为人在下中,名声出广下甚远,然广不得爵邑,官不过九卿,而蔡为列侯,位至三公。诸广之军吏及士卒或取封侯。广尝与望气王朔燕语,曰:"自汉击匈奴而广未尝不在其中,而诸部校尉以下,才能不及中人,然以击胡军功取侯者数十人,而广不为后人然无尺寸之功以得封邑者,何也? 岂吾相不当侯邪? 且固命也?"朔曰:"将军自念,岂尝有所恨乎?"广曰:"吾尝为陇西守,羌尝反,吾诱而降,降者八百余人,吾诈而同日杀之。至今大恨独此耳。"朔曰:"祸莫大于杀已降,此乃将军所以不得侯者也。"有着人道观念的司马迁免不了要怒斥吕后的残暴行径"非人所为",可是,司马迁同样也称赞吕后对国计民生所作的贡献,这是因为,与"私德"比起来,司马迁更看重"公德"。从"私德"的角度来看,吕后的个人品德极糟;而从"公德"的角度来看,吕后还是做了一些好事的。重"公德"是司马迁的一贯倾向,不仅此篇,司马迁在《项羽本纪》中塑造了一个叱咤风云的形象,在《高祖本纪》中刻画了一个无赖成性的形象,可是,从《高祖本纪》、《淮阴侯列传》、《陈丞相世家》中王陵、韩信、陈平等人对刘邦、项羽的不同评价,从刘邦、项羽的具体事迹中,我们仍然可以看到,项羽坑降卒、焚阿房宫、好战、嗜杀从"公德"的角度来讲确实是极大缺陷,而刘邦从"私德"的角度来说虽然确实有不少毛病:好色、奸诈、无礼、自私、疑忌,可是,从"公德"的角度来说,他"约法三章",统一天下,使百姓离"战国之苦",实行休养生息政策,发展经济……确实也是了不起的历史功绩,这些,司马迁也并没有抹杀,确实有着"爱而知其丑,恶而知其美"的实录精神。

(2) 司马迁对于女性不像后世史家那样有着极深的偏见与成见,他能够为一名女性单独立传,而且列入"本纪"之中。另外,如前所述,尤其难能可贵的是,他还能够从"公德"的角度对此女性作出肯定。除了此篇,司马迁在《孝文本纪》、《扁鹊仓公列传》中为缇萦立传,在《货殖列传》中为巴寡妇清立传,在《司马相如列传》中为卓文君立传,都没有以"红颜祸水"的传统偏见对女性评头论足,而是在很大程度上肯定了这些女性形象。在古代的史家中,司马迁的女性观是较为进步的。

二、文学链接:

1. 相关文学典故:

左右袒

令具眼者左右袒,必有归也。

（王世贞《艺苑卮言》卷七）

　　聂惕然赤蹲，并无敢左右祖。

　　　　（蒲松龄《聊斋志异·鬼妻》）

2. 后世有关的著名文学作品：

　　李翰《汉祖吕后五等论》，元稹《四皓庙》，白居易《答四皓庙》，皮日休《周昌相赵论》，李昂《赋戚夫人楚舞歌》，苏洵《高帝》，苏轼《汉高帝论》，苏辙《狄人杰》，陈传良《王陵》，元好问《戚夫人》，梁潜《高帝吕后论》。

3. 文学分析：

　　一篇关键，总在王诸吕，诛诸吕上著力，以汉室兴替所关也。太史公乃见其大者。（凌氏《史记评林·吕太后本纪》）

　　《吕后本纪》叙各项复杂事迹，而笔端却极有条理；写一时匆忙情形，而神气却自尔安闲。大旨以吕后为主，而附叙者为惠帝，为两少帝，为高祖诸子，为诸吕，此所谓复杂也。看他拈起一头，即放倒一头；放倒一头，即另起一头，任它四面而来，偏能四面而应，此所谓条理也。（李景星《史记评议·吕太后本纪》）

　　一篇匆忙文字，借文帝雍容揖逊以为曲终雅奏，令人神怡。（吴见思《史记论文·吕后本纪》）

三、集评：

　　迁遗孝惠而纪吕，无亦奖盗乎！

　　　　——郑樵《通志·帝纪序》

　　陵之争王诸吕，戆也；平不争而许之，智也。

　　　　——真德秀《大学衍义》卷十六

　　或曰：太后元年，欲王诸吕，问王陵，陵据白马之盟力沮之；问平勃，平勃乃共赞之，其是非固易见也。然安社稷、定刘氏，二公者终酬其语。则何如愚谨对曰：欲王诸吕，特其小小者耳。二三大臣与太后同受高帝之天下，以遗其后嗣，岂太后所得私哉！潜育异姓，一旦奉之以为君，当是时，王陵陈平为左右相，而周勃为太尉，将相合谋扶义而起，一正君而国定，何不可之？有少帝之立也，寂然不闻一语，王陵之戆独发于欲王诸吕之日已后矣。非刘氏而帝，乃不可共击乎？自是以后，不特诸吕日长炎炎，更立常山以伪易伪偯。彼偯此，惟所命之群臣顿首奉诏，无不可者，顾何取于社稷之臣也？或者见其诛诸吕于太后既殁之后，废伪主，迎代王，适符初语，遂谓平勃殆有定谋者。平患诸吕力不能制，燕居深念，几无策矣，用陆贾计,始交欢绛侯,深相结,岂有定谋者乎? 后日之事特出于天幸耳。

——钱时《两汉笔记》卷一

吕后欲王诸吕,王陵力争,可谓社稷臣矣。平、勃阿意王之,勃虽卒诛诸吕,安刘氏,然已功不赎罪;若平又何以赎之? 而反受赏邑三千户,金二千斤耶? 平平生教帝诈,无益成败之数,天下既定,误帝伪游,叛者九起,卒死于兵,今复负帝于身后如此,平真汉之罪人也。

——黄震《黄氏日抄》卷四六

吕氏死,产禄欲为乱,其不敢即发者,非独惮绛侯朱虚也,以灌婴齐王连兵于外故也。韦孝宽破尉迟回于外而杨坚篡周,魏元忠破徐敬业于外而武曌篡唐,比事观之,婴之功大矣。高帝忧赵王如意左迁,周昌相之,岂特以其贵强故哉! 昌曾力争废太子事,为吕后德,庶几吕后不复作恶也。然后残忍,岂复顾念前事,一木强人,适速之毙耳。刘辰翁谓高帝托人必得如信布者乃可;否则能调护两宫间,如滕公辈;又否则能以言语微意感动,如陆生。余谓帝处此决无上策,果托人如信布,必挟赵王为奇货,摇动天下矣;滕公陆生辈居外廷,非有如辟阳侯朝夕存侧者。且以留侯之智,吕后使建成侯劫之,何滕公陆生之能为也? 无已。其如齐悼惠王之尊鲁元公主乎? 又无已。其如朱虚侯章之妻吕禄女乎?

——黄淳耀《史记评论·吕后本纪》

《吕氏纪》凡三大段,一高后称制,一大臣诛吕,一大臣谋利。

——凌氏《史记评林·吕太后本纪》王维桢批语

作吕太后本纪者,著其实。赞,以孝惠帝冠之,书法在其中矣。

——何焯《义门读书记·史记》

吕太后何以立本纪也? 陆子曰,著孝惠不成乎君也。孝惠诚柔懦,然当天下大定,强藩悍镇如韩彭黥布等,已铲削诛夷,令无吕后制其上,帝犹不失为守成之主也。吕后英悍,与唐之武氏略同,而中宗之不道,犹不得与孝惠比,谓纪吕后著孝惠不成乎君者,岂迂意哉! 高祖定天下,诛大臣,吕后有力焉。其于孝惠之世,政教号令皆自后一人主之。削孝惠而纪吕后,纪其变也,著其实也。

——邹方锷《大雅堂初稿》卷六

吕后当高帝临危时,问萧相国后孰可代者,是固以安国家为急也。孝惠既立,政由母氏,其所用曹参、王陵、陈平、周勃等,无一非高帝注意安刘之人,是惟恐孝惠之不能守业也。后所惟孝惠及鲁元公主,其他及诸姬子,使孝惠而在,则方与孝惠图治计长久,观于高祖欲废太子时,后迫留侯画策,至跪谢周昌之廷诤,则其母子之间可知也。迨孝惠既崩,而所取孝惠子立为帝者,又以怨怼而废,于是已之子孙无所在者,则与其使诸姬子据权势以凌吕氏,不如先张吕氏以久其权,故孝惠时未尝王诸吕,王诸吕乃在孝惠死后,此则后之私心短见。盖嫉妒者妇人之常情也,然其所最妒亦只戚夫人母子,以其先宠幸时几至于夺嫡,故高帝崩后即杀之。

——赵翼《廿二史札记》

按因女主临朝而立本经,次入帝纪,此例始于《史记》。

——洪饴孙《史目表》卷一

案此本纪中明言"孝惠日饮,为淫乐,不听政",是惠帝初立后,吕后专杀自恣,政由己出,固已久矣。史公不为惠帝立纪,以纪实也。

——郭嵩焘《史汉札记》卷一

史公书本通史,不为汉一代设,分孝惠纪则嫌繁矣。昔人讥史公不立孝惠纪,要皆论辨正统之习耳。《文心雕龙》、《索隐》谓当立孝惠纪而以吕后两少帝附之。王拯曰:"纪吕可以括惠纪,惠不能尽吕。"是也。

——刘咸炘《太史公书知意·本纪·吕后本纪》

四、思考与讨论：

1. 参考《外戚列传》,体会司马迁对外戚作为汉代一种政治力量的评判。

2. 为女主立传,可体现出司马迁的过人胆识。他还在《史记》中为一些女性立传,通读《史记》,找出这些传文,考察司马迁的女性观。

3. 本文有什么样的结构特点,这样的结构特点有怎样的文学效果?

孝 文 本 纪

题解：

　　"文景之治"是历史上著名的太平盛世，汉文帝在位二十三年间，提倡农耕，多次减免农田租税，减轻刑罚，废除肉刑，尽力消弭战争，对反叛的侯王们也能以德抱怨……虽说从本质上讲还是为了维护和巩固汉王朝的统治，但在经历了战国至秦末的长期战乱之后，这些政策对经济的恢复和政治的稳定都起了积极的作用。而他的宽厚、俭朴、勤政、爱民，截然不同于骄奢淫佚的暴君，得到后人的高度赞扬。

　　这篇本纪记载了孝文帝的种种仁政，刻画出一个贤圣有为的封建君主形象。与《项羽本纪》、《高祖本纪》、《吕太后本纪》不同的是，本文没有扣人心弦的紧张情节、尖锐强烈的矛盾冲突，作者只是用舒缓的节奏，按照年代顺序选择关键事件娓娓道来，如和风细雨，似清泉细流，给人以别样的阅读感受。司马迁在此文中并未刻意地描绘沧海桑田的历史风云，许多重要的历史事件比如与匈奴的几次战事、改革币制、变更经济政策等在此文中被轻轻带过，以至于读者若想详细了解还得参阅《史记》的其他篇章如《匈奴列传》、《平准书》等；此文中还淡化了文帝在位期间许多残酷的政治斗争。司马迁对史料的此种剪裁是耐人寻味的，从表达效果来看，一方面，文帝的仁政、德治被突出强调；另一方面，如前所述，由于本文的舒缓节奏与对历史变迁之感慨的消解（司马迁在《史记》中更多表现的是对历史风云变幻无常的深沉感慨），汉文帝的仁政、德治似乎从变幻的历史风云中被定格，在一定程度上具有了"永恒"之意味，表现出司马迁以之为楷模的立传动机以及对汉文帝仁政、德治的高度评价。

　　司马迁以文帝为楷模有深意在焉：无论是节俭、仁厚，还是减轻刑罚、消弭战争，都与汉武帝的穷奢极欲、酷吏统治、好大喜功、穷兵黩武形成了鲜明的对照。那么，本文结尾说："廪廪乡改正服封禅矣，谦让未成于今。呜呼，岂不仁哉！"自然也是"微言大意"，是对汉武帝"封禅"的批评。

　　本文还有一个突出的特点就是记录了许多文帝的诏书，这其实是"他山之石，可以攻玉"的巧妙借用，司马迁不以自己的主观议论来评价汉文帝，而是让汉文帝

"夫子自道",以此一方面表现了文帝治天下的才能,一方面反映出文帝仁爱宽厚的内心世界和谦让俭朴的思想品格。这些诏书不是虚伪矫情的官样文章,而是言为心声,情真意切,"且所行政事,又足以副之,非诿诸空言者比也"(李景星《史记评议·孝文本纪》),能深深地感染打动读者。在这篇本纪的结尾,作者还巧妙地借景帝之诏,群臣之议,以"功莫大于高皇帝,德莫大于孝文皇帝"表现了司马迁对文帝的整体评价,饱含赞颂之情。

正文:

孝文皇帝,高祖中子①也。高祖十一年春,已破陈豨军,定代地,立为代王,都中都②。太后薄氏子。即位十七年,高后八年七月,高后崩。九月,诸吕吕产等欲为乱,以危刘氏,大臣共诛之,谋召立代王,事在《吕后》语③中。

丞相陈平、太尉周勃等使人迎代王。代王问左右郎中令张武等。张武等议曰:"汉大臣皆故高帝时大将,习兵,多谋诈,此其属意④非止此也,特⑤畏高帝、吕太后威耳。今已诛诸吕,新喋血京师⑥,此以迎大王为名,实不可信。愿大王称疾毋往,以观其变。"中尉宋昌进⑦曰:"群臣之议皆非也,夫秦失其政,诸侯豪杰并起,人人自以为得之者以万数⑧,然卒践天子之位者⑨,刘氏也,天下绝望⑩,一矣。高帝封王子弟⑪,地犬牙相制,此

---

① 中子:排行居中的儿子。刘邦有八个儿子,孝文帝居第四。
② 都中都:前一个"都"是定都、建都的意思。中都,地名。
③ 《吕后》语:指《吕太后本纪》。
④ 属意:用意。
⑤ 特:只,仅。
⑥ 喋(dié)血京师:指吕后死后,陈平、周勃等诛灭诸吕之事。喋血,形容血流遍地。喋,通"蹀"(dié),踏。
⑦ 进:指进言。
⑧ 以万数:用万来计算。即数以万计的意思。
⑨ 卒:最终。践:踏,登上。
⑩ 绝望:指失去了做皇帝的希望。
⑪ 封王子弟:封子弟为王。

所谓盘石①之宗也,天下服其强,二矣。汉兴,除秦苛政,约法令②,施德惠,人人自安,难动摇,三矣。夫以吕太后之严,立诸吕为三王③,擅权专制,然而太尉以一节入北军,一呼士皆左袒,为刘氏,叛诸吕,卒以灭之。此乃天授,非人力也。今大臣虽欲为变,百姓弗为使,其党宁能专一邪④?方今内有朱虚、东牟之亲,外畏吴、楚、淮南、琅邪、齐、代之强。方今高帝子独淮南王与大王,大王又长,贤圣仁孝,闻于天下,故大臣因天下之心而欲迎立大王,大王勿疑也。"代王报太后计之,犹与⑤未定。卜之龟⑥,卦兆得大横⑦。占⑧曰:"大横庚庚⑨,余为天王,夏启以光⑩。"代王曰:"寡人固已为王矣,又何王?"卜人曰:"所谓天王者乃天子。"于是代王乃遣太后弟薄昭往见绛侯,绛侯等具为昭言所以迎立王意。薄昭还报曰:"信矣,毋⑪可疑者。"代王乃笑谓宋昌曰:"果如公言。"乃命宋昌参乘⑫,张武等六人乘传诣长安⑬。至高陵休止,而使宋昌先驰之长安观变。

昌至渭桥,丞相以下皆迎。宋昌还报。代王驰至渭桥,群臣拜谒称臣。代王下车拜。太尉勃进曰:"愿请间言⑭。"宋昌曰:"所言公,公言之。所言私,王者不受私。"太尉乃跪上天子玺符⑮。代王谢⑯曰:"至代邸⑰而议之。"遂驰入代邸。群臣从至。丞相陈平、太尉周勃、大将军陈武、御史

---

① 盘石:巨大的石头。盘,通"磐"。
② 约法令:据《高祖本纪》:高祖进入关中后,"与父老约,法三章耳:杀人者死,伤人及盗抵罪。余悉除去秦法。"
③ 三王:指梁王吕产、赵王吕禄、燕王吕通。
④ 宁:岂,难道。专一:同一,一致。
⑤ 犹与:同"犹豫"。
⑥ 卜之龟:用龟甲占卜。古人用火烧灼龟甲,根据龟甲的纵横裂纹推测吉凶。
⑦ 大横:指龟甲被烧灼后出现的大的横向裂纹。
⑧ 占:本指占卜时视兆以判断吉凶,这里指卜辞。
⑨ 庚庚:变更,更替。《史记索隐》:"庚庚犹'更更',言以诸侯更帝位也。"
⑩ 夏启以光:像夏启那样发扬光大夏禹的帝业。夏启是夏禹之子。参阅《夏本纪》。
⑪ 毋:通"无"。
⑫ 参乘:站在车右边陪乘,担任护卫。
⑬ 传:驿车。诣:到……去。
⑭ 间言:私下进言。
⑮ 玺:皇帝的印。符:权力凭证。
⑯ 谢:推辞,辞谢。
⑰ 代邸:代王在京城的官邸。

大夫张苍、宗正刘郢、朱虚侯刘章、东牟侯刘兴居、典客刘揭皆再拜言曰："子弘等皆非孝惠帝子,不当奉宗庙①。臣谨请(与)阴安侯列侯顷王后与琅邪王、宗室、大臣、列侯、吏二千石②议曰：'大王高帝长子③,宜为高帝嗣。'愿大王即天子位。"代王曰："奉高帝宗庙,重事也。寡人不佞④,不足以称宗庙⑤。愿请楚王⑥计宜⑦者,寡人不敢当。"群臣皆伏固请。代王西乡让者三,南乡让者再⑧。丞相平等皆曰："臣伏计之⑨,大王奉高帝宗庙最宜称,虽天下诸侯万民以为宜。臣等为宗庙社稷计,不敢忽。愿大王幸听臣等。臣谨奉天子玺符再拜上。"代王曰："宗室将相王列侯以为莫宜寡人⑩,寡人不敢辞。"遂即天子位。

群臣以礼次侍。乃使太仆婴与东牟侯兴居清宫⑪,奉天子法驾,迎于代邸。皇帝即日夕入未央宫⑫。乃夜拜宋昌为卫将军,镇抚南北军。以张武为郎中令,行⑬殿中。还坐前殿。于是夜下诏书曰："间者诸吕用事擅权⑭,谋为大逆,欲以危刘氏宗庙,赖将相列侯宗室大臣诛之,皆伏其辜⑮。朕初即位,其⑯赦天下。赐民爵一级,女子百户牛酒⑰,酺五日⑱。

---

① 宗庙：古代帝王、诸侯供奉和祭祀祖宗的场所,后来也用作王室、国家的代称。
② 二千石：年俸二千石的官员。
③ 高帝长子：高帝当时还活着的儿子有代王刘恒和淮南王刘长,刘恒比刘长年长。
④ 不佞：没有才能。自谦之词。
⑤ 称宗庙：意思是能胜任祭祀宗庙。称：相称。
⑥ 楚王：刘邦之弟刘交。在当时皇族中刘交辈份最高,所以刘恒要请他考虑。
⑦ 计宜：商量。
⑧ "代王西乡"二句：《史记集解》："如淳曰：让群臣也。或曰,宾主位,东西面；君臣位,南北面。故西乡坐,三让不受,群臣犹称宜,乃更回坐示变,即君位之渐也。"
⑨ 伏计：伏地考虑。这是臣对君陈述自己意见时所用的敬词。
⑩ 莫宜寡人：犹言"莫宜于寡人",没有人比我更合适。
⑪ 清宫：清理皇宫。可参阅《吕太后本纪》。
⑫ 未央宫：汉宫名。当时常作为群臣朝见皇帝的场所。
⑬ 行：巡行,巡视。
⑭ 间者：近来。用事：执政,当权。
⑮ 伏其辜：此处犹言被诛杀。伏：拜受(惩罚)。辜：罪。
⑯ 其：表示祈使、命令的语气词。
⑰ 百户牛酒：《史记索隐》引《封禅书》云："百户牛一头,酒十石。"又引乐产云："妇人无夫或无子不沾爵,故赐之也。"
⑱ 酺(pú)：皇命特许的大聚饮。秦汉时,三人以上无故相聚饮酒,要罚金四两。这里为庆祝皇帝登基,特许百姓聚饮五天。

孝文皇帝元年十月庚戌，徙①立故琅邪王泽为燕王。

辛亥，皇帝即阼②，谒高庙。右丞相平徙为左丞相，太尉勃为右丞相，大将军灌婴为太尉。诸吕所夺齐楚故地，皆复与之。

壬子，遣车骑将军薄昭迎皇太后于代。皇帝曰："吕产自置③为相国，吕禄为上将军，擅矫④遣灌将军婴将兵击齐，欲代刘氏，婴留荥阳弗击，与诸侯合谋以诛吕氏。吕产欲为不善，丞相陈平与太尉周勃谋夺吕产等军。朱虚侯刘章首先捕吕产等。太尉身率襄平侯通持节承诏入北军。典客刘揭身夺赵王吕禄印。益封太尉勃万户⑤，赐金五千斤。丞相陈平、灌将军婴邑各三千户，金二千斤。朱虚侯刘章、襄平侯通、东牟侯刘兴居邑各二千户，金千斤。封典客揭为阳信侯，赐金千斤。"

十二月，上曰："法者，治之正⑥也，所以禁暴而率善人也⑦。今犯法已论⑧，而使毋罪之父母妻子同产⑨坐之⑩，及为收帑⑪，朕甚不取。其议之。"有司⑫皆曰："民不能自治，故为法以禁之。相坐坐收⑬，所以累⑭其心，使重⑮犯法，所从来远矣。如故便⑯。"上曰："朕闻法正则民悫⑰，罪当⑱则民从。且夫牧民⑲而导之善者，吏也。其既不能导，又以不正之法

---

① 徙：这里是改封的意思。
② 即阼（zuò）：即位，登位。即，就。阼：帝王即位或主持祭祀时所登的台阶。
③ 置：安排。
④ 矫：假传命令。
⑤ 益：加。
⑥ 正：通"证"，凭证。
⑦ 率：率领。这里是引导的意思。
⑧ 论：判罪，论处。
⑨ 同产：指同胞的兄弟姐妹。
⑩ 坐之：因受牵连而被定罪。
⑪ 收帑（nú）：把罪犯的妻子儿女抓来，收为官府奴婢。帑，通"孥"，妻子儿女。
⑫ 有司：专职人员。古代因事之不同而各有专司，故称有司。
⑬ 相坐：即连坐。一人犯法，株连他人同时治罪。坐收：因有罪而被逮捕。
⑭ 累：牵累，牵制。
⑮ 重：感到严重。
⑯ 便：便利，适宜。
⑰ 悫（què）：忠厚，谨慎。
⑱ 罪：判罪，惩处。当：得当。
⑲ 牧民：即统治民众。

罪之,是反害于民为暴①者也。何以禁之?朕未见其便,其孰计②之。"有司皆曰:"陛下加大惠,德甚盛,非臣等所及也。请奉诏书,除收帑诸相坐律令。"

正月,有司言曰:"蚤③建太子,所以尊宗庙。请立太子。"上曰:"朕既不德,上帝神明未歆享④,天下人民未有嗛⑤志。今纵不能博求天下贤圣有德之人而禅⑥天下焉,而曰豫⑦建太子,是重吾不德也。谓天下何?其安⑧之。"有司曰:"豫建太子,所以重宗庙社稷,不忘天下也。"上曰:"楚王,季父也⑨,春秋高,阅天下之义理多矣,明于国家之大体。吴王于朕,兄也,惠仁以好德。淮南王,弟也,秉德以陪朕⑩。岂为不豫哉⑪!诸侯王宗室昆弟有功臣,多贤及有德义者,若举有德以陪朕之不能终,是社稷之灵,天下之福也。今不选举焉⑫,而曰必子,人其以朕为忘贤有德者而专于子,非所以忧天下也。朕甚不取也。"有司皆固请曰:"古者殷周有国,治安皆千余岁,古之有天下者莫长焉⑬,用此道也⑭。立嗣必子,所从来远矣。高帝亲率士大夫⑮,始平天下,建诸侯,为帝者太祖。诸侯王及列侯始受国者皆亦为其国祖。子孙继嗣,世世弗绝,天下之大义也,故高帝设之以抚海内。今释宜建而更选于诸侯及宗室⑯,非高帝之志也。更议

---

① 为暴:干凶恶残暴的事。
② 孰计:仔细考虑。孰,同"熟"。
③ 蚤:通"早"。
④ 歆享:祭祀时神灵享用祭品的香气。按古人的说法,神灵只享用有德之君的祭品。此处是文帝谦虚的说法,意指自己修德不够。
⑤ 嗛(qiè):通"慊",满足。
⑥ 禅:禅让。把帝位让给别人。
⑦ 豫:通"预",预先。
⑧ 安:缓图,慢慢来。
⑨ 季父:最小的叔父。
⑩ 秉:持。陪:辅佐。
⑪ "岂为"句:难道是不预先安排吗?
⑫ 选举:挑选、举荐。焉:相当于"之",指有德之人。
⑬ 莫长焉:没有比它们(指殷周)时间更长的了。焉:相当于"之",指殷周。
⑭ 用:因为,由于。此道:指早建太子的办法。
⑮ 士大夫:将帅的下属。柯维骐《史记考要》:"《周礼》师帅皆中大夫,旅帅皆下大夫,卒长皆上士,两司马皆中士,两皆统于军将,故曰士大夫。"
⑯ 释:放弃,抛弃。更:改变。

不宜。子某最长①,纯厚慈仁,请建以为太子。"上乃许之。因赐天下民当代父后②者爵各一级。封将军薄昭为轵侯。

三月,有司请立皇后。薄太后曰:"诸侯皆同姓,立太子母为皇后③。"皇后姓窦氏。上为立后故,赐天下鳏寡孤独④穷困及年八十已⑤上孤儿九岁已下布帛米肉各有数。上从代来,初继位,施德惠天下,填抚诸侯四夷皆洽欢⑥,乃循⑦从代来功臣。上曰:"方大臣之诛诸吕迎朕,朕狐疑,皆止朕,唯中尉宋昌劝朕,朕以得保奉宗庙。已尊昌为卫将军,其封昌为壮武侯。诸从朕六人,官皆至九卿。"

上曰:"列侯从高帝入蜀、汉中者六十八人皆益封各三百户,故吏二千石以上从高帝颍川守尊等十人食邑六百户,淮阳守申徒嘉等十人五百户,卫尉定等十人四百户。封淮南王舅父赵兼为周阳侯,齐王舅父驷钧为清郭侯。"秋,封故常山丞相蔡兼为樊侯。

人或说右丞相曰:"君本诛诸吕,迎代王,今又矜⑧其功,受上赏,处尊位,祸且及身。"右丞相勃乃谢病免罢,左丞相平专为丞相。

二年十月,丞相平卒,复以绛侯勃为丞相。上曰:"朕闻古者诸侯建国千余(岁),各守其地,以时入贡,民不劳苦,上下欢欣,靡有遗德⑨。今列侯多居长安,邑远⑩,吏卒给输费苦,而列侯亦无由教驯其民⑪。其令

---

① 子某:指文帝的长子启,即后来的景帝。史公为了避讳,用"某"字代替"启"。按:刘启本为文帝中子,因兄长皆死,此时他最长。
② 代父后:意思是做父亲的继承人。
③ "诸侯皆同姓"二句:《史记索隐》:"谓帝之子为诸侯王,皆同姓。姓,生也,言皆同母生,故立太子母也。"
④ 鳏寡孤独:老而无妻为"鳏",老而无夫为"寡",幼而无父为"孤",老而无子为"独"。这里"鳏寡孤独"是泛指失去依靠,需要照顾的人。
⑤ 已:以。
⑥ 填抚:镇抚,安抚。填,通"镇",安定。四夷:古代对中原地区以外四方少数民族的总称。
⑦ 循:安抚,慰问。
⑧ 矜:自我夸耀。
⑨ 靡:无,没有。遗德:失德,不道德。《汉书·文帝纪》"遗"作"违"。
⑩ 邑远:指列侯的封邑离长安远。
⑪ 无由:无法,无从。驯:同"训",教导。

列侯之国,为吏及诏所止者①,遣②太子。"

十一月晦,日有食之。十二月望③,日又食④。上曰:"朕闻之,天生蒸⑤民,为之置君以养治之。人主不德,布政⑥不均,则天示之以菑,以诫不治。乃十一月晦,日有食之,適见于天⑦,菑⑧孰大焉!朕获保宗庙,以微眇之身讬于兆民君王之上⑨,天下治乱,在朕一人,唯二三执政犹吾股肱也⑩。朕下不能理育群生,上以累三光⑪之明,其不德大矣。令至,其悉思朕之过失,及知见思之所不及,匄⑫以告朕。及举贤良方正⑬能直言极⑭谏者,以匡朕之不逮⑮。因各饬其任职⑯,务省繇费以便民。朕既不能远德⑰,故憪然念外人之有非⑱,是以设备⑲未息。今纵不能罢边屯戍⑳,而又饬兵厚卫㉑,其罢卫将军军。太仆见马遗财足㉒,余皆以给传置㉓。"

---

① 为吏及诏所止者:指被诏令恩准留下(不必去封地)的官吏。
② 遣:送给、交给……(来处理)。
③ 望:阴历每月的十五日。
④ 日又食:据焦竑、张文虎考证,"日食"当作"月食"。又:梁玉绳《史记志疑》认为"十二月望日又食"七字当是衍文。
⑤ 蒸:通"烝",众多。
⑥ 布政:施政。
⑦ 適(zhé):通"谪",责备,谴责。见:同"现",显现。
⑧ 菑:即"灾"。
⑨ 微眇:微小。眇,同"渺"。兆民:万民。
⑩ 二三执政:等于说众位执政大臣。股肱:比喻左右的得力大臣。股,大腿。肱,上肢肘至肩的部分。
⑪ 三光:指日、月、星。
⑫ 匄(gài):同"丐",乞求,希望。
⑬ 贤良方正:指德才兼备,公平正直的人。汉代选拔人才的"贤良方正"科目由此开始。
⑭ 极:竭力。
⑮ 匡:辅助,补救。逮:及。
⑯ 因:趁。饬(chì):整治。
⑰ 远德:使恩德施及远方。
⑱ 憪(xiàn)然:忧虑不安的样子。非:邪恶。这里指侵略。
⑲ 设备:设防务。
⑳ 罢:撤除,撤销。边屯戍:边塞的防守。这里指驻军。
㉑ 厚卫:加强卫戍力量。
㉒ 见马:现有的马匹。见同"现"。遗:留下。财:通"才",仅仅。
㉓ 传置:古代交通要道上设置的备有车马的驿站。

正月,上曰:"农,天下之本,其开籍田①,朕亲率耕,以给宗庙粢盛②。"三月,有司请立皇子为诸侯王。上曰:"赵幽王幽死③,朕甚怜之,已立其长子遂为赵王。遂弟辟强及齐悼惠王子朱虚侯章、东牟侯兴居有功,可王④。"乃立赵幽王少子辟强为河间王,以齐剧郡⑤立朱虚侯为城阳王,立东牟侯为济北王,皇子武为代王,子参为太原王,子揖为梁王。

　　上曰:"古之治天下,朝有进善之旌,诽谤之木⑥,所以通治道而来谏者⑦。今法有诽谤妖言之罪,是使众臣不敢尽情⑧,而上无由闻过失也。将何以来远方之贤良?其除之。民或祝诅上以相约结而后相谩⑨,吏以为大逆,其有他言,而吏又以为诽谤。此细民之愚无知抵死⑩,朕甚不取。自今以来⑪,有犯此者勿听治⑫。"

　　九月,初与郡国守相为铜虎符、竹使符。

　　三年十月丁酉晦,日有食之。十一月,上曰:"前日(计)〔诏〕遣列侯之国,或辞未行⑬。丞相朕之所重,其为朕率列侯之国。"绛侯勃免丞相就国,以太尉颍阴侯婴为丞相。罢太尉官,属丞相。四月,城阳王章薨。淮南王长与从者魏敬杀辟阳侯审食其⑭。

---

① 籍(jiè)田:《汉书·文帝纪》作"借田",皇帝亲自耕种的田。实际上只是春耕时象征性地参加耕作,以示重农。《史记集解》引韦昭曰:"籍,借也。借民力以治之,以奉宗庙,且以劝率天下,使务农也。"
② 粢(zī)盛:指盛在祭器内的谷物。粢,黍稷。盛,指盛于器中。
③ 幽死:指被吕后囚禁而饿死。详见《吕太后本纪》。
④ 王:使做王,立为王。
⑤ 剧郡:指地位重要,情况复杂,治理困难的大郡。
⑥ 进善之旌,诽谤之木:相传唐尧时在四通八达的路口树立旌旗和木牌,欲进善言者,立于旗下言之;有批评朝政者,写在木牌上。诽谤:批评,指责。
⑦ 通治道:使治国的途径通畅。来谏者:使进谏的人前来。
⑧ 情:真情,实情。
⑨ 祝诅:祈祷鬼神,使降祸于所憎之人。约结:结盟,定约。谩:欺骗,指负约。
⑩ 抵死:犯死罪。抵,触犯。
⑪ 自今以来:从今以后。
⑫ 听治:审理治罪。
⑬ 辞:托辞,找借口。
⑭ 杀辟阳侯审食(yì)其(jī):高祖九年(公元前198年),刘长的母亲被拘自杀,审食其未能向吕后强争,为此刘长怀恨,将他杀死。详见《淮南衡山列传》。

五月,匈奴入北地,居河南为寇①。帝初幸甘泉②。六月,帝曰:"汉与匈奴约为昆弟③,毋使害边境,所以输遗④匈奴甚厚。今右贤王离其国,将众居河南降地,非常故⑤,往来近塞,捕杀吏卒,驱保塞蛮夷⑥,令不得居其故⑦,陵轹⑧边吏,入盗,甚敖⑨无道,非约⑩也。其发边吏骑八万五千诣高奴,遣丞相颍阴侯灌婴击匈奴。"匈奴去,发中尉材官⑪属卫将军军长安。

辛卯,帝自甘泉之高奴,因幸太原,见故群臣,皆赐之。举功行赏,诸民里赐牛酒。复晋阳、中都民三岁⑫。留游太原十余日。

济北王兴居闻帝之代,欲往击胡⑬,乃反⑭,发兵欲袭荥阳。于是诏罢丞相兵⑮,遣棘蒲侯陈武为大将军,将十万往击之。祁侯贺为将军,军荥阳。七月辛亥,帝自太原至长安。乃诏有司曰:"济北王背德反上,诖误⑯吏民,为大逆。济北吏民兵未至先自定,及以军地邑降者⑰,皆赦之,复官爵。与王兴居去来⑱,亦赦之。"八月,破济北军,虏其王。赦济北诸吏民与王反者。

---

① 寇:抢劫掠夺。
② 幸:特指皇帝到某处去。甘泉:宫名。因位于甘泉山而得名。
③ 约为昆弟:汉初高祖、吕后及文帝初即位时曾三度与匈奴和亲。详见《匈奴列传》。昆弟,兄弟。
④ 输:运送。遗(wèi):送给。
⑤ 常故:正常缘故,正当理由。
⑥ 保塞蛮夷:保卫边塞的少数民族。
⑦ 故:指故地。
⑧ 陵轹(lì):侵犯,欺辱。
⑨ 敖:通"傲",傲慢。
⑩ 非约:指违背、破坏了先前的协约。
⑪ 材官:勇武之卒。
⑫ "复晋阳"句:免除晋阳、中都老百姓三年的赋税徭役。复:免除赋税徭役。晋阳、中都为文帝为代王时旧都。《汉书·文帝纪》"岁"下有"租"字。
⑬ 胡:此处指匈奴。
⑭ 反:反叛,造反。
⑮ 罢丞相兵:撤回丞相灌婴的部队。
⑯ 诖(guà)误:连累,使受害。
⑰ 以军地邑降者:率领军队投降或献出城邑归降的人。
⑱ 去来:《汉书·文帝纪》颜师古注:"虽始与兴居共反,今弃之而来降者。"

六年,有司言淮南王长废先帝法,不听天子诏,居处毋度①,出入拟②于天子,擅为法令,与棘蒲侯太子奇谋反,遣人使闽越及匈奴,发其兵,欲以危宗庙社稷。群臣议,皆曰:"长当弃市③。"帝不忍致法于王④,赦其罪,废⑤勿王。群臣请处王蜀严道、邛都,帝许之。长未到处所,行病死,上怜之。后十六年,追尊淮南王长谥为厉王,立其子三人为淮南王、衡山王、庐江王。

十三年夏,上曰:"盖闻天道祸自怨起而福繇⑥德兴。百官之非,宜由朕躬⑦。今秘祝之官移过于下,以彰吾之不德,朕甚不取。其除之。"

五月,齐太仓令淳于公有罪当刑⑧,诏狱逮徙系长安⑨。太仓公无男,有女五人。太仓公将行会逮,骂其女曰:"生子不生男,有缓急非有益也⑩!"其少女⑪缇萦自伤泣,乃随其父至长安,上书曰:"妾父为吏。齐中皆称其廉平,今坐法当刑。妾伤夫死者不可复生,刑者不可复属⑫,虽复欲改过自新,其道无由也⑬。妾愿没入⑭为官婢,赎父刑罪,使得自新。"书奏天子,天子怜悲其意,乃下诏曰:"盖闻有虞氏之时,画衣冠异章服以为僇⑮,而民不犯。何则?至治也⑯。今法有肉刑三⑰,而奸不止,其咎⑱

---

① 居处:指平时的生活。毋度:无度,超过了规定的限度。
② 拟:与……相仿,与……差不多。
③ 弃市:在闹市执行死刑,将尸体暴露街头示众。
④ 致法:意思是依法惩处。
⑤ 废:指废除其诸侯王之位。
⑥ 繇(yóu):由,从。
⑦ 由:因为,由于。躬:自身。
⑧ 刑:刑罚。这里指受肉刑。
⑨ 狱:狱官。逮:逮捕。系:囚禁。
⑩ 缓急:指紧急情况。这里"缓"字无义,只是个陪衬。
⑪ 少女:小女儿。
⑫ 属:连接。指被割断的肢体再接起来。
⑬ 其道无由:指无法走向改过自新的道路。
⑭ 没入:指被收进官府。
⑮ 画衣冠:以画有特别的图形或颜色的衣帽来象征各种刑罚。章服:指给罪犯穿上有特定标志的衣服。章,彩色。僇(lù):侮辱,羞辱。按:相传上古有所谓"象刑",即以特定服饰象征五刑,以示耻辱,而不用肉刑,未必可信。
⑯ 至治:政治清明达到了顶点。至,到达极点的。
⑰ 肉刑三:古代的三种肉刑,一般指黥(脸上刺字)、劓(割去鼻子)、刖(断足)。梁玉绳《史记志疑》认为是指劓、刖、宫(残害生殖机能)三种肉刑。
⑱ 咎:过失,罪责。

安在? 非乃朕德薄而教不明欤? 吾甚自愧。故夫驯道不纯而愚民陷焉①。诗曰'恺悌君子,民之父母'②。今人有过,教未施而刑加焉,或欲改行为善而道毋由也。朕甚怜之。夫刑至断支③体,刻肌肤,终身不息④,何其楚痛而不德也,岂称为民父母之意哉! 其除肉刑。"

上曰:"农,天下之本,务莫大焉。今勤身从事而有租税之赋,是为本末者毋以异⑤,其于劝农之道未备⑥。其除田之租税。"

十四年冬,匈奴谋入边为寇,攻朝那塞,杀北地都尉卬。上乃遣三将军军陇西、北地、上郡,中尉周舍为卫将军,郎中令张武为车骑将军,军渭北,车千乘⑦,骑卒十万。帝亲自劳军,勒兵申教令⑧,赐军吏卒。帝欲自将击匈奴,群臣谏,皆不听。皇太后固要⑨帝,帝乃止。于是以东阳侯张相如为大将军,成侯赤为内史,栾布为将军,击匈奴。匈奴遁走。

春,上曰:"朕获执牺牲珪币以事上帝宗庙⑩,十四年于今,历日(县)〔绵〕长⑪,以不敏不明而久抚临天下⑫,朕甚自愧。其广增诸祀墠场珪币⑬。昔先王远施不求其报,望祀⑭不祈其福,右贤左戚⑮,先民后己,至明之极也。今吾闻祠官祝厘⑯,皆归福朕躬,不为百姓,朕甚愧之。夫以朕不德,而躬享独美其福,百姓不与焉⑰,是重吾不德。其令祠官致敬,毋

---

① 驯道不纯:教导的方法不恰当。驯通"训",教导。纯,善,好。陷焉:意思是陷入犯罪的境地。
② 这两句诗引自《诗经·大雅·泂酌》。恺(kǎi)悌:指平易近人。
③ 支:同"肢"。
④ 息:生长。
⑤ "本末"句:本和末无法区分。本,此处指农业,末,指商业和手工业等。异,区别,区分。
⑥ 备,完备,完善。
⑦ 乘:古时一车四马叫"乘",这里可译为辆。
⑧ 勒:统率,约束,部署。申:申明。
⑨ 固要(yāo):坚决阻拦。要:拦截,阻留。
⑩ 牺牲:古代祭祀用的牲畜。珪币:古代帝王、诸侯举行朝会、祭祀用的玉器和帛。此句犹言:我登基做了皇帝。
⑪ 历:经历。绵长:长久。
⑫ 抚临:安抚统治。
⑬ 墠(shàn)场:供祭祀用的场所。
⑭ 望祀:遥望而祭。古代祭礼的一种。
⑮ 右贤左戚:指用人注重贤才,不注重亲戚。古代以右为高,以左为下。
⑯ 祠官:掌管祭祀的官员。祝厘(xī):祭祀上天,祈求降福。厘,通"禧",吉祥,幸福。
⑰ 不与焉:没有参与其中。即指享受不到。与:参与,参加。

有所祈。"

是时北平侯张苍为丞相,方明律历①。鲁人公孙臣上书陈终始传五德事②,言方今土德时,土德应黄龙见③,当改正朔服色制度④。天子下其事与丞相议。丞相推以为今水德,始明正十月上黑事⑤,以为其言非是,请罢之。

十五年,黄龙见成纪,天子乃复召鲁公孙臣,以为博士,申明土德事。于是上乃下诏曰:"有异物之神见于成纪,无害于民,岁以有年⑥。朕亲郊祀上帝诸神⑦。礼官议,毋讳以劳朕⑧。"有司礼官皆曰:"古者天子夏躬亲礼祀上帝于郊,故曰郊。"于是天子始幸雍,郊见五帝⑨,以孟夏四月答礼焉⑩。赵人新垣平以望气见⑪,因说上设立渭阳五庙⑫。欲出周鼎⑬,当有玉英见⑭。

十六年,上亲郊见渭阳五帝庙,亦以夏答礼而尚赤。

十七年,得玉杯,刻曰:"人主延寿。"于是天子始更为元年⑮,令天下大酺。其岁,新垣平事觉⑯,夷三族⑰。

---

① 明:明确。律历:乐律和历法。这里主要指历法。
② 终始传五德:战国时阴阳家以水、火、木、金、土五行相生相克、终而复始的道理来附会王朝的废兴更替,叫终始五德或五德终始。五德,即五行之德。传,次第。
③ 土德应黄龙见:根据阴阳家的说法,与金木水火土五德相应的是白青黑红黄五色。公孙臣认为汉朝正值土德,相应的是黄色,所以这样推断。
④ 正朔:指历法制度。正,一年的开始。朔,每月的初一。服色:指规定官府应用的颜色。古代每个朝代的车马、祭牲、服饰等都有自己所崇尚的颜色。
⑤ 正十月:确定每年以十月为岁首。上黑:崇尚黑色。上,同"尚"。
⑥ 有年:有年景,即丰收的意思。年,收成,年景。
⑦ 郊祀:在郊外祭祀天地,是古代祭祀的一种仪式。
⑧ 以:因。劳朕:使我劳累。
⑨ 五帝:具体所指不一,《五帝本纪》所记为黄帝、颛顼、帝喾、唐尧和虞舜。
⑩ 以:在。孟夏:夏季的第一个月,即夏历四月。
⑪ 望气:借望云气来附会人事、预言吉凶的一种迷信活动。
⑫ 五庙:五帝庙。
⑬ 欲:将要。出:出现,显露。周鼎:相传夏禹铸九鼎象征九州,后成为象征国家政权的传国之宝。秦昭襄王时迁九鼎入秦,其一落入泗水。
⑭ 玉英:美玉之精,即奇异的美玉。
⑮ 更为元年:改元为元年。从这一年起,文帝的纪年改为后元,十七年(公元前163年)即后元元年。
⑯ 新垣平事觉:指新垣平让人诈献玉杯的事被发觉。
⑰ 夷:诛灭。三族:所指说法不一,《史记集解》引应劭说,以为是父母、兄弟、妻子。

后二年①,上曰:"朕既不明,不能远德,是以使方外之国或②不宁息。夫四荒③之外不安其生,封畿之内勤劳不处④,二者之咎,皆自于朕之德薄而不能远达也。间者累年,匈奴并暴⑤边境,多杀吏民,边臣兵吏又不能谕吾内志⑥,以重吾不德也,夫久结难连兵⑦,中外之国将何以自宁?今朕夙兴夜寐⑧,勤劳天下,忧苦万民,为之怛惕⑨不安,未尝一日忘于心,故遣使者冠盖相望⑩,结轶⑪于道,以谕朕意于单于。今单于反⑫古之道,计社稷之安,便万民之利,亲与朕俱弃细过⑬,偕之大道⑭,结兄弟之义,以全天下元元之民⑮。和亲已定,始于今年。"

　　后六年冬,匈奴三万人入上郡,三万人入云中。以中大夫令勉为车骑将军,军飞狐;故楚相苏意为将军,军句注;将军张武屯北地;河内守周亚夫为将军,居细柳;宗正刘礼为将军,居霸上;祝兹侯军棘门:以备胡。数月,胡人去,亦罢。

　　天下旱,蝗。帝加惠:令诸侯毋入贡,弛山泽⑯,减诸服御狗马⑰,损郎吏员⑱,发仓庾以振贫民⑲,民得卖爵⑳。

---

① 后二年:即后元二年(前162年)。
② 方外之国:指西汉王朝境外的国家。方,境,边境。或:有的。
③ 四荒:四方荒远的地方。这里指边境地区。
④ 封畿之内:京都一带地域。这里泛指内地。处:暂止,休息。
⑤ 暴:欺凌,侵害。
⑥ 谕:了解,明白。内志:心意。
⑦ 结难连兵:结下怨仇,接连用兵。难:怨仇,仇敌。
⑧ 夙兴夜寐:早起晚睡,形容勤奋不懈。
⑨ 怛(dá)惕:忧伤惶恐。
⑩ 冠盖相望:即冠盖相望于道。冠盖,指官员的帽子和车上的篷盖。
⑪ 结轶:意思是车迹相连。轶,通"辙",车轮压出的痕迹。
⑫ 反:同"返"。
⑬ 细过:小过失。
⑭ 偕之大道:一起走上大道。偕,一起,共同。
⑮ 全:保全。元元:善良的,美好的。
⑯ 弛山泽:指解除禁止民众开发山林湖泊的法令。弛:放松,解除。
⑰ 服御狗马:供朝廷使用的服饰、车驾和狗马等玩好之物。
⑱ 损:减少,裁减。郎吏:泛指朝廷官员。员:人数,名额。
⑲ 发:打开。仓庾(yǔ):泛指各种贮藏粮食的仓库。庾,本指露天的谷仓。振:同"赈",救济。
⑳ 民得卖爵:民间可以买卖爵位。这是汉文帝采用晁错用粟买爵和赎罪的建议而实行的制度。

孝文帝从代来,即位二十三年,宫室苑囿狗马服御无所增益①,有不便②,辄弛以利民。尝欲作露台③,召匠计之,直④百金。上曰:"百金中民十家之产,吾奉先帝宫室,常恐羞之,何以台为!"上常衣绨衣⑤,所幸慎夫人,令衣不得曳地⑥,帏帐不得文绣,以示敦朴,为天下先⑦。治霸陵⑧皆以瓦器,不得以金银铜锡为饰,不治坟⑨,欲为省,毋烦民。南越王尉佗自立为武帝,然上召贵⑩尉佗兄弟,以德报之,佗遂去帝称臣。与匈奴和亲,匈奴背约入盗,然令边备守,不发兵深入,恶⑪烦苦百姓。吴王诈病不朝,就⑫赐几杖⑬。群臣如袁盎等称说虽切⑭,常假借⑮用之。群臣如张武等受赂遗金钱,觉,上乃发御府金钱赐之,以愧其心⑯,弗下吏⑰。专务以德化民,是以海内殷富⑱,兴于礼义。

后七年六月己亥,帝崩于未央宫。遗诏曰:"朕闻盖天下万物之萌生,靡不有死,死者天地之理,物之自然者,奚⑲可甚哀。当今之时,世咸嘉生⑳而恶死,厚葬以破业,重服㉑以伤生,吾甚不取。且朕既不德,无以

---

① 苑囿:古代畜养禽兽、种植林木,以供皇帝贵族游玩打猎的园林风景区。
② 不便:指对百姓不便利的事情。
③ 露台:高台。《史记集解》引徐广曰:"露,一作'灵'。"
④ 直:同"值"。
⑤ 绨(tí):一种质地粗厚的丝织品。
⑥ 曳地:拖到地上。
⑦ 先:走在前面。这里指做出榜样。
⑧ 治:建造。霸陵:文帝的陵墓,在长安城东(今陕西西安市东北)。
⑨ 坟:上古"坟"和"墓"有区别,坟高,墓平。后来"坟墓"连用,不再区别。
⑩ 贵:使显贵。
⑪ 恶:不乐意。
⑫ 就:亲近。
⑬ 几:矮而小的桌子,用以放东西或倚靠。杖:手杖。文帝赐几杖是表示关怀吴王年纪大,不必定期进京朝见。
⑭ 称说:"称"与"说"同义。这里指进言说事。切:急切,此处指急功近利。
⑮ 假借:宽容。
⑯ 愧:使感到羞愧。
⑰ 下吏:下交给有关官吏处理。
⑱ 殷富:富足。
⑲ 奚:何。
⑳ 咸:都。嘉:喜欢。
㉑ 服:服丧,居丧。

佐百姓；今崩，又使重服久临①，以离寒暑之数②，哀人之父子，伤长幼之志，损其饮食，绝鬼神之祭祀，以重吾不德也，谓天下何！朕获保宗庙，以眇眇之身托于天下君王之上，二十有余年矣。赖天地之灵，社稷之福，方内安宁，靡有兵革③。朕既不敏，常畏过行④，以羞先帝之遗德；维年之久长，惧于不终。今乃幸以天年，得复供养于高庙，朕之不明与，嘉之⑤，其奚哀悲之有！其令天下吏民，令到出临三日，皆释⑥服。毋禁取妇嫁女祠祀饮酒食肉者。自当给丧事服临者，皆无践⑦。绖带⑧无过三寸，毋布车⑨及兵器，毋发民男女哭临宫殿。宫殿中当临者，皆以旦夕各十五举声⑩，礼毕罢。非旦夕临时，禁毋得擅哭。已下⑪，服大红⑫十五日，小红⑬十四日，纤⑭七日，释服。佗不在令中者⑮，皆以此令比率从事⑯。布告天下，使明知朕意。霸陵山川因其故，毋有所改。归夫人以下至少使⑰。"令中尉亚夫为车骑将军，属⑱国悍为将屯将军，郎中令武为复土将军，发近县见卒⑲万六千人，发内史卒万五千人，藏郭穿复土属将军武⑳。

乙巳，群臣皆顿首上尊号曰孝文皇帝。

---

① 临：哭，哭吊。
② 离：通"罹"，遭受。数：气数，命运。这里指受折磨的遭遇。
③ 兵革：指战争。
④ 过行：错误的行为。
⑤ "朕之"二句：意思是说，我如此不贤明，竟得到这样的结果，我感到很好。与，句末语气词。
⑥ 释：去掉，除去。
⑦ 无：同"毋"，不要。践：通"跣"，赤足。
⑧ 绖(dié)带：古代服丧时系的麻带。
⑨ 布：铺开，陈列。
⑩ 各十五举声：各哭十五声。
⑪ 已下：指下葬以后。
⑫ 大红(gōng)：即大功，古代丧服五服之一，服期九个月。
⑬ 小红(gōng)：即小功，古代丧服五服之一，服期五个月。
⑭ 纤：丧服五服中最轻的一种，服期三个月。
⑮ 佗(tā)：通"他"，其他。
⑯ 比率(shuài)：比照，参照。率：类似。
⑰ 归：使归，遣返。夫人以下至少使：《史记集解》引应劭曰："夫人以下有美人、良人、八子、七子、长使、少使，凡七辈。"
⑱ 属：任命。
⑲ 见卒：现有的士卒。
⑳ 藏郭：埋葬棺椁。郭，同"椁"，外棺。穿复土：指挖穴和填土。穿，挖，掘。

太子即位于高庙。丁未,袭号曰皇帝。

孝景帝元年十月,制诏御史①:"盖闻古者祖有功而宗有德②,制礼乐各有由。闻歌者,所以发德也;舞者,所以明功也。高庙酎③,奏《武德》、《文始》、《五行》之舞④。孝惠庙酎,奏《文始》、《五行》之舞。孝文皇帝临天下,通关梁⑤,不异远方。除诽谤,去肉刑,赏赐长老,收恤孤独,以育群生。减嗜欲,不受献,不私其利也。罪人不帑,不诛无罪。除(肉)〔宫〕刑,出美人,重绝人之世⑥。朕既不敏,不能识。此皆上古之所不及,而孝文皇帝亲行之。德厚侔⑦天地,利泽施四海,靡不获福焉。明象⑧乎日月,而庙乐不称⑨,朕甚惧焉。其为孝文皇帝庙为《昭德》之舞,以明休德⑩。然后祖宗之功德著于竹帛⑪,施⑫于万世,永永无穷,朕甚嘉之。其与丞相、列侯、中二千石、礼官具为礼仪奏。"丞相臣嘉等言:"陛下永思孝道,立《昭德》之舞以明孝文皇帝之盛德,皆臣嘉等愚所不及。臣谨议:世功莫大于高皇帝,德莫盛于孝文皇帝,高皇庙宜为帝者太祖之庙,孝文皇帝庙宜为帝者太宗之庙。天子宜世世献⑬祖宗之庙。郡国诸侯宜各为孝文皇帝立太宗之庙。诸侯王列侯使者侍祠天子,岁⑭献祖宗之庙。请著之竹帛,宣布天下。"制曰:"可。"

---

① 制诏:皇帝的命令。
② 祖、宗:古代帝王的世系中,一般称开国皇帝为"祖",称第一个治理国家有功的皇帝为"宗"。(据《史记集解》引应劭说)
③ 高庙酎:在高祖庙献酒祭礼。酎,一种经多次酿制而成的醇酒,古代常用来祭祀。
④ 《武德》:汉高祖时所作的一种舞蹈。《文始》:虞舜时的一种舞蹈,本名"韶舞",高祖更名为"文始"。《五行》:本为周代的一种舞蹈,秦始皇更名为《五行》。
⑤ 通关梁:文帝十二年废除了禁止人们自由出入关隘的法令。
⑥ 绝人之世:断人的后代。世,父子相继为一世。这里是后代的意思。
⑦ 侔:相等。
⑧ 象:类似,如同。
⑨ 庙乐:指祭祀时用的音乐。
⑩ 休德:美德。休,美。
⑪ 竹帛:古代书写用的竹简和素绢。这里指史册。
⑫ 施(yì):延续,流传。
⑬ 献:献祭。
⑭ 岁:每年。

太史公曰：孔子言"必世然后仁①。善人之治国百年，亦可以胜残去杀"②。诚哉是言！汉兴，至孝文四十有余载，德至盛也。廪廪乡改正服封禅矣③，谦让未成于今。呜呼，岂不仁哉！

一、文化拓展：

　　（1）后人论说汉文帝，多与司马迁的观点相近，对文帝予以高度评价，甚至认为"三代以下之主，汉文帝为最"（谢肇淛《五杂俎·事部三》）、称其为"三代以后第一贤君"（汤谐《史记半解·孝文本纪》）。确实，据史料记载，高祖建立汉王朝后，经过六十至七十年的治理，天下出现了经济比较繁荣、政治比较清平、社会比较安定的局面，是我国封建王朝中不多的盛世之一，文帝对此可谓居功至伟。不过，后世封建王朝称颂汉文帝时并非着眼于汉文帝利国利民的历史功绩，而是"私德化"的圣贤之风、大人之量，如《三国志·魏书》卷二："（魏文帝）常嘉汉文帝之为君，宽仁玄默，务欲以德化民，有贤圣之风。时文学诸儒，或以为孝文虽贤，其于聪明，通达国体，不如贾谊。帝由是著《太宗论》曰：'昔有苗不宾，重华舞以干戚，尉佗称帝，孝文抚以恩德，吴王不朝，锡之几杖以抚其意，而天下赖安。乃弘三章之教，恺悌之化，欲使曩时累息之民，得阔步高谈，无危惧之心。若贾谊之才敏，筹画国政，特贤臣之器，管、晏之姿，岂若孝文大人之量哉？'三年之中，以孙权不服，复颁《太宗论》于天下，明示不愿征伐也"；或是重行亲耕之礼，如《晋书》卷十九："《礼》，孟春之月，'乃择元辰，天子亲载耒耜，措之于参保介之御间，帅三公九卿诸侯大夫躬耕帝藉'。至秦灭学，其礼久废。汉文帝之后，始行斯典"；或是宽厚节俭之德，或是上以化下之教……侧重点不同，但皆未能从"公德"角度深刻理解文帝之仁政。而司马迁则不仅具体记叙了文帝的种种为政措施，还以大量诏令呈现文帝的民本观念，以"公德"标准高度评价了文帝的历史地位。

　　（2）汉文帝废肉刑、简丧礼、行节俭是有名的善政。然而后世亦有争论。如班固《汉书·刑法志》说废肉刑"外有轻刑之名，内实杀人。斩右趾者又当死。斩左趾者笞五百，当劓者笞三百，率多死"。《晋书》卷三十又回顾了由汉末至晋的多次

---

① 世：古代称三十年为世。按：此句和下面两句均见《论语·子路》。
② 残：残暴。杀：刑杀。
③ 廪廪：渐近的样子。乡：同"向"，接近。正：一年的开始，这里指历法制度。服：指服色。封禅：古代帝王祭祀天地的一种大典。在泰山上筑土为坛祭天叫"封"，在泰山南面的梁父山辟场祭地叫"禅"。

复肉刑之议：汉献帝时，"名儒大才故辽东太守崔寔、大司农郑玄、大鸿胪陈纪之徒，咸以为宜复行肉刑"；魏文帝即位，议复肉刑，因战争而搁浅；魏明帝时，太傅钟繇又上疏求复肉刑，"诏下其奏，司徒王朗议又不同。时议者百余人，与朗同者多。帝以吴蜀未平，又寝"；正始之间，"天下无事，于是征西将军夏侯玄、河南尹李胜、中领军曹羲、尚书丁谧又追议肉刑，卒不能决"；司马昭主政时期，"刘颂为廷尉，频表宜复肉刑"，晋武帝惠帝时他又多次上书请复肉刑，皆未果；晋元帝时，卫展议复肉刑，议奏，"元帝犹欲从展所上。大将军王敦以为：'百姓习俗日久，忽复肉刑，必骇远近。且逆寇未殄，不宜有惨酷之声，以闻天下。'于是乃止。"至安帝元兴末，桓玄辅政，又议欲复肉刑斩左右趾之法，以轻死刑，命百官议。蔡廓上议赞成，"而孔琳之议不同，用王朗、夏侯玄之旨。时论多与琳之同，故遂不行"。虽说晋世最终并未能复肉刑，但除前面提到倡议复肉刑者，骠骑将军王导、太常贺循、侍中纪瞻、中书郎庾亮、大将军咨议参军梅陶、散骑郎张嶷等认为："肉刑之典，由来尚矣。肇自古先，以及三代，圣哲明王所未曾改也。岂是汉文常主所能易者乎！"尚书令刁协、尚书薛兼等议，以为："圣上悼残荒之遗黎，伤犯死之繁众，欲行刖以代死刑，使犯死之徒得存性命，则率土蒙更生之泽，兆庶必怀恩以反化也。今中兴祚隆，大命惟新，诚宜设宽法以育人。然惧群小愚蔽，习玩所见而忽异闻，或未能咸服。愚谓行刑之时，先明申法令，乐刑者刖，甘死者杀，则心必服矣。古典刑不上大夫，今士人有犯者，谓宜如旧，不在刑例，则进退为允"；尚书凯、郎曹彦、中书郎桓彝等以为："复肉刑以代死，诚是圣王之至德，哀矜之弘私。然窃以为刑罚轻重，随时而作。时人少罪而易威，则从轻而宽之；时人多罪而难威，则宜化刑而济之。肉刑平世所应立，非救弊之宜也"……对汉文帝废肉刑提出批评者已经颇多。对汉文帝的这些批评不能一概视为保守落后，有些言论其实已指出汉文帝刑法的不健全之处，深入探讨了真正人性化的法律制度，即使在今天对我们也颇有启发意义。

（3）而对汉文帝简丧礼的指责则多表现出儒家正统观念的局限性。《明史》卷二百八十二曾载潘府上书请复三年之丧，总结了从汉至明的丧礼因革："子为父，臣为君，皆斩衰三年，仁之至，义之尽也。汉文帝遗诏短丧，止欲便天下臣民，景帝遂自行之，使千古纲常一坠不振。晋武帝欲行而不能，魏孝文行之而不尽，宋孝宗锐志复古，易月之外，犹执通丧，然不能推之于下，未足为圣王达孝也。先帝奄弃四海，臣庶衔哀，陛下恻怛由衷，麻衣视朝，百日未改。望排群议，断自圣心，执丧三年一如三代旧制。诏礼官参考载籍，使丧不废礼，朝不废政，勒为彝典，传之子孙，岂不伟哉。"潘府的提议未被采纳，直到清宣宗时才明令行三年之丧。然而，汉文帝的简丧礼之举在后世多被否定,如《三国志·魏书二》裴注引孙盛语:"逮于汉文,变易古制,人道之纪,一旦而废";晋杜预、羊祜云:"古者天子诸侯三年之丧始同齐斩,既葬除丧服,谅闇以居,心丧终制,不与士庶同礼。汉氏承秦,率天下为天子修服三年。汉文帝见其下不可久行,而不知古制……学者非之久矣"(《晋书》卷二十),"三年之丧,虽贵遂服,自天子达;而汉文除之毁礼伤义,常以叹息"(《晋书》卷三十四);司马光《资治通鉴》卷七十九云:"三年之丧,自天子达于庶人,此先王礼经,百世不易者也。汉文师心不学,变古坏礼,绝父子之恩,亏君臣之义;后世帝王不能笃于哀戚之情,而群臣谄谀,莫肯厘正。至于晋武独以天性矫而行之,可谓不世之贤君;而裴、傅之徒,固陋庸臣,习常玩故,不能将顺其美,惜哉!"王夫之《读通鉴论》卷二云:"汉文短丧,而孝道衰于天下";顾炎武《日知录》卷十四:"《晋书·羊祜传》:文帝崩,祜谓傅玄曰:'三年之丧,虽贵遂服、自天子达,汉文除之。今主上天纵至孝,虽夺服,实行丧礼。若因此革汉魏之薄,而兴先王之法,不亦善乎?'玄曰:'汉文以末世浅薄,不能行国君之丧,故因而除之。除之数百年,一旦复古,难行也。'祜曰:'不能使天下如礼,且使人主遂服,不犹善乎?'玄曰:'此为有父子而无君臣,三纲之道亏矣"。祜乃止。傅玄之言,所谓御人以口给者也,不能缘人主之孝思善推其所为,以立一王之制,而徒以徇流俗之失。未几而贾后杀姑,刘、石更帝,岂非治谋之不裕哉"……其实,汉文帝三日除服的遗制不搞形式主义,不搞铺张浪费,实是利国便民之举。倒是晋武帝这等别有用心之人才需要利用儒家的"礼"本位、伦理本位观念,以三年之丧的所谓"孝道"来遮掩篡逆之事实。司马迁在《太史公自序》、《孔子世家》中都对儒家的"繁登降之礼,趋详之节,累世不能殚其学,当年不能究其礼"提出批评,而司马光、顾炎武等人却拘守儒家正统观念,孰是孰非,判若云泥。

(4) 对汉文帝之俭德,后世基本持肯定态度,不过也有个别例外,如:"(唐文宗)常与六学士对便殿,帝称汉文帝恭俭,因举袂曰:'此三澣矣!'学士皆贺,独公权无言。帝问之,对曰:'人主当进贤退不肖,纳谏诤,明赏罚。服澣濯之衣,此小节耳,非有益治道者'"(《新唐书》卷一百六十三);"昔神宗尝称美汉文惜百金以罢露台,安石乃言:'陛下若能以尧、舜之道治天下,虽竭天下以自奉不为过,守财之言非正理'"(《宋史》卷四百二十八)。不拘小节而重大体,这样的观点自有其合理之处。

(5) 汉文帝统治时期虽是著名的盛世,不少文人墨客也注意到了"圣主"与"贤臣"并不完美的搭配。"汉文有道恩犹薄,湘水无情吊岂知"(刘长卿《长沙吊贾谊宅》)、"汉文疑贾生,谪置湘之阴"(白居易《读史》)、"汉文明圣贾生贤,谪向长沙堪叹息"(白居易《偶然》)、"可怜夜半虚前席,不问苍生问鬼神"(李商隐《贾生》)等诗句颇可体现出对此的深刻体认。史籍所载的一些言论援引汉文帝事迹时也常常对此有所涉及。如《新唐书》卷一百二十二所载魏元忠之封事:"昔汉文帝不知魏尚贤而囚之,知李广才而不用,乃叹其生不逢时。夫以广之才,天下无双,时方岁事匈奴,而卒不任。故近不知尚、广之贤,而远想廉颇、李牧,冯唐是以知其有而不能用也。此身为时主所知,不得尽其才也";《宋史》卷二百九十四所载苏绅奏疏:"自古称帝之圣者,莫如唐尧,然而四凶在朝,圮毁善类。好贤之甚者,莫如汉文,然而绛、灌在列,不容贤臣";《明史》卷一百四十三所载王叔英写给方孝孺的书信:"凡人有才固难,能用其才尤难。子房于汉高,能用其才者也;贾谊于汉文,不能用其才者也",等等。

二、文学链接:

1. 相关文学典故:

缇萦救父

淳于免诏狱,汉主为缇萦。

　　　　(李白《东海有勇妇》)

蔡邕念文姬,于公叹缇萦。

　　　　(白居易《吾雏》)

汉文俭德

汉文应惜露台费,晋武宜焚殿前裘。

　　　　(沈佺期《七夕曝衣篇》)

汉文仁政

可爱汉文年,鸿恩到海隅。

　　　　(张祜《送韦正字析贯赴制举》)

以德化人汉文帝,侧身修道周宣王。

　　　　(杜牧《皇风》)

2. 后世有关的著名文学作品:

曹植《汉文帝赞》,刘禹锡《咏史》,白居易《读史》《偶然》,李商隐《贾生》,王禹偁《读汉文纪》,苏辙《汉文帝》,王安石《汉文帝》,张耒《汉文帝论》,杨万里《汉文帝有圣贤之风论》。

3. 文学分析：

（1）这篇本纪没有扣人心弦的紧张情节和场面，作者只是用舒缓的语调，按照年代顺序选择关键事件娓娓道来，给人一种从容不迫的感觉，与汉文帝的宽厚性格相应，同时也饱含了作者对一代明君的追慕和向往之情。其中，一开始描写文帝即位和立太子的过程中，表现了他的周详慎重和谦让；又如写缇萦上书救父，写文帝取消修建露台的打算，以及对南越王、吴王刘濞等人的以德报怨，对匈奴的或战或和、既强硬又不失灵活等等，都表现了文帝以国家、百姓的安宁为重的公心与政绩。在这篇本纪的结尾，作者还巧妙地用景帝之诏、群臣之议，以"功莫大于高皇帝，德莫盛于孝文皇帝"的高度概括表现了司马迁对文帝的高度评价。

（2）在这篇本纪中，作者司马迁只是稍稍提了一下"高后八年七月，高后崩。九月，诸吕吕产等欲为乱，以危刘氏，大臣共诛之，谋召立代王"，而以"事在吕后语中"一句提醒读者：刘氏、吕氏血雨腥风的政治斗争详写于《吕太后本纪》中。通过互见法的巧妙运用，司马迁保持了《孝文本纪》行文舒缓的风格，使之与文帝仁爱、宽厚的性格相符。在此，作者将人物的性格与文章的风格极好地结合，是《史记》这部史书具有文学性的一种体现。读者若要了解文帝即位的整个史实过程，必须通读《孝文本纪》与《吕太后本纪》。在这过程中，读者经过文风的对比，自然会有《孝文本纪》"纯用文胜，写得臻臻，优柔不迫，与《高后纪》另用一种笔仗"（吴见思《史记论文》）之感。

三、集评：

孝文皇帝可谓明矣，案其本纪，不见凤鸟与河图，使孔子在孝文之世，犹曰："吾已矣"夫！

　　——王充《论衡》卷九

三代以后，嗣子之美者，申生太子晋、扶苏、孝惠、孝文。彼皆夭阏不遂，而孝文独推其仁心，见于事业，徒得古人之一二，而后世赖之。使有孟轲之臣，则所开大矣！惜哉

　　——叶适《习学纪言》卷十九

读史者但知《武纪》、《封禅书》为讥也，不知子长赞文帝汉兴四十余载，德至盛，凛凛乡改正服封禅，谦让未成于今，而孝武初即位，未有德惠及民，便修鬼神之祀，公卿草巡禅，则为不仁矣，此盖子长之微意也。

　　——沉作喆《寓简》卷三

文帝《议犯法相坐诏》，班氏载于《刑法志》，而《史记》书之《本纪》。《太史公书》于高、景二纪，诏皆不书，独《文帝纪》凡诏皆称"上曰"，以其出于帝之实意故也。不然则山东老癃扶杖听诏，愿见德化之成，其可空言动邪？
——真德秀《文章正宗》卷三

汉文帝见李广曰，惜广不逢时，令当高祖世，万户侯岂足道哉！贾山上书言治乱之道，借秦为喻，其言忠正明白，不下贾谊，曾不得一官，史臣犹赞美文帝，以为山言多激切，终不加罚，所以广谏争之路。观此二事，失材多矣。吴楚反时。李广以都尉战昌邑下，显名，以梁王授广将军印，故赏不行。武帝时立为将军，击匈奴，无尺寸功，至不得其死，三朝不遇，命也。
——洪迈《容斋随笔》卷九

《文纪》所载皆恭俭爱民之事，一制诏必具，以其皆由恻怛之言也。《景帝》特载其政事之常、灾异之变，制诏不录之矣。至《武帝》，则始终备具方士之欺谩，他不及焉。
——黄震《黄氏日抄》卷四六

三代而后，如汉文帝者，可为守成令主。唐宋皆无之，我孝皇则可与伯仲。
——高拱《本语》卷六

余读《文帝纪》，即位将一年，乃修代来功，群臣请立太子，下诏欲择诸侯王昆弟及贤有德义者。群臣固请，始许之。又立赵幽王太子遂，王遂弟辟疆及齐悼惠王子朱虚侯章、东牟侯兴居，然后立其三子。为王次第可观，以为有王者举动。及读《齐王传》始诛诸吕时，朱虚侯章功尤大，大臣许尽以赵地王章，尽以梁地王兴居，及文帝立，闻朱虚、东牟之初欲立齐王，故黜其功。二年，王诸子，乃割齐二郡以王章、兴居，始知帝所为，假仁者耳。射钩斩袪之恨，霸者犹能忘之，今乃小嫌黜人大功，岂公义乎！
——黄淳耀《史记评论·文帝本纪》

太史公深服孝文治道纯厚，故其末复总诸善状，非深著德化，亦古体也。
——凌氏《史记评林·孝文本纪》董份批语

帝在位二十三年，日食者四，甚至孛星地震旱蝗大水层见叠出。当是时，无主权之下移也，无奸人之在朝也，吾意匈奴强而入寇耳，帝犹引躬自过，所以无过也。
——凌氏《史记评林·孝文本纪》陈仁子批语

汉文帝诏置三老，孝弟力田，常员令各率其意以道民焉。夫三老之卑而使之得率其意，此文景之治所以至于移风易俗，黎民醇厚而上拟于成康之盛也。

——顾炎武《日知录》卷八

　　赞"汉兴至孝文四十有余载"以下,言外可思,益见补《武纪》之谬。

　　——何焯《义门读书记·史记》

　　诏诏皆帝战战恐惧,克已循道,以怀安天下之大政。他书则各入本传。观此,可识本纪、列传记事与言之义法。

　　——方苞《史记评语·孝文本纪》

　　孝文为三代以后第一贤君,史公在孝武时作《孝文纪》,故尤极无穷慨慕也。二十余年,深仁厚泽,纪中排缵不尽,止举其大要,而余者令人悠然可思,正是史公画龙点睛妙手,而或以为年缺不具有残简之失者,误矣。

　　——汤谐《史记半解·孝文本纪》

四、思考与讨论:

1. 《秦始皇本纪》亦多以诏令、文书来体现史实、寄托史论,试比较二者异同。
2. 你怎样看待汉武帝汉文帝废肉刑、简丧礼、行节俭的善政?
3. 文帝对匈奴的外交策略是否如曹丕所说的体现出"大人之量"? 为什么?

表　　序

题解：

　　"表"这种史体的渊源、性质，古人有一定的分析总结，可供我们参考：应劭云："表者，录其事而见之。按《礼》有表记"；郑玄云："表，明也，谓事微而不著者须表以明之，故曰表也"（司马贞《史记索隐·三代世表》）；刘知几曰："表以谱列年爵"（《史通》卷二）；郑樵曰："表以正历"（《通志·总序》）；顾炎武曰："表所由立，昉于周之谱牒，与纪传相为出入"（《日知录》卷二六）；汪越曰："按表者，纪月编年，聚而为绘图指掌，经纬纵横，有伦有脊"（《读史记十表》）；牛运震曰："史之有年表，犹《地理志》之有图经，族谱之有世系也，昔人推之，以为史家之本源冠冕。盖事繁变众，则年月必不能详；世积人多，则传载必不能备。年表者，所以较年月于列眉，画事迹于指掌，而补纪传书志所不及也"（《史记评注》卷三）……概而言之，"表"以时间为线索，直观、系统、简明地表述历史事件，可与纪、传、书、志等史体参照互补。

　　自从司马迁创立"表"这种史体之后，对"表"的评价有两种截然不同的看法：一种看法可以刘知几为代表，认为《史记》所创立的表"无用"——"夫以表为文，用述时事，施彼谱历，容或可取；载诸史传，未见其宜。何则？《易》以六爻穷变化，经以一字成褒贬，传包五始，《诗》含六义，故知文尚简要，语恶烦芜，何必欹曲重沓，方称周备。观马迁《史记》则不然。夫天子有本纪，诸侯有世家，公卿已下有列传，至于祖孙昭穆、年月职官，各在其篇，具有其说，用相考核，居然可知。而重列之以表，成其烦费，岂非谬乎！且表次在篇第，编诸卷轴，得之不为益，失之不为损。用使读者莫不先看本纪，越至世家，表在乎其间，缄而不视，语其无用，可胜道哉！"（《史通》卷三）还有一种看法则可以郑樵为代表，认为"表"是史体当中非常重要的一种——《史记》一书，功在十表。"至于为什么，郑樵语焉不详，倒是顾炎武对此有着精辟的回答："凡列侯将相、王公九卿，其功名表著者既系之以传，此外大臣无积劳亦无显过，传之不可胜书，而姓名爵里存没盛衰之迹要不容以遽泯，则于表乎载之。又其功罪事实，传中有未悉备者，亦于表乎载之。年经月纬，一览瞭如。"（《日知录》卷二六）

　　认真读《史记》之"十表"，我们可以发现，顾炎武的论断非常正确。而且，"表"

在《史记》中还具有这样的功能：本来，《史记》是纪传体史书，以人物为中心，突破了编年体史书以时间为中心的表现模式。以人物为中心是司马迁"究天人之际"的史学追求的体现，有利于对人谋、人事乃至人心、人性的深入探讨。但是，以人物为中心亦有可能出现一些问题，例如刘知几《史通》中便曾说："同为一事，分在数篇，断续相离，前后屡出。"作为体大思精的史学名著，《史记》中的"表"正能起到弥补这些漏洞的作用：众多的人、事都以"世"、"年"、甚至"月"为线索被清晰地简化、表现出来了。于是，不仅"纪传体"的优势可以得到充分发挥，编年体的长处也被吸收进来，二者不仅相辅相承，而且相得益彰。

那么，《史记》中的"十表"有哪些具体内容呢？吕祖谦《大事记解题》卷一中有着非常精彩的勾勒与阐发：

《史记》十表意义宏深，始学者多不能达。今附见于此《三代世表》，以世系为主，所以观百世之本支也；《十二诸侯年表》以下以地为主，故年经而国维，所以观天下之大势也。《高祖功臣侯年表》以下以时为主，故国经而年纬，所以观一时之得失也。《汉兴以来将相名臣年表》以大事为主，所以观君臣之职分也。

以百世本支言之，黄帝之初，先列谱系，以祖宗为经，以子孙为纬，则五帝三代皆出于黄帝可知矣。周成王之后，详列诸侯，以世为经，以国为纬，则亲疏之相辅可知矣。帝颛顼以下，周武王以上，有经而无纬，止列世系，而大治乱附焉，则正嫡旁支之继统皆可知矣。

以天下大势言之，如帝五年韩信王楚，英布王淮南，卢绾王燕，张耳王赵，彭越王梁，韩王信王太原，吴芮王长沙，则天下之势，异姓强而同姓未有封者也。如高帝六年，高祖弟交王楚，高祖子肥王齐，英布王淮南，卢绾王燕，张敖王赵，彭越王梁，高祖兄喜王代，吴芮王长沙，则天下之势，异姓与同姓强弱亦略相当也。如高祖十二年，高祖弟交王楚，高祖子肥王齐，高祖兄子濞王吴，高祖子长王淮南，高祖子建王燕，高祖子如意王赵，高祖子恢王梁，高祖子友王淮阳，高祖子恒王代，吴芮王长沙。则天下之势，同姓甚强而异姓绝无而仅有也。

以当世得失言之，如《高祖功臣年表》，高祖功臣侯者一百四十三，至文帝之世存者一百二十五，至武帝时存者七十一，则时之守先典待旧勋，孰得孰失，皆可知矣。如《惠景间侯者表》，建元之后存者二国，太初以后又皆国除，则时之政事孰缓孰急，皆可知矣。如《建元以来侯者表》，元光侯者四，元朔侯者二十,元狩侯者十三,皆以匈奴封;元鼎侯者十六,以匈奴南粤封;元封侯者十七,以东越瓯骆南粤朝鲜西域封,则时之用兵孰多孰少,皆可知矣。《建元以来王子侯者表》,元光侯者七,元朔侯者二十五,元鼎侯者三,则时之分封诸侯子弟,施行次第,皆可知矣。

以君臣之职分言之,如高帝元年,"大事"记沛公为汉王,之南郑,还定雍;而"相位"书萧何守汉中;"御史大夫位"书周苛守荥阳。高帝九年,"大事"记未央宫成,置酒前殿,帝奉玉卮上太上皇寿,曰:"今臣功孰与仲多";而"相位"书萧何为相国;"御史大夫位"书周昌为赵丞相,则君臣之职分,或得或失,皆可知矣。

彼班氏作汉史,苟欲自出机轴,尽变子长之例,分异姓王、同姓王为两表,汉初亲疏相错之意不复见。《同姓诸侯王表》废年经国纬之制,王子侯以下诸表废国经年纬之制,徒列子孙,曾会世数,是特聚诸家之谱谍耳,天下大势,当世得失,泯然莫可考,何名为表哉!

太史公诸表:《秦楚之际月表》,此一时也;《汉兴以来诸侯年表》,此又一时也。至于以节目论之,则《高祖功臣年表》与《惠景间侯者表》异矣,《惠景间侯者表》与《建元以来侯者表异》矣。《建元以来王子侯者表》断自建元,其亦有以矣。

吕祖谦通过班固《汉书》中"表"与《史记》中"表"的比较,较深刻地揭示出"表"在《史记》中的重要"意义"。

虽然"十表"是《史记》的重要组成部分,然而,由于其形式较为特殊,《史记》的选本一般不选它。需要注意的是,《史记》"五体"是浑然不可分割的有机整体,尽管不必再现"十表",我们却应该从颇有提纲契领功能的表序中领略司马迁的史才与史识:

因夏、商、周三代年代久远,文献资料较少,对这三代的历史事件只能作粗线条勾勒,司马迁本着"疑则传疑"的审慎态度写了《三代世表》,此表上溯黄帝,下至共和元年,对上古直到三代的"帝王授受之正统"及周王朝封建的诸侯世系作了梳理。

司马迁又参照《春秋》、《左传》与《国语》、《铎氏微》等前代史书谱出《十二诸侯年表》,以周王朝为主线,按年列出"自共和讫孔子"时期周王朝所封主要诸侯国的历史事件,欲以此体现出周王室的"盛衰大旨",弘扬"王道",并凸显出各诸侯国相互侵伐、违礼逾制、德义渐衰、谋诈日盛的种种趋势,勾勒出政治模式由"王道"陵迟为"霸道"的变迁轨迹。

秦焚书坑儒，致使各国史书毁弃，仅存《秦记》。司马迁便以《秦记》为主要资料，上起周元王，下至秦二世，以秦国为主线，按年列出赵、魏、韩、楚、燕、齐六国的重要历史事件，作《六国年表》。因秦"至献公之后常雄诸侯"，史公以秦国为主线来呈现历史之真实。同时，又对秦的尚"力"而不尚"德"提出批评，不以成败论英雄。

《秦楚之际月表》是"十表"当中的唯一"月表"，司马迁敏锐地感觉到，从秦亡到汉兴的短短五年是历史巨大变迁的关键时期，所以以"月表"的方式细致深入地描绘出历史风云。在这五年中，政治的主体是楚而非汉，故虽身在汉王朝，司马迁仍本着历史的良心编排了此篇。

《汉兴以来诸侯王年表》、《高祖功臣侯者年表》、《惠景间侯者年表》、《建元以来侯者年表》、《建元以来王子侯者年表》皆是从高祖立国到武帝时期政治生活的集中表现，可以看出司马迁对政治史的重视及"法后王"的史学动机。

"十表"中的《汉兴以来将相名臣年表》在东汉时已亡佚，我们现在看到的此表乃后人补作，无序。"十表"中也仅此表无序，今将剩余九表注释集评，重在使同学们对《史记》的体例有一整体观念。

正文：

三代世表第一

太史公曰：五帝①、三代②之记，尚③矣。自殷以前诸侯不可得而谱④，周以来乃颇可著⑤。孔子因史文次⑥《春秋》，纪元年，正时日月，盖其详哉。至于序《尚书》则略，无年月；或颇有，然多阙，不可录。故疑则传疑，盖其慎也。

---

① 五帝：所指说法不一，《史记·五帝本纪》以黄帝、颛顼、帝喾、帝尧、帝舜为五帝。
② 三代：指夏、商、周。
③ 尚：通"上"，犹谓古久。
④ 谱：布列，此指布列其事。
⑤ 著：清楚，明白。可著：可以清楚明白(地以史书写出来)。
⑥ 次：编次，辑录。

余读谍①记,黄帝以来皆有年数。稽其历谱谍终始五德之传②,古文咸不同,乖异。夫子之弗论次其年月,岂虚哉! 于是以《五帝系谍》、《尚书》集世纪黄帝以来讫共和为世表。

集评

太史公《三代世表》旁行邪上,并效《周谱》。
——桓谭《新论·杂事第十一》

《三代世表》言五帝三王皆黄帝子孙,自黄帝转相生,不更禀气于天。作《殷本纪》言契母简狄浴于川,遇玄鸟坠卵,吞之遂生契焉。及《周本纪》言后稷之母姜嫄野出,见大人迹,履之则妊身,生后稷焉。夫观《世表》,则契与后稷,黄帝之子孙也。读殷周本纪,则玄鸟大人之精气也。二者不可两传,而太史公兼纪不别。案帝王之妃,不宜野出,浴于川水。今言浴于川吞玄鸟之卵,出于野履大人之迹,违尊贵之节,误是非之言也。
——王充《论衡》卷二九

《三代世表》稷契皆为帝喾之子,尧亦帝喾之子,《左传正义》曰:"世族谱取",《史记》之说又从而讥之。案鲧则舜之五世从祖父也,而及舜共为尧臣;尧则舜之三从高祖而妻其女,此《史记》之可疑者。
——王应麟《困学纪闻》卷十一

《三代世表》,所以观百世之本支。考黄帝之初,先列谱系,以祖宗为经,以子孙为纬,则五帝三王皆出于黄帝,此帝王授受之正统可见也。《六国年表》所以示天下之名分,故齐康公之十九年为田和迁居海上,而书曰:"齐太公卒",且系之康公二十年。康公既卒,始书田齐,此尊卑逆顺之正理可见也。《十二诸侯年表》以下,以地为主,故年经而国纬,所以观天下之大势也。《高祖功臣年表》以下以时为主,故国经而年纬,所以观一时之得失也。《秦楚年表》上尊义帝而汉居其中,明大义也。《将相年表》上系大事之记,明职分也。
——林駉《古今源流至论后集》卷九

---

① 谍:通"牒",本指书籍、薄册。此处是指史书之一种。《史记索隐》:"牒者,纪系谥之书也。"
② 终始五德之传:即阴阳家所云水、火、木、金、土相生相克,周而复始的循环变化,被用来说明王朝兴替的原因,如认为夏商周三代的递嬗,就是火(周)克金(商)、金克木(夏)的结果。传:次第。《史记索隐》:"帝王更王,以金木水火土之五德传次相承,终而复始,故云终始五德之传也。"

昔太史公言："儒者断其义，驰说者骋其辞，不务综其终始。"盖讥世之学者以空言著书，而历代统系无所考订也，于是作为《三代世表》，自黄帝以下谱之。

——马端临《文献通考·自序》

史迁亦据《帝系》而序三代之世。禹之父曰鲧，鲧之父曰帝颛顼，颛顼之族子曰帝喾。帝喾之次妃曰简狄，生契，契十三传为成汤。帝喾之元妃曰姜原，生后稷，后稷十三传为王季。然尧亦帝喾次妃庆都所生，则禹与尧同世，而舜为禹之四世从孙。夫尧舜在位几若干年，始授之于禹，禹之生不应若是之晚也。汤与王季相去六百年为兄弟，有是理哉？

——柯维骐《史记考要》卷二

殷以前不可谱，周以来颇可著，二句为一篇之纲，"详慎"二字关键。

——凌氏《史记评林·孝文本纪》杨慎批语

《三代世表》，"盖其详哉"与下"盖其慎也"，以"详慎"二字作关键。

——何焯《义门读书记·史记》

十篇之序，义并严密而辞微约，览者或不能遽得其条贯，而义法之精变，必于是乎求之始的然其有准焉。欧阳氏《五代史》志考序论，遵用其义法，而韩柳书经子后语，气韵亦近之，皆其渊源之所渐也。

——方苞《望溪集》卷二

自成王诵至厉王胡，帝王世也，至共和而讫。下列诸侯凡十一国，初封而后各有世数，亦至共和而讫。然不冠于《十二诸侯年表》之前而缀于三代世表之末，何也？明诸侯亦皆黄帝后也。鲁、卫、燕、晋、曹、蔡，周之同姓；宋，殷后；陈，舜后；齐为四岳伯夷之裔，秦之先帝颛顼之苗裔，楚之祖亦出颛顼。本纪云："黄帝二十五子，其得姓者十四人。"是以附见《三代世表》也。

——汪越《读史记十表》卷一

序三代而以五帝陪起，盖三代皆出五帝也。通篇以阙疑慎传为骨，以孔子论次为宗，以殷以前之略，陪起周以来之详。夫子所弗论者，故不敢妄增，即经夫子所序，亦阙则从阙，不失及见阙文之意。讫于共和，仍以五帝带结。寥寥短幅，不过百三十余字，亦具如此笔法，如是结构，立论措辞，不离孔子家法。宜《史记》继麟经，而千古不磨也。

——李晚芳《读史管见》卷一

正文：

十二诸侯年表第二

太史公读《春秋历谱谍》①，至周厉王，未尝不废书而叹也。曰：呜呼，师挚②见之矣！纣为象箸而箕子唏③。周道缺，诗人本之衽席④，《关雎》作。仁义陵迟⑤，《鹿鸣》刺焉。及至厉王，以恶闻其过，公卿惧诛而祸作，厉王遂奔于彘，乱自京师始，而共和行政焉。是后或力政，强乘弱，兴师不请天子。然挟王室之义，以讨伐为会盟主，政由五伯⑥，诸侯恣行，淫侈不轨，贼臣篡子滋起矣。齐、晋、秦、楚其在成周微甚，封或百里或五十里。晋阻三河，齐负东海，楚介⑦江淮，秦因雍州之固，四海迭兴，更为伯主，文武所襃⑧大封，皆威而服焉。是以孔子明王道，干七十余君，莫能用，故西观周室，论史记旧闻，兴于鲁而次《春秋》，上记隐，下至哀之获麟，约其辞文，去其烦重，以制义法，王道备，人事浃⑨。七十子之徒口受其传指，为有所刺讥襃讳挹损⑩之文辞不可以书见也。鲁君子左丘明惧弟子人人异端，各安其意，失其真，故因孔子史记具论其语，成《左氏春秋》。铎椒为楚威王傅⑪，为王不能尽观《春秋》，采取成败，卒四十章，为

---

① 《春秋历谱谍》：古学者治《春秋》，有年历和谱牒之分。可与后文"历人取其年月，数家隆于神运，谱谍独记世谥，其辞略，欲一观诸要难"。参看。

② 师挚：太师之名。《史记集解》引郑玄曰："周道衰微，郑卫之音作，正乐废而失节，鲁太师挚识《关雎》之声，首理其乱也。"

③ 箸：《史记索隐》："箕子云：'为象箸者必为玉梧'，则箸者是樽也。"箕子：商纣王的叔父，封于箕（今山西省太古县东北），因直谏，被纣王囚禁。唏(xī)：哀叹。

④ 衽席：床席，卧席，代指夫妻关系。

⑤ 陵迟：衰微。

⑥ 伯：霸。五伯，即五霸，所指说法不一，《史记索隐》称"五霸者，齐桓公、晋文公、秦穆公、宋襄公、楚庄王也。"

⑦ 介：同界，言楚以江淮为界。一云介者夹也。

⑧ 襃：同"褒"，本指衣襟宽大，这里指厚待。

⑨ 浃：通"彻"，通达之意。

⑩ 挹：补充。损：删减。

⑪ 傅：教导、辅佐帝王与王子的高级官员。

《铎氏微》①。赵孝成王时,其相虞卿上采《春秋》,下观近势,亦著八篇,为《虞氏春秋》②。吕不韦者,秦庄襄王相,亦上观尚③古,删拾《春秋》,集六国时事,以为八览、六论、十二纪,为《吕氏春秋》。及如荀卿、孟子、公孙固、韩非之徒,各往往捃摭④《春秋》之文以著书,不可胜纪。汉相张苍历谱五德,上大夫董仲舒推《春秋》义,颇著文焉。

太史公曰:儒者断其义,驰说者骋其辞,不务综其终始;历人⑤取其年月,数家⑥隆于神运,谱谍独记世谥,其辞略,欲一观诸要难。于是谱十二诸侯,自共和讫孔子,表见《春秋》、《国语》学者所讥盛衰大指著于篇,为成学治古文者要删焉⑦。

集评:

篇言十二,实叙十三者,贱夷狄不数吴,有霸在后故也。不数而叙之者,阖闾霸盟上国故也。

——司马贞《史记索隐·十二诸侯年表》

迁表十二诸侯,首鲁讫吴,实十三国,而越不与焉。夫以十二名篇而载国十三,何也? 不数吴也。皆诸侯耳,独不数吴,何也? 用夷礼也。不数而载之者何也? 周裔而霸盟上国也。

——苏洵《史论·中》

迁于《十二诸侯表》言齐晋秦楚在成周微甚,《汉诸侯表》又言太公于齐兼五侯地接齐,比三国并吞最少。秦尽得宗周旧地,晋始封亦不微,后乃滋暴。楚本无封国,浸起蛮夷之雄耳。武王初意不在封子弟,余固论之,大要有德则兴,无德则衰而亡,初不以形势强弱。而周以宗室同姓多为诸侯,虽卑不忍倍,而强大者因相挟

---

① 《铎氏微》:《史记索隐》:"铎椒所撰,名铎氏微者,春秋有微婉之词故也。《汉书·艺文志》载《铎氏微》三篇,今已亡。
② 《虞氏春秋》:据《史记正义》,其文八篇,《艺文志》云十五篇,为虞卿所撰。梁玉绳《史记志疑》案:"此与《虞卿传》并言八篇,而《艺文志》是十五篇,又有《虞氏微传》二篇,溢数甚多,疑《史》误。"
③ 尚:通"上"。
④ 捃(jùn)摭(zhí):摘取,搜集。
⑤ 历人:作"历"之人。
⑥ 数家:指阴阳数术家。数术又称术数,指天文、历谱、五行、蓍龟、杂占、形法等六种。
⑦ 成学治古文者要删焉:为治古文之学者能览其要,故删为此篇。

未敢取,故犹寄号名数百年,而周之实已亡矣。

——叶适《习学纪言》卷十九

《十二诸侯年表》:敬王四十一年,孔子卒。四十三年,敬王崩。《周本纪》:敬王崩,子元王立。八年崩,子定王立……《左传正义》曰:"《杜世族谱》云:'敬王三十九年,鲁哀公十四年,获麟之岁也。四十二年而敬王崩,敬王子元王十年春秋之经终矣,与《史记》不同。《史记》世代年月事多舛错,故班固以文多抵牾。按《世本》敬王崩,贞王介立。贞王崩,元王赤立。宋忠注引《太史公书》云:"元王仁生贞,王介与《世本》不相应,不知谁是"。则宋忠不能定也。《帝王世纪》:敬王三十九年,《春秋》经终。四十四年,敬王崩,子贞定王立。贞定王崩,子元王立。是《世本》与史记参差不同,书籍久远,事多纰缪,杜违《史记》,亦何怪焉。

——王应麟《困学纪闻》卷十一

《史记·十二诸侯年表》首年标岁名,其后唯以六甲纪之,简而易见。

——吕祖谦《大事记解题》卷一

孔子作《春秋》,而太史公得因之以表十二诸侯本末盛衰之迹也。

——茅坤《史记钞》卷八

《春秋》之制义法,自太史公发之,而后之深于文者亦具焉。义即《易》之所谓"言有物"也,法即《易》之所谓言有序也。义以为经,而法纬之,然后为成体之文。

——方苞《史纪评语·十二诸侯年表》

司马贞云:"篇言十二,实叙十三者,贱夷狄,不数吴",非也。十二君皆表其年,如《春秋》所书,而独吴自成公七年始入春秋。寿梦以前,世可略数,而年历多寡不详;可详者,止于鲁、齐、晋、秦、楚、宋、卫、陈、蔡、曹、郑、燕十二国,非以吴为夷狄不数称十二也。十二诸侯之年皆始春秋,吴年终春秋三之一,故附于末。

——郝敬《史汉愚按》卷二

读《十二诸侯年表》以周为主。

按《十二诸侯年表》并与《三代世表》之末相接续。鲁始真公,齐始武公,晋始靖侯,秦始秦仲,楚始熊勇,宋始釐公,卫始釐侯,陈始幽公,蔡始武侯,曹始夷伯,燕始惠侯,皆所谓自共和也。《三代世表》下十二国无郑者,郑至周宣王始封,其母弟友也。吴寿梦始见于周简王元年。冠周于上,尊王室也。书甲子于周之上,纪天道也。表元年诸侯各以次相及,详历数也。书孔子生,尊圣人也。书孔子去留,悼道之不行也。书诸侯相侵伐,明王室不能讨也。书篡逆,罪无君也。灾异必书,敬天也。书会盟,重息民,且见夷夏之势所由分也。书弑逆臣,明法也。诸侯之事必举其要,谓《春秋》、《国语》学者所讥盛衰大指也。观世家所载之详,乃知此表断其义,不骋其词,非独具年月世谱而已。盖自厉而宣,自幽而平,周辙既东,以及春秋二百四十年之大势也。

——汪越《读史记十表》卷二

表至著年以事附之,自宜摘其会盟、征伐、兴衰、成败大事列于篇,要以简要明晰为贵,一切闲文细事均宜从略。太史公《十二国年表》,次第条理得其大纲矣。或有失之于闲碎,不必书而书者,盖以史公有好奇之病而误也。

——牛运震《读史纠谬·史记·十二诸侯年表》

太史公作《十二诸侯年表》,实为《春秋》、《国语》作目录,故云"为成学治古文者要删"。

——王国维《观堂集林》卷七

正文:

六国年表第三

太史公读《秦记》①,至犬戎败幽王,周东徙洛邑,秦襄公始封为诸侯,作西畤②用事上帝,僭端③见矣。《礼》曰:"天子祭天地,诸侯祭其域内名山大川。"④今秦杂戎翟之俗,先暴戾,后仁义,位在藩臣而胪⑤于郊祀,君子惧焉。及文公逾陇,攘夷狄,尊陈宝,营岐雍之间,而穆公修政,东竟至河,则与齐桓、晋文中国侯伯侔⑥矣。是后陪臣⑦执政,大夫世禄,六卿擅晋权⑧,征伐会盟,威重于诸侯。及田常杀简公而相齐国,诸侯晏然弗讨,海内争于战功矣。三国终之卒分晋,田和亦灭齐而有之,六国之

---

① 《秦记》:即秦国之史记。史记,原为史书的通称,故下云"秦烧诗书,诸侯史记尤甚。独有秦记,又不载日月"是也。
② 畤(zhì):古时祭天、地及五帝的固定场所,惟天子方可祭祀。
③ 僭(jiàn)端:越位犯上的迹象。
④ 此处引文见于《礼记·王制》。
⑤ 胪:陈列。
⑥ 侔(móu):相等。
⑦ 陪臣:这里指大夫的家臣。陪:辅佐。
⑧ 擅晋权:即专晋权。擅:专。

盛自此始。务在强兵并敌，谋诈用而从衡①短长之说起。矫称蜂出，誓盟不信，虽置质②剖符犹不能约束也。秦始小国僻远，诸夏宾③之，比于戎翟，至献公之后常雄诸侯。论秦之德义不如鲁卫之暴戾者④，量秦之兵不如三晋之强也，然卒并天下，非必险固便形势利也，盖若天所助焉。

或曰"东方物所始生，西方物之成孰⑤"。夫作事者必于东南，收功实者常于西北。故禹兴于西羌⑥，汤起于亳，周之王也以丰镐伐殷，秦之帝用雍州兴，汉之兴自蜀汉。

秦既得意，烧天下《诗》《书》，诸侯史记尤甚，为其有所刺讥也。《诗》《书》所以复见者，多藏人家，而史记独藏周室，以故灭。惜哉，惜哉！独有秦记，又不载日月，其文略不具。然战国之权变亦有可颇采者，何必上古。秦取天下多暴，然世异变，成功大。传曰"法后王"⑦，何也？以其近己而俗变相类，议卑而易行也。学者牵于所闻，见秦在帝位日浅，不察其终始，因举而笑之，不敢道，此与以耳食无异⑧。悲夫！

余于是因《秦记》，踵《春秋》之后，起周元王，表六国时事，讫二世，凡二百七十年，著诸所闻兴坏之端。后有君子，以览观焉。

集评：

《六国表》："秦灵公八年初，以君主妻河。"言初者，自此年而始，不知止于何时。注家无说，司马贞《史记索隐》乃云："初以君主妻河"谓初以此年取他女为君主，君主犹公主也。妻河，谓嫁之河伯，故魏俗犹为河伯娶妇，盖其遗风。然则此

---

① 从衡：通"纵横"。
② 质：人质。
③ 宾：通"摈"，排斥。
④ 崔适《史记探源》认为，此句当作"秦之暴戾不如鲁卫之德义者。"
⑤ 孰：通"熟"。
⑥ 禹兴于西羌：《史记集解》引皇甫谧曰："孟子称禹生石纽，西夷人也。传曰'禹生自西羌'是也。"《史记正义》："禹生于茂州汶川县，本冉駹国，皆西羌。"
⑦ 法后王：见《荀子·儒效》："法后王，一制度，隆礼义而杀《诗》《书》……是雅儒者也。"
⑧ 耳食：用耳朵吃饭，表示不知食物滋味。言俗学浅识，举而笑秦，只是囿于所闻罢了，并未真正了解，也无确凿根据。

事秦魏皆有之矣。

　　——洪迈《容斋三笔》卷十

太史公亦惑于流俗之见，《六国表》云："传曰：'法后王'。何也？以其近己而俗变相类，议卑而易行也。"文帝谓卑之毋甚高论，宣帝谓俗儒好是古非今，秦既亡而李斯之言犹行也。孟子曰："为政不因先王之道，可谓智乎？"

　　——王应麟《困学纪闻》卷十一

表著秦独详，以六国之强又秦为之端也。

　　——凌氏《史记评林·项羽本纪》王维桢批语

太史公论"战国之权变亦可颇采者，何必上古？秦暴取天下，然世异变，成功大，学者牵于所闻，见秦在帝位日浅，不察其终始，因举而笑之，此与耳食无异。"子长此论，可谓达时变，不随人唯诺者矣。以秦之短祚，称其成功大。汉五年成帝，而谓秦之禁足以益贤者为驱除。亦犹沛公入关，先叙项羽河北之功之意。若子长，可谓推见终始矣。

　　——郝敬《史汉愚按》卷二

篇中皆用秦事为经纬，以诸侯史记及周室所藏尽灭于秦火，所表见六国时事皆得之《秦记》也。独举三晋、田齐，以是表踵春秋之后，燕楚旧国事具《春秋》，且乱臣窃国，晏然不讨，而中原尽为所据，此世变之极，天下所以竞于谋诈而弃德义如遗迹也。秦之德义，无足比数，而卒并天下，乃前古所未有，故求其说而不得者，或本以地形，或归诸天助，又或以物所成孰之方宜收功实，而不知秦之得意盖因乎世变。是何也？以谋诈遇德义，则民之归仁沛然，谁能御之？以谋诈驭谋诈，则秦之权变非六国所能敌，其成功非幸，此所谓世变之异也。

　　——方苞《望溪集》卷二

子长因《秦纪》创立年表，上绍《春秋》之书法，下开《纲目》之源流，是一部史记大主脑……末乃明点出踵《春秋》之后，著兴坏之端，则又藉《秦纪》而不为《秦纪》用者矣。

　　——姚苎田《史记菁华录·六国表》

读《六国表》以秦为主，周之后，汉之先，《序》所谓因《秦纪》，踵《春秋》后，表六国时事是也。

冠周于上，周虽衰未亡也。至赧王五十九年卒，而绝不即予秦者，秦未并天下也。盖阙不书王者三十三年。东周西周不书王，以自贬为君，卑若县鄙，不成王也。

周无事可书，书齐威王朝周，两书贺秦，书致胙于秦，书诸侯会致伯秦，秦代周之征也。书九鼎震，亡征也。书王子定奔晋，王室难也。书东周惠公薨，自贬也。

　　于秦表则书曰天子致胙，曰天子致伯，曰诸侯毕贺，曰会诸侯于泽，朝天子，曰天子贺，曰天子致文武胙，皆以伤王室而必正其名也。曰取西周王，曰吕不韦取东西周，周始亡，然不于周书者，不予秦之灭周也。表秦详于六国，何也？秦自为一代之制，故置官书，为赋书，作上下畤书，堑河筑城书，为县书，开阡陌书，为县有秩史书，行钱书，初腊书，置丞相书，初置三川郡书，初置东郡书，百姓纳粟拜爵书，天下大酺书，俱在始皇并天下二十八年前。盖先王封建井田周官周礼已尽湮于是矣，此太史公微意也。秦灭六国，以六国自相灭也，表于攻伐、拔地、纳地、助击、助灭俱详载，合观之，可以见秦并天下之大机焉。

　　……

　　昔周之封君盖八百矣，而强侵弱，众凌寡，遂至为六国一折而胥入秦。此战国二百九十年之大势也，读《六国表》，见当日诸侯战秦者不过泄一朝之忿，媚秦者第以偷旦夕之安，未见有能自强为天吏者。观汉高祖约法三章，天下归心，则孟子仁者无敌之言实可见诸事效，非迂阔也。论者不探其本，徒咎六国之不能合力以拒秦，于当日事理、事情、事势均未之得也。

　　周威烈王二十三年，九鼎震，是年始命韩赵魏为诸侯，晋三分而秦无敌矣，故周亡征于此也。周表书齐威王朝周，非美威王，伤周也，故不入齐。周显王二十六年，致伯秦，二十七年，秦朝周。独书致伯，不书朝周者，以空名无救于亡也。详书秦表者，权在秦也。秦表屡书来赂，见秦之好货，邦交之以利也。秦表屡书斩首数万至数十万，见秦以嗜杀并天下，宜乎祚之不永也。日蚀灾异不书于周，书于秦表者，非独见于秦分也，以周不足系天下之存亡，亦无与天戒云耳。书五国共击秦，不胜而还。继书齐败魏赵观津，罪齐也。秦嗣君生或书，或不书，何也？有故则书，无则否。书生灵公，书生献公，书惠公太子生，书孝公生。《本纪》载孝公之言曰："往者厉、躁、简公、出子之不宁，国家内忧，未遑外事。诸侯卑秦，丑莫大焉"，故书此见内乱也。秦至孝公用商鞅始大，秦昭王二年魏表书秦武王后来归，不书秦表，何也？后无罪，不与昭襄之出也。本纪云武王取魏女为后，无子，立异母弟，是为昭襄王。即位二年，庶长与大臣诸侯公子为逆，皆诛，及惠文后皆不得良死。悼武王后出归魏云，及云皆不得良死，刑亦滥矣。云出归，情亦忍矣，故后书宣太后薨，讥昭襄之知有母而弃其君母也。

　　秦灵公八年，书初以君主妻河，为后世教邪之始。秦惠文王，书初更元年，为后世改元之始。秦始皇四年,书纳粟拜爵,为后世鬻爵之始。

于魏,书孟子来于齐,不书何也?圣贤道既不行,特一表焉……魏献子韩宣子皆不纪年,独赵襄子纪年,何也?与智伯分范中行地,与韩魏分智伯地,衅皆由赵氏地分而晋亡矣,故独入赵表纪年以著之言与者,罪襄子也……赵八年入秦,九年秦即取赵九城,书此见媚人之无益也……苏秦说六国独入燕表,何也?以燕之亡国所由也。取地与地必书,见土地为强弱之由,六国之割地请和者真失策也。

——汪越《读史记十表》卷三

战国七雄,独秦最强,六国皆为秦所并。又六国时事多见于《秦纪》,故《年表》总论以《秦纪》发端,以《秦纪》收结,中间以秦取天下为主,而以六国事夹说带叙,归于俗变诈谋,以为俗变议卑,亦有可采,殆有痛于中而为是不得已之论,然而世变可睹矣。

——牛运震《史记注评》卷三

《六国表》非为六国,只以显并于强秦之迹。

——齐树楷《史记意·六国年表第三》

正文:

秦楚之际月表第四

太史公读秦楚之际,曰:初作难,发于陈涉;虐戾灭秦,自项氏;拨乱诛暴,平定海内,卒践①帝祚②,成于汉家。五年之间,号令三嬗③。自生民以来,未始有受命若斯之亟也④。

昔虞、夏之兴,积善累功数十年,德洽⑤百姓,摄⑥行政事,考之于天,然后在位。汤、武之王,乃由契、后稷修仁行义十余世,不期而会孟津八

---

① 践:登。
② 祚(zuò):君位。
③ 三嬗:指陈涉、项羽、刘邦先后成为反秦起义领袖。嬗:变化。
④ 受命:指天授之命,此指王权。亟:屡次。
⑤ 洽:滋润。
⑥ 摄:代理。舜、禹在作天子前都曾接受考验,代理过一段时间的政务。

百诸侯,犹以为未可,其后乃放弑①。秦起襄公,章②于文、缪、献、孝之后,稍以蚕食六国,百有余载,至始皇乃能并冠带③之伦④。以德若彼,用力如此,盖一统若斯之难也。

秦既称帝,患兵革不休,以有诸侯也,于是无尺土之封,堕坏名城,销锋镝⑤,鉏⑥豪桀,维万世之安。然王迹之兴,起于闾巷,合从讨伐,轶⑦于三代,乡秦之禁,适足以资贤者为驱除难耳⑧。故愤发其所为天下雄,安在无土不王⑨。此乃传之所谓大圣乎?岂非天哉,岂非天哉!非大圣孰能当此受命而帝者乎?

集评:

张晏曰:"时天下未定,参错变易,不可以年记,故列其月。"今按:秦楚之际,扰攘僭篡,运数又促,故以月纪事名表也。
——司马贞《史记索隐·秦楚之际月表》

秦楚之际,兵所出入之涂曲折变化,唯太史公序之如指掌。以山川郡国不易明,故曰东曰西曰南曰北,一言之下而形势了然。以关塞江河为一方界限,故于项羽则曰梁乃以八千人渡江而西,曰羽乃悉引兵渡河,曰羽将诸侯兵三十余万行略地,至河南,曰羽渡淮,曰羽遂引东,欲渡乌江……盖自古史书兵事地形之详,未有过此者,太史公胸中固有一天下大势,非后代书生之所能及也。
——顾炎武《日知录》卷二六

题自"秦楚之际",试问二世既亡,汉国未建,此时号令所出,非项羽而谁?又当山东蜂起,六国复立,武信初兴,沛公未兆,此时号令非陈胜而谁?故不可言秦,不可言楚,谓之"之际"者,凡以陈、项两雄也。《表》为两雄而作,却以记本朝创业

---

① 放弑:指商汤曾将夏桀流放,武王伐纣,纣自杀。放:流放。
② 章:通"彰",显著。
③ 冠带:一般用作官吏或士大夫的代称,这里是指文明程度较高的关东六国。
④ 伦:辈,类。
⑤ 锋镝(dí):这里代指兵器。锋:兵器的尖端。镝:箭头。
⑥ 鉏:同"锄",铲除。
⑦ 轶:超过。
⑧ 乡秦之禁,适足以资贤者为驱除难耳:意思是秦前时对兵器的禁令不过是帮助了后来的贤者、为他们消除障碍罢了。乡:通"向",过去。资:帮助。贤者:刘邦、项羽等人。
⑨ 无土不王:《白虎通》曰:"圣人无土不王,使舜不遭尧,当如夫子老于阙里也。"

之由,故首以三家并起,而言下轩轾自明。次引古反击一段,然后收归本朝,作赞叹不尽之语以结之。未局之工,未易测也。

——姚苎田《史记菁华录·秦楚之际月表》

读《秦楚之际月表》以汉为主。《六国表》末已书天下属汉,明正统也。冠秦于上,非尊秦也,天下共苦秦,欲亡之,而汉受命,犹后必起秦。而次及义帝,至义帝为项羽所杀,阙不书,帝号凡四十有一月者,天下未一也。至汉五年杀项籍,天下平诸侯臣属汉,二月,王更号,即皇帝位,然后大统有归。太史公全注意在汉。……

读《秦楚之际月表》当续六国表。观其时势,秦亡形已成,六国灭而复起。然齐三田、韩成之外,皆非六国后也,特以六国为名耳。项梁立怀王,羽尊之为义帝,欲以义帝为名也。且汉亦岂终臣义帝者哉,羽杀义帝,自假汉以出师之名也。……

表言秦楚之际,不言秦汉之际者,秦无道,天下共亡之,汉固灭秦,不得独言秦汉之际也。西楚虽主命,分王诸侯,与汉争天下,而汉蹈之。然汉得天下于秦及赵、齐、燕、韩、魏,非第得之于楚也。且楚与项固非一也,陈涉初起,王楚;葛婴立襄疆,亦王楚;秦嘉立景驹,亦王楚;至项梁求怀王孙于民间亦立以为怀王,王楚;其后楚汉相争,惟荥阳、成皋、垓下诸大战乃独项氏耳,故亦不得独言楚汉之际也。……

凡表诸国前从楚入秦,后从汉伐楚,盖诸侯向背之机。汉取天下,善因而用之,此高祖五年以前天下之大势也。

——汪越《读史记十表》卷四

《月表》立法最精妙,乃史家别体,亦是创体,前后都无有也。盖楚汉等八国,嗣又分为二十国,事务极杂,时间复短,既不能为世计,亦不能以年数,此处参差错综,安置最难。自太史公创为此表,按月排列,逐事附入,遂使当时情状一一分明。因其眼光过人,故胸中笔下具有经纬。表序感慨世变,尊崇本朝,纯以唱叹传神,而归原天命,尤为得体。

——李景星《史记评议·秦楚之际月表》

文特隽发,跌宕可喜。

此篇论汉得天下之速由于秦为法为之驱除,此大圣受命,所以异于三代圣王也,是汉家开国一篇大文字。太史公归重圣德,极力颂扬,最得史臣大体。开首以陈,项夹出汉家,曰"卒践",是撇去陈、项,而独重汉家矣。又引虞、夏、商、周、秦得天下之难,夹出汉家得天下之易,归功于秦法驱除,虽曰人事,岂非天命哉!此篇章法颇易晓,太史公最郑重谨慎之文。

——李晚芳《读史管见》

《史记·秦楚之际月表》纪年纪月,茫无标准;尊楚尊汉,莫所遵循。天时人事,二者俱舛,何足贵哉!

——宋慈抱《续史通·表志》

正文:

汉兴以来诸侯王年表第五

太史公曰:殷以前尚矣。周封五等:公,侯,伯,子,男。然封伯禽、康叔于鲁、卫,地各四百里,亲亲之义,褒①有德也;太公于齐,兼五侯地,尊勤劳也。武王、成、康所封数百,而同姓五十五,地上不过百里,下三十里,以辅卫王室。管、蔡、康叔、曹、郑,或过或损。厉、幽之后,王室缺,侯伯强国兴焉,天子微,弗能正。非德不纯,形势弱也。

汉兴,序二等②。高祖末年,非刘氏而王者,若无功上所不置而侯者,天下共诛之。高祖子弟同姓为王者九国③,唯独长沙异姓,而功臣侯者百有余人。自雁门、太原以东至辽阳,为燕、代国;常山以南,太行左转,度河、济、阿、甄以东薄④海,为齐、赵国;自陈以西,南至九疑,东带⑤江、淮、毂、泗,薄会稽,为梁、楚、淮南、长沙国:皆外接于胡、越。而内地北距山⑥以东尽诸侯地,大者或五六郡,连城数十,置百官宫观,僭于天子。汉独有三河、东郡、颍川、南阳,自江陵以西至蜀,北自云中至陇西,与内史⑦

---

① 褒:同"褒",褒奖。
② 序二等:汉初分王、侯二等封爵。
③ 九国:指齐、楚、荆、淮南、燕、赵、梁、代、淮阳。
④ 薄:靠近,接近。
⑤ 带:环绕。
⑥ 山:特指华山、殽山。
⑦ 内史:指京城及其附近地区。《史记正义》:"京兆也。"

凡十五郡,而公主列侯颇食邑其中。何者？天下初定,骨肉同姓少,故广强庶孽①,以镇抚四海,用承卫天子也。

汉定百年之间,亲属益疎,诸侯或骄奢,忕②邪臣计谋为淫乱,大者叛逆,小者不轨于法,以危其命,殒身亡国。天子观于上古,然后加惠,使诸侯得推恩分子弟国邑,故齐分为七③,赵分为六④,梁分为五⑤,淮南分三⑥,及天子支庶子为王,王子支庶为侯,百有余焉。吴楚时⑦,前后诸侯或以适⑧削地,是以燕、代无北边郡,吴、淮南、长沙无南边郡,齐、赵、梁、楚支郡名山陂海咸纳于汉。诸侯稍微,大国不过十余城,小侯不过数十里,上足以奉贡职,下足以供养祭祀,以蕃辅京师。而汉郡八九十,形错诸侯间,犬牙相临,秉其阸⑨塞地利,强本干,弱枝叶之势,尊卑明而万事各得其所矣。

臣迁谨记高祖以来至太初诸侯,谱其下益损之时,令后世得览。形势虽强,要之以仁义为本。

集评：

应劭云："虽名为王,其实如古之诸侯。"
——司马贞《史记索隐》

汉初宗姓诸侯王无战功而有分土,唐初宗姓诸侯王有战功而无封土。
——凌氏《史记评林》陈仁子批语

《史记》大都剪裁别人的多,就是当代列传恐亦有底稿,自著者只有《诸侯王年表》
——李光地《榕村语录》卷二一

汉家形势强弱,摹写各极工妙,其于转弱为强处,尤著精神。盖吴楚七国之后

---

① 庶孽：宗族的旁支。
② 忕(shì)：习惯于。
③ 分别为城阳、济北、济南、菑川、胶西、胶东。
④ 分别为河间、广川、中山、常山、清河。
⑤ 分别为济阴、济川、济东、山阳。
⑥ 分别为淮南、庐江、衡山。
⑦ 吴楚时：即吴楚等七国之乱时(公元前154年)。
⑧ 适：同"谪",刚刚,方才。
⑨ 阸(è)：险要之地。

以侵削诸侯为得计,故史公写之不遗余力也。此事必参看孟坚所著《诸侯王子》,然后得失利害之际,可得而议云。

气古法古笔古,十表序中,此为第一。

——储欣《史记选》卷二

太史公序"形势"二字,其主意也。……一篇之中,反复照应,而结之以仁义为本,与周之亲亲尊劳同道,封建所以公天下,其义自见。

——汪越《读史记十表》卷五

此文以末二语(形势虽强,要之以仁义为本)为主。此非真颂美也,探其削弱诸侯之意而为之词耳。

——吴汝纶《桐城先生点勘史记》

正文:

高祖功臣侯者年表第六

太史公曰:古者人臣功有五品,以德立宗庙定社稷曰勋,以言曰劳,用力曰功,明其等曰伐,积日曰阅。封爵之誓曰:"使河如带①,泰山若厉②。国以永宁,爰③及苗裔。"始未尝不欲固其根本,而枝叶稍陵夷④衰微也。

余读高祖侯功臣,察其首封,所以失之者,曰:异哉所闻!《书》曰"协和万国"⑤,迁于夏商,或数千岁。盖周封八百,幽厉之后,见于《春秋》。《尚书》有唐虞之侯伯,历三代千有余载,自全以蕃卫天子,岂非笃于仁义,奉上法哉?汉兴,功臣受封者百有余人⑥。天下初定,故大城名都散亡,户口可得而数者十二三⑦,是以大侯不过万家,小者五六百户。

---

① 带:衣带。
② 厉:通"砺",石块。
③ 爰(yuán):助词,无义。
④ 陵夷:走下坡路,衰败。
⑤ 见于《尚书·尧典》。原文为"百姓昭明,协和万邦"。
⑥ 下文高祖功臣百三十七人,兼外戚及王子,凡一百四十三人。
⑦ 十二三:十分之二、三。

后数世，民咸归乡里，户益息①，萧、曹、绛、灌之属或至四万，小侯自倍②，富厚如之。子孙骄溢，忘其先，淫嬖③。至太初百年之间，见侯五④，余皆坐⑤法陨命亡国，秏⑥矣。罔⑦亦少⑧密焉，然皆身无兢兢⑨于当世之禁云。

　　居今之世，志古之道，所以自镜也，未必尽同。帝王者各殊礼而异务，要⑩以成功为统纪，岂可绲⑪乎？观所以得尊宠及所以废辱，亦当世得失之林也，何必旧闻？于是谨其终始，表其文，颇有所不尽本末；著其明，疑者阙之。后有君子，欲推而列⑫之，得以览焉。

集评：

　　迁序十表，惟十二诸侯、六国、秦楚之际、惠景间侯者称太史公读，谓其父所欲论著也。故于高祖功臣称余读以别之。周之衰，礼乐征伐自诸侯出，事由五伯，而其微兆则在共和之行政；秦并六国，以周东徙，乘其险固形势，故僭端早见于始封。自虞夏殷周及秦代，兴皆甚难，而汉独易，以秦之重而无基也。先王之制封建，本以安上而全下，故惟小弱乃能奉职效忠，此数义者，实能究天人之分，通古今之变。或迁所闻于父者信如斯，或其父所未及而以所学推本焉，要之皆义所弗害焉尔。

　　　　——方苞《望溪集》卷二

　　汉武以列侯莫求从军，坐酎金失侯者百余人，迁不敢斥言其过，故微词以见义，言古之道，笃于仁义以安勋旧，而今任法刻削，不同于古，帝王殊礼异务，各以自就其功绪，岂可混而一之乎？刺武帝用一切之法以侵夺群下，而成其南诛北讨

---

① 息：繁殖，增长。
② 自倍：指比初封时户数增加了一倍。
③ 嬖(bì)：宠爱，这里指骄纵。
④ 即平阳侯曹宗、曲周侯郦终根、阳阿侯齐仁、戴侯秘蒙、谷陵侯冯偃。
⑤ 坐：因。
⑥ 秏：通"耗"，这里指败落。
⑦ 罔：通"网"，这里指法网。
⑧ 少：通"稍"，渐渐。
⑨ 兢兢：谨慎，警惕。
⑩ 要：总括。
⑪ 绲：通"混"，混淆。
⑫ 推：进举。列：位次，地位。这里指进身做官。

之功也。

——方苞《史记注补正》

孝武弹括利源，尊显卜式，而功臣、列侯莫肯输财助边。于是元鼎五年，坐酎金夺爵者百余人，而高祖功臣尽矣。亡非其罪，所谓"网亦少密"也。知此，则是篇婉转叹息之意雪亮。

——姚苧田《史记菁华录·六国表》

读《功臣年表》以侯功为主。……

按功臣封王在高帝四年五年间，是时天下初定，如韩彭等不得不王之耳。自六年以后，汉约非刘氏不王，非军功不侯。凡有罪失侯者大约如酎金，如为太常牺牲不如令，如为太常酒酸，罪之轻者也。余罪如为太守知民不用赤仄钱为赋，如不偿人责，如尚南宫公主不敬，如出入属车间，如坐出界，如买塞外禁物，如入上林谋盗鹿，如为太常与乐舞人阑入函谷关，如卖宅县官故贵，犹皆在可议之列。余重罪则谋为大逆大不敬，过律奸淫，略人伤人，总之所谓不奉上法者也。或但云有罪，疑狱也，不明所坐，或史阙之。

按太史序曰：汉兴，功臣受封者百有余人，至太初百年之间，见侯五，余皆坐法陨命亡国。叹不能副河山带砺之誓，而苗裔衰微也。今第追录侯功，谓察其首封所以得尊宠，而各书罪状国所自除，则所以失之而致废辱者，责在下矣，故曰"当世得失之林也"。然本其先，天下初定，大都名邦户口散亡，渐以益息，乃至富厚。未几，子孙骄溢，不能笃于仁义，奉上法，以自取戾。

而首称功有五品，以深致欷歔之意。且夫协和万国，迄于夏商，或数千岁，何古者封建之泽长，而今兹之促也。惜哉！其罪累上，毋亦使人谓汉法之过严乎！

此下四表皆国经而年纬，凡标国名侯功于端以贯其下者，纵也；标高祖、孝惠、高后、孝文、孝景与建元至太初已复准王朝历数以纪诸侯之年者，衡也。前《十二诸侯年表》以下皆年经而国纬，故冠帝年于端，体各不同也。上表侯功，下表侯第，而首序列帝相承，得年若干，盖六朝百有余岁，侯家之盛衰始卒具见矣，是故以国为经，以年为纬也。

——汪越《读史记十表》卷六

葛鼎曰，反复得情，于诸篇最为尔雅。

——李晚芳《读史管见》卷一

今古相形，得失互勘，回护有法，劝戒无穷，其用笔低徊曲折，自是千古绝调。

——高嵣《史记钞》卷一

正文：

惠景间侯者年表第七

太史公读列封至便侯①曰：有以也夫！长沙王者，著令甲②，称其忠焉。昔高祖定天下，功臣非同姓疆土而王者八国③。至孝惠时，唯独长沙全，禅④五世，以无嗣绝，竟无过，为藩守职，信矣。故其泽流枝庶，毋功而侯者数人。及孝惠讫孝景间五十载，追修高祖时遗功臣，及从代来⑤，吴楚之劳⑥，诸侯子弟若肺腑⑦，外国归义，封者九十有余。咸表始终，当世仁义成功之著者也。

集评：

独以长沙发端，即贾生所谓欲诸王之皆忠附，则莫若令如长沙。太史公反复论叙，以见其国小而得完，见疆土之不可盛，而侯王之不可不忠也。
——凌氏《史记评林》董份批语

读《惠景间侯者年表》以四朝事势为主。孝惠之时，天下无事，惟修遗功。高后之时，欲侯诸吕，故先封高祖功臣及诸王子。孝文从代邸人为帝，则有诛诸吕功，有从代来功。是时王子渐繁，则有分封，有外戚恩泽。孝景更有吴、楚之变，有匈奴之降。凡此事势各异，公私亦别，不得一例论之也。……

汉约：非有功不侯。其不谓之《功臣年表》何也？按表，惠景间侯者凡九十四人，内王子侯者及外戚恩泽侯者凡四十九人，则以功封及以功荫者四十五人耳。《高祖功臣年表》外戚仅二人，王子仅四人，兵争之日亦共历艰难，故皆谓之功臣

---

① 便侯：便，县名。长沙王吴芮之子吴浅封为便侯。
② 令甲：西汉时集诏令三百余篇，令有"令甲"、"令乙"、"令丙"之序。《史记集解》引邓展曰："汉约，非刘氏不王。如芮王，故著令使特王。或曰以芮至忠，故著令也。"
③ 八国：其王分别为齐王韩信、韩王韩信、燕王卢绾、梁王彭越、赵王张耳、淮南王英布、临江王共敖、长沙王吴芮。
④ 禅：传。
⑤ 从代来：指有辅佐孝文从代入都为帝及诛诸吕的功劳。
⑥ 吴楚之劳：即平定吴楚等七国之乱的功劳。
⑦ 肺腑：《史记索隐》认为即"柿附"，"柿，木札也，附，木皮也，以喻人主疏末之亲，如木札出于木，树皮附于树也"。

也,是未可比而同之。
——汪越《读史记十表》卷七

正文:

建元以来侯者年表第八①

太史公曰:匈奴绝和亲,攻当②路塞;闽越擅③伐,东瓯请降。二夷交侵,当盛汉之隆,以此知功臣受封侔于祖考矣。何者?自《诗》、《书》称三代"戎狄是膺④,荆荼是惩"⑤,齐桓越燕伐山戎,武灵王以区区赵服单于,秦缪用百里霸西戎,吴楚之君以诸侯役百越。况乃以中国一统,明天子在上,兼文武,席卷四海,内辑⑥亿万之众,岂以晏然不为边境征伐哉!自是后,遂出师北讨强胡,南诛劲越,将卒以次封矣。

集评:

太史公次《建元以来侯者年表》,而天下一切摧锋陷敌之士并得封拜,海内户口耗矣,太史公并不之及,岂避忌重祸之故欤?
——茅坤《史记钞》卷八

建元以来侯功盖在"北讨强胡,南诛劲越"一句尽之矣。
——凌氏《史记评林》陈仁子批语

此篇只作一起一结,照应关锁,而中间援古证今,汉武不得不征伐,征伐则不得不封功臣,正为汉武讳也。而通篇文法精严,绝无懈笔。
——吴见思《史记论文·建元以来侯者年表》

读《建元侯者表》以诛伐四夷为主。表建元至太初以后,侯者盖主军功,而击匈奴,则军功之大者。或从大将军卫青,或从骠骑将军去病,多取封侯。南越、东

---

① 据《史记索隐》,此表中前七十二国为司马迁所书,余四十五国盖褚先生所补。
② 当:遮蔽。
③ 擅:擅自。
④ 膺:讨伐。
⑤ 见《诗经·閟宫》:"戎狄是膺,荆楚是惩。"荆:楚国的别称。荼:同"舒",国名。征:同"惩",惩罚。
⑥ 辑:安定,和睦。

瓯、朝鲜功又其次也。有自匈奴降者,有自南越、东瓯、朝鲜、小月氏降者,可以威远,因侯之。有父死事南越而其子侯者,樛世乐、韩千秋是也。有以父击匈奴功而其子侯者,大将军卫青之三子是也。有从击匈奴及使绝域而侯者,张骞是也。其不以军功,则周子南君,以周后绍封,公孙弘以丞相诏褒为侯,石庆以相丞及先人万石积德谨行侯是也。最下则乐通以方术侯矣。按孝武之时,虚中国以事四夷,好大喜功之蔽也。太史公不斥斥开边而引《诗》、《书》称征伐为非得已,且曰功臣受封侔于祖考,其亦微词与!……

高帝功臣及惠景间侯者皆兼同异姓叙之,独《建元以来分侯者年表》、《王子侯表》为二,何也?盖是时征伐四出,军功既多,支庶毕侯,分邑又众,故分叙之以致意也。

——汪越《读史记十表》卷八

惠景间侯者,或以继绝,或以补遗,或以有功。除吕后封诸吕外,可议者少。表以济纪传之穷,故使人观之不厌也。建元以来侯者,自平津、牧邱、周子南君之外,皆因武帝之开边而封。此表纯是刺讥,而使人领取于言外(褚少孙附孝武、孝昭、孝宣侯国于后,全不知迁意,可谓狗尾续貂)。

——尚镕《史记辨证》卷二

正文:

建元已来王子侯者年表第九

制诏御史:"诸侯王或欲推私恩分子弟邑者,令各条①上,朕且临定其号名。"

太史公曰:盛哉,天子之德!一人有庆,天下赖之②。

集评:

迁之言(盛哉,天子之德!一人有庆,天下赖之)似颂似讽。

——凌氏《史记评林》陈仁子批语

---

① 条:通达、明畅。。
② 一人有庆,天下赖之:《尚书·吕刑》作"一人有庆,兆民赖之"。庆:善。

读《王子侯者表》亦以天子为主。时主父偃说上曰：古者诸侯不过百里，强弱之形易制。今或连城数十，地方千里，缓则骄奢，易为淫乱；急则阻其疆而合从，以逆京师。若以法制削之，则逆节萌起。今诸侯子弟或十数而適嗣代立，余无尺寸地封，愿陛下令诸侯得推恩分子弟，以地侯之。彼人人喜得所愿，上以德施，实分其国，不削而自弱矣。上从之，故太史公曰：盛哉，天子之德！一人有庆，天下赖之。

　　秦制有彻侯，汉避武帝名讳，彻为通。有关内侯，以赏功劳。汉约：非军功不侯，武帝始侯诸王子，有食邑，但即其父所封国，使支庶侯者分食之，此所谓众建而少其力，实贾谊遗策也。……以大封诸王支庶，实始于主父偃策也。

　　——汪越《读史记十表》卷九

　　王子侯一百六十二人，虽推恩分邑，实因主父偃之策削弱诸侯也。然旋坐酎金失侯者多至五十五人，而迁反盛推天子之德，岂所谓讳莫如深耶。

　　——尚镕《史记辨证》卷二

平 准 书

题解：

　　"书"是《史记》的"五体"之一，以"典章经制"为线索，记述了政治、经济、军事、文化等社会生活的诸多方面。"本纪"、"世家"、"列传"主要以人物为中心，"表"以时间为中心，而"书"既然以"典章经制"为线索，实际上是以"事"为中心，而且，此"事"不是一人一时之"事"，而是"历史中某方面的集体生活的维系与反映"，需要"将积累的许多事加以综合条贯，其意义与作用乃见"（徐复观《两汉思想史·论史记》）。司马迁以"书"表现此种特殊之"事"，从中可以看出他高超的历史整合能力。

　　《汉书·司马迁传》声称《史记》"十篇缺，有目无篇"。颜师古注《汉书》引张晏语说缺的十篇是《景纪》、《武纪》、《礼书》、《乐书》、《兵书》、《汉兴以来将相年表》、《二王世家》、《傅靳蒯成列传》、《龟策列传》、《日者列传》。"五体"之中，亡佚最多的是列传与书。不过，七十篇列传仅亡佚三篇，而"八书"就亡佚了三篇，"书"的亡佚从比例上来讲是最高的。

　　尽管《礼书》、《乐书》亡佚了，但结合《太史公自序》，我们知道司马迁在"八书"中首标"礼书"、"乐书"，暗示出其以礼乐治天下的政治理想。司马迁《太史公自序》又说："非兵不强，非德不昌。黄帝汤武以兴，桀纣二世以崩，可不慎欤？《司马法》所从来尚矣。太公孙吴王子，能绍而明之，切近世，极大变，作《律书》第三"，可见《律书》本是兵书，我们现在所看到《律书》则是补缺者析《律历书》为二的结果。此外，《天官书》记天文历法，《封禅书》载封禅制度，皆以"通古今之变"的作史精神对各种制度的古今变迁作了系统记述，惟有《平准书》只记述了从高祖立国到汉武帝时的财经政策，而且着重记述武帝时的财经政策。为究其原因，许多学者提出不同看法，但迄今尚无定论。

　　用古人的话说，"此篇叙事错综"，以至有些学者还因此怀疑《平准书》是否为司马迁所作。所以，为了使大家对于本文内容有一个较清晰的了解，不妨先对本文作一番梳理。我们的梳理从一个问题入手。

　　许多学者认为，《平准书》表现出对汉武帝财经政策的批判与否定态度。是否如此呢？其实,只要梳理清楚汉武帝改革财经政策的背景、财经政策的具体内容及其效果、影响如何,这个问题基本上就可以回答。

先看汉武帝改革财经政策的背景。经过汉兴七十余年的努力,到汉武帝即位时其实有着很好的经济形势。《平准书》对此有着生动的记述：

> 国家无事,非遇水旱之灾,民则人给家足,都鄙廪庾皆满,而府库余货财。京师之钱累巨万,贯朽而不可校。太仓之粟陈陈相因,充溢露积于外,至腐败不可食。众庶街巷有马,阡陌之间成群,而乘字牝者傧而不得聚会。守闾阎者食梁肉,为吏者长子孙,居官者以为姓号。

可是,这大好的经济形势在汉武帝时却被破坏了,从《平准书》中我们可以归纳经济形势被破坏的原因：

一是汉武帝好大喜功,黩武开边。这不仅需要耗费大量的军费,而且,汉武帝安抚四夷的"少数民族政策"规定,被征服的四夷不必交纳租税,置新郡时又将这些租税转嫁给内地百姓。另外,奖励军功亦是相当庞大的开支。

二是汉武帝穷奢极欲,大肆兴作。《平准书》中便载其修昆明池、作柏梁台、广苑囿。他还喜爱巡游,其所过之处官府竞相逢迎,供奉奢华,甚至于还出现地方官因来不及作好招待他的准备而自杀的事情,对地方的扰乱可想而知。

三是汉武帝访道求仙,大搞封禅,其花费亦不可胜计。除本篇记载之外,还可参看《封禅书》。

四是兴修水利所费甚巨。"作者数万,各历二三朝,功未就,费亦各巨万十数。"除本篇记载之外,还可参看《河渠书》。

五是救荒赈灾,动辄"其费以亿万计,不可胜数"。

六是富豪奸商垄断商品,囤积居奇,将财富用于自己的奢侈生活而不为国家的财政开支出力,追求个人利益不惜损害国家利益。《平准书》中记载的卜式是一个值得注意的人物,"富豪皆争匿财,唯式尤欲输之助费",他还多次将财物捐给国家。可是,虽然他被树立为"模范人物","百姓终莫分财佐县官",愿意为国家贡献财物的人极少。

为了增加财政收入,汉武帝改革了财经政策。财经政策及其效果影响主要如下：

改革币制。政府起初试图减轻钱重以便利流通,求得商业发展。但是结果不如人意,反而造成了物价飞涨、通货膨胀的局面。后来不得不逐渐增加钱重,还通过改铸钱、官铸钱等方式以打击商人。无疑,汉政府从中得到很多好处,尤其是改铸钱、宣布旧钱无效,使士农工商通过各种辛勤劳动换来的硬通货,一夜之间化为废铜。但受害者主要是农、工百姓,对商人的打击却很有限:钱币多变,他们便"多积货逐利"。政府获利也是短暂的,并不能使商业发展,从根本上改变国家的经济状况。

算缗。也即向商人征收财产税,"算至车船,租及六畜"(《汉书·西域传》),重利盘剥,而且连商人们的运输工具都征收重税,大大限制了商品的流通,摧残了商业的发展。

告缗。即奖励对逃避算缗或者算缗时登记财产不实者的告发,"有能告者,以其半畀之。贾人有市籍者,及其家属,皆无得籍名田,以便农。敢犯令,没入田僮。"结果导致诬告之风盛行——"中家以上大抵皆遇告。杜周治之,狱少反者。乃分遣御史廷尉正监分曹往,即治郡国缗钱,得民财物以亿计,奴婢以千万数,田大县数百顷,小县百余顷,宅亦如之。于是商贾中家以上大率破,民偷甘食好衣,不事畜藏之产业。"

盐铁官营官卖。这是汉武帝赖以改变财政状况的相当重要、有效的措施,但是也造成了严重的恶果,本篇说得很清楚:"官卖盐铁,铁器苦恶,贾贵,或强令民卖买之。"由于官卖以权力切断了商业发展的根本机制——竞争,商品质量差、价钱贵。汉以后二千年的封建社会继承了这样的政策,使封建政府渡过了许多难关,同时也使中国商业始终维持在低水平上,汉武帝的创造是功是过,确是不易评说。

卖官鬻爵,财货抵罪。造成了"选举陵迟,廉耻相冒,武力进用,法严令具"以及"官职耗费"的恶果。

当然,本文既然以"平准"名篇,"平准"政策是汉武帝时最为核心的经济政策。

所谓"平准"就是调控物价,使物价公平。以上所述的财经政策都是围绕调控物价这一核心的,只不过未必收到很好效果、有时还适得其反罢了。从整体上来看,对"平准"起到重要作用、对后世也有很大影响的还要数"均输"政策。

何谓"均输"?《平准书》中说:"而桑弘羊为大农丞,筦诸会计事,稍稍置均输以通货物矣。"已经指出均输主要是促进商品流通的;《平准书》中又说:"而天下赋输或不偿其僦费,乃请置大农部丞数十人,分部主郡国,各往往县置均输盐铁官,令远方各以其物贵时商贾所转贩者为赋,而相灌输",较详细地介绍了"均输"政策的具体内涵。从中我们可以归纳出:其一,"均输"是就赋税而言的,是针对旧时交纳赋税时运费昂贵、得不偿失的弊端而采取的一种政策。其二,所交纳的赋税不像旧时那样税有定物（如绢、麻、粟等），而是"以其物贵时商贾所转贩者为赋，而相灌输"。需要注意的是，这里所说的"物贵"并非指在当地的价格比较昂贵，而是指转贩于别处价格比较昂贵。道理很简单——"商贾所转贩"的物品必然是贱买贵卖。而且还有很多旁证：《史记集解》引孟康论"均输"曰："谓诸当所输於官者，皆令输其土地所饶，平其所在时价，官更於他处卖之。输者既便而官有利"；王安石变法曾欲效商弘羊等行均输法，其对均输法的具体规定是："均输之法，所以通天下之货，制为轻重敛散之术（《宋史·食货志》）"、"均输法者，以发运之职改为均输，假以钱货，凡上供之物，皆得徙贵就贱，用近易远，预知在京仓库所当办者，得以便宜蓄买（《宋史·王安石传》）。其三，均输法的实质是以国家行商贾之事：过去，"通货物"、"贱买贵卖"是商贾之事，现在则收归国有了；商贾"贱买贵卖"是为了从中谋取利润，而"平准"的"贱买贵卖卖"同样是为了从中谋取利润。只不过，商贾为"私"，"平准"为"公"。《平准书》中的卜式其实已看出了"均输"的实质——"是岁小旱，上令官求雨，卜式言曰：'县官当食租衣税而已，今弘羊令吏坐市列肆，贩物求利。亨弘羊，天乃雨。'"东汉朱晖《奏谏行均输法》云："《王制》，天子不言有无，诸侯不言多少，食禄之家不与百姓争利。今均输之法与贾贩无异"；明人张翰《松窗梦语》云："古者圣王重本抑末，贵农贱商，故赋倍于农。自汉武用弘羊计，置均输官，笼天下之货，贵卖贱买，商贾无所牟其利，而物价悉平，名曰平准"，所持观点与卜式基本相同。

司马迁在《平准书》中对武帝时的财经政策多有批判，在《平准书》中评价"均输法"时则有这么一句话："民不益赋而天下用饶"，结果遭到了大力反对王安石变法（王安石对财经政策的改革在很大程度上是效法桑弘羊等汉臣）的司马光苏轼等人的口诛笔伐——"安石曰：'不然。善理财者，不加赋而上用足。'公曰：'天下安有此理？天地所生财货百物，止有此数，不在民则在官。譬如雨泽，夏涝则秋旱。不加赋而上用足，不过设法阴夺民利，其害甚于加赋。此乃桑弘羊欺汉武帝之言，太史公书之，以见武帝不明耳。至其末年，盗贼蜂起，几至于乱。若武帝不悔祸，昭帝不变法，则汉几亡。'争议不已"（苏轼《司马温公行状》）、"至于桑弘羊，斗筲之才，穿窬之智，无足言者，而迁称之，曰：'不加赋而上用足。'善乎，司马光之言也！"

其实，司马光与苏轼都把"天下"置换成了"上"，认为皇上因其特权而"与民争利"的危害极大——其害甚于加赋。而司马迁对于这样的与民争利亦是持否定态度的，在《货殖列传》中他明确提出，统治者的经济政策"善者因之，其次利道之，其次教诲之,其次整齐之,最下者与之争"。然而,当他说"天下"时着眼的则是汉王朝大一统帝国的国家公共利益。从《平准书》所述可知,汉武帝进行财经政策的改革是在特定背景下进行的,固然,他的穷奢极欲、穷兵黩武严重破坏了经济,许多新的财经政策又为他的穷奢极欲、穷兵黩武提供了费用,这二者形成了恶性循环,虽应付了一时的财政开支,却又造成了"民力屈,财力竭"(《汉书·西域传》)、"海内虚耗,户口减半"(《汉书·昭帝纪》)等严重后果;可是,汉武帝时进行财经改革毕竟还有着"摧浮淫并兼之徒"的动机,这些"浮淫并兼之徒"过着豪华奢侈的生活,只追求个人利益,不为国家利益着想。而均输政策的实行虽然也使汉武帝皇家财富大受裨益,但毕竟在很大程度上打击了豪族与奸商对财物的垄断与囤积居奇,在一定程度上缩减、阻止了两极分化、也为国家增加了大量的财政收入。固然,在封建王朝中,皇帝往往以国家之名义谋个人之私利,汉武帝也有这个毛病。可是,他对灾民的救济相当重视,还将新财经政策所得的财物大量用于赈救灾民,这与那些在灾荒其间哄抬物价、唯利是图的奸商们比较起来当然不可同日而语,奸商们损害国家利益的不法行为确实也应该由国家出面予以打击、治理。除了赈救灾民之外,汉武帝在国家安全方面(自然不是指好大喜功、穷兵黩武的种种战争,而是指抵抗侵略、平定动乱)虽然投入了巨额资金,那也无可非议。总之,司马迁对汉武帝财经政策的功过两方面都有记述,我们当然更应该以辩证的态度来评价汉武帝时的财经政策。

正文:

汉兴,接秦之弊①,丈夫从军旅,老弱转粮饷②,作业③剧而财匮,自天子不能具钧驷④,而将相或乘牛车,齐民⑤无藏盖⑥。于是为秦钱重难用⑦,更令民铸钱,一黄金一斤,约法省禁⑧。而不轨逐利之民,蓄积余业

---

① 弊:犹俗语"烂摊子"。
② 转粮饷(xiǎng):运送粮食。
③ 作业:劳作。
④ 钧驷:四匹毛色一样的马,钧驷驾车是古代帝王出行的基本仪仗。此处谓国贫,连天子亦不能具钧色之驷马。
⑤ 齐民:平民。
⑥ 藏盖:积蓄。
⑦ 重难用:质量重而难以流通。
⑧ 约法省禁:简化法令,减省禁律。

以稽①市物,物踊腾粜②,米至石万钱,马一匹则百金。

天下已平,高祖乃令贾人不得衣丝乘车,重租税以困辱之。孝惠、高后时,为天下初定,复弛商贾之律,然市井③之子孙亦不得仕宦为吏。量吏禄,度官用,以赋④于民。而山川园池市井租税之入,自天子以至于封君汤沐邑,皆各为私奉养焉,不领于天下之经费。漕转山东粟,以给中都⑤官,岁不过数十万石。

至孝文时,荚钱⑥益多,轻,乃更铸四铢钱,其文⑦为"半两",令民纵得自铸钱。故吴诸侯也,以即山⑧铸钱,富埒⑨天子,其后卒以叛逆。邓通⑩,大夫也,以铸钱财过王者。故吴、邓氏钱布天下,而铸钱之禁生焉。

匈奴数侵盗北边,屯戍者多,边粟不足给食当食者。于是募民能输⑪及转粟于边者拜爵,爵得至大庶长⑫。

孝景时,上郡以西旱,亦复修卖爵令,而贱其价以招民;及徒⑬复作,得输粟县官⑭以除罪。益造苑马⑮以广用,而宫室列观舆马益增修矣。

至今上即位数岁,汉兴七十余年之间,国家无事,非遇水旱之灾,民则人给家足,都鄙廪庾⑯皆满,而府库余货财。京师之钱累巨万,贯⑰朽

---

① 稽:贮滞、留待。
② 粜(tiào):粮食买入为籴,卖出为粜。
③ 市井:古人没有市集,一般早上都聚于井旁汲水,商贾便将货物于井边货卖,故言市井。此处借指商贾。
④ 赋:征收赋税。
⑤ 中都:犹指京城也。
⑥ 荚钱:谓钱如榆荚也。
⑦ 文:原义为花纹,此处乃文字之义。
⑧ 即山:即,就也。就山铸钱。一曰:即山,山名也。
⑨ 埒(lěi):等同。
⑩ 邓通:西汉蜀郡南安(今四川乐山)人。汉文帝的宠臣。事详《佞幸列传》。
⑪ 输:纳。
⑫ 爵得至大庶长:《汉书·食货志》云文帝用晁错言,"令人入粟边六百石,爵上造;稍增至四千石,为五大夫;万二千石,为大庶长;各以多少为差"。
⑬ 徒:服劳役的犯人。
⑭ 县官:朝廷。
⑮ 益造苑马:修造苑囿,增益牧马。
⑯ 廪庾:仓库。
⑰ 贯:穿钱的绳索。

而不可校①。太仓之粟陈陈相因,充溢露积于外,至腐败不可食。众庶街巷有马,阡陌之间成群,而乘字牝②者傧③而不得聚会。守闾阎者④食粱肉⑤,为吏者长子孙⑥,居官者以为姓号⑦。故人人自爱而重犯法,先行义而后绌耻辱焉。当此之时,网疏而民富,役⑧财骄溢,或至兼并豪党之徒,以武断于乡曲⑨。宗室有土公卿大夫以下,争于奢侈,室庐舆服僭于上,无限度。物盛而衰,固其变也。

自是之后,严助、朱买臣等招来东瓯⑩,事两越⑪,江淮之间萧然烦费矣。唐蒙、司马相如开路西南夷,凿山通道千余里,以广巴蜀,巴蜀之民罢⑫焉。彭吴⑬贾⑭灭朝鲜,置沧海之郡,则燕齐之间靡然发动。及王恢设谋马邑⑮,匈奴绝和亲,侵扰北边,兵连而不解,天下苦其劳,而干戈日滋。行者赍⑯,居者送,中外骚扰而相奉,百姓抏弊⑰以巧法,财赂衰耗而不赡。入物者补官,出货者除罪,选举陵迟⑱,廉耻相冒⑲,武力进用,法严令具。兴利之臣自此始也。

---

① 校:数。
② 字牝:字同"牸",牸牝指母马。
③ 傧:通"摈",排斥、抛弃。
④ 守闾阎者:看守里巷大门的人。
⑤ 粱肉:精肉。
⑥ 为吏者长子孙:谓时局安定,官吏长期任职,直至子孙长大而不转职。
⑦ 以为姓号:谓以所任官职为姓。
⑧ 役:占有、使用。
⑨ 以武断于乡曲:靠着势力横行于乡里。
⑩ 东瓯:古族名,地区名。分布在今浙江南部瓯江、吴江流域。
⑪ 两越:南越及闽越。南越,今广州南海也。闽越,今建州建安也。
⑫ 罢:同"疲"。
⑬ 彭吴:人名。
⑭ 贾:王念孙《读书杂志》认为应当是"穿"。穿灭即开其道而灭之。
⑮ 王恢设谋马邑:马邑,古县名。元光二年(公元前133年),汉在马邑旁伏兵,欲诱击匈奴,谋泄,单于引兵去。史称"马邑之谋"。
⑯ 赍(jī):携带。
⑰ 抏(wán)弊:抏,消耗。言百姓贫弊,只好弄巧作弊逃避法令。
⑱ 陵迟:衰落。
⑲ 冒:混。

其后汉将岁以数万骑出击胡,及车骑将军卫青①取匈奴河南地,筑朔方②。当是时,汉通西南夷道,作者数万人,千里负担馈粮,率十余钟致一石③,散币于邛僰④以集之。数岁道不通,蛮夷因以数攻,吏发兵诛之。悉巴蜀租赋不足以更⑤之,乃募豪民田南夷,入粟县官,而内受钱于都内。东至沧海之郡,人徒之费拟于南夷。又兴十万余人筑卫朔方,转漕⑥甚辽远,自山东咸被其劳,费数十百巨万,府库益虚。乃募民能入奴婢⑦得以终身复⑧,为郎增秩⑨,及入羊为郎,始于此。

其后四年,而汉遣大将将⑩六将军,军十余万,击右贤王,获首虏万五千级。明年,大将军将六将军仍再出击胡,得首虏万九千级。捕斩首虏之士受赐黄金二十余万斤,虏数万人皆得厚赏,衣食仰给县官;而汉军之士马死者十余万,兵甲之财转漕之费不与焉。于是大农陈⑪藏钱经耗,赋税既竭,犹不足以奉战士。有司言:"天子曰'朕闻五帝之教不相复而治,禹汤之法不同道而王,所由殊路,而建德一也。北边未安,朕甚悼之。日者⑫,大将军攻匈奴,斩首虏万九千级,留蹛无所食⑬。议令民得买爵及赎禁锢⑭免减罪'。请置赏官,命曰武功爵⑮。级十七万,凡直三十余万

---

① 卫青:西汉名将。本平阳公主家奴,后为汉武帝重用,官至大将军,封长平侯。他前后七次出击匈奴,解除了匈奴对汉王朝的威胁。
② 朔方:朔方城,今内蒙古自治区河套地区。
③ 率十余钟致一石:大约运送十余钟(每钟六石四斗)只有一石才能运到。
④ 邛僰:二古地名。应劭云:"临邛属蜀,僰属犍为。"
⑤ 更:续也。一曰更,偿也。
⑥ 转漕:运输。《说文》曰:"漕,水转谷也"。一曰车运曰转,水运曰漕。
⑦ 入奴婢:献奴婢。
⑧ 复:免除徭役。
⑨ 为郎增秩:本身为郎者,倘向国家献纳奴婢,提升其职位。
⑩ 大将将:谓大将军卫青。后一个"将",此处为动词,率领。
⑪ 陈:旧。
⑫ 日者:往日。
⑬ 留蹛无所食:蹛,滞也。此句谓富人贮滞积谷,则贫者无所食。
⑭ 禁锢:因犯罪而不准做官。
⑮ 武功爵:《史记集解》:"茂陵中书有武功爵:一级曰造士,二级曰闲舆卫,三级曰良士,四级曰元戎士,五级曰官首,六级曰秉铎,七级曰千夫,八级曰乐卿,九级曰执戎,十级曰左庶长,十一级曰军卫。此武帝所制以宠军功。"

金。诸买武功爵官首者试补吏,先除①;千夫如五大夫②;其有罪又减二等;爵得至乐卿③,以显军功。"军功多用越等,大者封侯卿大夫,小者郎吏。吏道杂而多端,则官职耗废。

自公孙弘④以春秋之义绳臣下取汉相,张汤用峻文决理⑤为廷尉,于是见知之法⑥生,而废格沮诽⑦穷治之狱用矣。其明年,淮南、衡山、江都王谋反迹见,而公卿寻端治之,竟⑧其党与,而坐死者数万人,长吏益惨急而法令明察。

当是之时,招尊方正贤良文学之士,或至公卿大夫。公孙弘以汉相,布被,食不重味⑨,为天下先。然无益于俗,稍骛⑩于功利矣。

其明年,骠骑仍再出击胡,获首四万。其秋,浑邪王率数万之众来降,于是汉发车二万乘迎之。既至,受赏,赐及有功之士。是岁费凡百余巨万。

初,先是往十余岁河决观⑪,梁楚之地固已数困,而缘河之郡堤塞河,辄决坏,费不可胜计。其后番系⑫欲省底柱⑬之漕,穿汾、河渠以为溉田,作者数万人⑭;郑当时为渭漕渠回远,凿直渠自长安至华阴,作者数万人;朔方亦穿渠,作者数万人:各历二三期,功未就,费亦各巨万十数。天子

---

① 除:任命。
② 千夫如五大夫:千夫,武功爵第七;五大夫,二十爵第九也。此处谓千夫这一级官职相当于朝廷的命官五大夫。
③ 至乐卿:爵名。《汉书音义》:"十爵左庶长以至十八爵为大庶长也,名乐卿。乐卿者,朝位从九卿,加'乐'者,别正卿。又十九爵为乐公,食公卿禄而无职也。"
④ 公孙弘:字季,又字次卿,淄川薛(在今山东藤县南)人。年四十余治《春秋公羊传》。后得汉武帝信任,代薛泽为丞相,封平津侯。事详《平津侯主父列传》。
⑤ 峻文决理:以严峻苛刻的法令条文决断处理(事宜)。
⑥ 见知之法:处治对违法的事见而不举,知而不告者的法令。
⑦ 废格沮诽:废格,搁置天子之命而不行。沮诽,沮败诽谤。
⑧ 竟:追根究底。
⑨ 食不重味:谓只有一道菜。
⑩ 骛:追求。
⑪ 观:古县名。
⑫ 番系:人名。
⑬ 底柱:同"砥柱",黄河中的石岛。
⑭ 其后番系欲省底柱之漕,穿汾、河渠以为溉田,作者数万人:此事详见《河渠书》。

为伐胡,盛养马,马之来食长安者数万匹,卒牵掌者①关中不足,乃调旁近郡。而胡降者皆衣食县官,县官不给,天子乃损膳,解乘舆驷,出御府禁藏②以赡之。

其明年,山东被水灾,民多饥乏,于是天子遣使者虚郡国仓廥③以振④贫民。犹不足,又募豪富人相贷假。尚不能相救,乃徙贫民于关以西,及充朔方以南新秦中⑤,七十余万口,衣食皆仰给县官。数岁,假予产业,使者分部护之,冠盖⑥相望。其费以亿计,不可胜数。

于是县官大空,而富商大贾或蹛财役贫,转毂⑦百数,废居居邑⑧,封君皆低首仰给。冶铸煮盐,财或累万金,而不佐国家之急,黎民重⑨困。于是天子与公卿议,更钱造币以赡用,而摧浮淫并兼之徒。是时禁苑有白鹿而少府⑩多银锡。自孝文更造四铢钱,至是岁四十余年,从建元以来,用少,县官往往即多铜山而铸钱,民亦间盗铸钱,不可胜数。钱益多而轻,物益少而贵。有司言曰:"古者皮币⑪,诸侯以聘享⑫。金有三等,黄金为上,白金为中,赤金为下⑬。今半两钱法重四铢,而奸或盗摩钱里取鋊⑭,钱益轻薄而物贵,则远方用币烦费不省。"乃以白鹿皮方尺,缘以藻缋,为皮币,直四十万。王侯宗室朝觐聘享,必以皮币荐⑮璧,然后得行。

又造银锡为白金。以为天用莫如龙,地用莫如马,人用莫如龟,故白金三品:其一曰重八两,圜之,其文龙,名曰"白选",直三千;二曰以重差

---

① 卒牵掌者:管马的士兵。
② 御府禁藏:皇帝的私人仓库。
③ 仓廥(kuài):廥,原指堆放柴草的房舍,这里指粮仓。
④ 振:通"赈"。
⑤ 新秦中:地名。
⑥ 冠盖:借指官员。
⑦ 毂:车。
⑧ 废居居邑:废居,贮蓄。居邑,居谷于邑。谓囤积居奇。
⑨ 重:更加。
⑩ 少府:管理皇帝私人财产的官府。
⑪ 皮币:皮指狐貉之裘,币指缯帛之类。
⑫ 聘享:诸侯间的外交礼仪。
⑬ 白金:银也。赤金:铜也。
⑭ 鋊(yù):铜屑。此句谓不法之徒偷偷磨取铜钱背后的屑来重新铸钱。
⑮ 荐:此处做衬、垫解。

小,方之,其文马,直五百;三曰复小,撱①之,其文龟,直三百。令县官销半两钱,更铸三铢钱,文如其重。盗铸诸金钱罪皆死,而吏民之盗铸白金者不可胜数。

于是以东郭咸阳、孔仅为大农丞,领盐铁事;桑弘羊以计算用事,侍中。咸阳,齐之大煮盐,孔仅,南阳大冶,皆致生累千金,故郑当时进言之。弘羊,雒阳贾人子,以心计,年十三侍中。故三人言利事析秋豪矣②。

法既益严,吏多废免。兵革数动,民多买复及五大夫,征发之士益鲜。于是除千夫五大夫为吏,不欲者出马;故吏皆适令伐棘上林,作昆明池③。

其明年,大将军、骠骑大出击胡,得首虏八九万级,赏赐五十万金,汉军马死者十余万匹,转漕车甲之费不与焉。是时财匮,战士颇不得禄矣。

有司言三铢钱轻,易奸诈,乃更请诸郡国铸五铢钱,周郭④其下,令不可磨取镕焉。

大农上盐铁丞孔仅、咸阳言:"山海,天地之藏也,皆宜属少府,陛下不私,以属大农佐赋。愿募民自给费,因官器作煮盐,官与牢盆⑤。浮食奇民⑥欲擅管山海之货,以致富羡⑦,役利细民。其沮⑧事之议,不可胜听。敢私铸铁器煮盐者,釱⑨左趾,没入其器物。郡不出铁者,置小铁官,便属在所县⑩。"使孔仅、东郭咸阳乘传⑪举行天下盐铁,作官府,除故盐铁家富者为吏。吏道益杂,不选,而多贾人矣。

商贾以币之变,多积货逐利。于是公卿言:"郡国颇被灾害,贫民无

---

① 撱:同"椭",长圆形。
② 言利事析秋豪矣:此句言弘羊等三人言利事明察秋毫。
③ 昆明池:汉武帝元狩三年为解决长安城市用水以及操练水军而开凿。池周四十里,今已湮。
④ 周郭:郭同"廓",轮廓。周郭其下是说钱的外圈有一个厚出钱体的轮廓。
⑤ 牢盆:牢,廪食,公家发给的粮食,古名廪为牢。盆:煮盐之盆。
⑥ 浮食奇民:谓诸侯也,非农工之俦,故曰奇民。一说是游手好闲之人,"奇"为多余之意。
⑦ 羡:丰饶。
⑧ 沮:败坏。
⑨ 釱(dài):汉时的一种刑罚,以釱钳脚。
⑩ 便属在所县:意谓由小铁官即管辖所属县的铁器。郭嵩焘《史记札记》卷三《平准书第八》:"是时铁器皆官铸,置铁官领之;郡不出铁,则小铁官,掌所属县铁器。为禁民私铸铁器故也。"
⑪ 传:驿车。

产业者,募徙广饶之地。陛下损膳省用,出禁钱以振元元①,宽贷赋,而民不齐②出于南亩③,商贾滋众。贫者畜积无有,皆仰县官。异时④算⑤轺车⑥贾人缗⑦钱皆有差,请算如故。诸贾人末作贳贷卖买,居邑稽诸物,及商以取利者,虽无市籍⑧,各以其物自占,率缗钱二千而一算⑨。诸作有租及铸,率缗钱四千一算。非吏比者三老、北边骑士⑩,轺车以一算;商贾人轺车二算;船五丈以上一算。匿不自占⑪,占不悉⑫,戍边一岁,没入缗钱。有能告者,以其半畀⑬之。贾人有市籍者,及其家属,皆无得籍名田,以便农。敢犯令,没入田僮。"

天子乃思卜式之言,召拜式为中郎,爵左庶长,赐田十顷,布告天下,使明知之。

初,卜式者,河南人也,以田畜为事。亲死,式有少弟,弟壮,式脱身出分,独取畜羊百余,田宅财物尽予弟。式入山牧十余岁,羊致千余头,买田宅。而其弟尽破其业,式辄复分予弟者数矣。是时汉方数使将击匈奴,卜式上书,愿输家之半县官助边。天子使使问式:"欲官乎?"式曰:"臣少牧,不习仕宦,不愿也。"使问曰:"家岂有冤,欲言事乎?"式曰:"臣生与人无分争。式邑人贫者贷之,不善者教顺之,所居人皆从式,式何故见冤于人!无所欲言也。"使者曰:"苟如此,子何欲而然?"式曰:"天子诛匈奴,愚以为贤者宜死节于边,有财者宜输委,如此而匈奴可灭也。"使者具其言入以闻。天子以语丞相弘。弘曰:"此非人情。不轨之臣,不可以

---

① 元元:指百姓。
② 齐:皆。
③ 南亩:本指田垄南北向的田地,现泛指农田。
④ 异时:昔时。
⑤ 算:汉时赋税的名称。
⑥ 轺(yáo)车:小车。
⑦ 缗:串钱用的丝。
⑧ 市籍:官府掌管的商人名册。
⑨ 算:汉代赋税的名称,并以"算"为计量单位。
⑩ 三老:掌管教化的官员。北边骑士:汉代守卫京师的屯卫兵。
⑪ 占:报资产数目。
⑫ 悉:尽。
⑬ 畀(bì):送给。

为化而乱法,愿陛下勿许。"于是上久不报式,数岁,乃罢式。式归,复田牧。岁余,会军数出,浑邪王等降,县官费众,仓府空。其明年,贫民大徙,皆仰给县官,无以尽赡。卜式持钱二十万予河南守,以给徙民。河南上富人助贫人者籍,天子见卜式名,识之,曰"是固前而欲输其家半助边",乃赐式外繇四百人①。式又尽复予县官。是时富豪皆争匿财,唯式尤欲输之助费。天子于是以式终长者,故尊显以风百姓。

初,式不愿为郎。上曰:"吾有羊上林中,欲令子牧之。"式乃拜为郎,布衣屩②而牧羊。岁余,羊肥息。上过见其羊,善之。式曰:"非独羊也,治民亦犹是也。以时起居;恶者辄斥去,毋令败群。"上以式为奇,拜为缑氏令试之,缑氏便之。迁为成皋令,将漕最③。上以为式朴忠,拜为齐王太傅。

而孔仅之使天下铸作器,三年中拜为大农,列于九卿。而桑弘羊为大农丞,管诸会计事,稍稍置均输以通货物矣。

始令吏得入谷补官,郎至六百石。

自造白金五铢钱后五岁,赦吏民之坐盗铸金钱死者数十万人。其不发觉相杀者,不可胜计。赦自出者百余万人。然不能半自出,天下大抵无虑皆铸金钱矣。犯者众,吏不能尽诛取,于是遣博士褚大、徐偃等分曹④循行郡国,举兼并之徒守相为(吏)[利]者。而御史大夫张汤方隆贵用事,减宣、杜周等为中丞,义纵、尹齐、王温舒等用惨急刻深为九卿,而直指⑤夏兰之属始出矣。

而大农颜异诛。初,异为济南亭长,以廉直稍迁至九卿。上与张汤既造白鹿皮币,问异。异曰:"今王侯朝贺以苍璧,直数千,而其皮荐反四十万,本末不相称。"天子不说。张汤又与异有郤,及有人告异以它议,事

---

① 赐式外繇四百人:此句意为把四百人交纳的用以代替戍边的钱赏赐给卜式。
② 屩(juē):草鞋。
③ 此句谓管理漕运极好。
④ 曹:辈分、官级。
⑤ 直指:官名。

下张汤治异。异与客语，客语初令下有不便者，异不应，微反唇。汤奏当①异九卿见令不便，不入言而腹诽，论死。自是之后，有腹诽之法比②，而公卿大夫多谄谀取容矣。

天子既下缗钱令而尊卜式，百姓终莫分财佐县官，于是告缗钱纵矣③。

郡国多奸④铸钱，钱多轻，而公卿请令京师铸钟官赤侧⑤，一当五，赋官用非赤侧不得行。白金稍贱，民不宝用，县官以令禁之，无益。岁余，白金终废不行。

是岁也，张汤死而民不思。

其后二岁，赤侧钱贱，民巧法用之，不便，又废。于是悉禁郡国无铸钱，专令上林三官铸。钱既多，而令天下非三官钱不得行，诸郡国所前铸钱皆废销之，输其铜三官。而民之铸钱益少，计其费不能相当，唯真工⑥大奸乃盗为之。

卜式相齐，而杨可告缗遍天下，中家以上大抵皆遇告。杜周治之，狱少反⑦者。乃分遣御史廷尉正监分曹往，即治郡国缗钱，得民财物以亿计，奴婢以千万数，田大县数百顷，小县百余顷，宅亦如之。于是商贾中家以上大率破，民偷甘食好衣，不事畜藏之产业，而县官有盐铁缗钱之故，用益饶矣。

益广关⑧，置左右辅。

初，大农管盐铁官布多，置水衡⑨，欲以主盐铁；及杨可告缗钱，上林财物众，乃令水衡主上林。上林既充满，益广。是时越欲与汉用船战逐，

① 当：定罪。
② 比：例。
③ 此句谓很多人开始告发他人报资产不实。
④ 奸：奸巧。
⑤ 钟官赤侧：赤侧，以赤铜为边廓。钟官：掌管铸赤侧钱的官员。
⑥ 真工：指技术巧妙，能以伪乱真的人。
⑦ 反：减轻刑罚，从轻审判。
⑧ 益广关：扩大京城的区域，把函谷关迁到新安县东界。
⑨ 水衡：官名。

乃大修昆明池，列观①环之。治楼船，高十余丈，旗帜加其上，甚壮。于是天子感②之，乃作柏梁台，高数十丈。宫室之修，由此日丽。

乃分缗钱诸官，而水衡、少府、大农、太仆各置农官，往往即郡县比没入田田之。其没入奴婢，分诸苑养狗马禽兽，及与诸官。诸官益杂置多，徒奴婢众，而下河漕度③四百万石，及官自籴乃足。

所忠④言："世家子弟富人或斗鸡走狗马，弋猎博戏，乱齐民。"乃征诸犯令，相引数千人，命曰"株送徒"。入财者得补郎，郎选衰矣。

是时山东被河灾，及岁不登数年，人或相食，方一二千里。天子怜之，诏曰："江南火耕水耨⑤，令饥民得流就食江淮间，欲留，留处。"遣使冠盖相属于道，护之，下巴蜀粟以振之。

其明年，天子始巡郡国。东度河，河东守不意行至，不辨⑥，自杀。行西踰⑦陇，陇西守以行往卒⑧，天子从官不得食，陇西守自杀。于是上北出萧关，从数万骑，猎新秦中，以勒边兵而归。新秦中或千里无亭徼⑨，于是诛北地太守以下，而令民得畜牧边县，官假马母⑩，三岁而归，及息什一，以除告缗，用充仞新秦中⑪。

既得宝鼎⑫，立后土、太一祠，公卿议封禅事，而天下郡国皆豫治道桥，缮故宫，及当驰道县，县治官储，设供具，而望以待幸。

---

① 观：楼台。
② 感：触动。
③ 度：运。
④ 所忠：人名。
⑤ 火耕水耨(nòu)：江南的一种耕作方法。先用火烧掉田里的杂草，作为肥料，然后放水种稻。等到杂草又生出来，长到七八寸高，再全部除掉，又下水灌之，草死，独稻生长，这就是火耕水耨。
⑥ 辨：通"办"，办理。
⑦ 踰：度。
⑧ 卒：仓卒。
⑨ 亭徼：边境上的防卫工事。
⑩ 马母：即母马。
⑪ 此句谓以废除告缗令的方法来充实新秦中的居民。
⑫ 宝鼎：详见《封禅书》："其夏六月中，汾阴巫锦为民祠魏脽后土营旁，见地如钩状，掊视得鼎。鼎大异於众鼎，文镂无款识，怪之，言吏。吏告河东太守胜，胜以闻。天子使使验问巫得鼎无奸诈，乃以礼祠，迎鼎至甘泉，从行，上荐之。"

其明年,南越反,西羌侵边为桀①。于是天子为山东不赡,赦天下[囚],因南方楼船卒二十余万人击南越,数万人发三河以西骑击西羌,又数万人度河筑令居②。初置张掖、酒泉郡,而上郡、朔方、西河、河西开田官,斥塞卒六十万人戍田之。中国繕道馈粮,远者三千,近者千余里,皆仰给大农。边兵不足,乃发武库工官兵器以赡之。车骑马乏绝,县官钱少,买马难得,乃著令,令封君以下至三百石以上吏,以差出牝马天下亭,亭有畜牸马,岁课息。

齐相卜式上书曰:"臣闻主忧臣辱。南越反,臣愿父子与齐习船者往死之。"天子下诏曰:"卜式虽躬耕牧,不以为利,有余辄助县官之用。今天下不幸有急,而式奋愿父子死之,虽未战,可谓义形于内。赐爵关内侯,金六十斤,田十顷。"布告天下,天下莫应。列侯以百数,皆莫求从军击羌、越。至酎③,少府省金④,而列侯坐酎金失侯者百余人。乃拜式为御史大夫。

式既在位,见郡国多不便县官作盐铁,铁器苦恶,贾贵,或强令民卖买之。而船有算,商者少,物贵,乃因孔仅言船算事。上由是不悦卜式。

汉连兵三岁,诛羌,灭南越,番禺以西至蜀南者置初郡十七,且以其故俗治,毋赋税。南阳、汉中以往郡,各以地比给初郡吏卒奉食币物,传车马被具。而初郡时时小反,杀吏,汉发南方吏卒往诛之,间岁万余人,费皆仰给大农。大农以均输调盐铁助赋,故能赡之。然兵所过县,为以訾给毋乏而已,不敢言擅赋法矣。

其明年,元封元年,卜式贬秩为太子太傅。而桑弘羊为治粟都尉,领大农,尽代仅管天下盐铁。弘羊以诸官各自市,相与争,物故腾跃,而天下赋输或不偿其僦费⑤,乃请置大农部丞数十人,分部主郡国,各往往县置均输盐铁官,令远方各以其物贵时商贾所转贩者为赋,而相灌输。置

---

① 为桀:行凶、逞暴。
② 令居:城名。
③ 酎(zhòu):祭祀用的酒,此处指祭祀。
④ 省金:检查酎金成色。
⑤ 僦(jiù)费:运费。

平准于京师，都受天下委输。召工官治车诸器，皆仰给大农。大农之诸官尽笼天下之货物，贵即卖之，贱则买之。如此，富商大贾无所牟①大利，则反本，而万物不得腾踊。故抑天下物，名曰"平准"。天子以为然，许之。于是天子北至朔方，东到太山，巡海上，并北边以归。所过赏赐，用帛百余万匹，钱金以巨万计，皆取足大农。

弘羊又请令吏得入粟补官，及罪人赎罪。令民能入粟甘泉各有差，以复终身，不告缗。他郡各输急处，而诸农各致粟，山东漕益岁六百万石。一岁之中，太仓、甘泉仓满。边余谷诸物均输帛五百万匹。民不益赋而天下用饶。于是弘羊赐爵左庶长，黄金再百斤焉。

是岁小旱，上令官求雨，卜式言曰："县官当食租衣税而已，今弘羊令吏坐市列肆，贩物求利。亨②弘羊，天乃雨。"

太史公曰：农工商交易之路通，而龟贝金钱刀布之币兴焉。所从来久远，自高辛氏之前尚矣，靡得而记云。故《书》道唐虞之际，《诗》述殷周之世，安宁则长庠序，先本绌末，以礼义防于利；事变多故而亦反是。是以物盛则衰，时极而转，一质一文，终始之变也。禹贡九州，各因其土地所宜，人民所多少而纳职焉。汤武承弊易变，使民不倦，各兢兢所以为治，而稍陵迟衰微。齐桓公用管仲之谋，通轻重之权，徼③山海之业，以朝诸侯，用区区之齐显成霸名。魏用李克，尽地力，为强君。自是以后，天下争于战国，贵诈力而贱仁义，先富有而后推让。故庶人之富者或累巨万，而贫者或不厌糟糠；有国强者或并群小以臣诸侯，而弱国或绝祀而灭世。以至于秦，卒并海内。虞夏之币，金为三品，或黄，或白，或赤；或钱，或布，或刀，或龟贝。及至秦，中一国之币为（三）[二]等，黄金以溢名④，为上币；铜钱识曰半两，重如其文，为下币。而珠玉、龟贝、银锡之属为器饰宝藏，不为币。然各随时而轻重无常。于是外攘夷狄，内兴功业，海内之士力耕不足粮饷，女子纺绩不足衣服。古者尝竭天下之资财以奉其

---

① 牟：取。
② 亨：通"烹"。
③ 徼（yāo）：招致。
④ 黄金以溢名：黄金以溢为单位。

上,犹自以为不足也。无异故云,事势之流,相激使然,曷足怪焉。

集评:

《平准书》直叙汉事,明载聚敛之罪,比诸书最简直。然观迁意,终以为安宁变故,质文不同,山海轻重,有过之利。按《书》:"懋迁有无化居",周讥而不征,春秋通商惠工,皆以国家之力扶持商贾,流通货币,故子产拒韩宣子一环不与,今其词尚存也。汉高祖始行困辱商人之策,至武帝乃有算船告缗之令,盐铁榷酤之人,极于平准,取天下百货自居之。夫四民交致其用,而后治化兴,抑末厚本,非正论也。使其果出于厚本而抑末,虽偏,尚有义。若后世但夺之以自利,则何名为抑?恐此意迁亦未知也。
——叶适《习学纪言序目》卷十九

臣尝考司马迁《平准书》,其论常取财赡兵本末凡十余节,一节害深于一节。曰江淮之间萧然矣,曰废格沮诽、穷治之狱用矣,曰三人言利析秋毫矣,曰吏道益杂而多贾人矣,曰稍稍置均输通货物矣,曰无虑皆铸金钱矣。曰公卿大夫多谄谀取容矣,曰杨可告缗令纵矣,曰县官有盐铁缗钱之故,用益饶矣,曰株送徒入财得补郎,郎选衰矣,而终至于曰不敢言、擅赋法矣,而极高帝欲为民省赋,帝乃听吏擅取非经常之赋,夫岂不知有民哉?
——吕祖谦《大事记解题》卷一百九

平准者,桑弘羊笼天下货官自为商贾买卖于京师之名也。盖汉更文景恭俭,至武帝初,公私之富极矣。自开西南夷,灭朝鲜,至置初郡,自设谋马邑,挑匈奴,至大将军,骠骑将军连年出塞,大农耗竭犹不足以奉战士,乃卖爵,乃更钱币,乃算舟车,而事益烦,财益屈,宜天下无可枝梧之术矣。未几,孔仅,东郭咸阳乘传行天下盐铁,杨可告缗遍天下,得民财物以亿计,而县官之用反以饶,而宫室之修于是日丽。凿无为有,逢君之恶,小人之术何怪也!然汉自是连兵三岁,费皆仰给大农,宜复可继之术矣。又未几,桑弘羊领大农,置平准,于是天子北至朔方,东至泰山,巡海上,并北边以归,用帛百余万匹,钱金以巨万计,皆取足大农。又一岁之中,太仓、甘泉仓皆满,而边余谷。其始愈取而愈不足于用,及今愈用而反愈有余,小人之术,展转无穷,又何怪之甚也。呜呼!武帝五十年间,因兵革而财用耗,因财用而刑法酷,沸四海而为鼎,生民无所措手足。迨至末年,平准之置,则海内萧然,户口减半,阴夺于民之祸于斯为极。迁备著始终相应之变,特以平准名书,而终之曰:烹弘羊,天乃雨,呜呼,皆哉!
——黄震《黄氏日抄》卷四六

此篇叙事错综，全在缴结呼唤，结前生后，为此血脉。初用"焉"字，犹为疑辞，后多用"矣"字，遂为决辞。其曰："物盛而衰，固其变也"，则为诸结语之纲要。骄溢武断，奢侈僭上，于极盛之际已兆衰之端矣。"武力进用，法严令具"，结上文事四夷而废养民任人之法。下句"兴利之臣自此始"，为桑弘羊等言利张本。凡榷盐铁，算缗钱舟车，平准以笼天下之货者，皆该其中。而"烹弘羊，天乃雨"之句，乃毕此意而断之也，亦借其辞以断制兴利之臣之罪，而"功利"二字该尽武帝所行事。三言"作者数万人"，而以各历二三期，功未就，费亦臣万十数总之。辞繁不杀，森然有法。以式朴忠拜为齐王太傅，仅为大农，弘羊为大农丞，前以应"兴利之臣"，后以起平准之事。"自高辛之前尚矣，故《书》道唐虞，《诗》述殷周，安宁则长庠序，先本绌末，以礼仪防于利，事变多故而亦反是"，此数语一篇命意之要。而"物盛则衰"一语，又为此数语之要。是书先叙汉事，而赞乃述自古以来，而寓微辞于武帝，叙事之变体也。又曰：以富者不佐县官故兴告缗，以民巧法故用酷吏，皆事势相激使然也。既曰："无异"，又曰："曷足怪焉"，不平之意，见于言外，可谓曲而有直体矣。《平准书》讥横敛之臣也，《货殖传》讥好货之君也。

　　　　　　——杨慎《总纂升庵合集》卷一〇三

　　此传自"物盛而衰，固其变也"以后，所言汉武之失者，一征伐，一巡游转运，一兴利，一鬻爵拜官而废选，一严刑酷诛，大端不过五者，然惟文字错综，故若不易辨耳。如招来东瓯，事两越，广巴蜀，置沧海，诈马邑，筑朔方，通西南夷，大将军再出击胡，骠骑亦再出受浑邪降，其后大将军、骠骑又大出，又击南越西羌、置初郡，诛反者，此皆征伐也。如更钱造币、白鹿、白金、五铢，盐铁诸所禁治，算缗、告缗、水衡、上林、大农诸所掌，此皆兴利也。如见知，穷治淮南，诸王之坐死者，坐盗铸杀者，不可胜计，张汤等用事，直指始出，颜异诛，兴腹诽之法，狱少反者，此皆严刑也。如入物补官，入羊为郎，置武功爵，吏道多端，官职耗废，用桑弘羊、咸阳、孔仅，皆起自贾人子，卜式亦以入财，用吏益杂不选，而多贾人，郎选哀矣，此皆鬻爵拜官也。文皆参差不直，就一事言者，盖汉武虚耗，起于征伐西夷，辟地喜功，而游巡次之，宫室又次之。天下日复多事，则其势不得不虑。转输而多方以通漕，输复不断，则兴利不得不广欲，广利则不得不用任事之臣。上兴利而与下争，则民必多犯，而不得不严刑，以致人之死命，此皆相因而有者也。必参伍其文，而后义始明显。

　　　　　　——凌氏《史记评林》董份批语

　　《封禅书》讥武帝之好神仙，《平准书》讥武帝之好利也。

　　　　　　——凌氏《史记评林》陈仁子批语

余尝谓汉之文景能富而不能教,盖每岁下复除蜀恤之令,此善政也,几于王矣。然汉文从晁错言输粟拜爵,至得为大庶长。大庶长之官食万二千石矣,乃亦以输粟得之。孝景又募民输粟赎罪,则不轨之民恃富而犯法者固不能无也。是以汉武之初,虽家给人足至于钱贯朽粟腐败,而兼并豪党之徒武断于乡曲,宗室有土公卿大夫以下争于奢侈,室庐舆服僭于上无限度,此皆礼义鲜少之故也,不待武帝靡耗中国而已知其不可久矣。汉有最不可解者,坐酎金失侯之法。夫通侯之先,固尝竭智力与高帝定天下者也,使之出金助祭,犹曰包茅缩酒遗意存焉,然已异乎古矣,乃至不如斤两及金色恶,辄以此削国,所坐者微而阙翦功臣之后,大无畏也。岂汉世封爵太多,食邑既广,县官不能支而设法以削之邪?当时坐此法者甚多,武帝时至百余人,太史公见之《平准书》中,则朝廷微意缴然矣。

——黄淳耀《史记评论·平准书》

武帝之劳民甚矣,而其救饥民也为得。虚仓廪以振之,庞富民之假贷者以救之,不给则通其变,而徙荒民于朔方新秦者七十余万口,仰给县官,给予产业。民喜于得生而轻去其乡,以安新邑,边因以富。此策晁错尝言之矣,错非其时而为民扰,武帝乘其时而为民利。故善于因天,而转祸为福,国虽虚,民以生,边害以纾,可不谓术之两利而无伤者乎!《史》讥其费以亿计,不可胜数,然则疾视民之死亡,而坐拥府库者为贤哉?司马迁之史,谤史也,无所不谤也。

——王夫之《读通鉴论》卷一

《货殖列传》"民各甘其食,美其服"、"各自以为甘美,无羡于外也"、"故善者因之"云云宜与《平准书》对看,故"待农而食"之五句,着眼。"人富而仁义附焉"、"有天下者,藏富于民"、"以此千金之子,不死于市"、"不死市者知荣辱,耻犯法也"、"是以富商大贾"五句着眼。

——何焯《义门读书记·史记》

七书皆通古今,而平准则汉一代之制,故独以古事附论于后而志慨焉。

——方苞《望溪集》卷二

平准之法创自弘羊,然而又田牧之富输助公家,令天子终不能忘情富民者,卜式启之也。史公先详卜式,后及弘羊,而以式与弘羊不相能结之,深心卓识,早寓隐忧,岂仅文章绝式哉?

——姚苎田《史记菁华录·平准书》

通篇以铸钱为主,而串入马政、转粟、商贾、卖爵,而后间以吏治、风俗。刑罚、战争,四面八方,东往西来如江潮齐涌,如野火乱飞,偏能一手叙来,穿插贯串,绝无一毫费力,所以为难。

——吴见思《史记论文·平准书》

此谤书也。当时弊政甚多,将尽没之,则不足为信史,若直书之,又无以为君相地,太史于是以敏妙之笔,敷绚烂之辞,若吞若吐,运含讥冷,刺于有意无意之间,使人赏其绚烂,而不觉其含讥,赞其敏妙,而不觉其冷刺。笔未到而意以涵,笔虽煞而神仍浑。前用隐伏,将种种包孕,如草芽之在土;后用翻笔显笔,而节节回应,若绿缛之逢春。每于提处,或推原,或突起,用凌空之笔,醒纷更之不一;每段小驻,或涫或含,用慨笔,留不尽之神,令人远想其味外之味。将数十年种种弊政,布于万余言之中,乱若散钱而不可收拾,乃或离或合,忽断忽接,或错综叙去,或牵连并写,起伏转接,痕迹俱化,浑如一线穿成,是何等笔力。八书中,惟此书出神入化,骤读之无一语径直,细案之无一事含糊,总括之无一端遗漏,使当时后世奉为信史,而不敢目为谤书,煞是太史公惨淡经营之作。

——李晚芳《读史管见》卷二

此书数千言,大约以耗财兴利参互成文。然耗财之事非一,而以边费为最大;兴利之事亦非一,而以平准为尽头。峻法酷吏,因兴利而用也;吏道选举,因兴利而衰也。擅山海之藏,攘商贾之利,用饶于上,财竭于下,其不为亡秦之续者幸耳。篇以秦始,赞以秦终,其旨微矣。

——高塘《史记钞》卷二

《封禅》、《平准》、《河渠》三书,所叙皆孝武朝大条目事,与后人修史作志者不同。作志要考祥先代典故,叙次令明晰而已。至史公所称,皆目睹事迹,其为书虽至千万言,首尾只是一意,中间经营位置,全具苦心。人只见史公文章,波澜浩大,笔势豪纵,令读者手不停披,口不暇诵,不知其谨严精密,推移变化,正由精力思仪过人,如国工构广大厦,云连霞起,游者骇观,乃其一间一架,皆是匠心巧思结撰而成,学者第能细按当日事势情形,如身执简其侧,则于史公叙次之妙,必有窥其一二矣。

——吴敏树《史记别钞·平准书》

齐太公世家

题解：

　　后世常以齐、鲁并称，其实，二者有很大不同。鲁文化受周公的深远影响，以宗法为本位，重礼乐，诵诗书，是相当典型的儒家文化。而齐地的文化，尤其就本篇所记述的历史时期而言，"黄老之学"更占上风（可参看"文化拓展"部分）。

　　本篇中，记载了从齐太公始封到田和代齐的六百余年历史，重点叙述了太公、桓公的事迹。作者凸显的是齐国在春秋时的霸主地位，为此，有意识地交代了齐国霸业形成的天时、地利、人和等诸多有利因素：齐国具有优越的地理环境，"自泰山属之琅邪，北被于海，膏壤二千里"，便于发展鱼盐与农耕；齐人天性"阔达多匿知"，有利于太公、管仲等人修黄老之术、发展经济，使齐国形成良好的文化传统；齐桓公时周室衰微，虽然齐、楚、秦、晋四国都强，然而当时晋献公死，骊姬弄权，诸公子逃亡，国内动乱连连；秦穆公以夷狄自置，不与中国会盟；楚成王则忙于收拾南方少数民族，楚国还来不及向北方发展，这些都为齐国谋求霸业提供了有利时机。

　　司马迁在谈到本文的写作时说："申吕肖矣，尚父侧微，卒归西伯，文武是师。功冠群公，缪权于幽。番番黄发，爰飨营丘。不被柯盟，桓公以昌，九合诸侯，霸功显彰。田阚争宠，姜姓解亡。嘉父之谋，作《齐太公世家》"（《太史公自序》）。很明显，司马迁将齐国数百年的兴衰分阶段处理，所叙事件虽多，但由于"略小取大，举重明轻"，清晰地表现了齐国由盛而衰的历史过程：

　　齐国发展的第一个重要阶段是姜太公受封时期。此篇首言太公辅佐文王、武王，伐纣而定天下；次言齐太公在齐"因其俗，简其礼，通商工之业，便鱼盐之利"；然后又写太公奉成王命得专征伐四方，"齐由此得征伐为大国"。

　　齐桓公创立霸业是齐国发展的第二个重要阶段。文中叙述了管仲由于鲍叔的举荐而得到桓公信任，与鲍叔、隰朋、高傒共同辅齐。他对内修德政，发展工商；对外明信义，尊王攘夷，终于使桓公九合诸侯，一匡天下，完成霸业。桓公晚年多内宠，不听管仲临终劝告，信用易牙、开方、竖刁，桓公死，齐国遂陷于内乱，国力削弱。

之后,经过崔杼、庆封等人的专权与争斗,齐国元气大伤,到了齐简公执政时期,简公不用御鞅之言,宠任监止,致使田、监争权,简公被杀,田和专权,并最终导致康公遭迁、姜姓政权灭亡的历史悲剧。

司马迁在叙述中强调了"人谋"是发展的决定因素这一基本思想,人的作用在国力的盛衰与权力的更迭中得到了相当明显的体现。司马迁在此篇中思想观念超越于时代的还有他对于礼的看法。司马迁所处的时代是"独尊儒术"的时代,而儒家之"礼"相当繁缛,司马迁甚为尊崇的晏子便曾指责儒者的"盛容饰,繁登降之礼,趋详之节","累世不能殚其学,当年不能究其礼"、"非所以先细民也"(《孔子世家》)。司马迁看重礼的内在精神即所谓"近性情,通王道"(见《太史公自序》中《礼书》小序),因而主张"简其礼",表现出对时代观念的超越。

《齐太公世家》还摒弃了空洞的仁义说教,更多的是从历史发展的角度肯定功利,肯定善政,肯定追求物质利益、向往美好生活的人性,这也在很大程度上超越了时代观念。

正文:

太公望吕尚者,东海上①人。其先祖尝为四岳②,佐禹平水土甚有功。虞夏之际封于吕,或封于申,姓姜氏。夏商之时,申、吕或封枝庶③子孙,或为庶人,尚其后苗裔也。本姓姜氏,从其封姓,故曰吕尚。

吕尚盖尝穷困,年老矣,以渔钓奸④周西伯。西伯将出猎,卜之,曰"所获非龙非彲⑤,非虎非罴⑥;所获霸王之辅"。于是周西伯猎,果遇太公于渭之阳,与语大说,曰:"自吾先君太公曰'当有圣人适⑦周,周以兴'。子真是邪?吾太公望⑧子久矣。"故号之曰"太公望",载与俱归,立为师⑨。

或曰,太公博闻,尝事纣。纣无道,去之。游说诸侯,无所遇,而卒西

---

① 上:岸边。
② 四岳:传说为尧舜时的四方部落首领。
③ 枝庶:宗族旁支。
④ 奸:通"干",求取。
⑤ 彲:同"螭"(chī),传说中一种像龙而无角的动物。
⑥ 罴:熊的一种。《诗经·韩奕》:"有熊有罴。"
⑦ 适:到⋯⋯去。
⑧ 望:盼望,期望。
⑨ 师:统帅军队的长官。

归周西伯。或曰，吕尚处士①，隐海滨。周西伯拘羑里，散宜生、闳夭素知而招吕尚。吕尚亦曰"吾闻西伯贤，又善养老，盍②往焉"。三人者为西伯求美女奇物，献之于纣，以赎西伯。西伯得出，反国。言吕尚所以事周虽异，然要③之为文武师。

周西伯昌之脱羑里归，与吕尚阴谋修德以倾④商政，其事多兵权⑤与奇计，故后世之言兵及周之阴权皆宗太公为本谋⑥。周西伯政平，及断虞芮之讼⑦，而诗人称西伯受命曰文王。伐崇、密须、犬夷，大作⑧丰邑。天下三分，其二归周者，太公之谋计居多。

文王崩，武王即位。九年，欲修文王业，东伐以观诸侯集否⑨。师行，师尚父左杖黄钺⑩，右把白旄⑪以誓，曰："苍兕苍兕⑫，总⑬尔众庶，与尔舟楫，后至者斩！"遂至盟津。诸侯不期而会者八百诸侯。诸侯皆曰："纣可伐也。"武王曰："未可。"还师，与太公作此《太誓》。

居二年，纣杀王子比干，囚箕子。武王将伐纣，卜，龟兆不吉，风雨暴至。群公尽惧，唯太公强⑭之劝武王，武王于是遂行。十一年正月甲子，誓于牧野，伐商纣。纣师败绩⑮。纣反走，登鹿台，遂追斩纣。明日，武王立于社，群公奉明水⑯，卫康叔封布采⑰席，师尚父牵牲，史佚策祝⑱，以告

---

① 处士：有才德而隐居不仕的人。
② 盍：何不。
③ 要：总之，总括。
④ 阴谋：柔顺之谋。详见本篇后"文化史拓展"。倾：倾覆。
⑤ 兵权：用兵的权谋。
⑥ 阴权：能根据时势加以变化。阴，详见本篇后"文化史拓展"；权，权变。本谋：主要的策划者。
⑦ 虞芮之讼：周文王时，二国争田，文王为之解决争端，并使归附于周。详见《周本纪》。
⑧ 大作：大兴土木。
⑨ 集否：指人心的向与背。
⑩ 黄钺：以黄金为饰的钺斧，古代为帝王所专用，或特赐给专主征伐的大臣，以示威重。
⑪ 旄：古时旗杆头上用牦牛尾做的旗。
⑫ 亦有本作"苍雉"。苍兕，水兽名，善奔突，能覆舟。今誓者众，号令他们迅速渡河，故言苍兕以惧之。
⑬ 总：聚集。
⑭ 强：坚决。
⑮ 败绩：大败。
⑯ 明水：洁净之水，祭神所用。
⑰ 采：同"彩"。
⑱ 史佚：西周初期的史官。策：古代占卜用的蓍草。祝：向鬼神祝祷。

神讨纣之罪。散鹿台之钱,发钜桥之粟,以振贫民。封①比干墓,释箕子囚。迁九鼎②,修周政,与天下更始③。师尚父谋居多。

于是武王已平商而王天下,封师尚父于齐营丘。东就国,道宿行迟。逆旅④之人曰:"吾闻时难得而易失。客寝甚安,殆非就国者也。"太公闻之,夜衣而行,犁⑤明至国。莱侯来伐,与之争营丘。营丘边莱。莱人,夷也,会纣之乱而周初定,未能集⑥远方,是以与太公争国。

太公至国,修政,因⑦其俗,简其礼,通商工之业,便鱼盐之利,而人民多归齐,齐为大国。及周成王少时,管蔡作乱,淮夷畔⑧周,乃使召康公命太公曰:"东至海,西至河,南至穆陵,北至无棣,五侯九伯⑨,实得征之。"齐由此得征伐,为大国。都营丘。

盖太公之卒百有余年,子丁公吕伋立。丁公卒,子乙公得立。乙公卒,子癸公慈母立。癸公卒,子哀公不辰立。

哀公时,纪侯谮⑩之周,周烹哀公而立其弟静,是为胡公。胡公徙都薄姑,而当周夷王之时。

哀公之同母少弟山怨胡公,乃与其党率营丘人袭攻杀胡公而自立,是为献公。献公元年,尽逐胡公子,因徙薄姑都,治临菑。

九年,献公卒,子武公寿立。武公九年,周厉王出奔,居彘。十年,王室乱,大臣行政,号曰"共和"。二十四年,周宣王初立。

二十六年,武公卒,子厉公无忌立。厉公暴虐,故胡公子复入齐,齐人欲立之,乃与攻杀厉公。胡公子亦战死。齐人乃立厉公子赤为君,是为文公,而诛杀厉公者七十人。

---

① 封:堆土。
② 九鼎:传说夏禹铸九鼎,象征九州,三代时奉为传国之宝。
③ 更始:除旧布新,重新开始。
④ 逆旅:客舍,旅馆。
⑤ 犁:通"黎"。
⑥ 集:通"辑",和睦,安定。
⑦ 因:顺应。
⑧ 畔:通"叛",背叛,叛乱。
⑨ 五侯:指公、侯、伯、子、男五等诸侯。九伯:指九州之长。
⑩ 谮(zèn):说坏话诬陷别人。

文公十二年卒,子成公脱立。成公九年卒,子庄公购立。

庄公二十四年,犬戎杀幽王,周东徙雒。秦始列为诸侯。五十六年,晋弑其君昭侯。

六十四年,庄公卒,子釐公禄甫立。

釐公九年,鲁隐公初立。十九年,鲁桓公弑其兄隐公而自立为君。

二十五年,北戎伐齐。郑使太子忽来救齐,齐欲妻之。忽曰:"郑小齐大,非我敌①。"遂辞之。

三十二年,釐公同母弟夷仲年死。其子曰公孙无知,釐公爱之,令其秩服奉养比太子②。

三十三年,釐公卒,太子诸儿立,是为襄公。

襄公元年,始为太子时,尝与无知斗,及立,绌③无知秩服,无知怨。

四年,鲁桓公与夫人如齐。齐襄公故尝私通鲁夫人。鲁夫人者,襄公女弟也,自釐公时嫁为鲁桓公妇,及桓公来而襄公复通焉。鲁桓公知之,怒夫人,夫人以告齐襄公。齐襄公与鲁君饮,醉之,使力士彭生抱上鲁君车,因拉杀④鲁桓公,桓公下车则死矣。鲁人以为让⑤,而齐襄公杀彭生以谢⑥鲁。

八年,伐纪,纪迁去其邑。

十二年,初,襄公使连称、管至父戍葵丘,瓜时而往,及瓜而代⑦。往戍一岁,卒瓜时而公弗为发代。或为请代,公弗许。故此二人怒,因⑧公孙无知谋作乱。连称有从妹在公宫,无宠,使间⑨襄公,曰"事成以女为无知夫人"。冬十二月,襄公游姑棼,遂猎沛丘。见彘,从者曰"彭生"。公怒,射之,彘人立而啼。公惧,坠车伤足,失屦。反而鞭主屦者茀三百。

---

① 敌:同等,匹配。
② 秩:官吏的俸禄,引申为官吏的职位和品级。服:指衣服、车马、宫室等。比:比照,按照。
③ 绌:通"黜",贬退。
④ 拉杀:折断肋骨致死。
⑤ 让:责备。
⑥ 谢:道歉。
⑦ 及瓜:谓次年瓜时。代:更替,更迭。
⑧ 因:顺随。
⑨ 间:侦伺。

茀出宫。而无知、连称、管至父等闻公伤,乃遂率其众袭宫。逢主屦茀,茀曰:"且无入惊宫,惊宫未易入也。"无知弗信,茀示之创,乃信之。待宫外,令茀先入。茀先入,即匿襄公户间。良久,无知等恐,遂入宫。茀反与宫中及公之幸臣攻无知等,不胜,皆死。无知入宫,求公不得。或见人足于户间,发①视,乃襄公,遂弑之,而无知自立为齐君。

桓公元年春,齐君无知游于雍林。雍林人尝有怨无知,及其往游,雍林人袭杀无知,告齐大夫曰:"无知弑襄公自立,臣谨行诛。唯②大夫更立公子之当立者,唯命是听。"

初,襄公之醉杀鲁桓公,通其夫人,杀诛数不当,淫于妇人,数欺大臣,群弟恐祸及,故次弟纠奔鲁。其母鲁女也。管仲、召忽傅③之。次弟小白奔莒,鲍叔傅之。小白母,卫女也,有宠于釐公。小白自少好善大夫高傒。及雍林人杀无知,议立君,高、国先阴召小白于莒。鲁闻无知死,亦发兵送公子纠,而使管仲别④将兵遮⑤莒道,射中小白带钩。小白详⑥死,管仲使人驰报鲁。鲁送纠者行益迟,六日至齐,则小白已入,高傒立之,是为桓公。

桓公之中钩,详死以误管仲,已而载温车⑦中驰行,亦有高、国内应,故得先入立,发兵距⑧鲁。秋,与鲁战于乾时,鲁兵败走,齐兵掩⑨绝鲁归道。齐遗鲁书曰:"子纠兄弟,弗忍诛,请鲁自杀之。召忽、管仲雠⑩也,请得而甘心醢⑪之。不然,将围鲁。"鲁人患之,遂杀子纠于笙渎。召忽自杀,管仲请囚。桓公之立,发兵攻鲁,心欲杀管仲。鲍叔牙曰:"臣幸得从

---

① 发:掀开,揭露。
② 唯:表示祈使语气的助词,可译为"希望"。
③ 傅:辅助。
④ 别:另外。
⑤ 遮:阻遏。
⑥ 详:通"佯",假装。
⑦ 温车:有帐幕之卧车。温,一作"辒"。
⑧ 距:通"拒",抵御。
⑨ 掩:趁人不备而袭取。
⑩ 雠:同"仇"。
⑪ 醢:古代的一种酷刑,把人剁成肉酱。

君,君竟①以立。君之尊,臣无以增君。君将治齐,即高傒与叔牙足也。君且欲霸王,非管夷吾不可。夷吾所居国国重,不可失也。"于是桓公从之。乃详②为召管仲欲甘心,实欲用之。管仲知之,故请往。鲍叔牙迎受管仲,及堂阜③而脱桎梏④,斋祓⑤而见桓公。桓公厚礼以为大夫,任政。

桓公既得管仲,与鲍叔、隰朋、高傒修齐国政,连五家之兵⑥,设轻重⑦鱼盐之利,以赡⑧贫穷,禄贤能,齐人皆说。

二年,伐灭郯,郯子奔莒。初,桓公亡时,过郯,郯无礼,故伐之。

五年,伐鲁,鲁将师败。鲁庄公请献遂邑以平,桓公许,与鲁会柯而盟。鲁将盟,曹沫以匕首劫桓公于坛⑨上,曰:"反鲁之侵地!"桓公许之。已而曹沫去匕首,北面就臣位。桓公后悔,欲无与鲁地而杀曹沫。管仲曰:"夫劫许之而倍⑩信杀之,愈⑪一小快耳,而弃信于诸侯,失天下之援,不可。"于是遂与曹沫三败所亡地于鲁。诸侯闻之,皆信齐而欲附焉。七年,诸侯会桓公于甄,而桓公于是始霸焉。

十四年,陈厉公子完,号敬仲,来奔齐。齐桓公欲以为卿,让;于是以为工正⑫。田成子常之祖也。

二十三年,山戎伐燕,燕告急于齐。齐桓公救燕,遂伐山戎,至于孤竹而还。燕庄公遂送桓公入齐境。桓公曰:"非天子,诸侯相送不出境,吾不可以无礼于燕。"于是分沟⑬割燕君所至与燕,命燕君复修召公之政,

---

① 竟:终。
② 详:通"佯",假装。
③ 堂阜:地名。
④ 桎(zhì)梏(gù):古代刑具,即脚镣与手铐。
⑤ 祓(fú):古代习俗,为除灾去邪而举行仪式。
⑥ 连五家之兵:《国语》曰:"管子制国五家为轨,十轨为里,四里为连,十连为乡,以为军令。"
⑦ 轻重:指钱。设轻重指铸造货币。
⑧ 赡:足够,丰富。这里是使生活富裕的意思。
⑨ 坛:何休《春秋公羊传注疏》:"土基三尺,阶三等,曰坛。会必有坛者,为升降揖让,称先君以相接也。"
⑩ 倍:通"背",背弃。
⑪ 愈:满足。
⑫ 工正:掌管百工之官。
⑬ 沟:特指护城河。

纳贡于周,如成康之时。诸侯闻之,皆从齐。

二十七年,鲁湣公母曰哀姜,桓公女弟也。哀姜淫于鲁公子庆父,庆父弑湣公,哀姜欲立庆父,鲁人更立釐公。桓公召哀姜,杀之。

二十八年,卫文公有狄乱,告急于齐。齐率诸侯城楚丘而立卫君。

二十九年,桓公与夫人蔡姬戏船中。蔡姬习水,荡公,公惧,止之,不止,出船,怒,归蔡姬,弗绝①。蔡亦怒,嫁其女。桓公闻而怒,兴师往伐。

三十年春,齐桓公率诸侯伐蔡,蔡溃。遂伐楚。楚成王兴师问曰:"何故涉②吾地?"管仲对曰:"昔召康公命我先君太公曰:'五侯九伯,若实征之,以夹辅③周室。'赐我先君履④,东至海,西至河,南至穆陵,北至无棣。楚贡包茅⑤不入,王祭不具,是以来责。昭王南征不复,是以来问。"楚王曰:"贡之不入,有之,寡人罪也,敢不共⑥乎!昭王之出不复,君其问之水滨。"齐师进次⑦于陉。夏,楚王使屈完将兵扞⑧齐,齐师退次召陵。桓公矜⑨屈完以其众。屈完曰:"君以道则可;若不,则楚方城以为城⑩,江、汉以为沟,君安能进乎?"乃与屈完盟而去。过陈,陈袁涛涂诈齐,令出东方⑪,觉。秋,齐伐陈。是岁,晋杀太子申生。

三十五年夏,会诸侯于葵丘。周襄王使宰孔赐桓公文武胙、彤弓矢、大路⑫,命无拜。桓公欲许之,管仲曰"不可",乃下拜受赐。秋,复会诸侯于葵丘,益有骄色。周使宰孔会。诸侯颇有叛者。晋侯病,后,遇宰孔。宰孔曰:"齐侯骄矣,弟无行。"从之。是岁,晋献公卒,里克杀奚齐、卓子,

---

① 弗绝:未断绝婚姻关系。
② 涉:进入,到。
③ 夹辅:指在左右辅佐。
④ 履:鞋。此处指足迹所到的范围。
⑤ 包茅:供祭祀时漉酒的茅草。
⑥ 共:供给。
⑦ 次:行军至一处后,停留三宿以上。《左传·庄公三年》:"凡师一宿为舍,再宿为信,过信为次。"
⑧ 扞:通"捍",抵御。
⑨ 矜:夸耀。
⑩ 城:城墙。
⑪ 这句的意思,陈国怕齐国大兵过陈境扰民,故骗齐兵由东道沿海回齐。但东道难行,所以齐怨陈。
⑫ 胙:祭祀用的肉。彤弓矢:朱红色的箭,古代诸侯有大功时,天子赏赐彤弓矢,使专征伐。大路:大车,路:通"辂"。

秦穆公以夫人入公子夷吾为晋君。桓公于是讨晋乱,至高梁,使隰朋立晋君,还。

是时周室微,唯齐、楚、秦、晋为强。晋初与会,献公死,国内乱。秦穆公辟①远,不与中国会盟。楚成王初收荆蛮有之,夷狄自置②。唯独齐为中国会盟,而桓公能宣③其德,故诸侯宾④会。于是桓公称曰:"寡人南伐至召陵,望⑤熊山;北伐山戎、离枝、孤竹;西伐大夏,涉流沙;束马悬车登太行,至卑耳山而还。诸侯莫违寡人。寡人兵车之会三⑥,乘车之会六⑦,九合诸侯,一匡天下。昔三代受命,有何以异于此乎?吾欲封泰山,禅梁父⑧。"管仲固谏,不听;乃说桓公以远方珍怪物至乃得封,桓公乃止。

三十八年,周襄王弟带与戎、翟合谋伐周,齐使管仲平戎于周。周欲以上卿礼管仲,管仲顿首曰:"臣陪臣⑨,安敢!"三让,乃受下卿礼以见。三十九年,周襄王弟带来奔齐。齐使仲孙请⑩王,为带谢。襄王怒,弗听。

四十一年,秦穆公虏晋惠公,复归之。是岁,管仲、隰朋皆卒。管仲病,桓公问曰:"群臣谁可相者?"管仲曰:"知臣莫如君。"公曰:"易牙如何?"对曰:"杀子以适君,非人情,不可。"公曰:"开方如何?"对曰:"倍亲以适君,非人情,难近。"公曰:"竖刀如何?"对曰:"自宫以适君,非人情,难亲。"管仲死,而桓公不用管仲言,卒近用三子,三子专权。

四十二年,戎伐周,周告急于齐,齐令诸侯各发卒戍周。是岁,晋公子重耳来,桓公妻之。

---

① 辟:通"僻",偏僻,幽僻。
② 置:处。
③ 宣:显扬,发扬。
④ 宾:归服,顺从。
⑤ 望:祭祀山川。
⑥ 兵车之会三:《左传》云鲁庄公十三年,会北杏以平宋乱;僖公四年,侵蔡,遂伐楚;六年,伐郑,围新城。兵车之会:为军事行动而召集的盟会。
⑦ 乘车之会六:《左传》云鲁庄公十四年,会于鄄;十五年,又会于鄄;十六年,同盟于幽;僖公五年,会首止;八年,盟于洮;九年,会葵丘。乘车之会:为非军事的外交活动而召集的盟会。
⑧ 封泰山:在泰山上进行祭祀,报天之功。禅梁父:在梁父山上进行祭祀,报地之德。封禅是帝王才能举行的祭天地大典,齐桓公不是天子,他要行封禅是越礼,故管仲谏止。
⑨ 陪臣:诸侯的大夫,对天子自称陪臣,也可指大夫的家臣。陪:辅佐。
⑩ 请:谒见。

四十三年。初,齐桓公之夫人三:曰王姬、徐姬、蔡姬,皆无子。桓公好内①,多内宠,如夫人者六人,长卫姬,生无诡;少卫姬,生惠公元;郑姬,生孝公昭;葛嬴,生昭公潘;密姬,生懿公商人;宋华子,生公子雍。桓公与管仲属②孝公于宋襄公,以为太子。雍巫③有宠于卫共姬,因宦者竖刀以厚献于桓公,亦有宠,桓公许之立无诡。管仲卒,五公子皆求立。冬十月乙亥,齐桓公卒。易牙入,与竖刀因内宠杀群吏,而立公子无诡为君。太子昭奔宋。

桓公病,五公子各树党争立。及桓公卒,遂相攻,以故宫中空,莫敢棺。桓公尸在床上六十七日,尸虫出于户。十二月乙亥,无诡立,乃棺赴④。辛巳夜,敛殡。

桓公十有余子,要⑤其后立者五人:无诡立三月死,无谥;次孝公;次昭公;次懿公;次惠公。孝公元年三月,宋襄公率诸侯兵送齐太子昭而伐齐。齐人恐,杀其君无诡。齐人将立太子昭,四公子之徒攻太子,太子走宋,宋遂与齐人四公子战。五月,宋败齐四公子师而立太子昭,是为齐孝公。宋以桓公与管仲属之太子,故来征之。以乱故,八月乃葬齐桓公。

六年春,齐伐宋,以其不同盟于齐也⑥。夏,宋襄公卒。七年,晋文公立。

十年,孝公卒,孝公弟潘因卫公子开方杀孝公子而立潘,是为昭公。昭公,桓公子也,其母曰葛嬴。

昭公元年,晋文公败楚于城濮,而会诸侯践土,朝周,天子使晋称伯⑦。六年,翟侵齐。晋文公卒。秦兵败于殽。十二年,秦穆公卒。

十九年五月,昭公卒,子舍立为齐君。舍之母无宠于昭公,国人莫

---

① 好内:贪女色。
② 属:托付,委托。
③ 雍巫:易牙之字。
④ 棺:此处用作动词,将尸体收入棺内。赴:同"讣",报丧。
⑤ 要:总计。
⑥ 鲁僖公十九年,诸侯于齐国会盟以纪念桓公,而宋襄公欲行霸道,没有参与,故齐国伐之。
⑦ 伯:霸。

畏。昭公之弟商人以桓公死争立而不得,阴交贤士,附爱①百姓,百姓说。及昭公卒,子舍立,孤弱,即与众十月即墓上弑齐君舍,而商人自立,是为懿公。懿公,桓公子也,其母曰密姬。

懿公四年春,初,懿公为公子时,与丙戎之父猎,争获不胜,及即位,断丙戎父足,而使丙戎仆②。庸职③之妻好,公内之宫,使庸职骖乘。五月,懿公游于申池,二人浴,戏。职曰:"断足子!"戎曰:"夺妻者!"二人俱病④此言,乃怨。谋与公游竹中,二人弑懿公车上,弃竹中而亡去。

懿公之立,骄,民不附。齐人废其子而迎公子元于卫,立之,是为惠公。惠公,桓公子也。其母卫女,曰少卫姬,避齐乱,故在卫。

惠公二年,长翟来,王子城父攻杀之,埋之于北门。晋赵穿弑其君灵公。晋灭十年,惠公卒,子顷公无野立。初,崔杼有宠于惠公,惠公卒,高、国畏其偪⑤也,逐之,崔杼奔卫。

顷公元年,楚庄王强,伐陈;二年,围郑,郑伯降,已复国郑伯。

六年春,晋使郤克于齐,齐使夫人⑥帷中而观之。郤克上,夫人笑之。郤克曰:"不是报,不复涉河!"归,请伐齐,晋侯弗许。齐使至晋,郤克执齐使者四人河内,杀之。八年。晋伐齐,齐以公子强质⑦晋,晋兵去。十年春,齐伐鲁、卫。鲁、卫大夫如晋请师,皆因⑧郤克。晋使郤克以车八百乘为中军将,士燮将上军,栾书将下军,以救鲁、卫,伐齐。六月壬申,与齐侯兵合靡笄下。癸酉,陈于鞌。逢丑父为齐顷公右⑨。顷公曰:"驰之⑩,破晋军会食。"射伤郤克,流血至履。克欲还入壁⑪,其御曰:"我始

---

① 附爱:抚爱。附:通"抚"。
② 仆:驾车。
③ 庸职:《左传》作"阎职"。
④ 病:以……为耻辱。
⑤ 偪(bī):强迫、威胁。
⑥ 夫人:周代称诸侯的妻子。
⑦ 质:作为抵押品的人或物。这里作动词用。
⑧ 因:通过。
⑨ 右:兵车之右。古代兵车为防备车倾侧或受阻特设力士,其位置在驾车者之右,故称"右"。
⑩ 驰之:指驱马进击。
⑪ 壁:营垒。

入,再伤,不敢言疾,恐惧士卒,愿子忍之。"遂复战。战,齐急,丑父恐齐侯得①,乃易处②,顷公为右,车絓③于木而止。晋小将韩厥伏齐侯车前,曰"寡君使臣救鲁、卫",戏之。丑父使顷公下取饮,因得亡,脱去,入其军。晋郤克欲杀丑父。丑父曰:"代君死而见僇④,后人臣无忠其君者矣。"克舍之,丑父遂得亡归齐。于是晋军追齐至马陵。齐侯请以宝器谢,不听;必得笑克者萧桐叔子⑤,令齐东亩⑥。对曰:"叔子,齐君母。齐君母亦犹晋君母,子安置之?且子以义伐而以暴为后,其可乎?"于是乃许,令反鲁、卫之侵地。

十一年,晋初置六卿,赏鞌之功。齐顷公朝晋,欲尊王晋景公,晋景公不敢受,乃归。归而顷公弛⑦苑囿,薄赋敛,振⑧孤问疾,虚⑨积聚以救民,民亦大说。厚礼诸侯。竟顷公卒,百姓附,诸侯不犯。

十七年,顷公卒,子灵公环立。

灵公九年,晋栾书弑其君厉公。十年,晋悼公伐齐,齐令公子光质晋。十九年,立子光为太子,高厚傅之,令会诸侯盟于钟离。二十七年,晋使中行献子伐齐。齐师败,灵公走入临菑。晏婴止灵公,灵公弗从。曰:"君亦无勇矣!"晋兵遂围临菑,临菑城守不敢出,晋焚郭中而去。

二十八年,初,灵公取鲁女,生子光,以为太子。仲姬,戎姬。戎姬嬖⑩,仲姬生子牙,属之戎姬。戎姬请以为太子,公许之。仲姬曰:"不可。光之立,列于诸侯矣,今无故废之,君必悔之。"公曰:"在我耳。"遂东⑪太子光,使高厚傅牙为太子。灵公疾,崔杼迎故太子光而立之,是为庄公。

---

① 得:为……所得。
② 处:位置。
③ 絓:通"挂",绊住。
④ 僇:通"戮",杀戮。
⑤ 桐叔:萧君之字,齐侯的外祖父。子,女也。萧桐叔子,指的就是齐侯的母亲,也就是前面提到的夫人。
⑥ 东亩:使田垄成为东西方向(晋在齐西,这样晋国车马能较容易的进入齐国)。
⑦ 弛:开放。
⑧ 振:救济。
⑨ 虚:使空虚,即拿出。
⑩ 嬖:受宠爱。
⑪ 东:使之东,将他迁往齐国东部。

庄公杀戎姬。五月壬辰,灵公卒,庄公即位,执太子牙于句窦之丘,杀之。八月,崔杼杀高厚。晋闻齐乱,伐齐,至高唐。

庄公三年,晋大夫栾盈奔齐,庄公厚客待之。晏婴、田文子谏,公弗听。四年,齐庄公使栾盈间①入晋曲沃为内应,以兵随之,上太行,入孟门。栾盈败,齐兵还,取朝歌。

六年,初,棠公妻好,棠公死,崔杼取之。庄公通之,数如②崔氏,以崔杼之冠赐人。侍者曰:"不可。"崔杼怒,因其伐晋,欲与晋合谋袭齐而不得间③。庄公尝笞宦者贾举,贾举复侍,为崔杼间公以报怨。五月,莒子朝齐,齐以甲戌飨之。崔杼称病不视事④。乙亥,公问崔杼病,遂从崔杼妻。崔杼妻入室,与崔杼自闭户不出,公拥柱而歌。宦者贾举遮⑤公从官而入,闭门,崔杼之徒持兵从中起。公登台而请解,不许;请盟,不许;请自杀于庙,不许。皆曰:"君之臣杼疾病,不能听命。近于公宫。陪臣争趣⑥有淫者,不知二命。"公逾墙,射中公股,公反坠,遂弑之。晏婴立崔杼门外,曰:"君为社稷死则死之,为社稷亡则亡之。若为己死己亡,非其私暱⑦,谁敢任之!"门开而入,枕公尸而哭,三踊⑧而出。人谓崔杼:"必杀之。"崔杼曰:"民之望也,舍之得民。"

丁丑,崔杼立庄公异母弟杵臼,是为景公。景公母,鲁叔孙宣伯女也。景公立,以崔杼为右相,庆封为左相。二相恐乱起,乃与国人盟曰:"不与⑨崔庆者死!"晏子仰天曰:"婴所不获⑩,唯忠于君利社稷者是从!"不肯盟。庆封欲杀晏子,崔杼曰:"忠臣也,舍之。"齐太史书曰"崔杼弑庄公",崔杼杀之。其弟复书,崔杼复杀之。少弟复书,崔杼乃舍之。

---

① 间:从小道走。
② 如:到……去。
③ 间:空隙,此处指时机。
④ 视事:办公,就职。
⑤ 遮:掩蔽。
⑥ 趣:通"趋"。
⑦ 暱(nì):亲近,亲昵。
⑧ 踊:跳。
⑨ 与:结交,亲近。
⑩ 获:能。

景公元年,初,崔杼生子成及强,其母死,取东郭女,生明。东郭女使其前夫子无咎与其弟偃相崔氏。成有罪,二相急治之,立明为太子。成请老于崔,崔杼许之,二相弗听,曰:"崔,宗邑①,不可。"成、强怒,告庆封。庆封与崔杼有郤②,欲其败也。成、强杀无咎、偃于崔杼家,家皆奔亡。崔杼怒,无人,使一宦者御,见庆封。庆封曰:"请为子诛之。"使崔杼仇卢蒲嫳攻崔氏,杀成、强,尽灭崔氏,崔杼妇自杀。崔杼毋归,亦自杀。庆封为相国,专权。

　　三年十月,庆封出猎。初,庆封已杀崔杼,益骄,嗜酒好猎,不听③政令。庆舍用政,已有内郤。田文子谓桓子曰:"乱将作。"田、鲍、高、栾氏相与谋庆氏。庆舍发甲围庆封宫,四家徒共击破之。庆封还,不得入,奔鲁。齐人让鲁,封奔吴。吴与之朱方④,聚其族而居之,富于在齐。其秋,齐人徙葬庄公,僇崔杼尸于市以说众。

　　九年,景公使晏婴之晋,与叔向私语曰:"齐政卒归田氏。田氏虽无大德,以公权⑤私,有德于民,民爱之。"十二年,景公如晋,见平公,欲与伐燕。十八年,公复如晋,见昭公。二十六年,猎鲁郊,因入鲁,与晏婴俱问鲁礼。三十一年,鲁昭公辟⑥季氏难,奔齐。齐欲以千社封之,子家止昭公,昭公乃请齐伐鲁,取郓以居昭公。

　　三十二年,彗星见。景公坐柏寝⑦,叹曰:"堂堂⑧!谁有此乎?"群臣皆泣,晏子笑,公怒。晏子曰:"臣笑群臣谀甚。"景公曰:"彗星出东北,当齐分野⑨,寡人以为忧。"晏子曰:"君高台深池,赋敛如弗得,刑罚恐弗胜,

---

① 宗邑:宗庙所在的封邑。
② 郤:通"隙",过节、矛盾。
③ 听:处理。
④ 朱方:地名。
⑤ 权:变通。此处是指田氏借公事行私德。
⑥ 辟:通"避",躲开、避免。
⑦ 柏寝:齐景公所建之台。
⑧ 堂堂:盛大的样子。《史记集解》引服虔曰:"景公自恐德薄不能久享齐国,故曰'谁有此'也。"
⑨ 分野:古代占星术,把十二星次或二十八宿的位置跟地上州、国的位置相对应,就天文说,称分星,就地上说,称分野。

茀星将出①,彗星②何惧乎?"公曰:"可禳③否?"晏子曰:"使神可祝而来,亦可禳而去也。百姓苦怨以万数,而君令一人禳之,安能胜众口乎?"是时景公好治宫室,聚狗马,奢侈,厚赋重刑,故晏子以此谏之。

四十二年,吴王阖闾伐楚,入郢。

四十七年,鲁阳虎攻其君,不胜,奔齐,请齐伐鲁。鲍子谏景公,乃囚阳虎。阳虎得亡,奔晋。

四十八年,与鲁定公好会夹谷。犁鉏曰:"孔丘知礼而怯,请令莱人为乐,因执鲁君,可得志。"景公害④孔丘相鲁,惧其霸,故从犁鉏之计。方会,进莱乐,孔子历阶上,使有司执莱人斩之,以礼让景公。景公惭,乃归鲁侵地以谢,而罢去。是岁,晏婴卒。

五十五年,范、中行反其君于晋,晋攻之急,来请粟。田乞欲为乱,树党于逆臣,说景公曰:"范、中行数有德于齐,不可不救。"及使乞救而输之粟。

五十八年夏,景公夫人燕姬適⑤子死。景公宠妾芮姬生子荼,荼少,其母贱,无行,诸大夫恐其为嗣,乃言愿择诸子长贤者为太子。景公老,恶言嗣事⑥,又爱荼母,欲立之,惮发之口,乃谓诸大夫曰:"为乐耳,国何患无君乎?"秋,景公病,命国惠子、高昭子立少子荼为太子,逐群公子,迁之莱。景公卒,太子荼立,是为晏孺子。冬,未葬,而群公子畏诛,皆出亡。荼诸异母兄公子寿、驹、黔奔卫,公子驵、阳生奔鲁。莱人歌之曰:"景公死乎弗与埋,三军事乎弗与谋,师乎师乎,胡党之乎?⑦"

晏孺子元年春,田乞伪事高、国者,每朝,乞骖乘,言曰:"子得君⑧,大夫皆自危,欲谋作乱。"又谓诸大夫曰:"高昭子可畏,及未发,先之。"大夫

---

① 茀(péi)星将出:《史记正义》谓客星侵近边侧欲相害。
② 古时人们认为彗星见,其境有乱。
③ 禳:祭祷消灾。
④ 害:以……为患。
⑤ 適:通"嫡"。
⑥ 嗣事:继承事宜。
⑦ 师:徒众。党:归宿。言公子徒众将以何为归宿。
⑧ 得君:得到君主的宠幸。

从之。六月,田乞、鲍牧乃与大夫以兵入公宫,攻高昭子。昭子闻之,与国惠子救公。公师败,田乞之徒追之,国惠子奔莒,遂反杀高昭子。晏圉奔鲁。八月,齐秉意兹①。田乞败二相,乃使人之鲁召公子阳生。阳生至齐,私匿田乞家。十月戊子,田乞请诸大夫曰:"常之母有鱼菽之祭②,幸来会饮。"会饮,田乞盛阳生橐③中,置坐中央,发④橐出阳生,曰:"此乃齐君矣!"大夫皆伏谒。将与大夫盟而立之,鲍牧醉,乞诬⑤大夫曰:"吾与鲍牧谋共立阳生。"鲍牧怒曰:"子忘景公之命乎?"诸大夫相视欲悔,阳生前,顿首曰:"可则立之,否则已。"鲍牧恐祸起,乃复曰:"皆景公子也,何为不可!"乃与盟,立阳生,是为悼公。悼公入宫,使人迁晏孺子于骀,杀之幕下,而逐孺子母芮子。芮子故贱而孺子少,故⑥无权,国人轻之。

悼公元年,齐伐鲁,取讙、阐。初,阳生亡在鲁,季康子以其妹妻之。及归即位,使迎之。季姬与季鲂侯⑦通,言其情,鲁弗敢与,故齐伐鲁,竟迎季姬。季姬嬖,齐复归鲁侵地。

鲍子与悼公有郤⑧,不善。四年,吴、鲁伐齐南方。鲍子弑悼公,赴⑨于吴。吴王夫差哭于军门外三日,将从海入讨齐。齐人败之,吴师乃去。晋赵鞅伐齐,至赖而去。齐人共立悼公子壬,是为简公。

简公四年春,初,简公与父阳生俱在鲁也,监止⑩有宠焉。及即位,使为政。田成子⑪惮之,骤顾⑫于朝。御鞅言简公曰:"田、监不可并也,君其

---

① 齐秉意兹:据《左传·哀公六年》,应为"齐秉意兹奔鲁"。
② 常之母:此处是田乞指他的妻子。常,田常,田乞的儿子。鱼菽之祭:按齐俗由妇人主理的祭事。
③ 橐:无底的袋子。
④ 发:揭开。
⑤ 诬:欺骗。
⑥ 故:原来,本来。
⑦ 季鲂侯:季康子的叔父。
⑧ 郤:通"隙",指矛盾、过节。
⑨ 赴:通"讣",报丧之意。
⑩ 监止:即子我。
⑪ 田成子:即田常。
⑫ 顾:回头看。

择①焉。"弗听。子我夕②,田逆③杀人,逢之,遂捕以入。田氏方睦,使囚病而遗守囚者酒④,醉而杀守者,得亡。子我盟诸田于陈宗。初,田豹欲为子我臣,使公孙言豹⑤,豹有丧而止。后卒以为臣,幸于子我。子我谓曰:"吾尽逐田氏而立女,可乎?"对曰:"我远⑥田氏矣。且其违者⑦不过数人,何尽逐焉!"遂告田氏。子行曰:"彼⑧得君,弗先,必祸子⑨。"子行舍于公宫。

夏五月壬申,成子兄弟四乘⑩如公。子我在幄⑪,出迎之,遂入,闭门。宦者御之,子行杀宦者。公与妇人饮酒于檀台,成子迁诸寝⑫。公执戈将击之,太史子余曰:"非不利也,将除害也⑬。"成子出舍于库⑭,闻公犹怒,将出⑮,曰:"何所无君!"子行拔剑曰:"需⑯,事之贼⑰也。谁非田宗?所不杀子者有如田宗⑱。"乃止。子我归,属徒攻闱⑲与大门,皆弗胜,乃出。田氏追之。丰丘人执子我以告,杀之郭关⑳。成子将杀大陆子方,田逆请而免之。以公命取车于道,出雍门㉑。田豹与之车,弗受,曰:"逆

---

① 谓择用一人。
② 夕:指晚上上朝。
③ 田逆:即子行。
④ 囚:指田逆。病:装病。《史记集解》引服虔曰:"使陈逆诈病而遗也。"
⑤ 公孙:齐大夫。言:即介绍、推荐的意思。
⑥ 远:意谓与陈氏宗族关系疏远。
⑦ 违者:指不服从监止的田氏族人。
⑧ 彼:指监止。
⑨ 子:指田常。
⑩ 四乘:《史记集解》引服虔曰:"成子兄弟八人,二人共一乘,故曰四乘。"
⑪ 幄:帐幕,听政之处。
⑫ 寝:宗庙的后殿。
⑬ 不利:指不利于君。除害:指除掉监止。
⑭ 舍:住。库:储藏军械的处所。
⑮ 出:出奔,逃亡。
⑯ 需:迟疑,等待。
⑰ 贼:祸害。
⑱ 有如田宗:以田氏祖宗的名义起誓。此句可意译为:(你如果抛下田氏宗族的人逃亡),我以田氏祖宗的名义起誓,一定会杀了你。
⑲ 属:集合,会合。《史记集解》引服虔曰:"会徒众。"闱:宫中小门。
⑳ 郭关:齐城门。
㉑ 雍门:齐城门。

为余请,豹与余车,余有私焉。事子我而有私于其雠,何以见鲁、卫之士?"

庚辰,田常执简公于徐州。公曰:"余蚤从御鞅言,不及此。"甲午,田常弑简公于徐州。田常乃立简公弟骜,是为平公。平公即位,田常相之,专齐之政,割齐安平以东为田氏封邑。

平公八年,越灭吴。二十五年卒,子宣公积立。

宣公五十一年卒,子康公贷立。田会反廪丘。

康公二年,韩、魏、赵始列为诸侯。十九年,田常曾孙田和始为诸侯,迁康公海滨。

二十六年,康公卒,吕氏遂绝其祀。田氏卒有齐国,为齐威王,强于天下。

太史公曰:吾适齐,自泰山属之琅邪①,北被于海,膏壤二千里,其民阔达多匿知②,其天性也。以太公之圣,建国本,桓公之盛,修善政,以为诸侯会盟,称伯,不亦宜乎?洋洋③哉,固大国之风也!

一、文化拓展:

(1)司马迁在《太史公自序》里全文引用了其父司马谈的《论六家要旨》,其中评价最高的是道家学说:"尝窃观阴阳之术,大祥而众忌讳,使人拘而多所畏;然其序四时之大顺,不可失也。儒者博而寡要,劳而少功,是以其事难尽从;然其序君臣父子之礼,列夫妇长幼之别,不可易也。墨者俭而难遵,是以其事不可遍循;然其强本节用,不可废也。法家严而少恩;然其正君臣上下之分,不可改矣。名家使人俭而善失真,然其正名实,不可不察也。道家使人精神专一,动合无形,赡足万物。其为术也,因阴阳之大顺,采儒墨之善,撮名法之要,与时迁移,应物变化,立俗施事,无所不宜,指约而易操,事少而功多。"在司马谈那里,道家学说不仅没有受到任何指责,而且还能博采众家之长。

《史记》中,"黄老之学"与"道家"常常能够互换。如《魏其武安侯列传》、《封禅

---

① 属:附属,余脉。琅邪,一作琅琊或瑯琊。山名,在今山东胶南县南。
② 匿知:深沉多智。知:同"智"。
③ 洋洋:盛大的样子。

书》、《陈丞相世家》中,"道家"又被称为"黄老之言"、"黄老言"、"黄帝老子之术"。这其实体现出道家学说在汉代的接受状况。

宋明理学将《大学》中的"格物"、"致知"、"正心"、"诚意"视为"内圣"之道,把"修身"、"齐家"、"治国"、"平天下"视为"外王"之术,可是"内圣外王"的说法其实并非始于宋儒,而是《庄子》之《天下》篇中的原创。概而言之,道家学说其实有"内圣"、"外王"两部分,前者主要论述内在的心性修养,后者则主要探讨如何通过外在事功使"道"在现实中得到体现。冯友兰在《中国哲学史新编》中便声称道家学说可分"内"、"外"两部分,"内"讲治身,"外"讲治国。司马谈的《论六家要旨》在一开始就说:"易大传:'天下一致而百虑,同归而殊涂。'夫阴阳、儒、墨、名、法、道德,此务为治者也,直所从言之异路,有省不省耳",论六家要旨皆着眼于"治",这里的"治"明显着眼于"治国"而非治身,对道家学说的接受侧重于"外王"方面。魏晋时期,由于当时的政治高压,士人们很难在"外王"方面找到出路,于是热衷于探讨面对严酷的现实怎样通过心性修养获取最大的自由与幸福,他们在道家学说的"治身"方面找到了思想资源,所以对道家学说的接受又主要侧重于"内圣"方面。

司马迁引《论六家要旨》概括了"黄老之学"的核心观点:"无为,又曰无不为,其实易行,其辞难知。其术以虚无为本,以因循为用。无成执,无常形,故能究万物之情。不为物先,不为物后,故能为万物主。有法无法,因时为业;有度无度,因物与合。故曰:圣人不朽,时变是守。虚者道之常也,因者君之纲也。"

要体会这段话的深刻内涵,要抓住三个关键词:"无为"、"虚无"、"因循"。

众所周知,"无为"是道家学说的核心范畴,可是,这一范畴又常常遭人误解。

《逍遥游》中有着这样的序列:从"知效一官,行比一乡"到"德合一君,而征一国者",再到"举世而誉之而不加劝,举世非之而不加沮,定乎内外之分,辩乎荣辱之境",再到"御风而行,泠然善也,旬有五日而后反",直至"乘天地之正,而御六气之辩,以游无穷者"。其实序列中的每一种都有其美好之处,然而,《庄子》中强调的是不要滞留于任何一种有限的美,不要依恃任何一种有限的美。对于有限的美,《庄子》的态度是"无待",所谓"无待",与其说是"无凭借",不如说是"不依赖"。"无凭借"是不可能的,就连文中达到"无待"境界的"乘天地之正,而御六气之辩,以游无穷者"其实也要凭借"天地之正"、"六气之辩",只不过虽然凭借,却对凭借的对象没有依赖感。文中强调的是,"正"、"辩"都不是固定的,都在"化",彼时的

"正"、"辩",此时已不再是"正"、"辩"了,不要再依赖彼时的"正"、"辩",这样才能凭借此时的"正"、"辩"实现自由自在的"逍遥游"。《庄子》中描述"游"的境界时常常用"乘"与"御"来表示"游"的方式,除了上文所引之外,还有:"乘云气,御飞龙,而游乎四海之外"(《逍遥游》)"乘云气,骑日月,而游乎四海之外"(《齐物论》)"且夫乘物以游心,托不得已以养中,至矣"(《人间世》)"则又乘夫莽眇之鸟,以出六极之外,而游无何有之乡,以处圹埌之野"(《应帝王》)"若夫乘道德而浮游则不然。无誉无訾,一龙一蛇,与时俱化,而无肯专为;一上一下,以和为量。浮游乎万物之祖,物物而不物于物,则胡可得而累邪?"(《山木》)等。"乘"与"御"其实能够很好地表明人与凭借之间的这样一种关系:人一直没有动,其实就是"无为";人所凭借的事物则随道运行一直处在变动之中,这也就是"无不为"。得道之人在随道变化时并非就没有凭借,尽管有凭借,却不对一时的凭借产生依赖,因为有了依赖感就可能导致人不再随道运化。《庄子》中为什么强调"礼义法度者,应时而变者也""仁义,先王之蘧庐也,止可以一宿而不可久处"(《天道》),而对儒家的仁义礼乐主张不以为然呢?不就是因为,在《庄子》看来,儒家对作为先王一时之凭借的仁义礼乐太过依赖,结果难以循道而应物不穷吗?

可以看出,道家所说的"无为"不是消极的不去作为,而是指不要仅凭主观而违背客观规律地妄为。

《庄子·骈拇》云:"凫胫虽短,续之则忧;鹤胫虽长,断之则悲。"为什么呢?因为"性长非所断,性短非所续","续"和"断"是"有为",可是,这是违背客观规律的"有为",与其要这样的"有为",还不如"无为"。

《庄子·胠箧》还打了这样一个生动的比方:"将为胠箧探囊发匮之盗而为守备,则必摄缄縢,固扃鐍,此世俗所谓知也。然而巨盗至,则负匮揭箧担囊而趋,唯恐缄縢扃鐍之不固也。然则乡之所谓知者,不乃为大盗积者也?"儒家倡仁义、兴礼乐、行王道,把君臣父子的社会秩序治理得井井有条,然而一旦"窃国"之"大盗"来了(道家最为痛恨的就是"窃钩者诛,窃国者为诸侯"),这井井有条的社会秩序岂不恰恰帮助了"大盗"的统治?儒家的"仁义"、"礼乐"岂不正为"大盗"所利用?对于帮了窃国大盗的"仁义"、"礼乐",《庄子》中主张应当"无为"。

司马谈对这种"无为"似乎未曾论及,司马迁则有相应论述。《秦本纪》中有这样一段值得注意:

> 缪公怪之,问曰:"中国以诗书礼乐法度为政,然尚时乱,今戎夷无此,何以为治,不亦难乎?"由余笑曰:"此乃中国所以乱也。夫自上圣黄帝作为礼乐

法度,身以先之,仅以小治。及其后世,日以骄淫。阻法度之威,以责督於下,下罢极则以仁义怨望於上,上下交争怨而相篡弑,至於灭宗,皆以此类也。夫戎夷不然。上含淳德以遇其下,下怀忠信以事其上,一国之政犹一身之治,不知所以治,此真圣人之治也。"

儒家的"仁义礼乐"、"诗书法度"为"窃国"的"大盗"们所利用,成为诛杀对方的口实,所以才会出现"上下交争怨而相篡弑,至於灭宗"的局面,而戎夷"不知所以治"则不能为大盗所利用,这不正是《庄子·胠箧》中所主张的那种"无为"吗?

"虚无"则指"无成执,无常形",即无固定、无永恒。"虚无"不是空幻,不是零,而是灵活、弹性、开放,它不作任何固定的硬性规定,然而恰恰可以作任何规定,这便是所谓"当其无,有有之用"、"无为而无不为",也是司马谈所说的"有法无法"、"有度无度"。黄老之学"以虚无为本","虚无"是总原则,强调针对实际情况采取灵活、弹性、开放的对策。

徐复观先生曾指出,"循吏"之"循"即司马谈《论六家要旨》中所说的"以虚无为本,以因循为用"中的"循"[①]。耐人寻味的是,与《儒林列传》正好相对应,《儒林列传》中只写汉代的儒林人物,而《循吏列传》中只写汉以前的循吏。虽然未入《循吏列传》,汲黯却是公认的汉代黄老之学的代表人物之一,被视为汉代的循吏,《汉书》之《汲黯传》尽管与《史记》中的《汲黯列传》有所不同,却也指明"黯学黄、老言",与《史记》的记载并无二致。《史记》中记述了汲黯这样两个事迹:

> 东越相攻,上使黯往视之。不至,至吴而还,报曰:"越人相攻,固其俗然,不足以辱天子之使。"河内失火,延烧千余家,上使黯往视之。还报曰:"家人失火,屋比延烧,不足忧也。臣过河南,河南贫人伤水旱万馀家,或父子相食,臣谨以便宜,持节发河南仓粟以振贫民。臣请归节,伏矫制之罪。"上贤而释之,迁为荥阳令。

武帝命他出使东越,他"至吴而还";命他去河内赈火灾,他却"矫制"赈济河南的水旱之灾。汲黯的公然抗命、便宜行事正是黄老之学的"以虚无为本":不是要僵化地行使自己的使命,而要能够根据具体情况灵活变通。

司马迁的经济思想也在很大程度上体现出黄老之学的"以虚无为本"。《货殖列传》中,司马迁很关注各地的物产与风俗:

> 夫山西饶材、竹、穀、纑、旄、玉石;山东多鱼、盐、漆、丝、声色;江南出柟、

[①] 徐复观:《两汉思想史》第三卷《论史记》,华东师范大学出版社,2001。

梓、姜、桂、金、锡、连、丹沙、犀、玳瑁、珠玑、齿革；龙门、碣石北多马、牛、羊、旃裘、筋角；铜、铁则千里往往山出棋置：此其大较也。

关中自汧、雍以东至河、华，膏壤沃野千里，自虞夏之贡以为上田，而公刘適邠，大王、王季在岐，文王作丰，武王治镐，故其民犹有先王之遗风，好稼穑，殖五谷，地重，重为邪。及秦文、缪居雍，隙陇蜀之货物而多贾。献公徙栎邑，栎邑北御戎翟，东通三晋，亦多大贾。昭治咸阳，因以汉都，长安诸陵，四方辐凑并至而会，地小人众，故其民益玩巧而事末也。南则巴蜀。巴蜀亦沃野，地饶卮、姜、丹沙、石、铜、铁、竹、木之器。南御滇僰，僰僮。西近邛笮，笮马、旄牛。然四塞，栈道千里，无所不通，唯褒斜绾毂其口，以所多易所鲜。天水、陇西、北地、上郡与关中同俗，然西有羌中之利，北有戎翟之畜，畜牧为天下饶。然地亦穷险，唯京师要其道。故关中之地，於天下三分之一，而人众不过什三；然量其富，什居其六。

夫三河在天下之中，若鼎足，王者所更居也，建国各数百千岁，土地小狭，民人众，都国诸侯所聚会，故其俗纤俭习事。杨、平阳陈西贾秦、翟，北贾种、代。种、代，石北也，地边胡，数被寇。人民矜懻忮，好气，任侠为奸，不事农商。然迫近北夷，师旅亟往，中国委输时有奇羡。其民羯羠不均，自全晋之时固已患其僄悍，而武灵王益厉之，其谣俗犹有赵之风也。故杨、平阳陈掾其间，得所欲。温、轵西贾上党，北贾赵、中山。中山地薄人众，犹有沙丘纣淫地馀民，民俗懁急，仰机利而食。丈夫相聚游戏，悲歌慷慨，起则相随椎剽，休则掘冢作巧奸冶，多美物，为倡优。女子则鼓鸣瑟，跕屣，游媚贵富，入后宫，遍诸侯。

楚越之地，地广人希，饭稻羹鱼，或火耕而水耨，果隋蠃蛤，不待贾而足，地埶饶食，无饥馑之患，以故呰窳偷生，无积聚而多贫。是故江淮以南，无冻饿之人，亦无千金之家。沂、泗水以北，宜五谷桑麻六畜，地小人众，数被水旱之害，民好畜藏，故秦、夏、梁、鲁好农而重民。三河、宛、陈亦然，加以商贾。齐、赵设智巧，仰机利。燕、代田畜而事蚕。

这样一种写作方式还影响了班固《汉书》中的《地理志》。而司马迁之所以在《货殖列传》中有这样的写作方式，很明显是强调经济的发展需要"因地制宜"。

他还在《货殖列传》中列举了成功商人们不同的致富之道：

田农，掘业，而秦扬以盖一州。掘冢，奸事也，而田叔以起。博戏，恶业也，而桓发用富。行贾，丈夫贱行也，而雍乐成以饶。贩脂，辱处也，而雍伯千金。卖浆,小业也,而张氏千万。洒削,薄技也,而郅氏鼎食。胃脯,简微耳,浊氏连骑。马医,浅方,张里击钟。此皆诚一之所致。

这是在强调"富无经业",同样还是"以虚无为本"的体现。

再看《平准书》,司马迁对汉武帝时的财经政策多有批判,但对"民不益赋而天下用饶"的均输法却十分称赞,究其原因,是相对于以前"赋有定物,税有定量"的赋税制度,均输法"令远方各以其物贵时商贾所转贩者为赋,而相灌输",是一种弹性赋税政策,不仅可根据年成与行情变通上交赋税的具体品种,还可以很好解决边远地区将赋税运至中央的人力物力以及赋税的损耗问题,这是非常符合看重灵活性、变通性之"虚无"原则的。

黄老之学的"以因循为用"又有哪些具体内涵呢?既然"无为"是指不要违背客观规律地妄为,那么对于客观规律的正确做法只能是顺应了。"因循"很重要的一个意思就是顺应。在《史记》的一些具体篇章中,我们可以看到司马迁强调要顺应哪些具体的方面。

一是"有法无法,因时为业",即顺应时势。

古人对《齐太公世家》颇有微词,主要集中在"阴谋修德以倾商政"与"伯禽报政"两个方面,认为前者体现出司马迁不"知德",后者体现出司马迁崇"速成之功"、"操切"。这其实是误解。"阴谋"不是现在所说"阴谋诡计"之"阴谋"。道教有一著作名《阴符经》,甚至还有人说作者正是姜子牙。《阴符经》作者为谁暂且不必追究,需要注意的是:《阴符经》的"阴"乃是与"阳"相对的一个范畴,"阳"象征着刚健,"阴"则象征着柔顺。在此篇中,"阴谋"其实是"柔顺之谋",强调的乃是对某些东西要顺应,而不是强硬地对抗或改变。

那么《齐太公世家》中强调要顺应什么呢?本篇中讲到,盟津之会,诸侯皆曰:"纣可伐也",太公与武王却作《太誓》不伐,为什么?从上下文来看,史公的言下之意不是说时机尚未成熟吗?武王将伐纣,占卜的结果却不吉利,众人皆惧,太公却力排众议,结果取得了牧野之战的胜利。太公与众人的这两次对比不正体现出太公能够洞察时势、顺应(因循)时势吗?同样的,姜太公听从店主人之劝告,火速赶到封地,从而有效地抵御了莱人的入侵,归根到底,还是把握时势、顺应时势。

顺应时势,说起来似乎很简单,操作起来则非常不容易,就以前举齐太公的例子来看,如果没有对时势的洞察力以及力排众议的胆力,齐太公是不可能顺应时势的。可以说,要很好地顺应时势,胆、识二者,缺一不可。

《越王勾践世家》中记述了范蠡经商成为巨富后的一件生活琐事:

少子及壮,而朱公中男杀人,囚於楚。朱公曰:"杀人而死,职也。然吾闻千金之子不死於市。"告其少子往视之。乃装黄金千溢,置褐器中,载以一牛车。且遣其少子,朱公长男固请欲行,朱公不听。长男曰:"家有长子曰家督,今弟有罪,大人不遣,乃遗少弟,是吾不肖。"欲自杀。其母为言曰:"今遣少子,未必能生中子也,而先空亡长男,奈何?"朱公不得已而遣长子,为一封书遗故所善庄生。曰:"至则进千金于庄生所,听其所为,慎无与争事。"长男既行,亦自私赍数百金。

至楚,庄生家负郭,披藜藋到门,居甚贫。然长男发书进千金,如其父言。庄生曰:"可疾去矣,慎毋留!即弟出,勿问所以然。"长男既去,不过庄生而私留,以其私赍献遗楚国贵人用事者。

庄生虽居穷阎,然以廉直闻於国,自楚王以下皆师尊之。及朱公进金,非有意受也,欲以成事后复归之以为信耳。故金至,谓其妇曰:"此朱公之金。有如病不宿诚,后复归,勿动。"而朱公长男不知其意,以为殊无短长也。

庄生间时入见楚王,言"某星宿某,此则害於楚"。楚王素信庄生,曰:"今为奈何?"庄生曰:"独以德为可以除之。"楚王曰:"生休矣,寡人将行之。"王乃使使者封三钱之府。楚贵人惊告朱公长男曰:"王且赦。"曰:"何以也?"曰:"每王且赦,常封三钱之府。昨暮王使使封之。"朱公长男以为赦,弟固当出也,重千金虚弃庄生,无所为也,乃复见庄生。庄生惊曰:"若不去邪?"长男曰:"固未也。初为事弟,弟今议自赦,故辞生去。"庄生知其意欲复得其金,曰:"若自入室取金。"长男即自入室取金持去,独自欢幸。

庄生羞为儿子所卖,乃入见楚王曰:"臣前言某星事,王言欲以修德报之。今臣出,道路皆言陶之富人朱公之子杀人囚楚,其家多持金钱赂王左右,故王非能恤楚国而赦,乃以朱公子故也。"楚王大怒曰:"寡人虽不德耳,奈何以朱公之子故而施惠乎!"令论杀朱公子,明日遂下赦令。朱公长男竟持其弟丧归。

至,其母及邑人尽哀之,唯朱公独笑,曰:"吾固知必杀其弟也!彼非不爱其弟,顾有所不能忍者也。是少与我俱,见苦,为生难,故重弃财。至如少弟者,生而见我富,乘坚驱良逐狡兔,岂知财所从来,故轻弃之,非所惜吝。前日吾所为欲遣少子,固为其能弃财故也。而长者不能,故卒以杀其弟,事之理也,无足悲者。吾日夜固以望其丧之来也。"

范蠡是古今无双的智者,他对时势有着清醒的"识",知道长子"非不爱其弟,顾有所不能忍者也""卒以杀其弟",却还是没能救出自己的"中男",无非还是因为他没有力排众议之"胆"。

《齐太公世家》中还有这样一段:

> 管仲病,桓公问曰:"群臣谁可相者?"管仲曰:"知臣莫如君。"公曰:"易牙如何?"对曰:"杀子以适君,非人情,不可。"公曰:"开方如何?"对曰:"倍亲以适君,非人情,难近。"公曰:"竖刀如何?"对曰:"自宫以适君,非人情,难亲。"管仲死,而桓公不用管仲言,卒近用三子,三子专权。

此段描写中最值得注意的是三个"非人情",按管仲的逻辑,不就是说不近人情就不可能顺应人情,不顺应人情就不能为相治理国家吗?这是以反面教材强调对人情的"因循"。而《太史公自序》中云:"(礼)要以近性情,通王道.故礼因人质为之节文,略协古今之变。作《礼书》第一";《礼书》中强调:"缘人情而作礼,依人性而制仪",则又是从正面强调"因循"人情。

"伯禽报政"见于下一篇的《鲁周公世家》:

> 周公卒,子伯禽固已前受封,是为鲁公。鲁公伯禽之初受封之鲁,三年而后报政周公。周公曰:"何迟也?"伯禽曰:"变其俗,革其礼,丧三年然后除之,故迟。"太公亦封于齐,五月而报政周公。周公曰:"何疾也?"曰:"吾简其君臣礼,从其俗为也。"及后闻伯禽报政迟,乃叹曰:"呜呼,鲁后世其北面事齐矣!夫政不简不易,民不有近;平易近民,民必归之。"

把这段描述与《齐太公世家》所说的"因其俗,简其礼"结合起来,可以看出,司马迁对太公的治国之术是非常称赏的,而所谓"因其俗",不也正是"因循"之一种吗?——强调的是对当地人情民风的顺应。所谓"俗",正是民风人情的集中体现。

除了顺应时势、顺应人情,《齐太公世家》中还涉及到一种别样的"因循"。齐桓公之所以能够"霸业显彰",管仲的治国之术起到了决定性作用。《管晏列传》中这样评价管仲的政绩:"其为政也,善因祸而为福,转败而为功",并举了一些本篇其实亦有记叙的例子:"桓公实怒少姬,南袭蔡,管仲因而伐楚,责包茅不入贡於周室。桓公实北征山戎,而管仲因而令燕修召公之政。於柯之会,桓公欲背曹沫之约,管仲因而信之。"无论是"因祸而为福,转败而为功""因而伐楚",还是"因而令燕修召公之政"、"因而信之",都是强调这样一种"因循":对于不愿看到的负面因素,不要急着与之硬碰硬地对抗,不妨看看能不能顺应这些负面因素,由顺应而因势利导,将负面因素转化为正面因素。

《货殖列传》中也写了这样的一种因循：

> 蜀卓氏之先，赵人也，用铁冶富。秦破赵，迁卓氏。卓氏见虏略，独夫妻推辇，行诣迁处。诸迁虏少有餘财，争与吏，求近处，处葭萌。唯卓氏曰："此地狭薄。吾闻汶山之下，沃野，下有蹲鸱，至死不饥。民工於市，易贾。"乃求远迁。致之临邛，大喜，即铁山鼓铸，运筹策，倾滇蜀之民，富至僮千人。田池射猎之乐，拟於人君。
>
> 齐俗贱奴虏，而刀间独爱贵之。桀黠奴，人之所患也，唯刀间收取，使之逐渔盐商贾之利，或连车骑，交守相，然愈益任之。终得其力，起富数千万。故曰"宁爵毋刀"，言其能使豪奴自饶而尽其力。

蜀人以远迁为苦，齐人对"桀黠奴"大伤脑筋，然而卓氏与刀间却通过对这些负面因素的顺应获取了大量的财富。

（2）司马迁在《史记》中明确记述了黄老之学作为一个学派的发展过程：至晚，在战国时期就有了黄老之学——"慎到，赵人。田骈、接子，齐人。环渊，楚人。皆学黄老道德之术。"（《孟子荀卿列传》）这便是战国时期的稷下黄老之学。所谓稷下，是齐国国都靠近稷门（城门名）的一个区域，司马迁在《田敬仲完世家》中称齐宣王在稷下为知识分子提供了一些高级住宅及生活优待，让他们不必处理政务，只管著书立说，也就是"不治而议论"。这些知识分子所享受的优待是后世贫儒寒士难以想象的，如《战国策·齐策一》中称稷下学者田骈虽然没有作官，可是俸禄比作官还高，侍奉他的仆人竟然有一百多人。有如此待遇，这就难怪许多知识分子跑到稷下，使得稷下的学术、思想盛极一时。这些人当中的慎到、田骈、接子、环渊等虽说讲的是黄老之学，他们一点儿都不具备道家"以自隐无名为务"的特点，而是"言治乱之事以干世主"（《孟子荀卿列传》）。可以这样说，讲黄老之学的人之所以能够倾动"世主"，在很大程度上是因为他们的治国之术颇有高明之处。以慎道为例，《庄子·天下篇》将其归为道家，其"齐万物以为首"、"弃知去己"、"无用贤圣"等观点也是典型的道家学说，可是，从他的著作《慎子》中我们可以看到，他把抽象的道家学说运用到治国实际中，并吸收了其他诸子学说，大大改造了道家学说中的"外"学。

司马迁还记录了黄老之学从战国到西汉的传承谱系："乐氏之族有乐瑕公、乐臣公，赵且为秦所灭，亡之齐高密。乐臣公善修黄帝、老子之言，显闻于齐，称贤师……乐臣公学黄帝、老子，其本师号曰河上丈人，不知其所出。河上丈人教安期生，安期生教毛翕公，毛翕公教乐瑕公，乐瑕公教乐臣公，乐臣公教盖公。盖公教

于齐高密、胶西,为曹相国师。"(《乐毅列传》)

从司马迁的记述中,我们还可以看到黄老之学在西汉的发展轨迹:

> (曹参)闻胶西有盖公,善治黄老言,使人厚币请之。既见盖公,盖公为言治道贵清静而民自定,推此类具言之。参於是避正堂,舍盖公焉。其治要用黄老术,故相齐九年,齐国安集,大称贤相。

> 文帝本修黄老之言,不甚好儒术,其治尚清静无为。(《曹相国世家》)

> 然孝文帝本好刑名之言。及至孝景,不任儒者,而窦太后又好黄老之术,故诸博士具官待问,未有进者。(《儒林列传》)

> 上乡儒术,招贤良。赵绾、王臧等以文学为公卿,欲议古立明堂城南,以朝诸侯。草巡狩封禅改历服色事未就。会窦太后治黄老言,不好儒术,使人微伺得赵绾等奸利事,召案绾、臧,绾、臧自杀,诸所兴为皆废。(《封禅书》)

> 太后好黄老之言,而魏其、武安、赵绾、王臧等务隆推儒术,贬道家言,是以窦太后滋不说魏其等。(《魏其武安侯列传》)

曹参为相,政绩颇受司马迁称赞,从司马迁的记述可知,其为政的指导思想就是黄老之术。孝文帝所好的"刑名之言"即"形名之言"是黄老之学的重要组成部分,且《曹相国世家》中明言:"文帝本修黄老之言,不甚好儒术,其治尚清静无为";孝景帝时期,由于窦太后的缘故,儒术不行,治国之术主要还是黄老之学。武帝虽说崇尚儒术,但窦太后在世的时候,他也无法贯彻自己的意志,几个企图兴儒学的大臣如赵绾、王臧被窦太后逼得自杀了。甚至,就连权倾朝野的魏其、武安等人"隆推儒术"也都下场悲惨,大家读一读《魏其武安侯列传》就能了解得很清楚。从这些记述中我们也可以看到,黄老之学从战国时起就与齐地结下了不解之缘。

(3)儒学的核心是道德伦理、制礼作乐。并不能说司马迁对道德伦理不重视,在《与挚峻书》中,他引用了儒家"三不朽"的说法:"太上立德,其次立言,再次立功",把"立德"放在"立功"之前。他在为人物立传时也贯彻着这一原则:对周文王的评价高于周武王,因为周文王行仁政、修礼乐是"立德",周武王以武力推翻商朝政权则是"立功"(《周本纪》);对汉文帝的评价高于汉高祖,因为"功莫大于高皇帝,德莫盛于孝文皇帝"(《孝文本纪》)。司马迁把周王朝视为"仁政"、"王道"的代表,但是对"不食周粟"的伯夷叔齐却又非常赞赏,看起来似乎矛盾,其实不然。因为,伯夷叔齐虽然只是隐士,说不上有什么具体的事功,可是他们坚守节操,反对"以暴易暴",在司马迁看来这是一种"立德",不妨予以很高的评价。

但是，司马迁又不像正统儒者那样片面强调"道德至上"，对事功同样的十分看重。有西方汉学家曾指出，中国封建社会的政治模式主要有两种："秦始皇式"与"孔子式"。秦始皇式的政治强调富国强兵、重视法制，此种政治的弊端是常常以严刑峻法、发动战争的方式实行暴政与侵略扩张。孔子式的政治则以儒学为指导思想，强调仁政、德治，从政治理想来看是很好的，然而这样的政治亦有弊端：把仁政、德治的政治理想看作是"道"，把富国强兵看作是"术"，对于"术"非常轻视，甚至有着严重的偏见，常常把发展经济看作是"与民争利"，把发展军事力量看作是"霸道"而非"王道"来予以贬斥。这样的政治模式还会犯一个美丽的错误：强调"君子"万能。正统儒者的政论中"君子"、"小人"的字眼层出不穷，强调自己政见正确时总是以"君子"自居，反对政敌时总是把对方称为"小人"，以至于形成这样一种偏见：只要一个人道德品质高尚，这样的人就会被视为"君子"，这样一个"君子"就一定能治理好天下，他是否有富国强兵之术无关紧要。这样的政治观念不能不说是幼稚的。司马迁则突破了这种局限，例如在这篇《齐太公世家》里，司马迁一方面肯定了文王的修德，一方面也肯定了吕尚的"阴谋"——如前所述，这里的"阴谋"不是贬义，而是兵法，是政治策略，是富国强兵之术，是"立功"。后代正统儒者由于片面强调"道德至上"而否定这样的"立功"，把它看作是"诡谲"、"变诈之谋"、"苟简之说"，这当然是一种误解。

（4）《史记》所运用的"迭见法"值得注意，例如在春秋时期诸侯国的"世家"中经常出现某年某月某国如何如何，这些事件还"迭见"于别篇之中，虽是重复却不是无谓的重复，而是表明这些事件乃是历史变迁中的重大事件（如此篇的"齐桓公始霸"便迭见于《周本纪》、《鲁周公世家》、《燕召公世家》、《管蔡世家》、《宋微子世家》、《晋世家》、《楚世家》、《郑世家》之中）。

（5）管仲事迹可参见《左传·庄公》、《左传·僖公》、《左传·昭公》、《史记·管晏列传》、《列子·力命篇》等。

又，《论语·八佾》：

> 子曰："管仲之器小哉！"或曰："管仲俭乎？"曰："管仲有三归，官事不摄，焉得俭？""然则管仲知礼乎？"曰："邦君树塞门，管氏亦树塞门。邦君为两君之好，有反坫，管氏亦有反坫。管氏而知礼，孰不知礼？"

《论语·宪问》：

> 子路曰："桓公杀公子纠，召忽死之，管仲不死。"曰："未仁乎？"子曰："桓公九合诸侯，不以兵车，管仲之力也。如其仁！如其仁！"子贡曰："管仲非仁

者与？桓公杀公子纠，不能死，又相之。"子曰："管仲相桓公，霸诸侯，一匡天下，民到于今受其赐。微管仲，吾其被发左衽矣。岂若匹夫匹妇之为谅也，自经于沟渎而莫之知也。"

(5)《管晏列传》中记两位大政治家事迹时主要是述生活琐事，以"举贤"为中心线索(鲍叔牙举管仲，晏子举越石父与御者)组织篇章，在一定程度上是因为本篇对管仲、晏子的政绩已颇多记载，不必再加以赘述。

二、文学链接：

1. 相关文学典故：

飞熊入梦

欣群才之来萃兮，协飞熊之吉梦。

　　(曹植《铜雀台赋》)

昔商高宗曾有飞熊入梦，得傅说于版筑之间。

　　(《封神演义》第二十三回)

渭水垂钓

握中有悬璧，本自荆山璆。惟彼太公望，昔在渭滨叟。

　　(刘琨《重赠卢谌》)

尚父功

青初下赤霄空，千里江山一击中。忽见晴皋铺白草，顿令凉野动秋风。当时遂得荆文宠，佐运终成尚父功。试向平芜看猎火，六双还在上林东。

　　(顾炎武《亭林诗集》卷一《赋得秋鹰》)

齐桓霸业

齐桓之功，为霸之首。九合诸侯，一匡天下。

　　(曹操《短歌行》其二)

管鲍之交

彪虽与宋弁结管鲍交，弁为大中正，与孝文私议犹以寒地处之，殊不欲相优假。彪亦知之，不以为恨。

　　(《北史·李彪传》)

君不见管、鲍贫时交，此道今人弃如土。

　　(杜甫《贫交行》)

2. 后世有关的著名文学作品：

曹操《求贤令》、《让县自明本志令》，卢照邻《悲才难》，胡曾《咏史诗·召陵》，张九龄《咏史》，柳宗元《辩〈晏子春秋〉》、《咏史》，罗隐《市赋》，李德裕《管仲害霸论》，权德舆《渭水》，欧阳修《为君难论》，苏洵《管仲论》，苏轼《管仲论》，苏辙《管仲》，王安石《王霸》。

3. 文学分析：

在此篇中，司马迁抓住了最能代表齐国历史发展的几个时期，以浓墨重彩清晰地反映了齐由盛而衰的历史过程，描绘出风云变幻的历史画面，其余则仅记其大概，明其脉络，真正做到了剪裁有法，详略得当。

《齐太公世家》也同《史记》的其他篇目一样，塑造了许多生动复杂、立体的人物形象，并且于其中融入作者对于人物的评价及历史观。比如齐桓公，这个在春秋时期叱咤政坛、主宰一个时代历史的霸主，在以往的史料中，往往详述其辉煌政绩，然而司马迁在选材时，却避开这些，反而是选择了许多未曾叙述过的材料：为报当年郯无礼之仇而伐郯；为发泄私愤，出师伐蔡，不仅师出无名，并且将失信于天下，若没有管仲的"因祸而为福，转败而为功"，后果是不堪设想的。另外，齐桓公的死在以前的史料中记叙极少，而司马迁则详明到了此种地步："桓公尸在床上六十七日，尸虫出于户……以乱故，八月乃葬齐桓公。"触目惊心的描述显示出司马迁对桓公不听忠言、宠信奸小所持的批判态度。然而司马迁却又以辩证的态度表现这个人物，对其机智果敢、从谏如流、九合诸侯、一匡天下的一面又给予了详细记述与高度评价。

三、集评：

"阴谋修德以倾商政"，德非倾人之事，岂阴谋上所能为？信如此，则古之为德，乃后之所以为暴也。迁并言之，未可与论知德也。

"客寝甚安，殆非就国"，此后世鄙语，而迁以施之周公，师尚父之间，是世无复有圣贤，何取于论载也！

迁言"曹沫以匕首劫齐桓公"，"遂与沫三败所亡地"，此事《公羊》先见。按《左氏》，鲁庄公九年纳纠，败于干时，几获；十年有长勺之胜，刿实主之，齐犹未已，与宋次乘丘，公子偃败宋师于乘丘；十三年北杏之会，齐将称霸，其冬鲁乃会盟于柯。是鲁国三战而再胜，未尝失地，三年不交兵，何用要劫？二十三年曹刿复谏观社，详其前后词语，岂操匕首于坫坛之间者也耶？意当时处士谓刿自乡人拔起有功业,宗主之,不以为德而以为刺,习俗之陋,何独后世,可哀也已!

"齐顷公欲尊王晋景公",迁以数百年后事开迹数百年前,此等语皆不暇审也。

——叶适《习学纪言序目》卷九

《齐世家》:周西伯昌"与吕尚阴谋修德以倾商政,其事多兵权与奇计,故后世之言兵及周之阴谋,皆宗太公为本谋"。石林叶氏曰:"其说盖出《六韬》。夫太公贤者也,其所用王术也,其所事圣人也,则出处必有义,而致君必有道。自墨翟以太公于文王为忤合,而孙武谓之用间,且以尝为文,武将兵,故尚权多并缘自见。"说斋唐氏曰:"三分有二而犹事商,在众人必以为失时;三后协心而后道洽,在常情必以无功。二圣人信之笃,守之固,至诚恻怛之心,宽厚和平之政,浃于斯民,固结而不可解,此岂矫拂而伪为?亦出于自然而已。彼太史公诚后道洽,在常情必以无功。二圣人信之笃,守之固,至诚恻怛之心,宽厚和平之政,浃于斯民,固结而不可解,此岂矫拂而伪为?亦出于自然而已。彼太史公诚不知此,乃曰周西伯昌因羑里,归,与吕尚阴谋修德以倾商政。又曰公闻伯禽报政迟,乃叹曰:'鲁后世其北面而事齐矣。'此特战国变诈之谋,后世苟简之说,殆非文王之事、周公之言也。迁不能辨其是非,又从而笔之于书,使后人怀欲得之心,务速成之功者,借此以为口实,其害岂小哉?"

——王应麟《困学纪闻》卷十一

正道之不明,自战国之急于功利者滑之,而汉儒不能明,后世不能讨也。太公,亚圣之大贤也,其仕于周也亦不苟矣。孟子曰:"太公避纣,居东海之滨,闻文王作兴,曰:'盍归乎来,吾闻西伯善养老者。'"贤者之去就可知矣。而太史公乃以为渔,隐于渭,文王卜,畋于渭之阳,载与俱归,爰立为师。且以为西伯昌因于羑里,尚隐此泉,其臣闳夭、散宜生、南宫括者相与学讼于公,四子于是见西伯于羑里、而复相与求美女、文马、白狐、奇物以献纣,而脱其囚,归而与之阴谋修德以倾商政。其然乎?夫太公之为人果如是也耶?其出处之际必有义,而其致君也亦有道矣,何至操切谲诡为倾人之举哉!

——罗泌《路史发挥》卷二

太史公诸世家叙诸侯事,而王室始乱、伯主代兴,皆谨书之。如厉王之奔,宣王之立,幽王之弑,周东徙雒,秦始列为诸侯,小白、重耳、宋襄、楚庄之立、卒,与申生之杀,及敌国相灭各国,臣子之弑其君,皆三致意焉。而于孔子之生卒及相鲁尤详,至书鲁隐公初立者,以为作《春秋》地也,此等义例皆不愧良史。

管子天下才也,其始委质子纠而事之,襄公既弑,则惟恐子纠之不得立也,而其为子纠谋则亦有未善焉。春秋时列国亡公子之在外而终得反国自立者,外必有强国主之,内必有强臣应之,然后可以得志。管子一出,即奉子纠奔鲁。夫鲁,相忍之国也岂可恃哉？彼莒卫为小白外主,高国为小白内主,莒卫合则足以敌鲁,而管子在外固不能敌高国也。管子盍求大国如秦晋者而请命焉？而阴结其大夫之足以制高国者以为腹心,然后求入,如不得入,亟为逃死之计可也。乃竟贸贸然出于于然入,侥幸于射钩之一中,而懈不复备,遂使子纠生窦之杀如屠豕然,岂不惜哉！……高国谋之于内,小白攻之于外,事犹未可知也,况不得入乎？有如秦晋主子纠于外,则彼小白初立,又安敢以不义胁邻国,使杀其兄弟而束缚其臣以归于已乎？吾故曰管仲天下才也,而其为子纠谋则未善也。

——黄淳耀《史记评论·平准书》

太史公叙太公始为阴谋处,兵家者言也。非是。

——茅坤《史记钞》卷十八

齐鲁皆大国,侯伯之命盍为不于鲁而于齐乎？当是时,周公未这鲁,太公在齐,伯禽何可当也？

——凌氏《史记评林·孝文本纪》邵宝批语

史公兼取杂说。如此篇书阴谋倾商就国报政皆未详考。所谓刊落不尽者也。凡诸杂说出于何书今犹多可考见。古文家圈点以为史公之妙,考据家纠驳以为史公之失,史公皆不任也。整齐百家乃是其志,然力有未逮,见有未周。以今所传古书观之,所采仅十之三、四,而十之五、六非皆不雅训也。若以所去取为信否之断则误矣。此篇景公坐柏寝,混三事为一事。且晏子之谏多矣,何独取此？亦显系钞《左传》而误参杂说。凡世家中叙事讹舛,皆随手排比之误。其排比《左传》显有痕迹。顾氏谓其与《左传》不同者,当以《传》为正,是也。吴汝纶评首载猎渭阳事,谓此等俗说史皆载之,所以博其趣。夫太公志在厥协异传,正当刊正缪妄,何反博其趣耶？

——刘咸炘《太史公书知意·世家·齐太公世家》

四、思考与讨论：

1. 请在本篇中找出"迭见法"的其他例子。

2. 司马迁怎样看待"立德"与"立功"之间的关系？试结合此篇与《伯夷列传》、《周本纪》《孝文本纪》进行讨论。

3. 结合《太史公自序》、《孔子世家》、《叔孙通列传》、《礼书》以及此篇,考察司马迁对礼学的态度与观念。

孔 子 世 家

题解：

孔子的伟大地位与深远影响，在古今中外都是屈指可数的。为这样一位人物作传，司马迁的《孔子世家》尤其值得重视。

在司马迁写作《史记》的时代，儒学作为官学的统治地位已被确立下来，孔子也是作为权威、偶像被时人崇拜的。可是，我们不难看出，司马迁在此篇传记中并不是要树立一个不食人间烟火的圣人形象，而是写得有庄有谐，情事并重，态度客观，议论得体，既有严谨的史家"实录"，又充满亲切自然的生活气息。

孔子曾自述："吾少也贱，故多能鄙事"（《论语·子罕》），司马迁也并没有讳言这位大圣人的身世：野合而生，幼年丧父，连去赴个宴会也因地位低贱而被人羞辱。然而，正是这并不显赫的身世才更反衬出孔子的伟大，难怪司马迁在论赞中云："天下君王至于贤人众矣，当时则荣，没则已焉。孔子布衣，传十余世，学者宗之。自天子王侯，中国言六艺者折中于夫子，可谓至圣矣！"

司马迁对孔子的敬仰是见乎言辞、充满感情的："《诗》有之：'高山仰止，景行行止。'虽不能至，然心向往之。余读孔氏书，想见其为人。适鲁，观仲尼庙堂、车服、礼器，诸生以时习礼其家，余祗回留之不能去云。"然而，强烈的感情并没有淡化司马迁"爱而知其丑，恶而知其美"的实录精神，司马迁在此篇中也记述了他所敬仰的另一位人物晏子对孔子的批评："夫儒者滑稽而不可轨法；倨傲自顺，不可以为下；崇丧遂哀，破产厚葬，不可以为俗；游说乞贷，不可以为国。自大贤之息，周室既衰，乐缺有间。今孔子盛容饰，繁登降之礼，趋详之节，累世不能殚其学，当年不能究其礼。君欲用之以移齐俗，非所以先细民也。"

《晏子春秋》中亦有晏子批评孔子的一段话："彼浩裾自顺，不可以教下；好乐缓于民，不可使亲治；立命而建事，不可守职；厚葬破民贫国，久丧道哀费日，不可使子民；行之难者在内而儒者务其外，故异于服，勉于容，不可以道众而驯百姓。自大贤之灭，周室之卑也，威仪加多而民行滋薄，声乐繁充而世德滋衰，今孔丘盛声乐以侈世，饰弦歌鼓舞以聚徒，繁登降之礼，趋翔之节以观众。学不可以仪世，劳思不可以补民，兼寿不能殚其教，当年不能究其礼，积财不能赡其乐，繁饰邪术以营世君,盛为声乐以淫愚其民也,不可以示其教也,不可以导民。"概而言之,这段话对孔子的批评主要集中在四个方面:一、高傲自负,难以教化民众;二、儒家学说过于强调外在的东西,又相当复杂,难以学习。三、兴礼作乐是儒家治国的核心主张,然而在"大贤之灭,周室之卑"的时代背景下,以礼乐治国根本没有实效。四、所主张的丧期太长,误事废业;崇尚厚葬,破财贫国。可以看出,司马迁所记述的晏子语与《晏子春秋》中的晏子语意思基本相同,说法则颇异。与之形成对照的是,《史记》最后一篇《太史公自序》载有司马迁之父司马谈的《论六家要旨》,此文将春秋战国以来的"百家之学"概括出重要的儒、墨、阴阳、名、法、道六家,除道家外,对各家学说均有批评,其中批评儒家学说时云:"累世不能通其学,当年不能究其礼。"只有一个字与所记述的晏子语不同("通"换成了"殚")。很明显,对儒家"累世不能殚其学,当年不能究其礼"之弊,司马迁与其父以及晏子一样,是持批评态度的。否则,他没有必要将其父批评儒家的话语移于此处。

尽管如此,从整体上来说,司马迁对孔子评价甚高。除了本篇的论赞外,既无封爵、又无封土的孔子被列入"世家",这本身就是一种对孔子历史地位与历史作用的褒扬。另外,司马迁还"寓论断于叙事之中",让读者自己从具体事迹中去体会孔子的人格魅力与精神光辉。

此篇先简明扼要地点出孔子一生的境遇:"孔子贫且贱。及长,尝为季氏史,料量平;尝为司职吏而畜蕃息。由是为司空。已而去鲁,斥乎齐,逐乎宋、卫,困于陈、蔡之间,于是反鲁。孔子长九尺有六寸,人皆谓之'长人'而异之。鲁复善待,由是反鲁。"这段记述侧重于两个方面:仕途与周游列国。后面司马迁也正是以这两个方面为线索进行叙事,层次非常清楚。

先看看孔子的仕途。孔子能从"贫且贱"中步入仕途,他的才能起了很大的作用。"料量平""畜蕃息"还不过是牛刀小试,任中都宰、夹谷之会、摄鲁相事时才算大显身手。除了直接叙述之外,司马迁还从侧面凸显出孔子的才能:冉有率领鲁国军队打败了强齐,可当季康子问他的军事才能"学之乎?性之乎?"时,他回答说:"学之于孔子";子贡出使国外,几番说辞便起到了"存鲁乱齐破吴疆晋霸越"(《仲尼弟子列传》)的巨大作用,外交才能相当惊人,然而这样一位有才能的人曾这样评价孔子:"夫子文章,可得闻也。夫子言天道与性命,弗可得闻也已。"他还在孔子去世后为孔子守了六年的丧;孔子以布衣身份传道授学,竟然使执政者们感受到莫大的威胁:"昭王将以书社地七百里封孔子。楚令尹子西曰:'王之使使诸侯有如子贡者乎?'曰:'无有。''王之辅相有如颜回者乎?'曰:'无有。''王之将率有如子路者乎?'曰:'无有。''王之官尹有如宰予者乎?'曰:'无有。''且楚之祖封于周,号为子男五十里。今孔丘述三、五之法,明周、召之业,王若用之,则楚安得世世堂堂方数千里乎!夫文王在丰,武王在镐,百里之君卒王天下。今孔丘得据土壤,贤弟子为佐,非楚之福也。'昭王乃止。"……不用举太多的例子,仅以上几个便足以使读者了解,孔子不是死读书本的老学究,还有着实际处理政务的才能。

不仅有才,孔子还有建功立业之志,本篇记述孔子的话说:"君子病没世而名不称焉""我岂匏瓜也哉,焉能系而不食?""苟有用我者,期月而已,三年有成",又以荷蒉者、长沮、桀溺、楚狂接舆等反衬出他知其不可为而为之的用世精神,明白了这一点,我们就能够懂得,为什么连中牟、费那么小的地盘,孔子都愿意委屈自己去应召作官。说来说去,孔子还是不甘心无所作为啊。居然还有人认为孔子官迷心窍、贪恋富贵,那可真是极大的误解。试想,他已经做到了大司寇,又没人赶他走,若是官迷心窍、贪恋富贵,他至于只因为季桓子接受了齐国的文马女乐、又没有给大夫们分送祭肉而弃官出走,在外颠沛流离十四年吗?卫灵公给他的物质待遇并不算差(俸六万),他又至于只因卫灵公"与孔子语,见蜚雁,仰视之,色不在孔子"而从卫国出走吗?

既有才能、又有用世之志的孔子周游列国十四年,想有作为却一直不能有所作为,只好在教育与文化建设事业上作出贡献,这是孔子的悲剧,也是时代的悲剧。不过话又说过来,教育与文化建设者的身份也许更适合孔子。虽然没能在政治上有所作为,但是想想梁启超先生所说的"思成来信问有用无用之别,这个问题很容易解答,试问唐开元、天宝间李白、杜甫与姚崇、宋璟比较,其贡献于国家者孰多?为中国文化史及全人类文化史起见,姚、宋之有无,算不得什么事。若没有了李、杜,试问历史减色多少呢?"从"中国文化史及全人类文化史起见",孔子作为教育与文化建设者的身份举足轻重。

再看一看孔子的周游列国。孔子曾说:"不义而富且贵,于我如浮云。"又说:"天下有道则见,无道则隐。"放着养尊处优的日子不过而去四处飘泊,为什么?不就是因为执政者"不义",天下"无道"么?担负着、捍卫着、坚守着心目中的"道",孔子义无反顾地上路了,去周游列国。"周游"两个字可能太轻飘,因为,孔子曾走得那么艰险:在卫国被人中伤,在匡、蒲被人围困,为桓魋所逼,在陈蔡绝粮……不过,在孔子看来,他艰辛的旅程恐怕还真是"优哉游哉",因为,在郑国与弟子失散,子贡转述郑人的话之后,他居然能够"欣然笑曰:'形状,末也。而谓似丧家之狗,然哉!然哉!'";在陈蔡绝粮之时,弟子们一个个疲困不堪,精神不振,他却能够

"讲诵弦歌不衰",还能够在谈笑风生的潇洒谈吐中表现出"道已大修"的自信与"不容何病,不容然后见君子"的豪情。他曾这样描绘自己:"学道不倦,诲人不厌,发愤忘食,乐以忘忧,不知老之将至",诚然!

正文:

孔子生鲁昌平乡陬邑。先①宋人也,曰孔防叔。防叔生伯夏,伯夏生叔梁纥。纥与颜氏女野合②而生孔子,祷于尼丘得孔子。鲁襄公二十二年而孔子生。生而首上圩顶③,故因名曰丘云。字仲尼,姓孔氏。

丘生而叔梁纥死,葬于防山。防山在鲁东,由是孔子疑其父墓处,母讳之也④。孔子为儿嬉戏,常陈俎豆⑤,设礼容⑥。孔子母死,乃殡五父之衢⑦,盖慎也。郰人挽父之母诲孔子父墓⑧,然后往合葬于防焉。

孔子要绖⑨,季氏飨⑩士,孔子与往。阳虎绌⑪曰:"季氏飨士,非敢飨子也。"孔子由是退。孔子年十七,大夫孟釐子病且⑫死,诫其嗣懿子曰⑬:"孔丘,圣人之后,灭于宋⑭。其祖弗父何始有宋而嗣让厉公⑮。及正考父佐戴、武、宣公,三命兹益恭⑯,故鼎铭⑰云:'一命而偻⑱,再命而

---

① 先:祖先。
② 野合:叔梁纥娶颜氏女时已超过64岁,二人年龄相差极大,这在当时不合礼法,称为"野合"。
③ 圩顶:头顶四周高,中间低。圩(wéi),凹陷。
④ 母讳之:叔梁纥去世时,由于颜氏女乃少妻,按礼法规定不便送葬,故不知叔梁纥墓地在何处,无法告知孔子。
⑤ 陈:陈列、摆设。俎:方形祭器,豆:圆形祭器。
⑥ 容:礼仪。
⑦ 殡:停放灵柩。五父之衢:鲁之街道名。
⑧ 郰(zōu):同"陬",陬邑。诲:告知。
⑨ 要(yāo):通"腰"。绖(dié):丧服中的麻带。
⑩ 飨:设宴款待。
⑪ 绌(chù):通"黜",贬斥。
⑫ 且:将要。
⑬ 诫:嘱咐。嗣:继承人。
⑭ 灭于宋:孔子六世祖孔父嘉在宋国被华督杀死,其子防叔奔鲁,故云"灭于宋"。
⑮ 其祖弗父何始有宋而嗣让厉公:孔子远祖弗父何为宋国嗣君,但他让位于弟弟宋厉公。
⑯ 三命:指三次任命。兹益:更加。
⑰ 铭:鼎上所刻文字。
⑱ 偻:与下文之"伛"皆指弯腰鞠躬。

伛,三命而俯,循墙而走①,亦莫敢余侮②。饘于是③,粥于是,以餬余口④,其恭如是。吾闻圣人之后,虽不当世,必有达者⑤。今孔丘年少好礼,其达者欤？吾即没⑥,若必师之⑦。"及釐子卒,懿子与鲁人南宫敬叔往学礼焉。是岁,季武子卒,平子立。

孔子贫且贱。及长,尝为季氏史⑧,料量平⑨;尝为司职吏而畜蕃息⑩。由是为司空⑪。已而去鲁,斥乎齐,逐乎宋、卫,困于陈、蔡之间,于是反鲁⑫。孔子长九尺有六寸⑬,人皆谓之"长人"而异之。鲁复善待,由是反鲁。

鲁南宫敬叔言鲁君曰:"请与孔子适周⑭。"鲁君与之一乘车,两马,一竖子俱⑮,适周问礼,盖⑯见老子云。辞去,而老子送之曰:"吾闻富贵者送人以财,仁人者送人以言。吾不能富贵,窃仁人之号,送子以言,曰:'聪明深察而近于死者,好议人者也。博辩广大危其身者,发⑰人之恶者也。为人子者毋⑱以有己,为人臣者毋以有己。'"孔子自周反于鲁,弟子稍益进⑲焉。

---

① 循:沿着。走:快步走。此句形容举止谦恭。
② 余侮:即"侮余"。
③ 饘(zhān):烧煮稠粥。于是:在此鼎中。
④ 餬:用饘、粥来维持生活。
⑤ 当世:做国君。达者:显贵之人。
⑥ 即:如果。没(mò):同"殁",死。
⑦ 若:你。师之:以之为师。
⑧ 史:古代管理仓库的小官。
⑨ 料:计算。量:计量。平:公平准确。
⑩ 司职吏:管理畜牧的小官吏。蕃息:繁殖。
⑪ 司空:掌管工程建筑的官名。
⑫ 反:通"返"。
⑬ 九尺有六寸:古时尺寸较现代短。有,通"又"。
⑭ 适:往,到。周:此处指东周的国都洛邑。
⑮ 乘:辆。竖子:小子,指童仆。
⑯ 盖:大约。
⑰ 发:举发,揭发。
⑱ 毋:不要。
⑲ 稍:渐渐。益:增多。进:此处指进师门。

是时也，晋平公淫，六卿擅权①，东伐诸侯；楚灵王兵强，陵轹中国②；齐大而近于鲁。鲁小弱，附于楚则晋怒；附于晋则楚来伐；不备③于齐，齐师侵鲁。

鲁昭公之二十年，而孔子盖年三十矣。齐景公与晏婴来适鲁，景公问孔子曰："昔秦穆公国小处辟④，其霸何也？"对曰："秦，国虽小，其志大；处虽辟，行中正。身举五羖⑤，爵之大夫，起累绁⑥之中，与语三日，授之以政。以此取之，虽王可也，霸小矣。"景公说。

孔子年三十五，而季平子与郈昭伯因斗鸡故得罪鲁昭公⑦，昭公率师击平子，平子与孟氏、叔孙氏三家⑧共攻昭公，昭公师败，奔于齐，齐处昭公乾侯⑨。其后顷之，鲁乱。孔子适齐，为高昭子家臣⑩，欲以通乎景公。与齐太师语乐⑪，闻《韶》音⑫，学之，三月不知肉味，齐人称之⑬。

景公问政孔子，孔子曰："君君⑭，臣臣，父父，子子。"景公曰："善哉！信⑮如君不君，臣不臣，父不父，子不子，虽有粟，吾岂得而食诸！"他日又复问政于孔子，孔子曰："政在节财。"景公说，将欲以尼谿田封孔子。

---

① 六卿擅权：指韩氏、赵氏、魏氏、范氏、中行氏及智氏六家世卿把持国政。参阅《晋世家》。
② 陵轹(lì)：欺压。中国：指中原地区。
③ 备：周全。
④ 辟：同"僻"，偏僻。
⑤ 身举：亲自提拔。五羖(gǔ)：指百里奚。百里奚原为虞国人，作为陪嫁奴隶随秦穆公夫人入秦，后逃离秦国，被楚人捉住，秦穆公知其贤，用五张羊皮把他赎回，任为大夫，号"五羖大夫"。详见卷五《秦本纪》。羖，黑色公羊。
⑥ 累(léi)：通"縲"。绁(xiè)：与"縲"皆是拘系人用的绳索，此处引申为囚犯。
⑦ 季平子与郈昭伯因斗鸡故得罪鲁昭公：详参《左传·昭公二十五年》。
⑧ 平子与孟氏、叔孙氏三家：季氏、孟孙氏、叔孙氏皆鲁桓公的后裔，又称"三桓"，是鲁国有实权的贵族世家。孟氏：即孟孙氏。
⑨ 处：处置，安置。乾侯，地名。
⑩ 高昭子：齐卿，执掌国政。家臣：卿大夫的私家臣僚。
⑪ 太师：乐官。语乐：谈论音乐。
⑫《韶》：古代乐曲名，相传为舜所作。
⑬ 称：称道，赞扬。
⑭ 君君：国君要像国君的样子。下同。
⑮ 信：确实。

晏婴进曰："夫儒者滑稽而不可轨法①；倨傲自顺②，不可以为下③；崇丧遂哀④，破产厚葬，不可以为俗；游说乞贷⑤，不可以为国。自大贤之息⑥，周室既衰，乐缺有间⑦。今孔子盛容⑧饰，繁登降之礼⑨，趋详之节⑩，累世不能殚其学，当年⑪不能究其礼。君欲用之以移齐俗，非所以先细民⑫也。"后景公敬见孔子，不问其礼。异日，景公止孔子曰："奉子以季氏，吾不能。"以季、孟之间待之⑬。齐大夫欲害孔子，孔子闻之。景公曰："吾老矣，弗能用也。"孔子遂行，反乎鲁。

孔子年四十二，鲁昭公卒于乾侯，定公立。定公立五年，夏，季平子卒，桓子嗣立。季桓子穿井得土缶，中若羊⑭，问仲尼云"得狗"。仲尼曰："以丘所闻，羊也。丘闻之，木石之怪夔、罔阆，水之怪龙、罔象，土之怪坟羊。"

吴伐越，堕会稽，得骨节专车⑮。吴使使问仲尼："骨何者最大？"仲尼曰："禹致⑯群神于会稽山，防风氏后至，禹杀而戮⑰之，其节专车，此为大矣。"吴客曰："谁为神？"仲尼曰："山川之神足以纲纪⑱天下，其守为神⑲，

---

① 滑稽：指能言善辩，与今义不同。轨法：以法规约束。
② 倨：傲慢。自顺：自以为是。
③ 为下：《墨子·非儒下》、《晏子春秋·外篇第八》均作"教下"。
④ 崇丧：崇重丧事。遂：终，竟。
⑤ 贷：借贷。
⑥ 息：灭。
⑦ 有间：颇有一段时间了。
⑧ 容：礼仪。
⑨ 登降之礼：指上下朝的礼节。
⑩ 趋：小步快走，表示恭敬。详：谨慎。节，礼节。
⑪ 当年：终生，一辈子。
⑫ 先：先导，导引。细民：小民，百姓。
⑬ 季、孟之间待之：指给孔子以上卿和下卿之间的待遇。季孙氏当时为上卿，孟孙氏为下卿。
⑭ 中若羊：里面有像羊一样的东西。
⑮ 堕(huī)：通"隳"，毁坏。专：独占。
⑯ 致：召集。
⑰ 戮：陈尸示众。
⑱ 纲纪：治理，管理，此处有造福的意思。
⑲ 守：指监守山川祭祀之人。神：指神化了的部落首领。

社稷为公侯①,皆属于王者。"客曰:"防风何守?"仲尼曰:"江罔氏之守封、禺之山,为釐姓。在虞、夏、商为汪罔,于周为长翟,今谓之大人。"客曰:"人长几何?"仲尼曰:"僬侥氏三尺,短之至也。长者不过十之②,数之极也。"于是吴客曰:"善哉圣人!"

桓子嬖臣③曰仲梁怀,与阳虎有隙④,欲逐怀,公山不狃止之。其秋,怀益骄,阳虎执怀。桓子怒,阳虎因桓子,与盟而醳⑤之。阳虎由此益轻季氏。季氏亦僭于公室⑥,陪臣⑦执国政,是以鲁自大夫以下皆僭离于正道。故孔子不仕,退而修《诗》《书》《礼》《乐》,弟子弥⑧众,至自远方,莫不受业焉。

定公八年,公山不狃不得意于季氏,因阳虎为乱,欲废三桓之適⑨,更立庶孽⑩阳虎素所善者,遂执季桓子。桓子诈之,得脱。定公九年,阳虎不胜,奔于齐。是时孔子年五十。

公山不狃以费畔⑪季氏,使人召孔子。孔子循道弥久⑫,温温⑬无所试,莫能己用⑭,曰:"盖周文、武起丰、镐而王,今费虽小,傥庶几⑮乎!"欲往。子路不说,止孔子。孔子曰:"夫召我者岂徒⑯哉?如用我,其为东周乎⑰!"然亦卒不行。

---

① 社稷为公侯:监守社稷祭祀的是公侯。社:土地神。稷:谷神。
② 十之:是其十倍。
③ 嬖臣:宠幸偏爱之臣。
④ 隙:嫌隙,仇怨。
⑤ 醳(shì):通"释",释放。
⑥ 僭(jiàn):非法冒用或占据上级的名位行事。公室:指国君。
⑦ 陪臣:诸侯国的大夫对天子自称陪臣。此处指季氏。
⑧ 弥:更加。
⑨ 適(dí):同"嫡",宗法制度下的法定继承人。
⑩ 庶孽:非正妻所生的儿子。
⑪ 畔:通"叛",反叛。
⑫ 循道:指遵循正道。弥:久。
⑬ 温温(yùn):同"蕴蕴",郁郁不得志的样子。
⑭ 己用:宾语前置,即"用己",任用自己。
⑮ 傥:或许。庶几:差不多。
⑯ 徒:白费,空。
⑰ 其:将要。东周:在东方复兴周道。

其后定公以孔子为中都宰①,一年,四方皆则②之。由中都宰为司空,由司空为大司寇③。

定公十年春,及齐平④。夏,齐大夫黎鉏言于景公曰:"鲁用孔丘,势危齐。"乃使使告鲁为好会,会于夹谷。鲁定公且以乘车好往⑤。孔子摄⑥相事,曰:"臣闻有文事者必有武备,有武事者必有文备。古者诸侯出疆,必具⑦官以从。请具左右司马⑧。"定公曰:"诺。"具左右司马会齐侯夹谷,为坛位⑨,土阶三等⑩,以会遇之礼⑪相见,揖让而登。献酬⑫之礼毕,齐有司⑬趋而进曰:"请奏四方之乐⑭。"景公曰:"诺。"于是旍旄羽袚矛戟剑拨鼓噪⑮而至。孔子趋而进,历阶而登⑯,不尽一等⑰,举袂⑱而言曰:"吾两君为好会,夷狄之乐何为于此!请命有司!"有司却之,不去,则左右视晏子与景公。景公心怍⑲,麾⑳而去之。有顷,齐有司趋而进曰:"请奏宫中之乐。"景公曰:"诺。"优倡侏儒为戏而前。孔子趋而进,历阶而

---

① 宰:长官。
② 则:效法。
③ 大司寇:执掌刑狱的官名。
④ 及:与。平:和好。
⑤ 且:将要。好往:不加防范地前往。
⑥ 摄:代理。相:此处指主持盟会的司仪。
⑦ 具:配备。
⑧ 司马:掌管军事的官名。
⑨ 坛:用于祭祀、盟会的高台。位:席位。
⑩ 三等:台阶的三级。
⑪ 会遇之礼:诸侯相会时的一种简略礼节。
⑫ 献酬:敬酒劝酒。
⑬ 有司:主管官员。
⑭ 四方之乐:指边地少数民族的乐舞。
⑮ 旍(jīng):同"旌",彩旗。旄(máo):饰有牦牛尾的旗子。袚(fú):通"帗",五色帛制成的舞具。拨(fá):通"瞂",大盾。鼓噪:击鼓喧哗。
⑯ 历阶而登:按照古代礼法,登台阶时每上一级,要有一个双足并立的动作,然后才能登下一级台阶。如果一只脚踏上第一级,另一只脚直接踏上第二级,就叫做"历阶"。此处是说孔子因紧急而不拘细礼了。
⑰ 不尽一等:还有一级台阶没有上。
⑱ 袂(mèi):衣袖。
⑲ 怍:惭愧。
⑳ 麾:挥手。

登,不尽一等,曰:"匹夫而营惑①诸侯者罪当诛!请命有司!"有司加法焉,手足异处②。景公惧而动,知义不若,归而大恐,告群臣曰:"鲁以君子之道辅君,而子独以夷狄之道教寡人,使得罪于鲁君,为之奈何?"有司进对曰:"君子有过则谢以质③,小人有过则谢以文④。若悼⑤之,则谢以质。"于是齐侯乃归所侵鲁之郓、汶阳、龟阴之田以谢过。

定公十三年夏,孔子言于定公曰:"臣无藏甲⑥,大夫毋百雉⑦之城。"使仲由为季氏宰,将堕三都⑧。于是叔孙氏先堕郈。季氏将堕费,公山不狃、叔孙辄率费人袭鲁。公与三子入于季氏之宫⑨,登武子⑩之台。费人攻之,弗克,入及公侧。孔子命申句须、乐颀⑪下伐之,费人北⑫。国人追之,败诸姑蔑。二子奔齐,遂堕费。将堕成,公敛处父谓孟孙曰:"堕成,齐人必至于北门。且成,孟氏之保鄣⑬,无成是无孟氏也。我将弗堕。"十二月,公围成,弗克。

定公十四年,孔子年五十六,由大司寇行摄相事⑭,有喜色。门人曰:"闻君子祸至不惧,福至不喜。"孔子曰:"有是言也。不曰'乐其以贵下人'乎?"于是诛鲁大夫乱政者少正卯。与闻⑮国政三月,粥羔豚者弗饰

---

① 营惑:迷惑。
② 手足异处:此处指腰斩之刑。
③ 质:实在的东西。
④ 文:掩饰。
⑤ 悼:悲伤。
⑥ 甲:兵甲,此处指武器。
⑦ 雉:古代城墙长三丈高一丈为一雉。
⑧ 堕(huī):通"隳",毁坏。三都:指季孙氏、孟孙氏、叔孙氏三人的采邑:孙氏之费,叔孙氏之郈,孟孙氏之成。
⑨ 宫:住宅。秦汉以后才以"宫"特指帝王住处。
⑩ 武子:季武子。
⑪ 申句须、乐颀:二人为鲁国大夫。
⑫ 北:败逃。
⑬ 鄣:同"障"。
⑭ 摄相事:摄,代理。相,处理政务的最高行政官。当时鲁国无相这样的职位,此系史迁据秦汉官名来追述。
⑮ 与闻:参与。

贾①；男女行者别于涂②；涂不拾遗；四方之客至乎邑者，不求有司，皆予之以归。

齐人闻而惧，曰："孔子为政必霸，霸则吾地近焉，我之为先并矣。盍致地焉③？"黎鉏曰："请先尝沮之④；沮之而不可则致地，庸⑤迟乎！"于是选齐国中女子好者八十人，皆衣文衣而舞《康乐》⑥，文马三十驷⑦，遗⑧鲁君。陈女乐文马于鲁城南高门外。季桓子微服往观再三，将受，乃语鲁君为周道⑨游，往观终日，怠于政事。子路曰："夫子可以行矣。"孔子曰："鲁今且郊⑩，如致膰⑪乎大夫，则吾犹可以止。"桓子卒受齐女乐，三日不听政；郊，又不致膰俎⑫于大夫。孔子遂行，宿乎屯。而师己送。曰："夫子则非罪。"孔子曰："吾歌可夫？"歌曰："彼妇之口，可以出走；彼妇之谒⑬，可以死败。盖优哉游哉，维以卒岁⑭！"师己反，桓子曰："孔子亦何言？"师己以实告。桓子喟然叹曰："夫子罪我以群婢故也夫！"

孔子遂适卫，主⑮于子路妻兄颜浊邹家。卫灵公问孔子："居鲁得禄几何？"对曰："奉六万⑯。"卫人亦致粟六万。居顷之，或谮⑰孔子于卫灵公，灵公使公孙余假一出一入⑱。孔子恐获罪焉，居十月，去卫。

---

① 粥：通"鬻(yù)"，卖。贾(jià)：同"价"。
② 涂：同"途"，道路。
③ 盍：何不。致：献。
④ 沮：阻挠。
⑤ 庸：难道。
⑥ 文衣：指装饰华美的衣服。《康乐》：舞曲名。
⑦ 文马：身披彩饰的马。驷：四匹马。古时一车驾四匹马，故以此为计算马匹的单位。
⑧ 遗：赠送。
⑨ 周道：绕道。
⑩ 郊：冬至日在南郊祭天。这本为天子祭礼，因鲁为周公封地，周成王特赐鲁国也可举行郊祀。
⑪ 致：送。膰(fán)：祭祀用的烤肉。按当时礼制，祭祀之后应将烤肉分送大臣，以此表示对大臣的尊重。
⑫ 膰俎：盛于俎中的祭肉。俎：古代盛放食物的容器。
⑬ 谒：禀告，告请。
⑭ 维：助词，无义。卒岁：消磨岁月。
⑮ 主：客居。
⑯ 奉：通"俸"，俸禄。六万：计量单位不详，《史记正义》称为六万小斗，计二千石，系猜测之词。
⑰ 谮(zèn)：进谗言，中伤。
⑱ 一出一入：指出入频繁，以此表明对孔子的不信任。

将适陈,过匡,颜刻①为仆,以策②指之曰:"昔吾入此,由彼缺也。"匡人闻之,以为鲁之阳虎,阳虎尝暴③匡人,匡人于是遂止孔子,孔子状类阳虎,拘焉④五日。颜渊后,子曰:"吾以汝为死矣。"颜渊曰:"子在,回何敢死!"

匡人拘孔子益急,弟子惧。孔子曰:"文王既没,文不在兹⑤乎?天之将丧斯文也,后死者不得与于斯文也⑥;天之未丧斯文也,匡人其如予何⑦!"孔子使从者为宁武子⑧臣于卫,然后得去。

去即过蒲,月余,反乎卫,主蘧伯玉家。灵公夫人有南子者,使人谓孔子曰:"四方之君子不辱⑨欲与寡君为兄弟者,必见寡小君⑩。寡小君愿见。"孔子辞谢,不得已而见之。夫人在絺帷⑪中。孔子入门,北面稽首⑫。夫人自帷中再拜,环佩玉声璆然⑬。孔子曰:"吾乡⑭为弗见,见之礼答焉。"子路不说。孔子矢⑮之曰:"予所不者⑯,天厌之!天厌之!"居卫月余,灵公与夫人同车,宦者雍渠参乘⑰,出,使孔子为次乘,招摇市过之。孔子曰:"吾未见好德如好色者也。"于是丑之,去卫,过曹。是岁,鲁定公卒。

孔子去曹适宋,与弟子习礼大树下。宋司马桓魋欲杀孔子,拔其树。

---

① 颜刻:孔子弟子,可参阅《仲尼弟子列传》。仆:驾车的人。
② 策:马鞭。
③ 暴:施暴。
④ 焉:于此。
⑤ 文:指周代的礼乐制度与文化典籍。兹:这里,指孔子自己。
⑥ 后死者:在周文王后死的,此处指孔子自己。与:与闻。
⑦ 其:岂。如予何:把我怎么样。
⑧ 宁武子:卫国卿大夫。此句有误,宁武子去世时孔子尚未出生。
⑨ 不辱:谦词,不以为辱。
⑩ 寡小君:对国君夫人的谦称,此处指南子。
⑪ 絺(chī)帷:细葛布帐子。
⑫ 稽首:叩头触地,表恭敬的礼节。
⑬ 璆(qiú)然:此处指美玉相碰撞发出的声音。
⑭ 乡(xiàng):同"向",向来,一向。
⑮ 矢(shì):通"誓",发誓。
⑯ 所:如果。不(fǒu):通"否",不是这样。
⑰ 参乘:居车右陪乘。

孔子去。弟子曰："可以速矣。"孔子曰："天生德于予，桓魋其如予何！"孔子适郑，与弟子相失，孔子独立郭①东门。郑人或谓子贡曰："东门有人，颡②似尧，项类皋陶，其肩类子产，然自要③以下不及禹三寸，累累④若丧家之狗。"子贡以实告孔子。孔子欣然笑曰："形状，末也。而谓似丧家之狗，然哉！然哉！"

孔子遂至陈，主于司城贞子家。岁余，吴王夫差伐陈，取三邑而去。赵鞅伐朝歌。楚围蔡，蔡迁于吴。吴败越王句⑤践会稽。有隼集⑥于陈廷而死，楛矢贯⑦之，石砮⑧，矢长尺有咫⑨。陈湣公使使问仲尼。仲尼曰："隼来远矣，此肃慎⑩之矢也。昔武王克商，通道九夷百蛮⑪，使名以方贿⑫来贡，使无忘职业⑬。于是肃慎贡楛矢石砮，长尺有咫。先王欲昭其令德⑭，以肃慎矢分大姬⑮，配胡公而封诸陈。分同姓以珍玉，展⑯亲；分异姓以远方职，使无忘服⑰。故分陈以肃慎矢。"试求之故府，果得之。

孔子居陈三岁，会晋、楚争强，更伐陈，及吴侵陈，陈常被寇。孔子曰："归与归与！吾党之小子狂简⑱，进取不忘其初。"于是孔子去陈。过蒲，会⑲公叔氏以蒲畔，蒲人止孔子。弟子有公良孺者，以私车五乘从孔

---

① 郭：外城。
② 颡：额头。
③ 要（yāo）：同"腰"。
④ 累累：疲惫狼狈的样子。
⑤ 句（gōu）：同"勾"。
⑥ 隼（sǔn）：一种猛禽。集：栖息。
⑦ 楛（hù）：树名。贯：穿。
⑧ 石砮（nǔ）：石制的箭头。
⑨ 咫：长度单位，按周制一咫为八寸。
⑩ 肃慎：古部族名。
⑪ 九夷百蛮：泛指各少数民族。
⑫ 方贿：地方物产。
⑬ 职：贡品。业：事。
⑭ 昭：表彰。令德：美德。
⑮ 大姬：周武王长女。
⑯ 展：重视。
⑰ 服：职责。
⑱ 党：乡党，家乡。小子：此处指孔子弟子。狂简：志向远大而行为粗疏简单。
⑲ 会：恰逢。

子。其为人长贤,有勇力,谓曰:"吾昔从夫子遇难于匡,今又遇难于此,命也已。吾与夫子再罹①难,宁斗而死。"斗甚疾②。蒲人惧,谓孔子曰:"苟毋适卫,吾出子。"与之盟,出孔子东门。孔子遂适卫。子贡曰:"盟可负邪?"孔子曰:"要盟③也,神不听。"

卫灵公闻孔子来,喜,郊迎。问曰:"蒲可伐乎?"对曰:"可。"灵公曰:"吾大夫以为不可。今蒲,卫之所以待④晋、楚也,以卫伐之,无乃不可乎?"孔子曰:"男子有死之志,妇人有保西河之志。吾所伐者不过四五人。"灵公曰:"善。"然不伐蒲。灵公老,怠于政,不用孔子。孔子喟然叹曰:"苟有用我者,期月⑤而已,三年有成。"孔子行。

佛肸为中牟宰。赵简子攻范、中行,伐中牟。佛肸畔,使人召孔子。孔子欲往。子路曰:"由闻诸夫子:'身亲为不善者,君子不入也'。今佛肸亲以中牟畔,子欲往,如之何?"孔子曰:"有是言也。不曰坚乎,磨而不磷⑥;不曰白乎,涅而不淄⑦。我岂匏瓜⑧也哉,焉能系而不食?"孔子击磬。有荷蒉⑨而过门者,曰:"有心哉,击磬乎!硁硁⑩乎,莫己知也夫而已矣!"

孔子学鼓⑪琴师襄子,十日不进⑫。师襄子曰:"可以益矣。"孔子曰:"已习其曲矣,未得数⑬也。"有间,曰:"已习其数,可以益矣。"孔子曰:"丘未得其志也。"有间,曰:"已习其志,可以益矣。"孔子曰:"丘未得为人

---

① 罹:遭遇。
② 疾:竭力。
③ 要盟:要挟之下订立的盟约。要:要挟。
④ 待:防御。
⑤ 期月:一整年。
⑥ 磷:薄。
⑦ 涅:古代的一种黑色染料。此处作动词用,染。淄:黑色。
⑧ 匏[páo]瓜:葫芦的一种。比喻中看不中用。
⑨ 荷:扛、担。蒉(kuì):草编的筐。
⑩ 硁(kēng)硁:象声词,敲击石头的声音。
⑪ 鼓:演奏。
⑫ 进:指继续学习另外的曲子。
⑬ 数:技术、方法。

也。"有间,有所穆然①深思焉,有所怡然高望而远志焉。曰:"丘得其为人,黯然而黑,几②然而长,眼如望羊③,如王四国,非文王谁能为此也!"师襄子辟席④再拜,曰:"师盖云《文王操》也。"

孔子既不得用于卫,将西见赵简子。至于河而闻窦鸣犊、舜华之死也,临河而叹曰:"美哉水,洋洋⑤乎!丘之不济此,命也夫!"子贡趋而进曰:"敢问何谓也?"孔子曰:"窦鸣犊、舜华,晋国之贤大夫也。赵简子未得志之时,须此两人而后从政;及已得志,杀之乃从政。丘闻之也,刳胎杀夭⑥则麒麟不至郊,竭泽涸渔则蛟龙不合阴阳,覆巢毁卵则凤皇不翔。何则?君子讳伤其类也。夫鸟兽之于不义也尚知辟之,而况乎丘哉!"乃还息乎陬乡,作为《陬操》以哀之。而反乎卫,入主蘧伯玉家。

他日,灵公问兵陈⑦。孔子曰:"俎豆之事⑧则尝闻之,军旅之事未之学也。"明日,与孔子语,见蜚⑨雁,仰视之,色不在孔子。孔子遂行,复如陈。夏,卫灵公卒,立孙辄,是为卫出公。六月,赵鞅内太子蒯聩⑩于戚。阳虎使太子絻⑪,八人衰绖⑫,伪自卫迎者,哭而入,遂居焉。冬,蔡迁于州来。是岁鲁哀公三年,而孔子年六十矣。齐助卫围戚,以卫太子蒯聩在故也。夏,鲁桓、釐庙燔⑬,南宫敬叔救火。孔子在陈,闻之,曰:"灾必于桓、釐庙乎?"已而果然。

---

① 穆然:沉静深思的样子。
② 几(qí):通"颀",长。
③ 望羊:又作"望洋"、"望阳",连绵词,远望的样子。
④ 辟(bì):同"避"。辟席:离开坐着的席子,表示尊敬。
⑤ 洋洋:水势盛大的样子。
⑥ 刳(kū)胎:剖腹取胎。夭(ǎo):幼小的动植物。
⑦ 陈(zhèn),同"阵"。
⑧ 俎豆之事:指祭祀之事。
⑨ 蜚:通"飞"。
⑩ 内(nà):同"纳",接纳。蒯聩:灵公太子,当时流亡在外。内(nà):同"纳",接纳。蒯聩:灵公太子,当时流亡在外。
⑪ 絻(wèn):古代的一种孝服,以白布裹头。
⑫ 衰(cuī):同"缞",古代用粗麻布制成的孝服。绖(dié):围在头上的散麻绳为首绖,缠在腰间的为腰绖。
⑬ 燔:烧,烤。

秋,季桓子病①,辇而见鲁城,喟然叹曰:"昔此国几兴矣,以吾获罪于孔子,故不兴也。"顾谓其嗣康子曰:"我即死,若必相鲁;相鲁,必召仲尼。"后数日,桓子卒,康子代立。已葬,欲召仲尼。公之鱼曰:"昔吾先君用之不终,终为诸侯笑。今又用之,不能终,是再为诸侯笑。"康子曰:"则谁召而可?"曰:"必召冉求。"于是使使召冉求。冉求将行,孔子曰:"鲁人召求,非小用之,将大用之也。"是日,孔子曰:"归乎归乎!吾党之小子狂简,斐然成章②,吾不知所以裁之。"子赣③知孔子思归,送冉求,因诫曰:"即用,以孔子为招"云。

　　冉求既去,明年,孔子自陈迁于蔡。蔡昭公将如吴,吴召之也。前昭公欺其臣迁州来,后将往,大夫惧复迁,公孙翩射杀昭公。楚侵蔡。秋,齐景公卒。明年,孔子自蔡如叶。叶公问政,孔子曰:"政在来远附迩。"他日,叶公问孔子于子路,子路不对。孔子闻之,曰:"由,尔何不对曰'其为人也,学道不倦,诲人不厌,发愤忘食,乐以忘忧,不知老之将至'云尔。"去叶,反于蔡。长沮、桀溺耦④而耕,孔子以为隐者,使子路问津焉。长沮曰:"彼执舆⑤者为谁?"子路曰:"为孔丘。"曰:"是鲁孔丘与?"曰:"然。"曰:"是知津矣。"桀溺谓子路曰:"子为谁?"曰:"为仲由。"曰:"子,孔丘之徒与?"曰:"然。"桀溺曰:"悠悠⑥者天下皆是也,而谁以易之⑦?且与其从辟人之士,岂若从辟世之士哉⑧?"耰⑨而不辍。子路以告孔子,孔子怃然⑩曰:"鸟兽不可与同群。天下有道,丘不与易也。"

　　他日,子路行,遇荷蓧⑪丈人,曰:"子见夫子乎?"丈人曰:"四体不勤,

---

① 病:病重。
② 斐然成章:富有文采的样子。
③ 子赣:即子贡。
④ 耦:两人各执一耜,并肩劳作。
⑤ 执舆:手持马缰绳。
⑥ 悠悠:混乱的样子。
⑦ 谁以:与谁。易:改变。
⑧ 辟(bì):通"避"。辟人之士:指不与恶人合作的士。辟世之士:指不与整个社会合作的士。
⑨ 耰(yōu):用于碎土、平地的农具,此处用作动词。
⑩ 怃然:若有所思的样子。
⑪ 蓧(diào):以竹编成的除草农具。

五谷不分,孰为夫子!"植其杖而芸①。子路以告,孔子曰:"隐者也。"复往,则亡②。

孔子迁于蔡三岁,吴伐陈。楚救陈,军于城父。闻孔子在陈蔡之间,楚使人聘孔子。孔子将往拜礼,陈、蔡大夫谋曰:"孔子贤者,所刺讥皆中诸侯之疾。今者久留陈、蔡之间,诸大夫所设行皆非仲尼之意。今楚,大国也,来聘孔子。孔子用于楚,则陈、蔡用事大夫危矣。"于是乃相与发徒役围孔子于野。不得行,绝粮。从者病③,莫能兴④。孔子讲诵弦歌不衰。子路愠见曰:"君子亦有穷乎?"孔子曰:"君子固穷⑤,小人穷斯滥⑥矣。"

子贡色作。孔子曰:"赐,尔以予为多学而识之者与?"曰:"然。非与?"孔子曰:"非也。予一以贯之。"

孔子知弟子有愠心,乃召子路而问曰:"《诗》云:'匪兕匪虎,率彼旷野⑦。'吾道非邪?吾何为于此?"子路曰:"意者吾未仁邪?人之不我信也。意者吾未知邪?人之不我行也。"孔子曰:"有是乎!由,譬使仁者而必信,安有伯夷、叔齐?使知者而必行,安有王子比干?"子路出,子贡入见。孔子曰:"赐,《诗》云:'匪兕匪虎,率彼旷野。'吾道非邪?吾何为于此?"子贡曰:"夫子之道至大也,故天下莫能容夫子。夫子盖少贬⑧焉?"孔子曰:"赐,良农能稼而不能为穑⑨,良工能巧而不能为顺⑩。君子能修道,纲而纪之,统而理之,而不能为容。今尔不修尔道而求为容。赐,而志不远矣!"子贡出,颜回入见。孔子曰:"回,《诗》云:'匪兕匪虎,率彼旷野。'吾道非邪?吾何为于此?"颜回曰:"夫子之道至大,故天下莫能容。

---

① 植:插。芸:同"耘",除草。
② 亡:外出,不在。
③ 病:疲惫。
④ 兴:站起,这里指振作。
⑤ 固:固守。穷:困厄。
⑥ 滥:越轨。
⑦ 匪兕匪虎,率彼旷野:此两句诗见《诗经·小雅·何草不黄》。兕(sì):犀牛。率:奔跑。
⑧ 盖(hé):通"盍",何不。少:稍微。贬:降低。
⑨ 稼:耕种。穑(sè):收获。
⑩ 顺:迎合。

虽然,夫子推而行之,不容何病①? 不容然后见君子! 夫道之不修也,是吾丑②也;夫道既已大修而不用,是有国者之丑也。不容何病? 不容然后见君子!"孔子欣然而笑曰:"有是哉颜氏之子! 使尔多财,吾为尔宰。"于是使子贡至楚。楚昭王兴师迎孔子,然后得免。

昭王将以书社③地七百里封孔子。楚令尹子西曰:"王之使使诸侯有如子贡者乎?"曰:"无有。""王之辅相有如颜回者乎?"曰:"无有。""王之将率④有如子路者乎?"曰:"无有。""王之官尹有如宰予者乎?"曰:"无有。""且楚之祖封于周,号为子男五十里⑤。今孔丘述三、五之法⑥,明周、召⑦之业,王若用之,则楚安得世世堂堂⑧方数千里乎! 夫文王在丰,武王在镐,百里之君卒王天下。今孔丘得据土壤,贤弟子为佐,非楚之福也。"昭王乃止。其秋,楚昭王卒于城父。

楚狂接舆歌而过孔子,曰:"凤兮凤兮,何德之衰⑨! 往者不可谏⑩兮,来者犹可追也! 已而已而,今之从政者殆而!"孔子下,欲与之言。趋而去,弗得与之言。于是孔子自楚反乎卫。是岁也,孔子年六十三,而鲁哀公六年也。

其明年,吴与鲁会繒,征百牢⑪。太宰嚭召季康子。康子使子贡往,然后得已。孔子曰:"鲁、卫之政,兄弟也。"是时,卫君辄父不得立,在外,诸侯数以为让。而孔子弟子多仕于卫,卫欲得孔子为政,子路曰:"卫君待子而为政,子将奚先?"孔子曰:"必也正名乎!"子路曰:"有是哉,子之

---

① 病:怨恨。
② 丑:耻辱。
③ 书社:古代二十五家为一社来祭祀土地神,社是居民单位。书社是指登记社人姓名于册,此处是指有户籍登记的地方。
④ 率:通"帅。"
⑤ 子男五十里:周初分封诸侯,分公、侯、伯、子、男五等爵位。其中,子、男封地均为五十里。
⑥ 述:继承。三、五之法:三皇五帝的治国方法。
⑦ 周:指周公旦。其事迹详见《鲁周公世家》。召:指召公奭。其事迹详见《燕召公世家》。
⑧ 堂堂:广大。
⑨ 何德之衰:即"德何衰"。德:五行学说中四季的旺气,此处"何德之衰"指时运不旺。
⑩ 谏:止,挽回。
⑪ 百牢:"牢"指祭祀用的牲畜,牛羊猪各一为一牢。按周代的礼制,公九牢,侯伯七牢,子、男五牢。吴征百牢是违礼之举。

迂也！何其正也？"孔子曰："野哉由也！夫名不正则言不顺，言不顺则事不成，事不成则礼乐不兴，礼乐不兴则刑罚不中，刑罚不中则民无所错手足矣。夫君子为之必可①名，言之必可行。君子于其言，无所苟②而已矣。"

其明年，冉有为季氏将师，与齐战于郎，克之。季康子曰："子之于军旅，学之乎？性之乎？"冉有曰："学之于孔子。"季康子曰："孔子何如人哉？"对曰："用之有名，播之百姓，质③诸鬼神而无憾。求之至于此道，虽累千社④，夫子不利也。"康子曰："我欲召之，可乎？"对曰："欲召之，则毋以小人固⑤之，则可矣。"而卫孔文子将攻太叔，问策于仲尼。仲尼辞不知，退而命载而行，曰："鸟能择木，木岂能择鸟乎？"文子固止。会季康子逐⑥公华、公宾、公林，以币⑦迎孔子，孔子归鲁。孔子之去鲁凡十四岁而反乎鲁。

鲁哀公问政，对曰："政在选臣。"季康子问政，曰："举直错诸枉，则枉者直。"康子患盗，孔子曰："苟子之不欲，虽赏之不窃。"然鲁终不能用孔子，孔子亦不求仕。

孔子之时，周室微而礼乐废，《诗》、《书》缺。追迹三代之礼，序⑧《书》传，上纪唐、虞之际，下至秦缪，编次其事。曰："夏礼吾能言之，杞不足征也⑨。殷礼吾能言之，宋⑩不足征也。足，则吾能征之矣。"观殷、夏所损益，曰："后虽百世可知也，以一文一质。周监二代，郁郁乎文哉⑪。吾从周。"故《书》传、《礼记》自孔氏。

---

① 可：符合。
② 苟：苟且，随便。
③ 质：对质。
④ 累：累计得到。社：指赏赐的封地，二十五家为一社。
⑤ 固：通"锢"，束缚。
⑥ 逐：当为"使"。
⑦ 币：丝织品。古人常用来作为礼物。
⑧ 序：编订。《书》传：《尚书》之传。传，对经书的解说。
⑨ 杞：夏之后裔在西周初年的封国。不足：指文献不足。征：证明。
⑩ 宋：商之后裔在西周初年的封国。
⑪ 监：通"鉴"，借鉴。郁郁：兴盛。

孔子语鲁大师①："乐其可知也。始作翕如②，纵之纯如③，皦如④，绎如⑤也，以成。""吾自卫反鲁，然后乐正⑥，《雅》、《颂》各得其所。"

古者《诗》三千余篇，及至孔子，去其重，取可施于礼义，上采契、后稷，中述殷、周之盛，至幽、厉之缺，始于衽席⑦，故曰："《关雎》之乱⑧以为《风》始，《鹿鸣》为《小雅》始，《文王》为《大雅》始，《清庙》为《颂》始。"三百五篇孔子皆弦歌⑨之，以求合《韶》、《武》⑩、《雅》、《颂》之音。礼乐自此可得而述，以备王道，成六艺⑪。

孔子晚而喜《易》，序《彖》、《系》、《象》、《说卦》、《文言》。读《易》，韦编三绝。曰："假我数年，若是，我于《易》则彬彬⑫矣。"

孔子以《诗》、《书》、《礼》、《乐》教，弟子盖三千焉，身通六艺者七十有二人。如颜浊邹之徒，颇受业者甚众。孔子以四教：文，行，忠，信。绝四：毋意，毋必，毋固，毋我。所慎：齐⑬，战，疾。子罕言利与命与仁。不愤⑭不启。举一隅不以三隅反。则弗复也。

其于乡党，恂恂⑮似不能言者。其于宗庙朝廷，辩辩言，唯谨尔。朝，与上大夫言，訚訚如也⑯；与下大夫言，侃侃如⑰也。入公门，鞠躬如也⑱；

---

① 大师：乐官。大(tài)，同"太"。
② 翕(xī)如：统一协调的样子。
③ 纵：放开，展开。纯如：和谐的样子。
④ 皦(jiǎo)如：清晰、分明。
⑤ 绎如：连续不断的样子。
⑥ 乐正：即"正乐"，整理审订那些混乱的乐曲。
⑦ 衽席：床席，此处指男女情事。
⑧ 乱：乐曲的末章。
⑨ 弦歌：以弦乐伴奏歌唱。
⑩ 《韶》：舜乐名。《武》：周乐名。
⑪ 六艺：《诗》、《书》、《礼》、《乐》、《易》、《春秋》六种儒家经书的总称。
⑫ 彬彬：此处指融会贯通。
⑬ 齐(zái)：同"斋"，斋戒。
⑭ 愤：欲求知而不得、郁结烦闷的心理状态。
⑮ 恂(xún)恂：恭谨的样子。
⑯ 訚(yín)訚如：敢于直言的样子。
⑰ 侃侃如：快乐的样子。
⑱ 公门：国君的宫门。鞠躬如也：恭敬的样子。

趋进,翼如①也。君召使傧,色勃如也②。君命召,不俟驾行矣。

鱼馁③,肉败,割不正④,不食。席不正,不坐。食于有丧者之侧,未尝饱也。是日哭,则不歌。见齐衰⑤、瞽者,虽童子必变。"三人行,必得我师。""德之不修,学之不讲,闻义不能徙⑥,不善不能改,是吾忧也。"使人歌,善,则使复之,然后和之。子不语:怪,力,乱,神。

子贡曰:"夫子文章⑦,可得闻也。夫子言天道与性命,弗可得闻也已。"颜渊喟然叹曰:"仰之弥高,钻之弥坚。瞻之在前,忽焉在后。夫子循循⑧然善诱人,博我以文,约我以礼,欲罢不能。既竭我才,如有所立,卓尔。虽欲从之,蔑⑨由也已。"

达巷党⑩人曰:"大哉孔子,博学而无所成名。"子闻之曰:"我何执?执御乎?执射乎?我执御矣。"牢⑪曰:"子云:'不试⑫,故艺'。"

鲁哀公十四年春,狩大野。叔孙氏车子鉏商获兽,以为不祥,仲尼视之,曰:"麟也。"取之。曰:"河不出图,雒不出书⑬,吾已矣夫!"颜渊死,孔子曰:"天丧予!"及西狩见麟,曰:"吾道穷矣!"喟然叹曰:"莫知我夫!"子贡曰:"何为莫知子?"子曰:"不怨天,不尤⑭人,下学而上达,知我者其天乎!"

"不降其志,不辱其身,伯夷、叔齐乎?"谓"柳下惠、少连降志辱身

---

① 翼如:谨慎的样子。
② 傧(bìn):迎接宾客。勃如也:庄重的样子。
③ 馁:腐烂。
④ 割不正:不按规矩切割。
⑤ 齐(zāi)衰(cuī):用粗麻布做成的丧服。衰,通"缞"。
⑥ 徙:迁,改变。此处指徙于义,即追随义。
⑦ 文章:文献知识。
⑧ 循循:循序渐进。
⑨ 蔑:无。
⑩ 达巷党:名叫达巷的地方。党,古代居民组织单位,周制以五百家为一党。
⑪ 牢:孔子弟子的名字。
⑫ 试:被任用。
⑬ 河不出图,雒不出书:古代传说圣人之治时会有龙马背负图画从黄河出,会有灵龟背负文字从雒水中出。
⑭ 尤:怪罪。

矣。"谓"虞中、夷逸隐居放言①,行中清,废中权②。""我则异于是,无可无不可。"

子曰:"弗乎弗乎③,君子病④没世而名不称焉。吾道不行矣,吾何以自见于后世哉?"乃因史记作《春秋》,上至隐公,下讫哀公十四年,十二公。据鲁⑤,亲周⑥,故殷⑦,运之三代。约其文辞而指博⑧。故吴、楚之君自称王,而《春秋》贬之曰"子"⑨;践土之会实召周天子,而《春秋》讳之曰"天王狩于河阳"⑩,推此类以绳⑪当世。贬损之义,后有王者而开之。《春秋》之义行,则天下乱臣贼子惧焉。

孔子在位听讼⑫,文辞有可与人共者,弗独有也。至于为《春秋》,笔则笔,削则削⑬,子夏之徒不能赞⑭一辞。弟子受《春秋》,孔子曰:"后世知丘者以《春秋》,而罪丘者亦以《春秋》。"

明岁,子路死于卫。孔子病,子贡请见。孔子方负杖逍遥于门,曰:"赐,汝来何其晚也?"孔子因叹,歌曰:"太山坏乎!梁柱摧乎!哲人萎乎⑮!"因以涕下。谓子贡曰:"天下无道久矣,莫能宗予⑯。夏人殡于东阶,周人于西阶,殷人两柱间。昨暮予梦坐奠⑰两柱之间,予始殷人也。"

---

① 放言:不言世务。放,置,搁于一边。
② 中:符合。清:清正。废:此处指隐居。权:权变。
③ 弗乎:不可。
④ 病:耻辱。
⑤ 据鲁:以鲁国为中心记述。
⑥ 亲周:以周王室为正统。
⑦ 故殷:借鉴殷朝旧制。
⑧ 约:简约。指:同"旨",意旨,内涵。
⑨ 贬之曰"子":吴、楚两国受封时皆子爵,但两国都曾自封为王,与周天子分庭抗礼,《春秋》则仍称他们为"子",以示对他们的贬斥。
⑩ 践土之会:鲁僖公二十八年(前632),晋文公召集周天子与诸侯在践土会盟,确立了霸主地位。狩:帝王之巡行视察。
⑪ 绳:以……为标准。
⑫ 听讼:审理案件。
⑬ 笔则笔:应该写的一定写上。削则削:应该删的一定删去。
⑭ 赞:助。
⑮ 哲人:才识出众的人,这里指孔子自己。萎:枯槁。这里指人的死亡。
⑯ 宗予:尊奉我的学说。
⑰ 坐奠:坐着受人祭奠。

后七日卒。

孔子年七十三,以鲁哀公十六年四月己丑卒。哀公诔之曰:"旻天不吊①,不慭遗②一老,俾屏③余一人以在位,茕茕余在疚④。呜呼哀哉!尼父,毋自律⑤!"子贡曰:"君其不没于鲁乎⑥!夫子之言曰:'礼失则昏,名失则愆。失志为昏,失所为愆。'生不能用,死而诔之,非礼也。称'余一人'⑦,非名也。"

孔子葬鲁城北泗上,弟子皆服三年。三年心丧⑧毕,相诀⑨而去,则哭,各复尽哀;或复留。唯子赣庐于冢上,凡六年,然后去。弟子及鲁人往从冢而家者百有余室,因命曰孔里。鲁世世相传以岁时奉祠孔子冢,而诸儒亦讲礼乡饮大射于孔子冢。孔子冢大一顷。故所居堂弟子内⑩,后世因庙藏孔子衣冠琴车书,至于汉二百余年不绝。高皇帝过鲁,以太牢⑪祠焉。诸侯卿相至,常先谒⑫然后从政。

孔子生鲤,字伯鱼。伯鱼年五十,先孔子死。伯鱼生伋,字子思,年六十二。尝困于宋。子思作《中庸》。子思生白,字子上,年四十七。子上生求,字子家,年四十五。子家生箕,字子京,年四十六。子京生穿,字子高,年五十一。子高生子慎,年五十七,尝为魏相。子慎生鲋,年五十七,为陈王涉博士,死于陈下⑬。鲋弟子襄,年五十七。尝为孝惠皇帝博士,迁为长沙守。长九尺六寸。子襄生忠,年五十七。忠生武,武生延年及安国。安国为今皇帝博士,至临淮太守,蚤卒。安国生卬,卬生欢。

---

① 旻(mǐn)天:上天。吊(shū):通"淑",善。
② 慭(yìn):愿。遗:留下。
③ 俾(bǐ):使。屏(bǐn):通"摒",摒弃,扔下。
④ 茕(qióng)茕:孤独无依的样子。疚:忧虑。
⑤ 毋自律:没有人管束我了。毋,通"无"。律,法,这里用作动词,管束之义。
⑥ 君其不没于鲁乎:您恐怕不会在鲁国善终吧。
⑦ 一人:即寡人,天子之自称,鲁哀公自称"余一人"不合名分。
⑧ 心丧:不穿丧服,在心中悼念。这是弟子对老师的服丧方式。
⑨ 诀:告别。
⑩ 内:内室。
⑪ 太牢:牛羊猪俱备的祭祀。
⑫ 谒:祭拜。
⑬ 陈下:陈县城下。

太史公曰：《诗》有之："高山仰止，景行行止①。"虽不能至，然心向往之。余读孔氏书，想见其为人。适鲁，观仲尼庙堂、车服、礼器，诸生以时习礼其家，余祇回②留之不能去云。天下君王至于贤人众矣，当时则荣，没则已焉。孔子布衣，传十余世，学者宗之。自天子王侯，中国言六艺者折中③于夫子[4]，可谓至圣矣！

一、文化拓展：

1. 读了司马迁的这篇《孔子世家》，过去对孔子的一些先入为主的看法会发生改变。比如说，原来孔子不是一个文弱书生，竟然是一个身高"九尺六寸"（折合现代计量单位超过了二米）的大汉。如果说这还是"形状，末也"，我们不妨再深入到孔子的内在：

原来孔子不是一个因"师道尊严"而高高在上的讲学者，他与弟子的许多对话平等而幽默，精辟且循循善诱，如春风化雨，亲切自然。我们还能看到孔子放下"夫子"的架子同学生大开玩笑，甚至还急巴巴地同学生赌咒发誓。

原来孔子虽然轻视农业劳动，他自己却有很强的实际操作能力：管理仓库能够做到"料量平"，管理畜牧能够做到"畜蕃息"，因为家境贫困还"多能鄙事"。

原来孔子不是一个慈祥和善、温情脉脉的老好人，他一执政便诛了少正卯，对鲁国的权贵也下手颇辣，脾气也很大，看统治者不顺眼就拂袖而去。

原来孔子不是那么庄重严肃，就如同《论语》开篇就"不亦乐乎"一样，在《孔子世家》中我们我们能看到孔子的多次"欣然"，看到他的"乐以忘忧"。他使命感责任感很强却又活得有滋有味，他的人生厚重却不沉重，他的风度恭谨却又潇洒。

原来孔子不讲军事不是因为不懂军事。原来孔子"罕言利"不是不重视财用。原来孔子的"泛爱众"包含着对人类苦难的深切同情。原来孔子虽然渴求"有为"却又决不贬道以求容、曲学以阿世……一句话，此篇为我们提供孔子的音容笑貌，性情学问，风神仪态，真是呼之欲出了。

然而，圣人也是人，孔子也少不了时代的局限，他的学说也决非毫无瑕疵。例如夹谷之会，孔子看起来是义正严辞，从实际效果来看也维护了鲁国的尊严与利

---

① 仰：敬仰。止：语助词。景行（háng）：大道。以上两句诗，见于《诗经·小雅·车辖》。
② 祇回：流连不舍。
③ 折中：取正。即以……为评判标准。

益。可是,看到他对少数民族的蔑视以及将俳优们"手足异处",总是觉得有些偏狭乃至血腥,总不能完全信服杜维明先生"儒学是一种人道主义"的论断。

再例如孔子的礼乐主张与教化方式,晏子说得好:"行之难者在内而儒者务其外"(《晏子春秋》卷八),礼乐以及六艺经传毕竟只是外在的东西,而且这些外在的东西还不像体制、政策、法令、规章那样具有强制性、技术性力量,仅靠它们就能达到"仁政"、"德治"以及"正心"、"诚意"的美好愿望实在让人怀疑,更何况这些外在的东西还有"累世不能殚其学,当年不能究其礼"之弊呢?

还有,孔子把血缘亲情视为"仁政"、"德治"的基础,所谓:"君子笃于亲,则民兴于仁"(《论语·泰伯》、"弟子入则孝,出则弟,谨而信,泛爱众,而亲仁"、"君子务本,本立而道生;孝弟也者,其为仁之本与!"(《论语·学而》)、"曰:君臣也,父子也,夫妇也,昆弟也,朋友之交也。五者,天下之达道也"(《中庸》)……本篇中也记述了齐景公问政时,孔子回答说:"君君,臣臣,父父,子子",与《论语》记载是一致的。在孔子所处的时代,重视血缘亲情本无可厚非,可是,孔子常常将血缘亲情置于至高无上的地位,这就会出现所谓"深度悖论"(参阅刘清平《美德还是腐败?——析《孟子》中有关舜的两个案例》(载《哲学研究》2002 年第 2 期))。

例如,晏子曾批评孔子"久丧道哀费日",《论语》中也载,当宰予对"三年之丧"的漫长丧期提出质疑时,孔子对他的批评是相当严厉的:"予之不仁也!"想想看,若正是"治国平天下"的节骨眼上,三年的时间不知会误多少事!而孔子却坚持这么长的丧期,无非还是因为,当血缘亲情的"私德"与国家天下的"公德"发生冲突时,孔子仍然是把血缘亲情置于国家天下之上。再如叶公问政时谈到有人告发了自己盗人财物的父亲,称赞这是一个正直的人。孔子则说他心目中的正直与此不同:"父为子隐,子为父隐,直在其中矣。"这不还是因为将血缘亲情置于至高无上的地位而对徇私包庇的"不德"视若不见吗。

当然,血缘亲情是伦理道德的出发点,连亲情尚无之人,又怎么可能真正具有高尚的情操与伟大的德行?然而,血缘亲情毕竟只是人社会属性的一部分,过于强调这一部分毕竟是以偏概全。作为"至圣先师"、"万代师表"的孔子,已经受到全世界的景仰,但"我爱我师,我更爱真理",对于孔子,这句名言仍然适用。

2. 梁启超先生曾慨叹中国人有"私德"而无"公德",有人认为在造成此种国民性方面,孔孟儒学难辞其咎。其实,综合起来看,这种观点恐怕是对古人的苛责。《孔子家语》中有这样几个故事:

> 子路为蒲宰,为水备,与其民修沟渎。以民之劳烦苦也,人与之一箪食、

一壶浆。孔子闻之,使子贡止之。子路怫然不悦,往见孔子,曰:"由也以暴雨将至,恐有水灾,故与民修沟洫以备之,而民多匮饿者,是以箪食壶浆而与之。夫子使赐止之,是夫子止由之行仁也。夫子以仁教而禁其行,由不受也。"孔子曰:"汝以民为饿也,何不白于君,发仓廪以赈之?而私以尔食馈之,是汝明君之无惠,而见己之德美矣。汝速已则可,不则汝之见罪必矣。"

鲁国之法,赎人臣妾于诸侯者,皆取金于府。子贡赎之,辞而不取金。孔子闻之曰:"赐失之矣。夫圣人之举事也,可以移风易俗,而教导可以施之于百姓,非独适身之行也。今鲁国富者寡而贫者众,赎人受金则为不廉,则何以相赎乎?自今以后,鲁人不复赎人于诸侯。"

子路问于孔子曰:"管仲之为人何如?"子曰:"仁也。"子路曰:"昔管仲说襄公,公不受,是不辩也;欲立公子纠而不能,是不智也;家残于齐而无忧色,是不慈也;桎梏而居槛车,无惭心,是无丑也;事所射之君,是不贞也;召忽死之,管仲不死,是不忠也。仁人之道,固若是乎?"孔子曰:"管仲说襄公,襄公不受,公之暗也;欲立子纠而不能,不遇时也;家残于齐而无忧色,是知权命也;桎梏而无惭色,自裁审也;事所射之君,通于便也;不死子纠,量轻重也。夫子纠未成君,管仲未成臣。管仲才度义,管仲不死束缚而立功名,未可非也;召忽虽死,过与取义,未足多也。

子贡曰:"陈灵公宣淫于朝,泄冶正谏而杀之。是与比干谏而死同,可谓仁乎。"

子曰:"比干与纣,亲则诸父,宦则少师,忠报之心在于宗庙而已,固必以死争之,冀身死之后,纣将悔寤,其本志情在于仁者也。泄冶之与灵公,位在大夫,无骨肉之亲,怀宠不去,仕于乱朝,以区区之一身,欲正一国之淫昏,死而无益,可为狷矣。《诗》云:'民之多辟,无自立辟。'其泄冶之谓乎。"

公问于孔子曰:"当今之君,孰为最贤?"孔子对曰:"丘未之见也,抑有卫灵公乎?"公曰:"吾闻其闺门之内无别,而子次之贤,何也?"孔子曰:"臣语其朝廷行事,不论其私家之际也。"公曰:"其事何如?"孔子对曰:"灵公之弟曰公子渠牟,其智足以治千乘,其信足以守之,灵公爱而任之。又有士曰林国者,见贤必进之,而退与分其禄,是以灵公无游放之士,灵公贤而尊之。又有士曰庆足者,卫国有大事,则必起而治之;国无事,则退而容贤,灵公悦而敬之。又有大夫史鰌,以道去卫。而灵公郊舍三日,琴瑟不御,必待史鰌之入,而后敢入。臣以此取之,虽次之贤,不亦可乎。"

从这几个故事中可以看出孔子对于公德的重视。子路自掏腰包赈济灾民,子贡为鲁国帮了大忙却不收取报酬,从私德的角度来看,这当然是高尚之举,但孔子却并不称赏,反而还要制止,为什么? 不正是因为这样的行为虽然可以体现出个人品德,但从社会效果上来看,却不能促成有效国家行为以及良好的社会风气吗? 换言之,这些行为还没有把私德拓展为公德。同样的,召忽、泄治为君主殉节的私德并没有得到孔子的认同,而管仲"不死束缚"却受到孔子的高度评价,针对子路对管仲"不辩"、"不智"、"不慈"、"无丑"、"不贞"、"不忠"的指责,孔子不仅一一为管仲辩护,还将管仲许为"仁也"。可以看出,这仍是出于对公德的看重:管仲虽然没有对公子纠表现出忠贞不二的私德,但对于齐国、齐人却有着很大的恩德。至于以"语其朝廷行事,不论其私家之际"的公德立场称赞卫灵公为贤君,不要说在当时惊世骇俗,在如今也是颇为"前卫"的。

如果说这还是《孔子家语》中的故事,《史记》并没有对此记述,司马迁在《孔子世家》中与《孔子世家》一致的记述也有不少。其中,识坟羊、防风氏之骨、肃慎氏之矢三个表现孔子博学的故事,《史记》中比《孔子家语》中多出的是众人对孔子冠以"圣人"的名号:"善哉圣人!"北宋李清臣认为司马迁"斯以为圣而已矣,何其陋也!""欲尊大圣人而反小之",其实,在这里将孔子称为圣人的并非是司马迁,而是世俗之人。司马迁本人并没有把孔子的博学"以为圣",相反,他认为圣人的伟大并没有被众人理解,因博学而称孔子为圣人正是孔子的悲剧。《孔子世家》中,孔子不能为世所用、施展抱负被司马迁反复强调,"弗能用"、"莫能已用"、"既不能用于卫"、"鲁终不能用"、"不用"、"生不能用"、"不试"、"如用我,其为东周乎"、"苟有用我者,期月而已,三年有成"、"君欲用之以移齐俗,非所以先细民也"、"孔子用于楚,则陈、蔡用事大夫危矣"、"王若用之,则楚安得世世堂堂方数千里乎!"……这样的语句在《孔子世家》中比比皆是。《孔子世家》中还记载了孔子在不为世所用时自尊自强的态度:"君子能修道,纲而纪之,统而理之,而不能为容"、"夫道之不修也,是吾丑也;夫道既已大修而不用,是有国者之丑也。不容何病? 不容然后见君子!"可以说,"不能用"孔子是"有国者之丑",那些"有国者"不能用孔子并不能遮蔽孔子的伟大。而对于世俗众人来说,他们把博学视为孔子之"圣"的体现虽然也扭曲了孔子的形象,但同样不能遮蔽孔子的真正之"圣"。在司马迁看来,孔子的真正之"圣"是他在"王道"的"政统"之外建立了伟大的"教统",通过人文教化为人类指明历史发展的正确方向。

司马迁在《商君列传》中谈到了有史以来的三种政治模式——"帝道"、"王道"

与"霸道"。按照儒家观念,"王道"的代表是所谓的"三代之治"("三代"指夏、商、周),司马迁亦同意这样的说法,故立《夏本纪》、《殷本纪》、《周本纪》来对应"王道",称颂了三代明君们施仁义、行礼乐的种种政绩。从周王室之衰微到"政由五伯"("五伯"即"五霸"),再到"诸侯恣行,淫侈不轨,贼臣篡子滋起矣",直到秦统一天下,在政治中起主导作用的已不再是"王道",而是讲求富国强兵之术、依任武力征服、实行严刑峻法的"霸道"以及礼崩乐坏的"末世"。在这样的历史时期,世人已无法在政治生活中安身立命,"王道"的"政统"已不复存在。孔子的伟大之处正在于以人文教化传承弘扬"王道",从而在历史机遇降临时实践之:

> 是以孔子明王道,干七十余君,莫能用,故西观周室,论史记旧闻,兴于鲁而次《春秋》,上记隐,下至哀之获麟,约其辞文,去其烦重,以制义法,王道备,人事浃。(《十二诸侯年表序》)

> 孔子之时,周室微而礼乐废,《诗》、《书》缺。追迹三代之礼,序《书》传,上纪唐、虞之际,下至秦缪,编次其事。曰:"夏礼吾能言之,杞不足征也。殷礼吾能言之,宋不足征也。足,则吾能征之矣。"观殷、夏所损益,曰:"后虽百世可知也,以一文一质。周监二代,郁郁乎文哉!吾从周。"故《书》传、《礼记》自孔氏……"吾自卫反鲁,然后乐正,《雅》、《颂》各得其所。"古者《诗》三千余篇,及至孔子,去其重,取可施于礼义,上采契、后稷,中述殷、周之盛,至幽、厉之缺,始于衽席,故曰:"《关雎》之乱以为《风》始,《鹿鸣》为《小雅》始,《文王》为《大雅》始,《清庙》为《颂》始。"三百五篇孔子皆弦歌之,以求合《韶》、《武》、《雅》、《颂》之音。礼乐自此可得而述,以备王道,成六艺。(《孔子世家》)

> 幽厉之后,王道缺,礼乐衰,孔子修旧起废,论《诗》、《书》,作《春秋》,则学者至今则之。

> 夫《春秋》,上明三王之道,下辨人事之纪,别嫌疑,明是非,定犹豫,善善恶恶,贤贤贱不肖,存亡国,继绝世,补敝起废,王道之大者也。

> 周室既衰,诸侯恣行。仲尼悼礼废乐崩,追修经术,以达王道,匡乱世反之於正,见其文辞,为天下制仪法,垂六艺之统纪于后世。作《孔子世家》第十七。(《太史公自序》)

而所谓"王道",那是要在"天下"这样的公共领域实行的,是最大的"公德"。对于司马迁来说,博学并非是儒学的闪光点,甚至还是儒学的一种短板。不仅在《太史公自序》中,就是在把孔子放入"世家"这一体例的本篇,司马迁也批评了儒家"累世不能殚其学,当年不能究其礼"的"博而寡要,劳而少功"。

其实，班固撰《儒林传》时更倾向于把儒学视为学者之学、书本之学："古之儒者，博学乎《六艺》之文"，对孔子也更突出其学者形象："究观古今篇籍"、"晚而好《易》，读之韦编三绝"、"述而不作，信而好古"。相对于班固，司马迁更看重儒学之"行"与孔子的实践能力：孔子管理仓库，就"料量平"；管理畜牧，就"畜蕃息"；为中都宰，"一年，四方皆则之"；为大司寇，"粥羔豚者弗饰贾；男女行者别於途；途不拾遗；四方之客至乎邑者不求有司，皆予之以归"；外交，有理有利有节，使得齐国"归所侵鲁之郓、汶阳、龟阴之田以谢过"；军事，尽管孔子自己声称"俎豆之事则尝闻之，军旅之事未之学也"，但当他的弟子冉求率领鲁国军队打败强齐时，冉求申明自己在军事方面"学之于孔子"；文化，他"追迹三代之礼，序书传""乐正，雅颂各得其所"、"三百五篇孔子皆弦歌之，以求合韶武雅颂之音"、"礼乐自此可得而述，以备王道，成六艺"……孔子之所以对自己的"不用"耿耿于怀，其实还是想"行道"。

对于不同时期的儒者，司马迁有不同的评价。除了孔子之外，他高度评价了先秦儒在"行"而非"学"方面的突出表现，如子贡以外交才能改变了当时的国际局势："存鲁，乱齐，破吴，强晋而霸越"；原宪甘贫之典故强调的是"无财者谓之贫，学道而不能行者谓之病"（《仲尼弟子列传》）；孔门四科中名列首位的"德行"强调的也是道德实践而非道德说教；表彰孟子的历史功绩很看重其"绝惠王利端"之行（《太史公自序》），对于荀子则强调其著述着眼于"行事"——"推儒、墨、道德之行事兴坏，序列著数万言"（《孟子荀卿列传》）……与之相对应，对于秦汉儒者，除了德行有缺陷的"小人儒"之外，司马迁也批判了"愚儒"的"不师今而学古"（《秦始皇本纪》），"鄙儒"的"不知时变"（《叔孙通列传》），"学官弟子"的"行虽不备，而至于大夫、郎中、掌故以百数"，倪宽的"在三公位，以和良承意从容得久，然无有所匡谏；于官，官属易之，不为尽力"（《儒林列传》）……很明显，这都是针对这些儒者在"行"方面的缺陷所作出的批判，而对于武帝时"先用诵多者"的文化政策，"公孙弘以《春秋》白衣为天子三公，封以平津侯。天下之学士靡然乡风矣"、"公卿大夫士吏斌斌多文学之士矣"、"诸齐人以《诗》显贵"、"瑕丘萧奋以《礼》为淮阳太守"、"（杨）何以《易》，元光元年徵，官至中大夫"、"而董仲舒及孙皆以学至大官"等仅凭书本之学、记诵之学便猎得富贵的现象，司马迁是颇有微词的。一言以蔽之，司马迁有着将"行"置于"学"之上的价值判断，他记述孔子识坟羊、防风氏之骨、肃慎氏之矢三个故事并不是要称赞孔子博学，而是凸显孔子的伟大不被理解的历史悲剧。

3. 本文中，司马迁最早称孔子为"至圣"，相对于孟子将孔子称为"圣之时者"

《孟子·万章下》),对孔子的褒扬又有所提升。帝王对孔子有封号最早见于西汉元始元年(公元元年),汉平帝刘衎追封孔子为"褒成宣尼公",其中,"褒成"是封国名(孔子的后代孔均此时被封为褒成侯),"宣尼"是谥号,"公"是爵位。

北魏太和十六年(公元492年),孝文帝元宏称孔子为"文圣尼父"。"文圣"是尊号,"尼父"是敬称。

北周大象二年(公元580年),静帝宇文衍追封孔子为"邹国公"。

隋开皇元年(公元581年),文帝杨坚称孔子为"先师尼父";唐贞观二年(公元628年),太宗李世民尊孔子为"先圣"。"先师"、"先圣"都是尊号。贞观十一年(公元637年),改称孔子为"宣父","宣"为谥号,"父"是美称。乾封元年(公元666年),高宗李治赠孔子为"太师"。

武周天授元年(公元690年),武则天封孔子为"隆道公"。"隆道"是封号,"公"是爵位。

唐开元二十七年(公元739年),玄宗李隆基封孔子为"文宣王",这是孔子第一次被封为王。

宋大中祥符元年(公元1008年),真宗赵恒加封孔子为"玄圣文宣王",五年(公元1012年),又改称"圣文宣王"。

元大德十一年(公元1307年)秋,元武宗海山加封孔子为"大成至圣文宣王"。以"大成"赞颂孔子始于孟子:"孔子之谓集大成,集大成也者,金声而玉振之也。"(《孟子·万章下》)。

明嘉靖九年(公元1530年),世宗朱厚熜尊孔子为"至圣先师",取消谥号、封号。清顺治二年(公元1645年),世祖福临加尊孔子为"大成至圣文宣先师",十四年(公元1657年),又改称"至圣先师"。

二、文学链接:

1. 相关文学典故:

韦编三绝

于是九流百家,韦编缃帙,烂然虎观,盛彼鸿都。欣群才之来萃兮,协飞熊之吉梦。

(王维《谢御书集贤院额表》)

何当水石他年住,更把韦编静处开。

(王安石《次韵答陈正叔》)

汗简韦编谁付予,传家应有下帷人。

(苏辙《临江萧氏家宝堂》)

韦编屡绝铁砚穿,口诵手钞那计年。不是爱书即欲死,任从人笑作书颠。

(陆游《寒夜读书》)

韦编惭未绝,丹漆梦相随。

(钱谦益《崇祯十一年九月十五日谒孔林越翼日谒先圣庙恭述一百韵》)

读《易》之年

蘧瑗知非日,宣尼读易年。

(邵雍《新正吟》)

西狩见麟

孔圣犹闻伤凤麟,董龙更是何鸡狗。

(李白《答王十二寒夜独酌有怀》)

呜呼江夏姿,竟掩宣尼袂。

(杜甫《八哀诗赠秘书监江夏李公邕》)

夫子亦如盲,所以空泣麟。

(孟郊《寄张籍》)

麟笔残功成水品,蛇图余思入棋枰。

(陆游《小轩》)

临河之悲

临河不返宣尼辙,未必声名万古传。

(于谦《列石挽窦鸣犊》)

在齐闻韶

微才喜同舍,何幸忽闻韶。

(岑参《和刑部成员外秋夜寓直寄台省知己》)

本自入山缘服玉,不应忘味待闻韶。

(陆游《病思》)

仲尼遭厄

不见鲁孔丘,穷困陈蔡间。

(曹植《豫章行》)

宣尼孜孜救乱治,厄宋围陈亦何已。

(张咏《解嘲》)

平生管鲍我知子，今日陈蔡谁从丘。

（苏轼《次韵答贾耘老》）

2. 后世有关的著名文学作品：

曹操《短歌行·周西伯昌》，曹植《孔庙颂》，阮籍《咏怀·朝阳不再盛》，李隆基《经鲁祭孔子而叹之》，李白《书赠南陵常府赞》，欧阳修《老聃论》，苏轼《荀卿论》，王安石《〈孔子世家〉议》、《孔子》、《悲哉孔子没》，李梦阳《谒孔庙》。

3. 文学分析：

在此篇中，司马迁以"不用"二字为眼目，彰显出孔子的历史悲剧。"不用"在文中反复出现，密度颇大。值得注意的是，"欣然"二字虽在文中只出现两次，却突出了孔子以道自任的自尊与临大难而不惧的达观乐天，同样能够给人留下鲜明的印象。

一次是听到郑人将自己描述成"累累若丧家之狗"，他"欣然笑曰：'形状，末也。而谓似丧家之狗，然哉！然哉！'"；一次是听到颜回"夫子之道至大，故天下莫能容。虽然，夫子推而行之，不容何病，不容然后见君子！夫道之不修也，是吾丑也。夫道既已大修而不用，是有国者之丑也。不容何病，不容然后见君子"的宏论，他又一次"欣然笑曰"，并和颜回开起了玩笑："使尔多财，吾为尔宰。""欣然"二字之疏与"不用"二字之密错落有致，前者体现出孔子的主观精神，后者体现出孔子的客观遭遇，客观遭遇如此之多，但孔子皆用"欣然"轻松化解，于是，一个"其未得之，则乐其意，既得之，又乐其治，是以有终身之乐，无一日之忧"的圣贤形象就在这样的艺术张力中跃然纸上。

三、集评：

太史公撰《孔子世家》，多采《论语》旧说，至《管晏列传》，则不取其本书。以为时俗所有，故不复更载也。案《论语》行于讲肆，列于学官，重加编勒，只觉繁费。如管、晏者，诸子杂家，经史外事，弃而不录，实杜异闻。夫以可除而不除，宜取而不取，以斯著述，未睹厥义。

昔孔子力可翘关，不以力称。何者？大圣之德，具美者众，不可以一介标末，持为百行端首也。至如达者七十，分以四科。

——刘知几《史通》外篇《杂说上》

迁之辞淳健简直，足称一家。而乃裂取六经、传、记，杂于其间，以破碎汨乱其体。《五帝》、《三代纪》多《尚书》之文，齐、鲁、晋、楚、宋、卫、陈、郑、吴、越《世家》，多《左传》、《国语》之文,《孔子世家》、《仲尼弟子传》多《论语》之文。夫《尚书》、《左传》、《国语》、《论语》之文非不善也,杂之则不善也。今夫绣绘锦縠,衣服之穷美者也,尺寸而割之,错而纫之以为服,则绨缯之不若。迁之书无乃类是乎。

——苏洵《嘉佑集》卷九《史论》

尝读《孔子世家》,观其言语文章,循循莫不有规矩,不敢放言高论,言必称先王,然后知圣人忧天下之深也。茫乎不知其畔岸,而非远也;浩乎不知其津涯,而非深也。其所言者,匹夫匹妇之所共知;而所行者,圣人有所不能尽也。呜呼!是亦足矣。使后世有能尽吾说者,虽为圣人无难,而不能者,不失为寡过而已矣。子路之勇,子贡之辩,冉有之智,此三者,皆天下之所谓难能而可贵者也。然三子者,每不为夫子之所悦。颜渊默然不见其所能,若无以异于众人者,而夫子亟称之。且夫学圣人者,岂必其言之云尔哉?亦观其意之所向而已。夫子以为后世必有不能行其说者矣,必有窃其说而为不义者矣。是故其言平易正直,而不敢为非常可喜之论,要在于不可易也。

——《苏东坡全集》卷四十三《荀卿论》

学者莫不求学孔子,今考于传记而观其行事,盖有所不通者焉。《语》曰:"佛肸召,子欲往。"又曰:"子见南子,子路不说。"学者以为孔子急于行道而为此。夫孔子之于卫灵公,语及兵事,不说而去。于阳货,时其亡而见之,盖亦不欲见也。而《孟子》亦云:"恶夫枉尺而直寻者。"然则彼二事者独何欤?至于仕鲁为司寇,从而祭,膰肉不至,不税冕而行。且夫仕而至于司寇,君臣之义不为浅矣,膰肉不至而行,何其轻君臣之义而重区区之微礼哉!此明于轻重者之所不为也。或曰:膰肉不至,仲尼以为礼将从此而大坏,此所谓知几者。夫为大臣知礼之将亡,不救而去,则又安用夫大臣者?故此将有微眇难见之意,而世或未之思焉,学者所宜辨之。

——苏辙《栾城集》卷二十《私试进士策问》

太史公叙帝王则曰"本纪",公侯传国则曰"世家",公卿特起则曰"列传",此其例也。其列孔子为世家,奚其进退无所据耶?孔子,旅人也,栖栖衰季之世,无尺土之柄,此列之以传宜矣,曷为世家哉?岂以仲尼躬将圣之资,其教化之盛,焉奕万世,故为之世家以抗之?又非极挚之论也。夫仲尼之才,帝王可也,何特公侯哉?仲尼之道,世天下可也,何特世其家哉?处之世家,仲尼之道,不从而大;置之列传,仲尼之道,不从而小。而迁也自乱其例,所谓多所抵牾者也。

——《临川集》卷七十一《〈孔子世家〉议》

《孔子世家》，王文公曰："仲尼之才，帝王可也，何特公侯哉？仲尼之道，世天下可也，何特世其家哉？处之《世家》，仲尼之道不从而大；置之《列传》，仲尼之道不从而小，而迁也，自乱其例。"淇水李氏曰："欲尊大圣人而反小之，其所以称夫子者，识会稽之骨，辨坟羊之怪，道楛矢之异，测桓、釐之灾。斯以为圣而已矣，何其陋也！"《皇王大纪》曰："迁载孔子言行，不得其真者尤多。"

——王应麟《困学纪闻》卷十一《史记正误》

孔子适鲁，适卫、齐、宋、郑、陈、蔡，此以何为哉？而安石曰："乌在其为行道？"太史公作《孔子世家》附诸侯国之后，此特笔也。孔子龟蒙布衣，据鲁亲周，使列之本纪则非其心也，然而大圣人梗概，又不可夷于列传，故特为世家以抗之。当西汉儒风尚微、黄老恣横之日，太史公能尊尚孔子不遗余力，如此岂非豪杰之士哉？安石乃曰："处之《世家》，仲尼之道不从而大；置之《列传》，仲尼之道不从而小"，甚矣！其愎而不通，狠而不逊也。

——黄淳耀《史记评论·孔子世家》

《孔子世家》所取甚杂，然比之载五帝三王周召等事，犹不至于驳异。譬如以象求人，虽非其真，然禹行舜趋，要无桀跖步履，学者深考之，亦足以成德也。

——叶适《习学纪言序目》卷十九《史记》

某尝疑诛少正卯无此事，出于齐鲁陋儒欲尊夫子之道，而造为之说。若果有之，则左氏记载当时人物甚详，何故有一人如许劳攘，而略不及之？史传间不足信事如此者甚多。

——《朱子语类》卷九十三

孔子摄相事，七日即诛少正卯，此固去恶欲速之意。然亦以其非真相也，特摄之耳。其不待八日九日者，安知八日不遭逐而九日不失位乎？七日之内，万一女乐至，则吞舟终漏网矣。此七日而诛少正卯，非失于欲速也，盖有深意也。

——张萱《疑耀》卷七《诛少正卯》

人谓太史公为孔子立世家非是，盖以为论道德，则孔子为帝王师，不当在诸侯之列；语其位，则孔子未尝有封爵，不当与有土者并。是大不然。盖方汉之初，孔子尚未有封号，而太史公逆知其必当有褒崇之典，故遂为之立世家。夫有土者以有土而世其家，有德者以德而世其家；以土者土去则爵夺，以德者德在与在。今观自战国以后，凡有爵土者，孰有能至今存耶？则世家久，莫有过于孔子者。《史记》又以孔门七十二弟子与老子孟子荀卿并列为传，则其尊之至矣。孰谓太史公为不知孔子哉！

——何良俊《四友斋丛说》卷一

史迁可谓知圣人之道者矣,班氏谓其先黄老而后六经非也。观其作《史记》,于孔子则立《世家》,于老氏则立《传》。至论孔子,则曰:"可谓至圣",论老氏,则曰:"隐君子"。非知足以知圣人而能若是乎？或谓迁非知孔子之至者,必述其道德隐微,然后谓之至,噫,道德精微,虽夫子亦自难言也,而欲责迁言之欤？愈言而愈远矣。

——陈仁锡《陈评史记·孔子世家》

论来孔子只合作列传,太史公自据素王之说,三晋田常至战国始列于诸侯,孔子则变例也。往日所见谓孔子祖述尧舜,宪章文武,而终于素王。三晋田常以盗篡传世,此生民之不幸,而战争至秦楚之际也。意太史公序论之旨,若此不免凿矣。

——何焯《义门读书记》卷十三

世之言史者,莫不竞以史迁、班固、范晔三史为宗,顾犹不免后儒之评议……称孔子者,不当但言识防稽之骨、辨坟羊之怪、道楛矢之异也。

——汪琬《尧峯文钞》卷三十《拟明史列传自序》

孔子,实祖孔父嘉,为得姓之始,防叔则其奔鲁之别子也。世家当从孔父溯其奠系始末,乃为得体,今始防叔,似失之。"纥与颜氏女野合而生孔子",野合者,即以为在野而苟合也。故后文云:"由是孔子疑其父墓处,母讳之也。"盖因野合而讳之也。《史记》欲以神奇孔子之生,而不知其侮圣实甚。《索隐》、《正义》皆以男女婚姻过期为野合,此欲掩饰《史记》之非,而曲为之解,究之义不可通。且后文所谓母讳其父墓者,政不知何故讳之也。《檀弓》、《史记》记孔子知其将死,而自为歌诗以哀之,此固不足以重圣人,而政无害其为圣人也。吴澄力攻其非,而以为圣人必不如是,真迁儒之见也。

——牛运震《读史纠谬》卷一

王荆公讥史迁不宜列孔子于世家,以为孔子之道不因世家而尊。姜西溟以史迁列孔子于世家,非尊孔子也。迁之于晋则曰:"嘉文公锡圭鬯,作《晋世家》第九",于越则曰:"嘉勾践灭强吴尊周室,作《越王勾践世家》第十一",于郑、于赵、于韩皆然,而序孔子则曰:"周室既衰,孔子追修经术,以达王道,作《孔子世家》第十七",其意诸侯得世其家者,以其知有天子而能匡乱反正也;以天子之权归之于周者,莫如孔子,故附《孔子世家》以明其始终为周之意。而尊周者诸侯之事,故上不得比于本纪,而下亦不夷为列传也。罗坚甫云:"史公以陈涉为世家,列于孔子之后者,有深意焉。迁以秦烧《诗》、《书》,则孔子之道几于坠地,涉与项羽独能起而亡秦,以存孔子之道,故列胜于世家,而列羽于本纪。不然,陇上耕夫,何世家之有!"此说亦与西溟先生相发明也。

——袁枚《随园随笔》卷二《释〈孔子世家〉》

案《世家》通篇以"不用"二字为眼目：曰"弗能用",曰"莫能己用",曰"既不能用于卫",曰"鲁终不能用"。史公于《世家》三致意焉,深概圣道之不行也。

——丁晏《史记余论·孔子世家》

《孔子世家》载晏子沮封之语："儒者滑稽不可轨法,倨傲不可为下,崇丧厚葬不可为俗,游说乞贷不可为国。"按语气不似晏子。试观《左传》所载及《孟子》所引,其对君称说,引古今皆合体要,何至诋儒若是？或是战国人伪撰,太史公援据故实,亦尽有此种。

——龚炜《巢林笔谈》卷四《沮封不似晏子语》

太史公《史记》是宇宙第一部大文字,而《孔子世家·赞》推崇至圣,又是秦汉以来第一人。独孟子与荀卿同传,未合。

——龚炜《巢林笔谈》续编卷上《孟荀同传未合》

四、思考与讨论：

1. 司马迁将孔子列入"世家"是否合理？为什么？
2. 司马迁对孔子的高度评价主要体现在哪些方面？对孔子又有哪些批评？
3. 结合《太史公自序》、《秦始皇本纪》、《仲尼弟子列传》、《孟子荀卿列传》、《叔孙通列传》、《平津侯列传》、《儒林列传》以及此篇,考察司马迁对不同时期儒学的态度与观念。

陈丞相世家

题解：

　　被列入"世家"的五位汉代功臣萧何、曹参、张良、陈平、周勃中，陈平是一个颇有争议的人物。有人把他视为奇计迭出的智者，有人把他看作阴险奸诈的小人；有人称赏他屡建奇功、善始善终，有人则指责他行迹卑劣、明哲保身。之所以众说纷纭，无非还是因为司马迁塑造了一个立体、复杂的人物形象。司马迁塑造人物形象时往往具有这样的特点。

　　不论对陈平是褒是贬，一个关键词无论如何不能绕过去，那就是：智谋。

　　确实，综观陈平一生的功过是非，"智谋"是贯穿始终的核心。本文中陈平曾为自己作过这样一个定位："高祖时，勃功不如臣平。及诛诸吕，臣功亦不如勃。"他颇为自信地认为，作为刘邦的重要谋臣之一，自己功劳还是颇大的，甚至还超过了浴血奋战、攻城掠地的周勃。陈平说这番话时已是孝文帝执政时期，已是刘邦定萧何之功为"万世之功"、说过一番"功人"、"功狗"的妙论之后了。若是在戎马倥偬之时，他就未有这样的自信。不过，他的自我定位倒可以帮助我们从两个时期了解他的"智谋"。

　　一是助刘邦得天下、治天下时期。此时其"智谋"主要有：根据项羽为人猜忌、缺少主见、任人唯亲、妒功忌才的弱点，施用反间计，离间了项王君臣，瓦解了楚军的凝聚力，使刘邦转败为胜；在刘邦快要束手就擒、形势万分危急之时，以声东击西、李代桃僵之计帮助刘邦从荥阳安全突围；韩信自立为齐王后，刘邦本来怒不可遏，他及时地暗示刘邦封立韩信，团结了一个重要盟友，最终取得了楚汉战争的胜利，建立了大一统帝国；在有人上告韩信谋反时，为刘邦设伪游云梦之计，未兴刀兵而使韩信束手就擒；刘邦被匈奴围困于平城，"七日不得食"，他又设计使刘邦化险为夷；在刘邦征伐陈豨、黥布的战斗中，陈平的"智谋"也起到了重要的作用。这些智谋有的以慢取胜，颇得"持久战"之精义；有的则以快见长，在随机应变中化急难于无形；有的高瞻远瞩，权衡利弊，以大局为重；有的则头疼医头，脚疼医脚，只解燃眉之急。可以看出，这些智谋固然在一定程度上体现出陈平的过人才能，司马迁对这些智谋的描写也是绘声绘色，引人入胜，但是，一面是"飞鸟尽，良弓藏"，功臣们纷纷遭到杀戮；一面是陈平步步高升，封邑增加，这样的对比毕竟还是给陈平的"光辉"形象投上了阴影。

还有一个时期是在吕后去世后，他与绛侯周勃合谋，计诛吕氏宗族，拥立孝文皇帝，维护了刘氏"正统"政权，避免了大一统帝国的分裂。然而，耐人寻味的是，这些只是发生在吕后去世之后。尽管吕后连丧礼都不要诸吕参加，谨防此时有人乘虚而入，诸吕终因才能品庸、举事犹豫，很快就被周勃陈平等人斩草除根。而在这之前呢？当刘邦因一时愤怒，命令陈平斩杀樊哙时，陈平仅因禁了樊哙；当吕媭在吕后面前进谗时，陈平以沉缅酒色的假象使吕后对他放松了警惕；吕后欲立诸吕为王时，陈平没有像王陵那样说出自己的骨鲠之言，而是表示了赞同……这些"智谋"都反映出陈平的心机之深。他的虚与委蛇固然使他在险恶的政治斗争中明哲保身，但也令我们深思本文结尾"及吕后时，事多故矣，然平竟自脱，定宗庙，以荣名终，称贤相，岂不善始善终哉！非知谋孰能当此者乎"是否为史公的"微言大义"。

正文：

陈丞相平者，阳武户牖乡人也。少时家贫，好读书，有田三十亩，独与兄伯居。伯常耕田，纵①平使游学。平为人长[大]美色。人或谓陈平曰："贫何食而肥若是？"其嫂嫉平之不视家生产，曰："亦食糠覈②耳。有叔如此，不如无有。"伯闻之，逐其妇而弃之。

及平长，可娶妻，富人莫肯与者，贫者平亦耻之。久之，户牖富人有张负，张负女孙③五嫁而夫辄死，人莫敢娶。平欲得之。邑中有丧，平贫，侍丧④，以先往后罢为助⑤。张负既见之丧所，独视伟⑥平，平亦以故后去。负随平至其家，家乃负郭穷巷⑦，以敝⑧席为门，然门外多有长者车

---

① 纵：听任、支持。
② 覈(hé)：糠中谷粒。
③ 女孙：犹言孙女。
④ 侍丧：指帮忙料理丧事。
⑤ 以先往后罢为助：指早出晚归以多挣些家用。
⑥ 视伟：视而伟之，意即相中了高大魁梧的陈平。
⑦ 负：背靠着。穷巷：陋巷。此句言陈平居住环境的偏僻简陋。
⑧ 敝：通"敝"。

辙。张负归谓其子仲曰："吾欲以女孙予陈平。"张仲曰："平贫不事事，一县中尽笑其所为，独奈何予女乎？"负曰："人固有好美如陈平而长贫贱者乎？"卒与女。为平贫，乃假贷币以聘，予酒肉之资以内①妇。负诫其孙曰："毋以贫故，事人不谨。事兄伯如事父，事嫂如母。"平既娶张氏女，赍②用益饶，游道日广。

里中社③，平为宰④，分肉食甚均。父老曰："善，陈孺子之为宰！"平曰："嗟乎，使平得宰天下，亦如是肉矣！"

陈涉起而王陈，使周市略定魏地，立魏咎为魏王，与秦军相攻于临济。陈平固已前谢⑤其兄伯，从少年往事魏王咎于临济。魏王以为太仆。说魏王不听，人或谗之，陈平亡去。

久之，项羽略地至河上，陈平往归之，从入破秦，赐平爵卿。项羽之东王彭城也，汉王还定三秦而东，殷王反楚。项羽乃以平为信武君，将魏王咎客在楚者以往，击降殷王而还。项王使项悍拜平为都尉，赐金二十溢⑥。居无何，汉王攻下殷（王）。项王怒，将诛定殷者将吏。陈平惧诛，乃封其金与印，使使归项王，而平身间行⑦杖剑亡。渡河，船人见其美丈夫独行，疑其亡将，要⑧中当有金玉宝器，目之，欲杀平。平恐，乃解衣裸而佐刺船⑨。船人知其无有，乃止。

平遂至修武降汉，因魏无知求见汉王，汉王召入。是时万石君奋为汉王中涓，受平谒⑩，入见平。平等七人俱进，赐食。王曰："罢，就舍矣。"平曰："臣为事来，所言不可以过今日。"于是汉王与语而说之，问曰："子

---

① 内：通"纳"。
② 赍（zī）用：资财。赍：通"资"。
③ 里：古代的一种居民组织，以二十五家为"里"。社：祭祀土地神。
④ 宰：里中社祭主持分配肉食的人。
⑤ 谢：辞别。
⑥ 溢：通"镒"，古代的重单位，二十两为一镒（一说二十四两为一镒）。
⑦ 间行：从小道走。
⑧ 要：同"腰"。
⑨ 佐：助。刺船：划船，撑船。
⑩ 谒：即名贴，进见时使用。

之居楚何官？"曰："为都尉。"是日乃拜平为都尉，使为参乘①，典②护军。诸将尽讙③，曰："大王一日得楚之亡卒，未知其高下，而即与同载，反使监护军长者！"汉王闻之，愈益幸平。遂与东伐项王。至彭城，为楚所败。引而还，收散兵至荥阳，以平为亚将，属于韩王信，军广武。

绛侯、灌婴等咸谗陈平曰："平虽美丈夫，如冠玉耳，其中未必有也。臣闻平居家时，盗其嫂；事魏不容，亡归楚；归楚不中，又亡归汉。今日大王尊官之，令护军。臣闻平受诸将金，金多者得善处，金少者得恶处。平，反复④乱臣也，愿王察之。"汉王疑之，召让⑤魏无知。无知曰："臣所言者，能也；陛下所问者，行也。今有尾生、孝己⑥之行而无益处于胜负之数⑦，陛下何暇用之乎？楚汉相距，臣进奇谋之士，顾其计诚足以利国家不耳。且盗嫂受金又何足疑乎？"汉王召让平曰："先生事魏不中，遂事楚而去，今又从吾游，信者固多心⑧乎？"平曰："臣事魏王，魏王不能用臣说，故去事项王。项王不能信人，其所任爱，非诸项即妻之昆弟，虽有奇士不能用，平乃去楚。闻汉王之能用人，故归大王。臣裸身来，不受金无以为资。诚臣计画有可采者，（顾）[愿]大王用之；使无可用者，金具在，请封输官⑨，得请骸骨⑩。"汉王乃谢，厚赐，拜为护军中尉，尽护⑪诸将。诸将乃不敢复言。

其后，楚急攻，绝汉甬道，围汉王于荥阳城。久之，汉王患之，请割荥阳以西以和。项王不听。汉王谓陈平曰："天下纷纷，何时定乎？"陈平曰："项王为人，恭敬爱人，士之廉节好礼者多归之。至于行功爵邑，重

---

① 参乘：坐于车右的陪乘之人。
② 典：掌管。
③ 讙(huā)：喧闹。
④ 反复：反复无常。
⑤ 让：责问。
⑥ 尾生：古代传说中坚守信约的人。《庄子·盗跖》："尾生与女子期于梁下，女子不来，水至不去，抱梁柱而死。"孝己：传说中商代的孝子。
⑦ 数：命运。
⑧ 多心：指三心二意。
⑨ 输官：送交国库。
⑩ 请骸骨：请求辞职。骸骨：身体。
⑪ 护：监督。

之，士亦以此不附。今大王慢而少礼，士廉节者不来；然大王能饶①人以爵邑，士之顽钝嗜利无耻者亦多归汉。诚各去其两短，袭其两长，天下指麾②则定矣。然大王恣侮人，不能得廉节之士。顾楚有可乱③者，彼项王骨鲠④之臣亚父、钟离眜、龙且、周殷之属，不过数人耳。大王诚能出捐数万斤金，行反间，间其君臣，以疑其心，项王为人意忌信谗，必内相诛。汉因举兵而攻之，破楚必矣。"汉王以为然，乃出黄金四万斤，与陈平，恣所为，不问其出入。

陈平既多以金纵反间于楚军，宣言诸将钟离眜等为项王将，功多矣，然而终不得裂地而王，欲与汉为一，以灭项氏而分王其地。项羽果意不信钟离眜等。项王既疑之，使使至汉。汉王为太牢具⑤，举进。见楚使，即详⑥惊曰："吾以为亚父使，乃项王使！"复持去，更以恶草具⑦进楚使。楚使归，具以报项王。项王果大疑亚父。亚父欲急攻下荥阳城，项王不信，不肯听。亚父闻项王疑之，乃怒曰："天下事大定矣，君王自为之！愿请骸骨归！"归未至彭城，疽发背而死。陈平乃夜出女子二千人荥阳城东门，楚因击之，陈平乃与汉王从城西门夜出去。遂入关，收散兵复东。

其明年，淮阴侯破齐，自立为齐王，使使言之汉王。汉王大怒而骂，陈平蹑⑧汉王。汉王亦悟，乃厚遇齐使，使张子房卒立信为齐王。封平以户牖乡。用其奇计策，卒灭楚。常以护军中尉从定燕王臧荼。

汉六年，人有上书告楚王韩信反。高帝问诸将，诸将曰："亟发兵坑竖子耳。"高帝默然。问陈平，平固辞谢，曰："诸将云何？"上具告之。陈平曰："人之上书言信反，有知之者乎？"曰："未有。"曰："信知之乎？"曰：

---

① 饶：丰富，此处意谓赏赐丰厚。
② 指麾：指点、挥手，犹言极易。麾：通"挥"。
③ 乱：指离间。
④ 骨鲠：比喻刚直。鲠：直爽。
⑤ 太牢具：指规格很高的丰盛食物。太牢：古代帝王、诸侯祭祀时，牛、羊、猪三牲全备为"太牢"。具：饮食。
⑥ 详：通"佯"。
⑦ 恶草具：指粗劣的饭菜。草：粗劣。
⑧ 蹑：踩。陈平踩了一下汉王的脚来暗示他。

"不知。"陈平曰:"陛下精兵孰与楚?"上曰:"不能过。"平曰:"陛下将用兵有能过韩信者乎?"上曰:"莫及也。"平曰:"今兵不如楚精,而将不能及,而举兵攻之,是趣①之战也,窃为陛下危之。"上曰:"为之奈何?"平曰:"古者天子巡狩,会诸侯。南方有云梦,陛下弟②出伪游云梦,会诸侯于陈。陈,楚之西界,信闻天子以好③出游,其势必无事而郊迎谒。谒,而陛下因禽之,此特一力士之事耳。"高帝以为然,乃发使告诸侯会陈,"吾将南游云梦"。上因随以行。行未至陈,楚王信果郊迎道中。高帝豫具武士,见信至,即执缚之,载后车。信呼曰:"天下已定,我固当烹!"高帝顾谓信曰:"若毋声!而反,明矣!"武士反接④之。遂会诸侯于陈,尽定楚地。还至雒阳,赦信以为淮阴侯,而与功臣剖符定封。

于是与平剖符⑤,世世勿绝,为户牖侯。平辞曰:"此非臣之功也。"上曰:"吾用先生谋计,战胜克敌,非功而何?"平曰:"非魏无知臣安得进?"上曰:"若子可谓不背本矣。"乃复赏魏无知。其明年,以护军中尉从攻反者韩王信于代。卒至平城,为匈奴所围,七日不得食。高帝用陈平奇计,使单于阏氏⑥,围以得开。高帝既出,其计秘,世莫得闻。

高帝南过曲逆,上其城,望见其屋室甚大,曰:"壮哉县!吾行天下,独见洛阳与是耳。"顾问御史曰:"曲逆户口几何?"对曰:"始秦时三万余户,间者兵数起,多亡匿,今见五千户。"于是乃诏御史,更以陈平为曲逆侯,尽食之,除前所食户牖。

其后常以护军中尉从攻陈豨及黥布。凡六出奇计⑦,辄益邑,凡六益封。奇计或颇秘,世莫能闻也。高帝从破布军还,病创,徐行至长安。燕王卢绾反,上使樊哙以相国将兵攻之。既行,人有短恶哙者。高帝怒曰:

---

① 趣:通"促",促使。
② 弟:且;一说,通"第",但。
③ 以好:指怀着善意。
④ 反接:指反缚两手。
⑤ 剖符:为表明信义的行为。符,由金属或竹木制成,中分为二,遇有事时,合符以为信。
⑥ 阏氏(yān zhī):匈奴王后的称号。
⑦ 凡:一共。钱大昕《汉书辨义》:"间疏楚君臣,一奇计也;夜出女子二千人荥阳东门,二奇计也;蹑汉王立信为齐王,三奇计也;伪游云梦缚信,四奇计也;解平城围,五奇计也;其六当在从击臧荼、陈豨、黥布时,史传无文。"

"哙见吾病,乃冀我死也。"用陈平谋而召绛侯周勃受诏床下,曰:"陈平亟驰传载勃代哙将①,平至军中即斩哙头!"二人既受诏,驰传未至军,行计之曰:"樊哙,帝之故人也,功多,且又乃吕后弟吕媭之夫,有亲且贵,帝以忿怒故,欲斩之,则恐后悔。宁囚而致上,上自诛之。"未至军,为坛,以节②召樊哙。哙受诏,即反接载槛车,传诣③长安,而令绛侯勃代将,将兵定燕反县。平行闻高帝崩,平恐吕太后及吕媭谗怒④,乃驰传先去。逢使者诏平与灌婴屯于荥阳。平受诏,立复驰至宫,哭甚哀,因奏事丧前。吕太后哀之,曰:"君劳,出休矣。"平畏谗之就⑤,因固请得宿卫中。太后乃以为郎中令,曰:"傅⑥教孝惠。"是后吕媭谗乃不得行。樊哙至,则赦复爵邑。

孝惠帝六年,相国曹参卒,以安国侯王陵为右丞相,陈平为左丞相。

王陵者,故沛人,始为县豪,高祖微时,兄事陵。陵少文,任气,好直言。及高祖起沛,入至咸阳,陵亦自聚党数千人,居南阳,不肯从沛公。及汉王之还攻项籍,陵乃以兵属汉。项羽取陵母置军中,陵使至,则东乡坐陵母,欲以招陵。陵母既私送使者,泣曰:"为老妾语陵,谨事汉王。汉王,长者也,无以老妾故,持二心。妾以死送使者。"遂伏剑而死。项王怒,烹陵母。陵卒从汉王定天下。以善雍齿,雍齿,高帝之仇,而陵本无意从高帝,以故晚封,为安国侯。

安国侯既为右丞相,二岁,孝惠帝崩。高后欲立诸吕为王,问王陵,王陵曰:"不可。"问陈平,陈平曰:"可。"吕太后怒,乃详迁陵为帝太傅,实不用陵。陵怒,谢疾免,杜门竟不朝请⑦,七年而卒。

陵之免丞相,吕太后乃徙平为右丞相,以辟阳侯审食其为左丞相。

---

① 亟:迅速。传:驿车。
② 节:朝廷用以传达命令的凭证。
③ 诣:到。
④ 平恐吕太后及吕媭谗怒:此句文字不顺。
⑤ 就:成,得逞。
⑥ 傅:教导、辅佐帝王或王子。
⑦ 朝请:汉律,春季朝见皇帝为"朝",秋季朝见皇帝为"请"。

左丞相不治,常给事于中①。

食其亦沛人。汉王之败彭城西,楚取太上皇、吕后为质,食其以舍人侍吕后。其后从破项籍为侯,幸于吕太后。及为相,居中,百官皆因决事。

吕媭常以前陈平为高帝谋执樊哙,数谗曰:"陈平为相非治事,日饮醇酒,戏妇女。"陈平闻,日益甚。吕太后闻之,私独喜。面质吕媭于陈平曰:"鄙语曰'儿妇人口不可用'②,顾君与我何如耳。无畏吕媭之谗也。"

吕太后立诸吕为王,陈平伪听之。及吕太后崩,平与太尉勃合谋,卒诛诸吕,立孝文皇帝,陈平本谋也。审食其免相。

孝文帝立,以为太尉勃亲以兵诛吕氏,功多;陈平欲让勃尊位,乃谢病。孝文帝初立,怪平病,问之。平曰:"高祖时,勃功不如臣平。及诛诸吕,臣功亦不如勃。愿以右丞相让勃。"于是孝文帝乃以绛侯勃为右丞相,位次第一;平徙为左丞相,位次第二。赐平金千斤,益封三千户。

居顷之,孝文皇帝既益明习国家事,朝而问右丞相勃曰:"天下一岁决狱几何?"勃谢曰:"不知。"问:"天下一岁钱谷出入几何?"勃又谢不知,汗出沾背,愧不能对。于是上亦问左丞相平。平曰:"有主者。"上曰:"主者谓谁?"平曰:"陛下即问决狱,责廷尉;问钱谷,责治粟内史。"上曰:"苟各有主者,而君所主者何事也?"平谢曰:"主臣③!陛下不知其驽下,使待罪宰相。宰相者,上佐天子理阴阳,顺四时,下育万物之宜,外镇抚四夷诸侯,内亲附百姓,使卿大夫各得任其职焉。"孝文帝乃称善。右丞相大惭,出而让陈平曰:"君独不素④教我对!"陈平笑曰:"君居其位,不知其任邪?且陛下即问长安中盗贼数,君欲强对邪?"于是绛侯自知其能不如平远矣。居顷之,绛侯谢病请免相,陈平专为一丞相。

孝文帝二年,丞相陈平卒,谥为献侯。子共侯买代侯。二年卒,子简

---

① 常给事于中:指常在宫中处理政务。
② 儿妇人口不可用:取自于当时的民间童谣,意即小孩与妇女的话不可信。
③ 主臣:主管群臣。一说,表示惶恐的词语。
④ 素:平时。

侯恢代侯。二十三年卒,子何代侯。二十三年,何坐略①人妻,弃市,国除。

始陈平曰:"我多阴谋,是道家之所禁。吾世即废,亦已矣,终不能复起,以吾多阴祸②也。"然其后曾孙陈掌以卫氏亲贵戚③,愿得续封陈氏,然终不得。

太史公曰:陈丞相平少时,本好黄帝、老子之术。方其割肉俎上之时,其意固已远矣。倾侧扰攘楚魏之间,卒归高帝。常出奇计,救纷纠之难,振④国家之患。及吕后时,事多故矣,然平竟自脱,定宗庙,以荣名终,称贤相,岂不善始善终哉!非知⑤谋孰能当此者乎?

一、文化拓展:

司马光《资治通鉴》关于"三家分晋"有这样一段论赞:

智伯之亡也,才胜德也。夫才与德异,而世俗莫之能辨,通谓之贤,此其所以失人也。夫聪察强毅之谓才,正直中和之谓德。才者,德之资也;德者,才之帅也。云梦之竹,天下之劲也,然而不矫揉,不羽括,则不能以入坚;棠溪之金,天下之利也,然而不熔范,不砥砺,则不能以击强。是故才德全尽谓之圣人,才德兼亡谓之愚人,德胜才谓之君子,才胜德谓之小人。凡取人之术,苟不得圣人、君子而与之,与其得小人,不若得愚人。何则?君子挟才以为善,小人挟才以为恶。挟才以为善者,善无不至矣;挟才以为恶者,恶亦无不至矣。愚者虽欲为不善,智不能周,力不能胜,譬之乳狗搏人,人得而制之。小人智足以遂其奸,勇足以决其暴,是虎而翼者也,其为害岂不多哉!夫德者人之所严,而才者人之所爱。爱者易亲,严者易疏,是以察者多蔽于才而遗于德。自古昔以来,国之乱臣,家之败子,才有余而德不足,以至于颠覆者多矣,岂特智伯哉!故为国为家者,苟能审于才德之分而知所先后,又何失人之足

---

① 略:通"掠",强取。
② 阴祸:暗中积下的祸因。
③ 以卫氏亲贵戚:此句文字不顺。《汉书》作"以卫氏亲戚贵"。陈掌是大将军卫青的女婿,又是卫青之姐卫少儿的情夫。
④ 振:通"赈",救。
⑤ 知:同"智"。

患哉！

司马光认为，治理国家最好是用圣人，其次是用君子，如果二者皆无，与其用"小人"，不如用"愚人"。因为"愚人"就算图谋不轨，他们也因缺少才干而难以实现自己的目标。而"小人"就不同了，在司马光那里，"小人"有一个奇怪的定义："才"胜"德"者。既然这样，"小人智足以遂其奸，勇足以决其暴，是虎而翼者也"，"小人"的危害自然也就不言而喻了。司马光的这则论赞正是针对王安石等人，对"才"大加攻击而对"德"却大力标举无非就是给王安石等有"才"之人扣上一个无"德"的帽子，其偏执之处昭然若揭——把有"才"与无"德"划等号。现在，站在时代的高度可以看出此种"才德"观的偏执之处，可是，长期以来，正统的文人士大夫都是这样看待"才德"的。对商君、吴起的富国强兵之"才"，他们视而不见，几乎是众口一词的谩骂这两人。究其原因，不是因为别的，就是因为这二人的"德"颇有问题：吴起"贪而好色"，商君"刻暴少恩"。司马迁则在两千年前能够突破这种观念的局限，思想意识颇有超前性。在《吴起列传》与《商君列传》中，司马迁热情肯定了这二人为国为民所作的巨大贡献，以至于连思想颇为开明的苏轼都指责司马迁：

> 吾尝以为迁有大罪二，其先黄、老，后《六经》，退处士，进奸雄，盖其小小者耳。所谓大罪二，则论商鞅、桑弘羊之功也。（《司马迁二大罪》）

而且，对儒家正统观念所看重的"德"，司马迁颇不以为然。《万石列传》中，石奋等人"恭谨无与比"，是典型的"长者"，可司马迁却写出他们虽位居高位却"无建言"、对国计民生没有什么贡献的事实；《张丞相列传》中也声称陶青、刘舍等人虽然"廉谨"却缺少才干，仅为"丞相备员"而已，因此不为他们立传。徐复观《两汉思想史·论史记》中还谈到了司马迁对"长者政治"的批判，可以参看。

具有超前性的"才德"观也体现在这篇《陈丞相世家》中：从个人品德上来讲，陈平"盗嫂受金"当然是一个污点，但是，他的"才"仍然受到了司马迁的高度赞扬。曹操后来颁"唯才是举令"还专门以此为例：

> 自古受命及中兴之君，曷尝不得贤人君子与之共治天下者乎！及其得贤也，曾不出闾巷，岂幸相遇哉？上之人不求之耳。今天下尚未定，此特求贤之急时也。"孟公绰为赵、魏老则优，不可以为滕、薛大夫。"若必廉士而后可用，则齐桓其何以霸世？今天下得无有被褐怀玉而钓于渭滨者？又得无有盗嫂受金而未遇无知者乎？二三子其佐我明扬仄陋，唯才是举，吾得而用之。

二、文学链接：

1. 相关文学典故：

白登之围

鸿门赖留侯,白登幸曲逆。

（刘琨《重赠卢谌》）

合昏玄兔郡,中夜白登围。

（沈佺期《关山月》）

陈平分肉

陈平亦分肉,太史竟论功。

（杜甫《社日》）

今日社日分祭肉,不值陈平又不均。

（刘言史《嘉兴社日》）

陈平奇计

见深吕禄忧,举后陈平计。

（张说《王君咏》）

奇因六出忆陈平。

（辛弃疾《鹧鸪天·和传先之提举赋雪》）

陈平不久贫

也闻阮籍寻常醉,见说陈平不久贫。

（崔峒《赠元秘书》）

2. 后世有关的著名文学作品：

曹操《举贤勿拘品行令》、《敕有司取士无废偏短令》,王绩《陈平分社肉赞》,韩愈《论捕贼行赏表》,欧阳修《上富丞相书》,范仲淹《选任贤能论》,张耒《陈平论》、《平勃论》。

3. 文学分析：

金圣叹曾经说过："旧时《水浒传》,子弟读了,便晓得许多闲事。此本虽是点阅得粗略,子弟读了,便是晓得许多文法,不惟晓得许多《水浒传》中有许多文法,他便将《国策》、《史记》等书,中间但有若干文法,也都看得出来"（《读第五才子书法》）,又说："圣叹有'才子书'六部,《西厢记》乃是其一。然其实六部书,圣叹只是用一副手眼读得。如读《西厢记》,实是用读《庄子》、《史记》手眼读得"（《读第六才子书西厢记读法》）。在用《史记》"文法"分析小说戏曲时,金氏有一种观念值得注意:认为一定的"章法"可以暗示出一定的文本意义。以《水浒传》第一回为例,先写一百八人还是先写高俅不过是一种章法,并未对高俅与一百八人作任何评判,可是在金圣叹那里,"不写一百八人,先写高俅"的"章法"则能暗示出"乱自上作也"这样的文本意义;又如,梁山好汉最后一名上梁山的是皇甫端,这在金圣叹看来又是意味深长:"一百八人而以相马终之,岂非欲令读者得之于牝牡骊黄之外耶?"圣叹还批有《才子必读古文》,通过考察可以发现,他是把古文的章法分析移植于小说戏曲批评之中。

其实,不仅仅金圣叹,在明清的古文评点中,对古文的章法分析占了很大比重。《史记》是明清时期最为称许的古文范本之一,以此篇为个案,我们不难看出此时古文评点对"章法"分析的重视:

  陈丞相学问本《阴符》中所得甚精,故能以致功名。太史公通篇以"奇计"两字作案。

  太史公总揭平六出奇计,此其章章著名之大者。以予观之,平足智多谋,无往非计也。

(茅坤《史记钞》卷三十)

  通篇纯是见智谋处,末用"阴谋"、"阴祸"四字作结,人之居心亦何如哉!太史公揭出此语,含蕴无穷,垂戒深远。

(高塘《史记钞》卷二)

  六出奇计,阴谋也。其后避馋,伪听吕后,亦阴谋也。故用此总结通篇。

(方苞《书〈陈丞相世家〉后》)

  ……

在此时的古文评点中,《史记》"章法"之谨严精妙极受赞许,所谓:"如堪舆家之千里来龙,到头只求一穴"(茅坤《史记钞·读史记法》)、"文虽变幻,却将一二字作眼,领清题纂,客意旁入而不离其宗"(王治皞《史记权参·读史总论》)、"或由本以之末,或操末以续颠,或繁条而约言,或一传而数事,名从中变,或自旁入,意到笔随。或一传而数事,或从中变,或自旁入,意到笔随,思余语止"(凌氏《史记评林》王维桢卷首语)、"千百言如一句,由其线索在乎,举重若轻也"(惠栋《九曜斋笔记》卷二),也即指出,《史记》章法多变却又中心突出,线索分明。前引茅坤、高塘、方苞批语皆在《陈丞相世家》的章法变幻中抓住了"结穴"、"题纂"之所在,对我们理解此篇的"微言大义"颇有启发。

三、集评：

或问近世社稷之臣，曰：若张子房之智，陈平之无悮，绛侯勃之果，霍将军之勇，终之以礼乐，则可谓社稷之臣矣。

——扬雄《扬子云集》卷一

平虽不知道，亦知学。如对文帝以宰相之职，非知学安能如此。

——程颢程颐《二程遗书》卷十七

取天下于群雄争夺之时易，定社稷于母后专制之日难，此陈平当吕后时所以销缩不敢有所为也。然平自审产禄昏庸，不为深患，但以吕后不可廷争，故一切顺听。及吕后死四十日间，诸吕已灭；更数十日，则孝文立，汉事定矣。后人徒见处之不难便谓若戏剧，不知其处置精密，盖能使外朝上下相合为一，更无趋和吕氏之意。不然不足为燕居深念也。

——叶适《习学纪言》卷二一

问：文帝问陈平钱谷刑狱之数而平不对，乃述所谓宰相之职，或以为钱谷刑狱一得其理，则阴阳和，万物遂，而斯民得其所矣，宰相之职莫大于是，惜乎平之不知此也。曰：平之所言，乃宰相之体；此之所论亦是一说，但欲执此以废彼则非也。要之，相得人则百官各得其职，择一户部尚书则钱谷何患不治，而刑部得人则狱事亦清平矣。

——朱熹《朱子语类》卷一三五

王诸吕，始乃伪听，本谋欲诛，卒定汉难，非黄老之术而何？

——凌氏《史记评林·陈丞相世家》王维桢批语

太史公论倾侧扰攘，卒归高祖，其智也；纷纠之难，常出奇计，亦智也；时事多故，不惟自脱，卒定宗庙，以荣名终，可谓大智也。总束之曰，'非智谋而能若是乎！'论留侯筹测功力则归之天，论平功名则归之智谋，智谋者，人也，正谲之间耳。读陈平一传，可见人无所不至也。

——凌氏《史记评林》赵桓批语

王陵、陈平、周勃处吕后事何如？○人臣之义，当以王陵为正，二子者乃唯然从之，吕氏欲篡汉，二子实助之也。二子方对吕氏时，特畏死耳，未有安汉之谋也。抑二子安刘氏之计亦疎矣，使郦寄不可劫北军，不可入吕媭之谋，行则亦殆矣，忠于人国者顾如是哉？

——黄震《黄氏日抄》卷三九

方陈平脱楚归汉，因魏无知求见，王与语，悦之，使为骖乘，典护军，绛伺、灌婴等谗之曰，臣闻平居家，盗其嫂，今大王令护军，臣闻平受诸将金，愿王察之。受金事盖有之，平尝对汉王自明其故矣，盗嫂之说诬也。《世家》因载绛灌之言，而先叙之曰平"少时家贫，好读书，与兄伯居。伯常耕田，纵平游学。其嫂嫉平之不事生产，曰，有叔如此，不如无有。伯闻之，逐其妇而弃之"。据实直书，使事之有无，言之得失，先后参观自见，司马氏所以称良史也。

——尹继美《鼎吉堂文钞》卷一

智谋是陈曲逆一生得力，不特善于立功，且善于自全。但智谋非临时可办，其叙少时所好与分肉里社之事，正见其决策当年，胸中早已一副大本领也。

——林云铭《古文析义》卷四

陈平，小人也。汉得天下皆韩信功，一旦有告反者，闻左辈语，略无证据，平不以此时弥缝其隙，乃唱伪游云梦之邪说，使信无故见黜，其后为吕后所杀，直平杀之耳。殆高祖命即军中斩樊哙，而平械之归。哙，吕氏党也，故平活之，其揣时附势如此。且平六出奇计，而其解白登之围，特画美人图以遗瘀氏，计甚庸鄙，又何奇哉！

——王鸣盛《十七史商榷·史记·陈丞相世家》

四、思考与讨论：

1. 结合《商君列传》、《吴起列传》、《万石列传》、《张丞相列传》及本篇，探讨司马迁的德才观。

2. 同样曾任丞相，萧何有《萧相国世家》，周勃有《绛侯周勃世家》，陈平则是《陈丞相世家》，司马迁的命名并不是随意所加，而是"微言大意"，通过对这三篇的章法分析，参考徐复观《两汉思想史·论史记》，谈谈你对这些命名的理解。

3. 《史记》中的"世家"可分为几种类型？为什么？

苏 秦 列 传

题解：

战国时代诸子蜂起，百家争鸣，圣贤和英雄辈出，雄辩和华章毕呈。其中，以苏秦、张仪等人为代表的纵横家曾在战国时期的政治、军事、外交上扮演过非常重要的角色，值得我们注意。

本篇主要记述苏秦的生平行事及其雄辩华美的说辞，另外还为苏秦的两个弟弟苏代、苏厉（同样也是出色的纵横家）作了附传。如果研读时再参之以《张仪列传》，纵横家在战国时代的风采风貌就大致可被我们了解了。

"春秋时犹尊礼重信，而七国则绝不言礼与信矣；春秋时犹宗周王，而七国则绝不言王矣；春秋时犹严祭祀、重聘享，而七国则无其事矣；春秋时犹论宗姓氏族，而七国则无一言及之矣；春秋时犹宴会赋诗，而七国则不闻矣；春秋时犹有赴告策书，而七国则无有矣。邦无定交，士无定主，此皆变于一百三十三年之间……观夫史之所录，无非功名势利之人、笔札喉舌之辈，而如董生之言正谊明道者不一二见也。"（顾炎武《日知录·周末风俗》），苏秦张仪等人就是在这样的时势下发挥了自己的才智，时势造就了他们的功业，他们也极大地影响了当时列国的政治、外交格局。

本文的叙事不算复杂，首先以极简短的语句勾勒出一个受挫者形象——"出游数岁，大困而归。兄弟嫂妹妻妾窃皆笑"，紧接着写苏秦发奋图强，在刻苦攻读、潜心"揣摩"之后，又不屈不挠地踏上了"事口舌"的道路。他始以连横游说秦惠王，失败，转而又以合纵游说六国，结果功成名就，歃血于洹水之上，佩带六国相印，煊赫一时，成为纵横家杰出的代表人物。继而奔齐，为燕昭王反间，最终遇刺而死。

苏秦在当时与后世的口碑都不好，可是，在汉代崇尚"敦厚长者"的风气下，司马迁却能够说出"苏秦起闾阎，连六国从亲，此其智有过人者。吾故列其行事，次其时序，毋令独蒙恶声焉"这样的话；在《太史公自序》中他还称赞了苏秦的"能存诸侯，约从以抑贪强"，表现出超越时代的卓绝史识。从史公的生动描绘与客观评价中，我们看到了这样一个苏秦：一方面，他功利心极强，对功名富贵孜孜以求；但另一方面，他积极进取，学以致用，与皓首穷经、食古不化的腐儒比较起来真不可同日而语。一方面，他目光敏锐，才智过人；可另一方面，为了达到目的他不择手段，为了功名富贵他看风使舵……司马迁还不只是塑造出苏秦"这一个"人物形象，他还让我们看到了战国时期纵横家们朝为布衣、暮为卿相、转危为安、运亡为存、倾人之国、覆人之邦的活剧与群像。

现代战国史的一些研究者们认为《苏秦列传》不太可信，我们在此却选了这篇列传，一方面是因为它文学性很强，另一方面是因为它对于我们了解"九流"之一的纵横家有着典型化的范式作用。另外，此篇还深深寄托了司马迁的身世之感，有助于我们理解司马迁写作《史记》时一种很重要的思想感情倾向：遭李陵之祸后，"交游莫救，左右亲近不为一言"（《报任安书》），使司马迁深刻体会到了人性中的"势利"一面。除此篇外，《张耳陈馀列传》中张耳陈馀的以"以利交"、《汲郑列传》中"门可罗雀"的典故等都有着对世态炎凉的感慨，可以参看。

正文：

苏秦者，东周雒阳人也。东事师于齐，而习之于鬼谷先生。

出游数岁，大困①而归。兄弟嫂妹妻妾窃皆笑之，曰："周人之俗，治产业，力工商，逐什二②以为务。今子释本而事口舌③，困，不亦宜乎！"苏秦闻之而惭，自伤，乃闭室不出，出其书遍观之。曰："夫士业已屈首受书④，而不能以取尊荣，虽多亦奚以为！"于是得周书《阴符》⑤，伏而读之。期年⑥，以出揣摩⑦，曰："此可以说当世之君矣。"求说周显王。显王左右素习⑧知苏秦，皆少⑨之。弗信。

---

① 困：窘迫，不如意。
② 逐什二：从事工商获十分之二的利润。
③ 本：指手工业、商业。事口舌：游说。
④ 屈首：低头，埋头。受书：从师受教。
⑤ 《阴符》：古兵书名。
⑥ 期（jī）年：一周年。
⑦ 揣摩：此处指悉心求其真意，以相比合。
⑧ 素：平时，向来。习：熟。
⑨ 少：轻视。

乃西至秦。秦孝公卒。说惠王曰："秦四塞之国①，被山带②渭，东有关河③，西有汉中，南有巴蜀，北有代马④，此天府⑤也。以秦士民之众，兵法之教，可以吞天下，称帝而治。"秦王曰："毛羽未成，不可以高蜚⑥；文理⑦未明，不可以并兼。"方诛商鞅，疾辩士⑧，弗用。

乃东之赵。赵肃侯令其弟成为相，号奉阳君。奉阳君弗说之。

去游燕，岁余而后得见。说燕文侯曰："燕东有朝鲜、辽东，北有林胡、楼烦，西有云中、九原，南有嘑沱、易水，地方⑨二千余里，带甲⑩数十万，车六百乘，骑六千匹，粟支数年。南有碣石、雁门之饶，北有枣栗之利，民虽不佃作⑪而足于枣栗矣。此所谓天府者也。夫安乐无事，不见覆军杀将，无过燕者。大王知其所以然乎？夫燕之所以不犯寇被甲兵⑫者，以赵之为蔽其南也。秦赵五战，秦再胜而赵三胜。秦赵相毙⑬，而王以全燕制其后，此燕之所以不犯寇也。且夫秦之攻燕也，踰⑭云中、九原，过代、上谷，弥⑮地数千里，虽得燕城，秦计固不能守也。秦之不能害燕亦明矣。今赵之攻燕也，发号出令，不至十日而数十万之军军⑯于东垣矣。渡嘑沱，涉易水，不至四五日而距国都矣。故曰秦之攻燕也，战于千里之外；赵之攻燕也，战于百里之内。夫不忧百里之患而重千里之外，计无过

---

① 四塞之国：秦国四面有山关之固，形势险要，可为屏障，所以叫四塞之国。
② 被：同"披"。带：环绕。
③ 关河：函谷关、黄河。
④ 代马：指代郡马邑之地，今山西朔县一带。一说谓代郡兼有胡马之利。
⑤ 天府：自然条件优越的地方。
⑥ 蜚：同"飞"。
⑦ 文理：指国家大政方针策略。文，礼乐制度；理，道理法则。
⑧ 疾：憎恶、忌恨。辩士：善于游说的人。
⑨ 地方：纵横面积。
⑩ 甲：披甲的士兵。
⑪ 佃作：耕作。
⑫ 不犯寇：不被敌人侵犯。被甲兵：指遭受战祸。被：遭，受。甲：铠甲。兵：武器。
⑬ 相毙：相互残杀。毙：灭亡。此处指秦赵互相杀伤，互相削弱。
⑭ 踰：同"逾"，越过，跨过。
⑮ 弥：旷远，远离。
⑯ 军军：前一"军"，军队。后一"军"，驻扎，驻军。

于此者。是故愿大王与赵从①亲,天下为一,则燕国必无患矣。"

文侯曰:"子言则可,然吾国小,西迫②强赵,南近齐,齐、赵强国也。子必欲合从以安燕,寡人请以国从③。"

于是资④苏秦车马金帛以至赵。而奉阳君已死,即因⑤说赵肃侯曰:"天下卿相人臣及布衣之士⑥,皆高⑦贤君之行义,皆愿奉教陈忠于前之日久矣。虽然,奉阳君妒而君不任事,是以宾客游士莫敢自尽⑧于前者。今奉阳君捐馆舍⑨,君乃今复与士民相亲也,臣故敢进其愚虑。

窃⑩为君计者,莫若安民无事,且无庸⑪有事于民也。安民之本,在于择交,择交而得则民安,择交而不得则民终身不安。请言外患:齐秦为两敌而民不得安,倚秦攻齐而民不得安,倚齐攻秦而民不得安。故夫谋人之主,伐人之国,常苦出辞断绝人之交也。愿君慎勿出于口。请别白黑,所以异阴阳而已矣⑫。君诚能听臣,燕必致旃⑬裘狗马之地,齐必致鱼盐之海,楚必致橘柚之园,韩、魏、中山皆可使致汤沐⑭之奉⑮,而贵戚父兄皆可以受封侯。夫割地包利⑯,五伯⑰之所以覆军禽⑱将而求也;

---

① 从:通"纵",合纵。战国时代,合纵是指山东六国结成同盟,互相援救,同抗强秦。
② 迫:逼近。
③ 国从:倾国听从安排。
④ 资:资助,给予。
⑤ 因:趁机。
⑥ 布衣之士:尚未做官的人。
⑦ 高:仰慕,推崇。
⑧ 自尽:畅所欲言。
⑨ 捐馆舍:抛弃住所。是死亡的委婉说法。
⑩ 窃:暗中,私下。
⑪ 无庸:不须,不必。
⑫ 句大意为:请让我进言,我会说得黑白分明、阴阳判然。
⑬ 旃:同"毡"。
⑭ 汤沐:指汤沐邑,即天子赐给诸侯的一种封邑,邑内之赋税供诸侯汤沐之用。汤,热水,用以洗身。沐:洗发。此处实际是指进献贡物。
⑮ 奉:供给,供养。
⑯ 包利:获利。
⑰ 五伯:即五霸。春秋先后称霸的五国诸侯。说法不一,多以指齐桓、晋文、秦穆、宋襄、楚庄。
⑱ 禽:通"擒"。

封侯贵戚,汤武之所以放弑①而争也。今君高拱②而两有之,此臣之所以为君愿也。

今大王与③秦,则秦必弱④韩、魏;与齐,则齐必弱楚、魏。魏弱则割河外,韩弱则效⑤宜阳,宜阳效则上郡绝,河外割则道不通,楚弱则无援。此三策者,不可不孰计⑥也。

夫秦下轵道⑦,则南阳危;劫韩包周,则赵氏自操兵;据卫取卷,则齐必入朝秦。秦欲已得乎山东,则必举兵而向赵矣。秦甲渡河踰漳,据番吾,则兵必战于邯郸之下矣。此臣之所为君患也。

当今之时,山东之建国莫强于赵。赵地方二千余里,带甲数十万,车千乘,骑万匹,粟支数年。西有常山,南有河漳,东有清河,北有燕国。燕固弱国,不足畏也。秦之所害⑧于天下者莫如赵,然而秦不敢举兵伐赵者,何也?畏韩、魏之议⑨其后也。然则韩、魏,赵之南蔽也。秦之攻韩、魏也,无有名山大川之限,稍蚕食之,傅⑩国都而止。韩、魏不能支秦,必入臣于秦。秦无韩、魏之规⑪,则祸必中⑫于赵矣。此臣之所为君患也。

臣闻尧无三夫⑬之分,舜无咫尺之地,以有天下;禹无百人之聚,以王诸侯;汤武之士不过三千,车不过三百乘,卒不过三万,立为天子:诚得其道也。是故明主外料其敌之强弱,内度⑭其士卒贤不肖,不待两军相当

---

① 放弑:指商汤流放夏桀,武王伐纣,纣败自杀,武王又斩其头事。
② 高拱:高拱两手,安坐时的恣态。意思是坐享其成。
③ 与:亲附,友好。
④ 弱:使……弱。
⑤ 效:献纳。
⑥ 孰计:仔细考虑。孰:同"熟"。仔细,周详。
⑦ 轵道:古道路名,位于今河南省济源县东,为豫北进入山东的要道。
⑧ 害:忌恨。
⑨ 议:暗算。
⑩ 傅:通"附"。
⑪ 规:通"窥",窥视。
⑫ 中:集中到,面临。
⑬ 夫:古代井田,一夫受田百亩,故称百亩为夫。
⑭ 度:揣度,估量。

而胜败存亡之机固已形于胸中矣，岂揜①于众人之言而以冥冥②决事哉！

臣窃以天下之地图案③之，诸侯之地五倍于秦，料度诸侯之卒十倍于秦，六国为一，并力西乡④而攻秦，秦必破矣。今西面而事之，见臣于秦。夫破人之与破于人也，臣人之与臣于人也，岂可同日而论哉！

夫衡人⑤者，皆欲割诸侯之地以予秦。秦成，则高台榭⑥，美宫室，听竽瑟，前有楼阙轩辕⑦，后有长姣⑧美人，国被秦患而不与其忧。是故夫衡人日夜务以秦权恐愒⑨诸侯以求割地，故愿大王孰计之也。

臣闻明主绝疑去谗，屏⑩流言之迹，塞朋党⑪之门，故尊主广地强兵之计臣⑫得陈忠于前矣。故窃为大王计，莫如一⑬韩、魏、齐、楚、燕、赵以从亲，以畔⑭秦。令天下之将相会于洹水之上，通质⑮，刳⑯白马而盟。要约⑰曰：'秦攻楚，齐、魏各出锐师以佐之，韩绝其粮道，赵涉河漳，燕守常山之北。秦攻韩魏，则楚绝其后，齐出锐师而佐之，赵涉河漳，燕守云中。秦攻齐，则楚绝其后，韩守城皋，魏塞其道，赵涉河漳、博关，燕出锐师以佐之。秦攻燕，则赵守常山，楚军豁武关，齐涉勃海，韩、魏皆出锐师以佐之。秦攻赵，则韩军宜阳，楚军武关，魏军河外，齐涉清河，燕出锐师以佐之。诸侯有不如约者，以五国之兵共伐之。'六国从亲以宾⑱秦，则秦甲必

---

① 揜(yǎn)：遮蔽。
② 冥冥：糊涂，昏庸。
③ 案：通"按"，考察。
④ 乡：同"向"。
⑤ 衡人：为秦国效力，主张连横策略的游说辩士。衡：通"横"。连横：瓦解六国联盟。
⑥ 榭：建在高台上的敞屋。
⑦ 轩辕：指高敞华丽的车子。
⑧ 姣：美好。
⑨ 恐愒(hè)：恐吓，恫吓。
⑩ 屏：同"摒"。除去，排除。
⑪ 朋党：为私利目的相互勾结的团体。
⑫ 计臣：谋划之臣，出主意献策略的臣子。
⑬ 一：使……统一。
⑭ 畔：通"叛"。
⑮ 质：人质。
⑯ 刳(kū)：宰杀。
⑰ 要(yāo)约：盟约。
⑱ 宾：通"摈"，排斥，除去。

不敢出于函谷以害山东矣。如此,则霸王之业成矣。"

赵王曰:"寡人年少,立国日浅,未尝得闻社稷①之长计也。今上客有意存天下,安诸侯,寡人敬以国从。"乃饰车百乘,黄金千溢②,白璧百双,锦绣千纯③,以约诸侯。

是时周天子致文武之胙④于秦惠王。惠王使犀首攻魏,禽将龙贾,取魏之雕阴,且欲东兵。苏秦恐秦兵之至赵也,乃激怒张仪,入之于秦。

于是说韩宣王曰:"韩北有巩、成皋之固,西有宜阳、商阪之塞,东有宛、穰、洧水,南有陉山,地方九百余里,带甲数十万,天下之强弓劲弩皆从韩出。谿子⑤、少府⑥时力、距来者,皆射六百步之外。韩卒超足⑦而射,百发不暇止,远者括蔽⑧洞胸,近者镝弇心⑨。韩卒之剑戟皆出于冥山、棠溪、墨阳、合赙、邓师、宛冯、龙渊、太阿,皆陆断牛马,水截鹄⑩雁,当敌则斩坚甲铁幕⑪,革抉跋芮⑫,无不毕具。以韩卒之勇,被坚甲,蹠⑬劲弩,带利剑,一人当百,不足言也。夫以韩之劲与大王之贤,乃西面事秦,交臂⑭而服,羞社稷而为天下笑,无大于此者矣。是故愿大王孰计之。

大王事秦,秦必求宜阳、成皋。今兹效⑮之,明年又复求割地。与则无地以给之,不与则弃前功而受后祸。且大王之地有尽而秦之求无已,

---

① 社稷:土地神、谷神,因祭祀社稷是古代君主的特权,后来即以社稷指代国家政权。
② 溢:通"镒"。古代重量单位,二十两或二十四两。
③ 纯:捆,包。引申为丝绵布帛的计量单位。帛一段、一匹曰"纯"。
④ 胙:祭祀用的肉,祭后送给参与祭祀的人。
⑤ 谿子:强弓名。当时南方的少数民族善制柘弩和竹弩,此指韩国仿造的谿子弩。下文的"时力"、"距来"亦是强弓名。
⑥ 少府:韩国制造器械的机构。
⑦ 超足:高抬脚再踏下去。古代用脚踏、手扳发射强弩,超足是射箭时的动作。
⑧ 括:箭末扣弦之处。蔽:疑是衍文。
⑨ 镝(dí)弇(yǎn)心:箭射穿胸膛直至心脏。镝:箭头。弇:覆盖、遮蔽。
⑩ 鹄:即天鹅。
⑪ 铁幕:保护腿、臂的甲衣。
⑫ 革抉:射箭时套在左臂上的皮套。跋芮:系盾的丝带。
⑬ 蹠:通"跖",踏。
⑭ 交臂:表示臣服的动作。
⑮ 效:呈献,进献。

以有尽之地而逆①无已之求,此所谓市怨②结祸者也,不战而地已削矣。臣闻鄙谚曰:'宁为鸡口,无为牛后。'今西面交臂而臣事秦,何异于牛后乎?夫以大王之贤,挟③强韩之兵,而有牛后之名,臣窃为大王羞之。"

于是韩王勃然作色,攘④臂瞋目,按剑仰天太息⑤曰:"寡人虽不肖,必不能事秦。今主君诏⑥以赵王之教,敬奉社稷以从。"

又说魏襄王曰:"大王之地,南有鸿沟、陈、汝南、许、郾、昆阳、召陵、舞阳、新都、新郪,东有淮、颍、煮枣、无胥,西有长城之界,北有河外、卷、衍、酸枣,地方千里。地名虽小,然而田舍庐庑之数⑦,曾无所刍牧⑧。人民之众,车马之多,日夜行不绝,輷輷殷殷⑨,若有三军之众。臣窃量大王之国不下楚。然衡人怵⑩王交强虎狼之秦以侵天下,卒⑪有秦患,不顾其祸。夫挟强秦之势以内劫其主,罪无过此者。魏,天下之强国也;王,天下之贤王也。今乃有意西面而事秦,称东藩⑫,筑帝宫⑬,受冠带⑭,祠春秋⑮,臣窃为大王耻之。

臣闻越王句践战敝卒⑯三千人,禽夫差于干遂;武王卒三千人,革车三百乘,制纣于牧野:岂其士卒众哉,诚能奋⑰其威也。今窃闻大王之

---

① 逆:迎。
② 市怨:买怨,招怨。
③ 挟:具有。
④ 攘:捋。
⑤ 太息:出声长叹。
⑥ 主君:对卿大夫的尊称。这里指苏秦。诏:告、教诲。
⑦ 庐庑(wǔ):泛指房屋。庐,村屋或田间小屋。庑,大屋。数(cù):稠密、拥挤。
⑧ 曾(zēng):竟。刍牧:放牧牛羊。
⑨ 輷(hōng)輷殷殷:象声词。很多车马行走的声音。
⑩ 怵(xù):通"訹"诱惑,引诱。
⑪ 卒:通"猝",突然。
⑫ 藩:属国或属地。
⑬ 筑帝宫:指为秦王建造行宫,以备巡游暂住。
⑭ 受冠带:接受秦国的分封,采用秦国的冠服样式,制度。
⑮ 祠春秋:贡献财物,春秋为秦助祭。
⑯ 敝卒:疲敝之卒。
⑰ 奋:振。

卒,武士二十万,苍头①二十万,奋击②二十万,厮徒③十万,车六百乘,骑五千匹。此其过越王句践、武王远矣,今乃听于群臣之说而欲臣事秦。夫事秦必割地以效实,故兵未用而国已亏矣。凡群臣之言事秦者,皆奸人,非忠臣也。夫为人臣,割其主之地以求外交,偷取一时之功而不顾其后,破公家而成私门,外挟强秦之势以内劫其主,以求割地,愿大王孰察之。

《周书》④曰:'绵绵不绝,蔓蔓奈何⑤?豪氂⑥不伐,将用斧柯。'前虑不定,后有大患,将奈之何?大王诚能听臣,六国从亲,专心并力一意,则必无强秦之患。故敝邑赵王使臣效愚计,奉明约,在大王之诏诏之。"

魏王曰:"寡人不肖,未尝得闻明教。今主君以赵王之诏诏之,敬以国从。"

因东说齐宣王曰:"齐南有泰山,东有琅邪,西有清河,北有勃海,此所谓四塞之国也。齐地方二千余里,带甲数十万,粟如丘山。三军之良,五家之兵⑦,进如锋矢,战如雷霆,解⑧如风雨。即有军役,未尝倍⑨泰山,绝⑩清河,涉勃海也。临菑之中七万户,臣窃度之,不下户三男子⑪,三七二十一万,不待发于远县,而临菑之卒固已二十一万矣。临菑甚富而实,其民无不吹竽鼓瑟,弹琴击筑⑫,斗鸡走狗,六博蹋鞠⑬者。临菑之涂⑭,

---

① 苍头:用青布裹头以异于众的士兵。一说是精锐敢死队的称号。
② 奋击:冲锋陷阵的精锐部队。
③ 厮徒:勤杂兵。
④ 《周书》:即《逸周书》。
⑤ 这是以草木为喻,绵绵指微小的幼芽,蔓蔓指长成的枝叶。
⑥ 豪氂:通"毫厘",细小、细微。
⑦ 五家之兵:指齐桓公时管仲所定的兵制,每五家为一轨,一家出一丁,五人为一伍,由轨长率领。一说五家即五国(楚燕韩赵魏)。
⑧ 解:军队解散。
⑨ 倍:通"背",背向,此处有远离之义。
⑩ 绝:横渡。
⑪ 不下户三男子:平均每户不下三个男子。
⑫ 筑:古弦乐器名。形如琴,十三弦。
⑬ 六博:古代一种博戏。蹋鞠:古代一种习武的游戏。
⑭ 涂:同"途"。

车毂①击,人肩摩,连衽②成帷,举袂③成幕,挥汗成雨,家殷人足,志高气扬。夫以大王之贤与齐之强,天下莫能当。今乃西面而事秦,臣窃为大王羞之。

且夫韩、魏之所以重畏秦者,为与秦接境壤界也。兵出而相当④,不出十日而战胜存亡之机决矣。韩、魏战而胜秦,则兵半折,四境不守;战而不胜,则国已危亡随其后。是故韩、魏之所以重与秦战,而轻为之臣也。今秦之攻齐则不然。倍⑤韩、魏之地,过卫阳晋之道,径⑥乎亢父之险,车不得方轨⑦,骑不得比行⑧,百人守险,千人不敢过也。秦虽欲深入,则狼顾⑨,恐韩、魏之议其后也。是故恫⑩疑虚猲⑪,骄矜而不敢进,则秦之不能害齐亦明矣。

夫不深料秦之无奈齐何,而欲西面而事之,是群臣之计过也。今无臣事秦之名而有强国之实,臣是故愿大王少留意计之。"

齐王曰:"寡人不敏⑫,僻远守海,穷道东境之国也,未尝得闻余教⑬。今足下以赵王诏诏之,敬以国从。"

乃西南说楚威王曰:"楚,天下之强国也;王,天下之贤王也。西有黔中、巫郡,东有夏州、海阳,南有洞庭、苍梧,北有陉塞、郇阳,地方五千余里,带甲百万,车千乘,骑万匹,粟支十年。此霸王之资⑭也。夫以楚之强与王之贤,天下莫能当也。今乃欲西面而事秦,则诸侯莫不西面而朝于

---

① 毂:车轴两端伸出车轮的部分。
② 衽:衣襟。
③ 袂:衣袖。
④ 相当:相对。
⑤ 倍:通"背",背向。
⑥ 径:取道。
⑦ 方轨:两车并行。方:相等。
⑧ 比行:并排行走。比:并列。
⑨ 狼顾:狼性多疑,走路时常回顾。"狼顾"在这里用来比喻秦有后顾之忧。
⑩ 恫:恐惧。
⑪ 虚猲(hè):虚张声势,恐吓威胁。猲通"喝"。
⑫ 不敏:不才,自谦词。
⑬ 余教:剩余的教诲,这是一种表敬重客气的语气。
⑭ 资:凭借。

章台①之下矣。

秦之所害②莫如楚,楚强则秦弱,秦强则楚弱,其势不两立。故为大王计,莫如从亲以孤秦。大王不从[亲],秦必起两军,一军出武关,一军下黔中,则鄢郢动矣。

臣闻治之其未乱也,为之其未有也。患至而后忧之,则无及已。故愿大王蚤③孰计之。

大王诚能听臣,臣请令山东之国奉四时之献,以承大王之明诏,委④社稷,奉宗庙,练士厉兵⑤,在大王之所用之。大王诚能用臣之愚计,则韩、魏、齐、燕、赵、卫之妙音美人必充后宫,燕、代橐驼⑥良马必实外厩。故从合则楚王,衡成则秦帝。今释霸王之业,而有事人之名,臣窃为大王不取也。

夫秦,虎狼之国也,有吞天下之心。秦,天下之仇雠⑦也。衡人皆欲割诸侯之地以事秦,此所谓养仇而奉雠者也。夫为人臣,割其主之地以外交强虎狼之秦,以侵天下,卒有秦患,不顾其祸。夫外挟强秦之威以内劫其主,以求割地,大逆不忠,无过此者。故从亲则诸侯割地以事楚,衡合则楚割地以事秦,此两策者相去远矣,二者大王何居⑧焉?故敝邑赵王使臣效愚计,奉明约,在大王诏之。"

楚王曰:"寡人之国西与秦接境,秦有举巴蜀并汉中之心。秦,虎狼之国,不可亲也。而韩、魏迫于秦患,不可与深谋,与深谋恐反人⑨以入于秦,故谋未发而国已危矣。寡人自料以楚当秦,不见胜也;内与群臣谋,不足恃也。寡人卧不安席,食不甘味,心摇摇然如县旌而无所终薄⑩。今

---

① 章台:秦国宫殿名。
② 害:担心。
③ 蚤:通"早"。
④ 委:托付。
⑤ 厉兵:磨砺武器。厉:通"砺"。兵:武器。
⑥ 橐驼:骆驼。
⑦ 仇雠:仇人,仇敌。
⑧ 居:办理。
⑨ 反人:返回秦国并泄露消息的人。反同"返"。
⑩ 县:同"悬",悬挂终薄:着落,安顿。

主君欲一天下,收诸侯,存危国,寡人谨奉社稷以从。"

于是六国从合而并力焉。苏秦为从约长,并相六国。

北报赵王,乃行过雒阳,车骑辎重,诸侯各发使送之甚众,疑①于王者。周显王闻之恐惧,除道,使人郊劳②。苏秦之昆弟③妻嫂侧目不敢仰视,俯伏侍取食。苏秦笑谓其嫂曰:"何前倨而后恭也?"嫂委蛇蒲服④,以面掩地而谢曰:"见季子位高金多也。"苏秦喟然叹曰:"此一人之身,富贵则亲戚畏惧之,贫贱则轻易之,况众人乎!且使我有雒阳负郭⑤田二顷,吾岂能佩六国相印乎!"于是散千金以赐宗族朋友。初,苏秦之燕,贷人百钱为资,乃得富贵,以百金偿之。遍报诸所尝见德者。其从者有一人独未得报,乃前自言。苏秦曰:"我非忘子。子之与我至燕,再三欲去我易水之上,方是时,我困,故望⑥子深,是以后子。子今亦得矣。"

苏秦既约六国从亲,归赵,赵肃侯封为武安君,乃投从约书于秦。秦兵不敢窥函谷关十五年。

其后秦使犀首欺齐、魏,与共伐赵,欲败从约。齐、魏伐赵,赵王让⑦苏秦。苏秦恐,请使燕,必报齐。苏秦去赵而从约皆解。

秦惠王以其女为燕太子妇。是岁,文侯卒,太子立,是为燕易王。易王初立,齐宣王因燕丧伐燕,取十城。易王谓苏秦曰:"往日先生至燕,而先王资⑧先生见赵,遂约六国从⑨。今齐先伐赵,次至燕,以先生之故为天下笑,先生能为燕得侵地乎?"苏秦大惭,曰:"请为王取之。"

苏秦见齐王,再拜,俯而庆,仰而吊。齐王曰:"是何庆吊相随之速

---

① 疑:通"拟"。比拟,相比。
② 郊劳:到郊外迎接、慰劳。
③ 昆弟:同母所生的兄弟。
④ 委蛇蒲服:委蛇:同"逶迤",伏地曲行;蒲服同"匍匐",伏地膝行。
⑤ 负:背倚。郭:外城。
⑥ 望:怨。
⑦ 让:责怪。
⑧ 资:资助,帮助。
⑨ 从:合纵。从通"纵"。

也?"苏秦曰:"臣闻饥人所以饥而不食乌喙①者,为其愈②充腹而与饿死同患也。今燕虽弱小,即秦王之少婿也。大王利其十城而长与强秦为仇。今使弱燕为雁行③而强秦蔽④其后,以招天下之精兵,是食乌喙之类也。"齐王愀然⑤变色曰:"然则奈何?"苏秦曰:"臣闻古之善制事者,转祸为福,因败为功。大王诚能听臣计,即归燕之十城。燕无故而得十城,必喜;秦王知以已之故而归燕之十城,亦必喜。此所谓弃仇雠而得石交⑥者也。夫燕、秦俱事齐,则大王号令天下,莫敢不听。是王以虚辞附秦,以十城取天下。此霸王之业也。"王曰:"善。"于是乃归燕之十城。

人有毁苏秦者曰:"左右卖国反复之臣也,将作乱。"苏秦恐得罪归,而燕王不复官也。苏秦见燕王曰:"臣,东周之鄙人也,无有分寸之功,而王亲拜之于庙⑦而礼之于廷。今臣为王却齐之兵而(攻)得十城,宜以益亲。今来而王不官臣者,人必有以不信伤臣于王者。臣之不信,王之福也。臣闻忠信者,所以自为也;进取者,所以为人也。且臣之说齐王,曾非欺之也。臣弃老母于东周,固去自为而行进取也。今有孝如曾参,廉如伯夷,信如尾生。得此三人者以事大王,何若?"王曰:"足矣。"苏秦曰:"孝如曾参,义不离其亲一宿于外,王又安能使之步行千里而事弱燕之危王哉?廉如伯夷,义不为孤竹君之嗣,不肯为武王臣,不受封侯而饿死首阳山下。有廉如此,王又安能使之步行千里而行进取于齐哉?信如尾生,与女子期⑧于梁下,女子不来,水至不去,抱柱而死。有信如此,王又安能使之步行千里却⑨齐之强兵哉?臣所谓以忠信得罪于上者也。"燕王曰:"若⑩不忠信耳,岂有以忠信而得罪者乎?"苏秦曰:"不然。臣闻客有

---

① 乌喙:一种有毒植物。
② 愈:通"偷",苟且,暂时。
③ 雁行:大雁飞行有序,这里以雁行比喻燕国布置军队。
④ 蔽:通"蔽",隔断,掩蔽。
⑤ 愀然:神色变得忧愁紧张的样子。
⑥ 石交:指感情深厚牢不可破的友谊或友人。
⑦ 庙:宗庙,古代帝王供祀祖宗的所在。
⑧ 期:约定的时间,引申为约会。
⑨ 却:退却。
⑩ 若:你。

远为吏而其妻私①于人者,其夫将来,其私者忧之,妻曰'勿忧,吾已作药酒待之矣'。居三日,其夫果至,妻使妾举药酒进之。妾欲言酒之有药,则恐其逐主母也,欲勿言乎,则恐其杀主父也。于是乎详僵②而弃酒。主父大怒,笞之五十。故妾一僵而覆酒,上存主父,下存主母,然而不免于笞,恶③在乎忠信之无罪也?夫臣之过,不幸而类是乎!"燕王曰:"先生复就故官。"益厚遇之。

易王母,文侯夫人也,与苏秦私通。燕王知之,而事之加厚。苏秦恐诛,乃说燕王曰:"臣居燕不能使燕重④,而在齐则燕必重。"燕王曰:"唯先生之所为。"于是苏秦详为得罪于燕而亡走齐,齐宣王以为客卿⑤。

齐宣王卒,湣王即位,说湣王厚葬以明孝,高宫室大苑囿以明得意,欲破敝⑥齐而为燕。燕易王卒,燕哙立为王。其后齐大夫多与苏秦争宠者,而使人刺苏秦,不死,殊⑦而走。齐王使人求贼,不得。苏秦且死,乃谓齐王曰:"臣即死,车裂臣以徇⑧于市,曰'苏秦为燕作乱于齐',如此则臣之贼必得矣。"于是如其言,而杀苏秦者果自出,齐王因而诛之。燕闻之曰:"甚矣,齐之为苏生报仇也!"

苏秦既死,其事大泄。齐后闻之,乃恨怒燕。燕甚恐。苏秦之弟曰代,代弟苏厉,见兄遂⑨,亦皆学。及苏秦死,代乃求见燕王,欲袭故事⑩。曰:"臣,东周之鄙人也。窃闻大王义甚高,鄙人不敏,释鉏⑪耨⑫而干⑬大

---

① 私:私通。
② 详僵:假装摔倒。详:通"佯",假装。僵:倒。
③ 恶:哪里,怎么。
④ 重:地位提高。
⑤ 客卿:请别国人在本国做官,其官位为卿而以客礼待之。
⑥ 敝:使……衰败。
⑦ 殊:死。此指受到致命伤。
⑧ 徇:示众。
⑨ 遂:这里指功成名就,遂顺心愿。
⑩ 袭:因袭,继承。故事:旧事,旧业。
⑪ 鉏:同"锄"。
⑫ 耨(noù):锄草的农具。
⑬ 干:求,求取。

王。至于邯郸,所见者绌①于所闻于东周,臣窃负其志。及至燕廷,观王之群臣下吏,王,天下之明王也。"燕王曰:"子所谓明王者何如也?"对曰:"臣闻明王务②闻其过,不欲闻其善,臣请谒③王之过。夫齐、赵者,燕之仇雠也;楚、魏者,燕之援国也。今王奉仇雠以伐援国,非所以利燕也。王自虑之,此则计过④,无以闻者,非忠臣也。"王曰:"夫齐者固寡人之雠,所欲伐也,直患国敝力不足也。子能以燕伐齐,则寡人举⑤国委子。"对曰:"凡天下战国七,燕处弱焉。独战则不能,有所附则无不重。南附楚,楚重;西附秦,秦重;中附韩、魏,韩、魏重。且苟所附之国重,此必使王重矣。今夫齐,长主而自用⑥也。南攻楚五年,畜聚竭⑦;西困秦三年,士卒罢敝⑧;北与燕人战,覆三军,得二将⑨。然而以其余兵南面举五千乘之大宋,而包⑩十二诸侯。此其君欲得,其民力竭,恶足取乎!且臣闻之,数战则民劳,久师⑪则兵敝矣。"燕王曰:"吾闻齐有清济、浊河可以为固,长城、钜防足以为塞,诚有之乎?"对曰:"天时不与,虽有清济、浊河,恶足以为固!民力罢敝,虽有长城、钜防,恶足以为塞!且异日济西不师⑫,所以备赵也;河北不师,所以备燕也。今济西河北尽已役矣,封内⑬敝矣。夫骄君必好利,而亡国之臣必贪于财。王诚能无羞从子母弟⑭以为质,宝珠玉帛以事左右,彼将有德燕而轻亡宋,则齐可亡已。"燕王曰:"吾终以子受命于天矣。"燕乃使一子质于齐。而苏厉因燕质子而求见齐王。齐王

---

① 绌(chù):不足,不如。
② 务:必须,一定。
③ 谒:说明,告诉,陈述。
④ 计过:谋划的错误。
⑤ 举:全。
⑥ 长主:年高、位高或辈份高的君主。自用:自以为是,不听取别人的意见。
⑦ 畜聚竭:积聚已尽。畜,同"蓄",积聚,储蓄。
⑧ 罢敝:疲困羸弱。罢:通"疲"。
⑨ 此句意为"齐覆三军而燕失二将"。
⑩ 包:吞并,囊括。
⑪ 久师:长时间作战。
⑫ 异日:往日,从前。不师:即不役,免于征发军役。
⑬ 封内:指国内。封:边境。
⑭ 从子:侄子。母弟:同母所生的弟弟。

怨苏秦,欲囚苏厉。燕质子为谢,已遂委质①为齐臣。

燕相子之与苏代婚,而欲得燕权,乃使苏代侍质子于齐。齐使代报燕,燕王哙问曰:"齐王其霸乎?"曰:"不能。"曰:"何也?"曰:"不信其臣。"于是燕王专任子之,已而让位,燕大乱。齐伐燕,杀王哙、子之。燕立昭王,而苏代、苏厉遂不敢入燕,皆终归齐,齐善待之。

苏代过魏,魏为燕执②代。齐使人谓魏王曰:"齐请以宋地封泾阳君,秦必不受。秦非不利有齐而得宋地也,不信齐王与苏子也。今齐魏不和如此其甚,则齐不欺秦。秦信齐,齐秦合,泾阳君有宋地,非魏之利也。故王不如东苏子③,秦必疑齐而不信苏子矣。齐秦不合,天下无变,伐齐之形成矣。"于是出苏代。代之宋,宋善待之。

齐伐宋,宋急,苏代乃遗燕昭王书曰:

夫列在万乘而寄质于齐,名卑而权轻;奉万乘助齐伐宋,民劳而实费;夫破宋,残楚淮北,肥④大齐,雠强而国害:此三者皆国之大败⑤也。然且王行之者,将以取信于齐也。齐加不信于王,而忌燕愈甚,是王之计过矣。夫以宋加之淮北,强万乘之国也,而齐并之,是益一齐⑥也。北夷方七百里,加之以鲁、卫,强万乘之国也,而齐并之,是益二齐也。夫一齐之强,燕犹狼顾而不能支,今以三齐临燕,其祸必大矣。

虽然,智者举事,因祸为福,转败为功。齐紫⑦,败素⑧也,而贾十倍⑨;越王句践栖于会稽,复残强吴而霸天下:此皆因祸为福,转败为功者也。

---

① 委质:送质。委:送。质:通"贽"。古人相见,必执贽为礼,如卿以羔,大夫以雁等。一说"质"为形体。委质:人臣拜见人君时屈膝委体于地。
② 执:拘捕。
③ 东苏子:让苏代回东方去。齐在魏的东方,所以这样说。
④ 肥:壮,壮大。
⑤ 败:过失。
⑥ 益一齐:使齐国增加一倍的国力。
⑦ 齐紫:齐国的紫衣。当时齐桓公好紫服,一国尽服紫。
⑧ 败素:破旧的白缯。
⑨ 贾十倍:商人为牟利,把破旧白缯染为紫色,可获十倍之利。贾,通"价",价格。

今王若欲因祸为福,转败为功,则莫若挑①霸齐而尊之,使使盟于周室,焚秦符②,曰"其大上计,破秦;其次,必长宾③之"。秦挟宾以待破,秦王必患之。秦五世伐诸侯,今为齐下,秦王之志苟得穷齐,不惮以国为功。然则王何不使辩士以此言说秦王曰:"燕、赵破宋肥齐,尊之为之下者,燕、赵非利之也。燕、赵不利而势为之者,以不信秦王也。然则王何不使可信者接收燕、赵,令泾阳君、高陵君先于燕、赵?秦有变,因以为质,则燕、赵信秦。秦为西帝,燕为北帝,赵为中帝,立三帝以令于天下。韩、魏不听则秦伐之,齐不听则燕、赵伐之,天下孰敢不听?天下服听,因驱韩、魏以伐齐,曰'必反宋地,归楚淮北'。反宋地,归楚淮北,燕、赵之所利也;并立三帝,燕、赵之所愿也。夫实得所利,尊得所愿,燕、赵弃齐如脱屣矣。今不收燕、赵,齐霸必成。诸侯赞④齐而王不从,是国伐⑤也;诸侯赞齐而王从之,是名卑也。今收燕、赵,国安而名尊;不收燕、赵,国危而名卑。夫去尊安而取危卑,智者不为也。"秦王闻若说,必若刺心然。则王何不使辩士以此若言说秦?秦必取⑥,齐必伐矣。

夫取⑦秦,厚交也;伐齐,正利也。尊厚交,务正利,圣王之事也。

燕昭王善其书,曰:"先人尝有德苏氏,子之之乱而苏氏去燕。燕欲报仇于齐,非苏氏莫可。"乃召苏代,复善待之,与谋伐齐。竟⑧破齐,愍王出走。

久之,秦召燕王,燕王欲往,苏代约⑨燕王曰:"楚得枳而国亡,齐得宋而国亡,齐、楚不得以有枳、宋而事秦者,何也?则有功者,秦之深雠也。秦取天下,非行义也,暴也。秦之行暴,正告天下。

---

① 挑:挑动,怂恿。
② 符:古代传达命令或征调兵将所用的凭证。
③ 宾:通"摈"。遗弃,排斥。
④ 赞:助。
⑤ 国伐:国被攻伐。
⑥ 取:听取。
⑦ 取:使……听取。
⑧ 竟:终。
⑨ 约:阻止。

"告楚曰：'蜀地之甲，乘船浮于汶，乘夏水而下江，五日而至郢。汉中之甲，乘船出于巴，乘夏水而下汉，四日而至五渚。寡人积甲①宛东下随，智者不及谋，勇士不及怒，寡人如射隼②矣。王乃欲待天下之攻函谷，不亦远乎！'楚王为是故，十七年事秦。

"秦正告韩曰：'我起乎少曲，一日而断大行③。我起乎宜阳而触平阳，二日而莫不尽繇④。我离⑤两周而触郑，五日而国举⑥。'韩氏以为然，故事秦。

"秦正告魏曰：'我举安邑，塞⑦女戟，韩氏太原卷。我下轵，道南阳，封冀，包两周。乘夏水，浮轻舟，强弩在前，铩⑧戈在后，决荥口，魏无大梁；决白马之口，魏无外黄、济阳；决宿胥之口，魏无虚、顿丘。陆攻则击河内，水攻则灭大梁。'魏氏以为然，故事秦。

"秦欲攻安邑，恐齐救之，则以宋委于齐。曰：'宋王无道，为木人以（写）[象]寡人，射其面。寡人地绝⑨兵远，不能攻也。王苟能破宋有之，寡人如自得之。'已得安邑，塞女戟，因以破宋为齐罪。

"秦欲攻韩，恐天下救之，则以齐委于天下。曰：'齐王四与寡人约，四欺寡人，必率天下以攻寡人者三。有齐无秦，有秦无齐，必伐之，必亡之。'已得宜阳、少曲，致蔺、[离]石，因以破齐为天下罪。

"秦欲攻魏重⑩楚，则以南阳委于楚。曰：'寡人固与韩且绝矣。残均陵，塞鄳阨⑪，苟利于楚，寡人如自有之。'魏弃与国⑫而合于秦，因以塞鄳阨为楚罪。

---

① 积甲：聚集军队。
② 射隼（sǔn）：比喻行动敏捷。隼：一种猛禽，也叫鹘。
③ 大行：即太行。大，同"太"。
④ 繇：震撼，动摇。
⑤ 离：经历。此指通过，穿过。
⑥ 国举：占领整个国家。举：攻克，夺取。
⑦ 塞：使……成为边塞。意思是攻克，吞并。
⑧ 铩（xiān）：锋利。
⑨ 绝：遥远。
⑩ 重：使……地位重要。
⑪ 阨：险要之处。
⑫ 与国：友好的国家。

"兵困于林中,重燕、赵,以胶东委于燕,以济西委于赵。已得讲①于魏,至②公子延,因犀首属行③而攻赵。

"兵伤于谯石,而遇败于阳马,而重魏,则以叶、蔡委于魏。已得讲于赵,则劫魏,[魏]不为割。困则使太后弟穰侯为和,嬴④则兼欺舅与母。

"适⑤燕者曰'以胶东',适赵者曰'以济西',适魏者曰'以叶、蔡',适楚者曰'以塞鄳阨',适齐者曰'以宋',此必令言如循环,用兵如刺蜚⑥,母不能制,舅不能约。

"龙贾之战⑦,岸门之战⑧,封陵之战⑨,高商之战⑩,赵庄之战⑪,秦之所杀三晋之民数百万,今其生者皆死秦之孤⑫也。西河之外,上雒之地,三川晋国之祸,三晋之半,秦祸如此其大也。而燕、赵之秦者,皆以争事秦说其主,此臣之所大患也。"

燕昭王不行。苏代复重于燕。

燕使约诸侯从亲如苏秦时,或从或不⑬,而天下由此宗⑭苏氏之从约。代、厉皆以寿死,名显诸侯。

太史公曰:苏秦兄弟三人,皆游说诸侯以显名,其术长于权变⑮。而苏秦被⑯反间以死,天下共笑之,讳学其术。然世言苏秦多异,异时事有

---

① 讲:和解,媾和。
② 至:当作"质",作人质。
③ 属行:指发动大军。属:连续。行:行列,此指军队。
④ 嬴:通"赢",获胜。
⑤ 适:通"谪"。谴责,惩罚。
⑥ 刺蜚:比喻用兵捷速,易于取胜。蜚,小飞虫。一说当作"韭"。刺韭:犹如割菜。韭:菜。
⑦ 龙贾之战:魏襄王五年(前314),秦惠王派公子卬攻魏,大败龙贾军于雕阴。
⑧ 岸门之战:秦惠文王更元后十一年(前314),秦在岸门大败韩军。
⑨ 封陵之战:魏哀王十六年(前303),在封陵,秦军大败魏军。
⑩ 高商之战:此战不详。
⑪ 赵庄之战:《史记秦本纪第五》载,秦惠文王更元后十二年(前313),庶长疾攻赵,虏赵将庄。
⑫ 死秦之孤:抗秦战争中死者的遗孤。
⑬ 不:同"否"。
⑭ 宗:推重,尊崇。
⑮ 权变:机变,随机应变。
⑯ 被:此处有身负……任务之意。

类之者皆附之苏秦。夫苏秦起闾阎①,连六国从亲,此其智有过人者。吾故列其行事,次其时序,毋令独蒙②恶声焉。

一、**文化拓展**：

(1) 纵横家的特点是：长于谋略,参与国家的政治决策；对于外交和国际事务有广泛和深切的了解,富于辞令,又擅言辩；精于用兵之道,常常介入军事活动,乃至亲自率军队攻伐其他国家；论行结交,择主而从。与儒家相比较,以苏秦张仪等人为代表的纵横家追求的是现实利益,而儒家则强调美德高行,尤其是先秦的儒家人物,常常有着以"道"抗势、以"德"抗力的精神气度,有着安贫乐道、令人敬仰的人格人品。不过,儒家亦有迂阔之处,往往空负着种种美好理想而不能将其变为现实,皓首穷经、砥砺名节却难以在"治国"、"平天下"的层面上建功立业。而纵横家们的务实精神在一定程度上为那个时代增添了活力,他们的能言善辩、运筹帷幄也充分张扬了人的个性、智力和谋略,显露出人之为人的生命力量和存在价值。但是,他们在游说各国君主的时候指点江山,权衡利弊,雄辩滔滔,无所不包,可就是很少提及道德因素。而且,为了功名富贵,他们甚至不择手段。本传已表现得很清楚：苏秦游说连横不成,就去游说合纵,在他的心目中,维护哪个国家的利益、站在哪个国家的立场倒不重要,重要的是自己的尊荣利禄一定要得到实现,自己的抱负、野心一定要得到满足。这一点也是他们和法家的不同之处：虽然同他们一样看重功利、追求实效,而且对道德伦理也颇不以为然,法家的功利与务实却是以国家及君主为本位的,不像纵横家们那样以个人为中心。

(2)《史记·苏秦列传》与《战国策》不同的有这么一段：《史记》中苏秦衣锦还乡时自叹道："使我有洛阳负郭田二顷,吾岂能佩六国相印乎？"在《战国策·秦策一》里,苏秦却是叹息："人生世上,势位富贵盖可忽乎哉？"

前者强调的是人在逆境、压力下的发愤图强,后者则明显流露出对功名富贵的艳羡,精神境界是不同的。在儒家的正统观念看来,战国时代是"道德大废,夏商失序"、"贱礼让而贵战争,弃仁义而用诈谲"(刘向《战国策叙》)、礼崩乐坏、世风日下的乱世,然而,"自古皆封建诸侯各君其国,卿大夫亦世其官,成例相沿,视为固然。其后积弊日甚,暴君荒主既虐用其民,无有底止,强臣大族又篡弑相仍,祸

---

① 闾阎：民间。
② 蒙：受,遭受。

乱不已。再并而为七国,益务战争,肝脑涂地,其势不得不变,而数千年世侯世卿之局,一时亦难遽变,于是先从在下者起。游说则范雎、蔡泽、苏秦、张仪等,徒步而为相。征战则孙膑、白起、乐毅、廉颇、王翦等,白身而为将。此已开后世布衣将相之例"(赵翼《二十二史札记·汉初布衣将相之局》),也就在这乱世中,世卿世禄的制度被破坏,纵横游说之风兴起,"士"阶层崛起。一方面,"士"们凭着自身的才智而非世袭的社会地位走上历史舞台,另一方面,他们也因长期被压抑而有着对功名富贵的渴求乃至贪婪,为了功名富贵有时会不择手段。《战国策》在一定程度上表现出"士"的这些特点。而因特殊身世,司马迁作《史记》有着"发愤"的动机,很推重人在逆境、压力下的奋斗,如在《报任安书》、《太史公自序》中他都列举了大同小异的精神榜样:"昔西伯拘羑里,演《周易》;孔子厄陈蔡,作《春秋》;屈原放逐,著《离骚》;左丘失明,厥有《国语》;孙子膑脚,而论兵法;不韦迁蜀,世传《吕览》;韩非囚秦,《说难》、《孤愤》;《诗》三百篇,大抵贤圣发愤之所为作也。"既然有着这样的著书动机,司马迁强调苏秦在逆境、压力下的发愤图强便不难理解了。

(3) 对苏秦张仪等战国策士,封建王朝多持贬斥态度。以下一些史料颇有代表性:

先是,李权从宓借《战国策》,宓曰:"战国从横,用之何为?"权曰:"仲尼、严平,会聚众书,以成春秋、指归之文,故海以合流为大,君子以博识为弘。"宓报曰:"书非史记周图,仲尼不采;道非虚无自然,严平不演。海以受淤,岁一荡清;君子博识,非礼不视。今战国反覆仪、秦之术,杀人自生,亡人自存,经之所疾。故孔子发愤作春秋,大乎居正,复制孝经,广陈德行。杜渐防萌,预有所抑,是以老氏绝祸於未萌,岂不信邪!

——《三国志》卷三八

袁悦之,字元礼,陈郡阳夏人也。父朗,给事中。悦之能长短说,甚有精理。始为谢玄参军,为玄所遇,丁忧去职。服阕还都,止赍《战国策》,言天下要惟此书。后甚为会稽王道子所亲爱,每劝道子专览朝权,道子颇纳其说。俄而见诛。

——《晋书》卷七五

自秦拨去古文,篇籍遗散。汉初得《战国策》,盖战国游士记其策谋。其后陆贾作《楚汉春秋》,以述诛锄秦、项之事。又有《越绝》,相承以为子贡所作。后汉赵晔又为《吴越春秋》。其属辞比事,皆不与《春秋》、《史记》、《汉书》

相似,盖率尔而作,非史策之正也。

——《隋书》卷三三

赵俶,字本初,山阴人。元进士。洪武六年,征授国子博士。帝尝御奉天殿,召俶及钱宰、贝琼等曰:"汝等一以孔子所定经书为教,慎勿杂苏秦、张仪纵横之言。"诸臣顿首受命。俶因请颁正定《十三经》于天下,屏《战国策》及阴阳谶卜诸书,勿列学官。

——《明史》卷一百三十七

就是在司马迁所生活的汉武帝建元年间,还曾有过这样一件事情:"建元元年冬十月,诏丞相、御史、列侯、中二千石、二千石、诸侯相举贤良方正直言极谏之士。丞相绾奏:'所举贤良,或治申、商、韩非、苏秦、张仪之言,乱国政,请皆罢。'奏可。"(《汉书·武帝纪》)在这样的历史背景下,司马迁还能够肯定苏秦的才智与历史作用,其胆识可见一斑。

二、文学链接:

1. 相关文学典故:

二顷

张仪所以只掉三寸舌,苏秦所以不垦二顷田。

(李白《笑歌行》)

二顷良田无觅处,归去来兮,待有良田是几时。

(苏轼《减字木兰花·送东武令赵信之》)

苏秦憔悴

都作无成不归去,古来妻嫂笑苏秦。

(沈亚之《送庞子肃》)

苏秦憔悴人多厌,蔡泽栖迟世看丑。

(高适《九日酬颜少府》)

苏秦说国

乐毅方适赵,苏秦初说韩。

(李白《秋日炼药院镊白发,赠元六兄林宗》)

苏秦北游赵,张禄西入秦。

(卢仝《感古》)

贪名笑吴起,说国叹苏秦。

（唐彦谦《客中有感》）

苏秦佩印

苏秦六印归何日，潘岳双毛去值秋。

（杜牧《赠别》）

未学苏秦归佩印，却学平子赋归田。

（薛逢《座中走笔送前萧使君》）

苏秦羁旅

莫道还家不惆怅，苏秦羁旅长卿贫。

（黄滔《新野道中》）

2. 后世有关的著名文学作品：

刘向《战国策叙》，萧统《陶渊明集序》，卢仝《感古》，陆龟蒙《寒泉子对秦惠王》，苏洵《史论》，曾巩《〈战国策〉目录叙》，王安石《苏秦》，张耒《过韩城》，陈师道《苏秦邻妾》、《苏秦》。

3. 文学分析：

（1）后世多指出《苏秦列传》大量沿用《战国策》（如叶适《习学纪言序目》卷十八《史记》、王世贞《弇州山人四部稿》卷一百四十六、徐与乔《经史辩体·凡例》等）旧文，甚至认为司马迁并不如班固所说的那样"善叙事理，辨而不华，质而不俚"。比勘《战国策》、《资治通鉴》以及此篇中对于苏秦辞令、事迹的记述，可以发现：《史记》不过是将《战国策》中苏秦辞令、事迹略加"整齐"，使得时间线索更为清楚而已。整体来看，除前面所提到苏秦还乡的那一段，沿用《战国策》只有少数几处与《战国策》略有不同，如："出游数岁，大困而归"，遭亲友嘲笑之事在《战国策》发生于说秦王之后；"请别白黑，所以异阴阳而已矣"在《战国策》中是"请屏左右，白言所以异阴阳"；"赵氏自操兵"在《战国策》中作"赵氏自销铄"；"据卫取卷"在《战国策》中作"据卫取淇"；"前有楼阙轩辕"在《战国策》中作"前有轩辕"。"魏塞其道"之"其"在《战国策》中作"午"；"白璧百双，锦绣千纯，合赗"之"赗"作"伯"，"宁为鸡口，无为牛後"作"宁为鸡尸，不为牛从"……都是一些细枝末节。而《资治通鉴》中则对苏秦的说辞大加删减，如苏秦说赵肃侯的一段在《战国策》与《史记》当中皆是洋洋洒洒的长篇大论，在《资治通鉴》中则被精简为："当今之时，山东之建国莫强于赵，秦之所害亦莫如赵。然而秦不敢举兵伐赵者，畏韩、魏之议其后也。秦之攻韩、魏也，无有名山大川之限，稍蚕食之，傅国都而止。韩、魏不能支秦，必入臣于秦。秦无韩、魏之规则祸中于赵矣。臣以天下地图案之，诸侯之地五倍于秦，料度诸侯之卒十倍于秦。六国为一,并力西乡而攻秦,秦必破矣。夫衡人者皆欲割诸侯之地以与秦,秦成则其身富荣,国被秦患而不与其忧,是以衡人日夜务以秦权恐愒诸侯,以求割地。故愿大王熟计之也!窃为大王计,莫如一韩、魏、齐、楚、燕、赵为从亲以畔秦,令天下之将相会于洹水上,通质结盟,约曰:'秦攻一国,五国各出锐师,或桡秦,或救之。有不如约者,五国共伐之!'诸侯从亲以摈秦,秦甲必不敢出于函谷以害山东矣。"苏秦说燕王、齐王、韩王、楚王等言辞也被大大删减。

比勘一下不难发现,司马光对苏秦说辞删减的主要是夸张的排比句式、引用比喻的手法、为说理更生动而虚构的寓言、故事等。司马光是有着正统儒家观念的史学家,在他看来,"秦、仪为从横之术,多华少实,无益于治"、"所以存其事于书者,欲见当时风俗,专以辨说相高,人君委国而听之,此所以谓利口之覆邦家者也"(《温公日记》)。那么,苏秦说辞中的文学性成分就被他当作华而不实的东西删去了。

而如教材《概述》中所言,司马迁是一个"重文"的史学家,《战国策》中雄辩滔滔、生动形象的文学性成分便被他移植入《史记》之中了。章学诚说得好:"世之讥史迁者,责其裁裂《尚书》、《左传》、《国语》、《国策》之文……此则全不通乎文理之论也"(章学诚《文史通义·言公上》)。

(2)《苏秦列传》并非全袭《战国策》原文,如吴见思《史记论文·苏秦列传》中便指出:"如诸老师先生,皆以说秦一段,不全载《国策》,不知山川绵渺,必有空天,文绣烂施,必有秦地,故头重者脚必轻,腹大者首必小,行文之法也。若一味排比,成何节奏,此史公删节之意乎!不特此也,即中间说燕略而赵详,说齐浓而韩淡,正相参相配之妙",李景星对司马迁的剪裁技巧也甚为称赞:"如说燕简而赵详,燕非纵主,赵为纵主也;说韩、魏虽同言割地事秦敝。而辞旨则一主器械,一主地势;说齐则羞其大国而事秦,说楚则言其纵利而横害。国有大小,地有远近,故不能不异其主张也。有排山倒海之势,并不是一泻无余;有风雨离散之致,并不是散漫无归"(《史记评议·苏秦列传》)。正是通过巧妙的剪裁,苏秦说辞的风格与特色被很好地表现来:汪洋恣肆,犀利流畅,纵横捭阖,气势磅礴。有时夸张排比,有时设譬寓言,有时引经据典,有时渲染气氛,有时动之以情,有时说之以理。而且,这些辞令有同有异,同中有异,异中有同,或"同树而异枝",或"同花而异果",在节奏、语气上又灵动多变,如观烟霞变幻、锦鳞游泳,似闻笙箫夹鼓、琴瑟间钟,真有美不胜收之感。

(3)本篇以记言为主,审美效果如前所述。另外还值得注意的是,本来,苏秦是一个能改变列国命运的重要人物，可是在介绍他生平时，司马迁很注意以生活化、日常化的细节表现其人物性格。可以说，此篇不以富于传奇色彩、引人入胜的情节取胜，而是在一叹一笑、一俯一仰的"杯水风波"中营造出颇有戏剧性的小场景、小插曲，这些小场景、小插曲点缀于他游说六国的长篇大论之中，一方面使全文的节奏得到很好的控制，一方面为又为苏秦这个独特的人物形象摄魂描神，很好地塑造了人物。

三、集评：

得贤士者与，得谋士者固，得辩士者达，得勇士者强，得艺士者扬，五者可以定利诸侯之士也。昔孔子以道游诸侯，墨翟以仁游诸侯，鲁仲、季札、端木赐、孟轲、荀卿以礼义游诸侯，范文子、赵衰、晏婴、范蠡、乐毅、鲁仲连以智游诸侯，商鞅、毛遂、荆轲、蔺相如之徒以信术游诸侯，廉颇、赵奢、孙膑、吴起、司马攘苴、李牧、养由基、孙武子之徒以兵术游诸侯，苏秦、张仪、公孙衍、蔡泽、陈轸、代、厉之徒以纵横游诸侯。以道游诸侯者，诸侯师之；以纵横游诸侯者，诸侯役之。士役于诸侯，则驰辩无端策，发虑无忠谋。故曰一激之怒炎于火，三寸之舌芒于剑，是以身危而功不成，夫焉利于诸侯哉。

——黄宪《天禄阁外史》卷二

噫，龙逢比干不获称良臣，无苏秦张仪之术也；苏秦张仪不免为游说，无龙逢比干之心也。是以龙逢比干吾取其心不取其术，苏秦张仪吾取其术不取其心，以为谏法。

——苏洵《嘉佑集》卷九

苏秦本说秦为横，不和而激于燕、赵，甘心于所难，为之期年，而歃血于洹水之上，可不谓能乎！然口血未干，犀首一出，而齐、赵背盟，从约皆破。盖诸侯异心，譬如连鸡不能俱栖，势固然矣。而太史公以为约书入秦，秦人为之闭函谷关者十五年，此说客之浮语，而太史公信之，过矣。

——苏辙《古史》卷十七

卫鞅之后，苏秦张仪造为从衡。为从者抗秦以自存而已，为衡者虽连诸侯以事秦，然服之而未有以取之也。既而谋诈锋出，至韩非李斯卒并山东而取天下，于是论天下始有势，兼天下始有术。

——叶适《习学纪言》卷十八

苏秦、张仪同学于鬼谷，而其纵横之辩，如冰炭水火之不同，盖所以设心者异耳。苏欲六国合从以摈秦，故言其强。谓燕地方二千余里，带甲数十万，车六百乘，骑六千匹；谓赵地亦方二千余里，带甲数十万，车千乘，骑万匹；谓韩地方九百里，带甲数十万，天下之强弓劲弩，皆从韩出，韩卒之勇，一人当百；谓魏地方千里，卒七十万；齐地方二千余里，临菑之卒，固已二十一万；楚地方五千里，带甲百万，车千乘，骑万匹。至于张仪，则欲六国为横以事秦，故言其弱。

——洪迈《容斋续笔》卷二

苏老泉曰："龙逢、比干不得为良臣，无苏秦、张仪之术也。苏秦、张仪不免为游说，无龙逢、比干之心也。故龙逢、比干吾取其心，不取其术。苏秦、张仪吾取其术，不取其心。"予未信斯言也。历代忠臣义士，杀身成仁者，皆谓之无术可乎？夫苏秦、张仪之术，狙诈之术也。老泉乃以之责备龙逢、比干，何浅之待忠臣哉！殊不知邪正不两立，有龙逢、比干之心者，决不肯为苏秦、张仪之术；有苏秦、张仪之术者，决不能存龙逢、比干之心。

——敖英《东谷赘言》卷上

此传全用《战国策》而略删减。

——凌氏《史记评林·苏秦列传》陈沂批语

乘迫为合，攻隙为离，其苏张氏之揣摩乎？听苏而不动者，未之有也。张氏之解从，六国自解也。

——凌氏《史记评林·苏秦列传》王世贞批语

两汉之隆，尤重太守。史言孝宣拜刺史、守相，辄亲见问，观其所由，退而考察所行，以质其言。有名实不相应，必知其所以然。常称曰："庶民所以安其田里，而亡叹息愁恨之心者，政平讼理也，与我共此者，其惟良二千石乎！"当日太守常得召见，或赐玺书，堂陛之间，不甚阔绝。文帝谓季布曰："河东，吾股肱郡，故特召君耳。"武帝赐严助书："久不闻问，具以《春秋》对，毋以苏秦纵横。"

——顾炎武《日知录》卷九

苏秦合从，不载世家。

——何焯《义门读书记·史记》

至战国，工于揣摩捭阖之术者莫过于苏秦，其言犹粪土也，而有不尽然者。其为赵合从以攻秦也，列叙六国之形胜风俗，靡不谙悉，不啻躬履而目击，其才亦有足多者焉。至说齐闵王以好战之害，而谓"祖仁者王，立义者霸"、"用兵穷者亡"、"惟以戢兵后事为主"，语语痛切，又若不诡于道者，惜乎不得见正于圣人，使后世摈之,以为倾覆险谲之徒也。

——周召《双桥随笔》卷五

四、思考与讨论:

1. 搜集有关资料,了解《战国策》的传播史略及后世对苏秦的评价,以此为基础谈谈你对战国策士之历史功过的看法。

2. 司马迁一方面沿用了《战国策》旧文,一方面也有损益改动,试体会其剪裁熔铸技巧。

3. 此篇中,苏秦被人指责为"左右卖国反复之臣"、缺乏"忠信",苏秦因而对燕易王有一番辩词,谈谈你对这段辩词的看法。

匈 奴 列 传

题解：

《匈奴列传》是研究匈奴民族发祥发展最早最权威的历史资料，建立了我国历史上较早的民族史研究。司马迁以比较客观的态度对匈奴这个游牧民族的疆土物产、社会制度、风俗人情、历史发展予以相当详细的记载，同时，也描述了匈奴与周边国家的关系，尤其是与华夏这样文明较为发达的"冠带之国"绵延几个世纪的反复冲突，其中又特别强调了匈奴与汉武帝时期封建帝国的对峙状态。在这篇文章里，司马迁还通过历史的回溯表明汉族和匈奴本是同祖的兄弟，消解了"华夷之辨"，强调民族间的平等相处、不同文化的相对独立。这超越了历来"尊王攘夷"、"内中国而外夷狄"的妄自尊大与狭隘封闭观念，因而，极具进步意义。

全文共分四部分，第一部分记述匈奴的历史演变及其同中国的历史关系，对其民族各方面的特点也作了一个广角扫描。第二部分写汉朝初年，匈奴与汉朝的征战、和亲及其背信弃义、反复无常的表现。其中，对冒顿单于的着墨较多，写得也很生动曲折，一方面表现了冒顿单于刚毅果决、深明韬略同时又野心勃勃、贪婪暴戾的性格特征，另外一方面又从这个重要历史人物身上纲举目张地凸显出匈奴在这一时期侵略扩张的历史进程。第三部分是本文的中心，记述汉武帝时代，汉朝与匈奴之间长期的以对抗、战争为主的紧张关系。第四部分是本传的论赞部分，以"微言大义"的笔法表达了司马迁对汉武帝时期中国与匈奴关系的看法。

正如司马迁所指出的，自己要表达的观念"切当世之文而罔褒"，有不少"忌讳之辞"，所以，他采用了寓论断于叙事之中的写法。虽然结尾连用两句"唯在择任将相哉"，那不过是表层意义结构而已。这个批评是在全文结尾处提出的，联系前面的叙事部分，我们会觉得奇怪：前面的叙事和这里的议论没看出有什么紧密联系啊？于是，我们就会把视野再次投向前面的叙事部分，探寻太史公的言外之意。

经过探寻可以发现：文章中不但记述了汉高祖"使刘敬结和亲之约"，高后"复与匈奴和亲"，文帝"复修和亲之事"，景帝"复与匈奴和亲"，而且不怕耗费笔墨地引录了汉寄匈奴的两封书信以及文帝所下的诏书，强调如果坚持和亲，可以"使万民耕织射猎衣食，父子无离，臣主相安，俱无暴逆"，"寝兵休卒养马，世世昌乐"，

"元元万民,下及鱼鳖,上及飞鸟,跂行喙息蠕动之类,莫不就安利而辟危殆",表现出一种关心民众疾苦和共建和谐民族关系的情怀。在此期间,汉廷与匈奴的争战也只是"逐出塞即还","汉兵至边,匈奴亦去远塞,汉兵亦罢";"终孝景时,时小入盗边,无大寇",直至汉武帝即位初年,"匈奴自单于以下皆亲汉,往来长城下"。

可是,武帝的马邑之谋是一个转折点,引起了一系列大规模的军事行动,但总不能制止匈奴的骚扰。虽然后来卫青等人将匈奴逐出了漠北,司马迁却以极简略的笔致记述频繁的战事,以详细的、令人触目惊心的事实与数据表现出汉廷损失的惨重。就在这客观的记述中、血淋淋的数据里,司马迁所要表明的态度与观点不已被我们深切感受到了吗?

正文:

匈奴,其先祖夏后氏之苗裔也,曰淳维。唐虞以上有山戎、猃狁、荤粥,居于北蛮,随畜牧而转移。其畜之所多则马、牛、羊,其奇畜则橐驼、驴、骡、駃騠①、騊駼②、驒騱。逐水草迁徙,毋城郭常处③耕田之业,然亦各有分地④。毋文书,以言语为约束。儿能骑羊,引弓射鸟鼠;少长⑤则射狐兔:用为食。士力能毌⑥弓,尽⑦为甲骑。其俗,宽则随畜,因⑧射猎禽兽为生业,急则人习战攻以侵伐⑨,其天性也。其长兵则弓矢,短兵则刀铤⑩。利⑪则进,不利则退,不羞遁走。苟利所在,不知礼义。自君王以下,咸⑫食畜肉,衣其皮革,被旃裘⑬。壮者食肥美,老者食其余。贵壮健,

---

① 駃騠(jué tí):母驴与公马杂交而生的动物。
② 騊駼(taó tuó):一种良马。
③ 毋:无。处:从事。
④ 分地:分配给各人的土地。
⑤ 少长:稍微长大。少:通"稍"。
⑥ 毌:通"弯"。
⑦ 尽:全。
⑧ 因:凭借。
⑨ 宽:宽缓,缓和。急:困难,窘迫。游牧民族生活受到气候水草条件的种种影响,这里的"宽"与"急"即就生活状况而言。
⑩ 铤(chán):有铁把的小矛。
⑪ 利:获利,有利。
⑫ 咸:都。
⑬ 旃裘:毛皮衣物。

贱老弱。父死，妻其后母；兄弟死，皆取其妻妻之。其俗有名不讳，而无姓字。

夏道①衰，而公刘失其稷官②，变于西戎，邑于豳。其后三百有余岁，戎狄攻③大王亶父，亶父亡走岐下，而豳人悉从亶父而邑④焉，作周。其后百有余岁，周西伯昌伐⑤畎夷氏。后十有余年，武王伐纣而营雒邑，复居于酆鄗，放逐戎夷泾、洛之北，以时入贡⑥，命曰"荒服"⑦。其后二百有余年，周道衰，而穆王伐犬戎，得四白狼四白鹿以归。自是之后，荒服不至。于是周遂作《甫刑》⑧之辟⑨。穆王之后二百有余年，周幽王用宠姬褒姒之故，与申侯有郄⑩。申侯怒而与犬戎共攻杀周幽王于骊山之下，遂取周之焦穫，而居于泾渭之间⑪，侵暴中国。秦襄公救周，于是周平王去酆鄗而东徙雒邑。当是之时，秦襄公伐戎至岐，始列为诸侯。是后六十有五年，而山戎越燕而伐齐，齐釐公与战于齐郊。其后四十四年，而山戎伐燕。燕告急于齐，齐桓公北伐山戎，山戎走。其后二十有余年，而戎狄至洛邑，伐周襄王，襄王奔于郑之汜邑。初，周襄王欲伐郑，故娶戎狄女为后，与戎狄兵共伐郑。已而⑫黜狄后，狄后怨，而襄王后母曰惠后，有子子带，欲立之，于是惠后与狄后、子带为内应，开⑬戎狄，戎狄以故得入，破逐周襄王，而立子带为天子。于是戎狄或居于陆浑，东至于卫，侵盗暴虐

---

① 道：指王道。
② 稷官：古代的农官。
③ 攻：此处指非正义的，以下犯上的攻打。
④ 邑：聚居之地。这里用作动词，建邑。
⑤ 伐：正义的讨伐，攻打。
⑥ 以时入贡：时：时节；入：交纳；贡：进献的物品。
⑦ 荒服：《尚书·禹贡》把古代王都以外的地方分为五服，即甸服、侯服、绥服、要服、荒服。每服五百里，则荒服离王都二千五百里。
⑧ 《甫刑》：《尚书》作《吕刑》，乃周穆王命其相吕侯所制定的刑律。吕侯后来为甫侯，故又称《甫刑》。
⑨ 辟：法度，法律。
⑩ 郄：通"隙"，矛盾，过节。
⑪ 间：同"间"。
⑫ 已而：不久之后。
⑬ 开：为……开城。

中国。中国疾①之，故诗人歌之曰"戎狄是應"②，"薄伐猃狁，至于大原"③，"出舆彭彭，城彼朔方"④。周襄王既居外四年，乃使使告急于晋。晋文公初立，欲修霸业，乃兴师伐逐戎翟⑤，诛子带，迎内⑥周襄王，居于雒邑。

当是之时，秦晋为强国。晋文公攘⑦戎翟，居于河西圁、洛之间，号曰赤翟、白翟。秦穆公得由余，西戎八国服于秦，故自陇以西有緜诸、绲戎、翟、獂之戎，岐、梁山、泾、漆之北有义渠、大荔、乌氏、朐衍之戎。而晋北有林胡、楼烦之戎，燕北有东胡、山戎。各分散居溪谷，自有君长，往往而聚者百有余戎，然莫能相一⑧。

自是之后百有余年，晋悼公使魏绛和戎翟，戎翟朝晋。后百有余年，赵襄子逾句注而破并⑨代以临胡貉。其后既与韩魏共灭智伯，分晋地而有之，则赵有代、句注之北，魏有河西、上郡，以与戎界边。其后义渠之戎筑城郭以自守，而秦稍⑩蚕食，至于惠王，遂拔义渠二十五城。惠王击魏，魏尽入西河及上郡于秦。秦昭王时，义渠戎王与宣太后乱⑪，有二子。宣太后诈而杀义渠戎王于甘泉，遂起兵伐残义渠。于是秦有陇西、北地、上郡，筑长城以拒胡。而赵武灵王亦变俗胡服，习骑射，北破林胡、楼烦。筑长城，自代并⑫阴山下，至高阙为塞。而置⑬云中、雁门、代郡。其后燕有贤将秦开，为质于胡，胡甚信之。归而袭破走东胡，东胡却千余里。与荆轲刺秦王秦舞阳者，开之孙也。燕亦筑长城，自造阳至襄平。置上谷、

---

① 疾，痛恨。
② "戎狄是應"：见《诗经·鲁颂·閟宫》，原文"應"作"膺"。
③ "薄伐猃狁，至于大原"：见《诗经·小雅·六月》。
④ "出舆彭彭，城彼朔方"：见《诗经·小雅·出车》。
⑤ 翟：通"狄"。
⑥ 内：同"纳"。
⑦ 攘：击退。
⑧ 一：统一。
⑨ 并：吞并。
⑩ 稍：逐渐。
⑪ 乱：乱伦，不正当的男女关系。
⑫ 并：傍。
⑬ 置：立，建立。

渔阳、右北平、辽西、辽东郡以拒胡。当是之时，冠带①战国七，而三国边于匈奴。其后赵将李牧时，匈奴不敢入赵边。后秦灭六国，而始皇帝使蒙恬将十万之众北击胡，悉收河南地。因②河为塞，筑四十四县城临河，徙适③戍以充之。而通直道，自九原至云阳，因边山险堑谿谷可缮④者治之，起临洮至辽东万余里。又度⑤河据阳山北假中。

当是之时，东胡强而月氏盛。匈奴单于曰头曼，头曼不胜秦，北徙。十余年而蒙恬死，诸侯畔⑥秦，中国扰乱，诸秦所徙适戍边者皆复去，于是匈奴得宽，复稍度河南与中国界于故塞⑦。

单于有太子名冒顿。后有所爱阏氏⑧，生少子，而单于欲废冒顿而立少子，乃使冒顿质于月氏。冒顿既质于月氏，而头曼急击月氏。月氏欲杀冒顿，冒顿盗其善马，骑之亡归。头曼以为壮，令将万骑。冒顿乃作为鸣镝⑨，习勒⑩其骑射，令曰："鸣镝所射而不悉射者，斩之。"行猎鸟兽，有不射鸣镝所射者，辄斩之。已而冒顿以鸣镝自射其善马，左右或不敢射者，冒顿立斩不射善马者。居顷之，复以鸣镝自射其爱妻，左右或颇恐，不敢射，冒顿又复斩之。居顷之，冒顿出猎，以鸣镝射单于善马，左右皆射之。于是冒顿知其左右皆可用。从其父单于头曼猎，以鸣镝射头曼，其左右亦皆随鸣镝而射杀单于头曼，遂尽诛其后母与弟及大臣不听从者。冒顿自立为单于。

冒顿既立，是时东胡强盛，闻冒顿杀父自立，乃使使谓冒顿，欲得头曼时有千里马。冒顿问群臣，群臣皆曰："千里马，匈奴宝马也，勿与。"冒顿曰："奈何与人邻国而爱一马乎？"遂与之千里马。居顷之，东胡以为冒

---

① 冠带：戴帽、束带。这是文明礼俗的标志。
② 因：凭借。
③ 适：通"谪"。
④ 堑(qiàn)：壕沟。缮：治理。
⑤ 度：通"渡"。
⑥ 畔：同"叛"。
⑦ 故塞：原来的边塞。
⑧ 阏氏：匈奴单于的正妻。
⑨ 鸣镝：一种射出后有响声的箭。镝：箭。
⑩ 习勒：练习，操练。

顿畏之,乃使使谓冒顿,欲得单于一阏氏。冒顿复问左右,左右皆怒曰:"东胡无道,乃求阏氏!请击之。"冒顿曰:"奈何与人邻国爱一女子乎?"遂取所爱阏氏予东胡。东胡王愈益骄,西侵。与匈奴间①,中有弃地②,莫居,千余里,各居其边为瓯脱③。东胡使使谓冒顿曰:"匈奴所与我界瓯脱外弃地,匈奴非能至也,吾欲有之。"冒顿问群臣,群臣或曰:"此弃地,予之亦可,勿予亦可。"于是冒顿大怒曰:"地者,国之本也,奈何予之!"诸言予之者,皆斩之。冒顿上马,令国中有后者斩,遂东袭击东胡。东胡初轻冒顿,不为备。及冒顿以兵至,击,大破灭东胡王,而虏其民人及畜产。既归,西击走月氏,南并楼烦、白羊河南王,(侵燕代)悉复收秦所使蒙恬所夺匈奴地者,与汉关故河南塞,至朝那、肤施,遂侵燕、代。是时汉兵与项羽相距,中国罢④于兵革,以故冒顿得自强,控弦之士⑤三十余万。

自淳维以至头曼千有余岁,时大时小,别散分离,尚⑥矣,其世传不可得而次云。然至冒顿而匈奴最强大,尽服从⑦北夷,而南与中国为敌国,其世传国官号乃可得而记云。

置左右贤王,左右谷蠡王,左右大将,左右大都尉,左右大当户,左右骨都侯。匈奴谓贤曰"屠耆",故常以太子为左屠耆王。自如左右贤王以下至当户,大者万骑,小者数千,凡二十四长,立号曰"万骑"。诸大臣皆世官⑧。呼衍氏,兰氏,其后有须卜氏,此三姓其贵种也。诸左方王将居东方,直⑨上谷以往者,东接秽貉、朝鲜;右方王将居西方,直上郡以西,接月氏、氐、羌;而单于之庭直代、云中⑩:各有分地,逐水草移徙。而左右贤王、左右谷蠡王最为大(国),左右骨都侯辅政。诸二十四长亦各自置

---

① 间:交界。
② 弃地:闲置无人居住的土地。
③ 瓯脱:了望哨所。
④ 罢:通"疲"。
⑤ 控弦之士:能拉弓射箭的战士。
⑥ 尚:通"上",时代久远。
⑦ 服从:使服从。
⑧ 世官:世袭官位。
⑨ 直:通"值",面对,正对。
⑩ 庭:单于的王庭。直:正对着。

千长、百长、什长、裨小王、相、封都尉、当户、且渠之属。

岁正月,诸长小会①单于庭,祠。五月,大会茏城,祭其先、天地、鬼神。秋,马肥,大会蹛林,课校人畜计②。其法,拔刃尺③者死,坐④盗者没入其家;有罪小者轧⑤,大者死。狱久者不过十日,一国之囚不过数人。而单于朝出营,拜日之始生,夕拜月。其坐,长左而北乡⑥。日上⑦戊已。其送死,有棺椁金银衣裘,而无封树⑧丧服;近幸臣妾从死者,多至数千百人。举事而候星月,月盛壮则攻战,月亏则退兵。其攻战,斩首虏⑨赐一卮酒,而所得卤获⑩因以予之,得人以为奴婢。故其战,人人自为趣⑪利,善为诱兵以冒⑫敌。故其见敌则逐利,如鸟之集;其困败,则瓦解云散矣。战而扶舆死者⑬,尽得死者家财。

后北服浑庾、屈射、丁零、鬲昆、薪犁之国。于是匈奴贵人大臣皆服,以冒顿单于为贤。

是时汉初定中国,徙韩王信于代,都马邑。匈奴大攻围马邑,韩王信降匈奴。匈奴得信,因引兵南逾句注,攻太原,至晋阳下。高帝自将兵往击之。会⑭冬大寒雨雪,卒之堕指⑮者十二三,于是冒顿详⑯败走,诱汉兵。汉兵逐击冒顿,冒顿匿其精兵,见⑰其羸弱,于是汉悉兵,多步兵,三十二万,北逐之。高帝先至平城,步兵未尽到,冒顿纵精兵四十万骑围高

---

① 会:聚集。
② 课校:课:按规定的数额和时间征收赋税。校:计算。计:数目。
③ 拔刃尺:存意要杀人,把刀拔出刀鞘一尺。
④ 坐:犯……罪。
⑤ 轧:用刀割面。一说,指碾压骨节。
⑥ 长左:左边座位比较尊贵。北乡:北向。尊者的朝向。
⑦ 日:日期。上:通"尚",崇尚。
⑧ 封:堆积泥土成坟。树:坟上作为标志的树木。
⑨ 斩首虏:杀敌和俘虏敌人。
⑩ 卤获:指战利品。卤:通"虏"。
⑪ 趣:通"趋"。
⑫ 冒:冲击。
⑬ 扶舆死者:把战死者尸体运回来安葬。
⑭ 会:恰逢。
⑮ 堕指:这里指手指被冻掉。
⑯ 详:通"佯"。
⑰ 见:现,给人看。

帝于白登,七日,汉兵中外不得相救饷①。匈奴骑,其西方尽白马,东方尽青骓②马,北方尽乌骊③马,南方尽骍④马。高帝乃使使间⑤厚遗阏氏,阏氏乃谓冒顿曰:"两主不相困。今得汉地,而单于终非能居之也。且汉王亦有神,单于察之。"冒顿与韩王信之将王黄、赵利期,而黄、利兵又不来,疑其与汉有谋,亦取阏氏之言,乃解围之一角。于是高帝令士皆持满傅矢⑥外乡,从解角直出,竟与大军合,而冒顿遂引兵而去。汉亦引兵而罢,使刘敬结和亲之约。

是后韩王信为匈奴将,及赵利、王黄等数倍⑦约,侵盗代、云中。居无几何,陈豨反,又与韩信合谋击代。汉使樊哙往击之,复拔代、雁门、云中郡县,不出塞。是时匈奴以汉将众往降,故冒顿常往来侵盗代地。于是汉患之,高帝乃使刘敬奉宗室⑧女公主为单于阏氏,岁奉匈奴絮缯⑨酒米食物各有数,约为昆弟以和亲,冒顿乃少止。后燕王卢绾反,率其党数千人降匈奴,往来苦上谷以东。

高祖崩,孝惠、吕太后时,汉初定,故匈奴以骄。冒顿乃为书遗高后,妄言。高后欲击之,诸将曰:"以高帝贤武,然尚困于平城。"于是高后乃止,复与匈奴和亲。

至孝文帝初立,复修和亲之事。其三年五月,匈奴右贤王入居河南地,侵盗上郡葆塞蛮夷,杀略⑩人民。于是孝文帝诏丞相灌婴发车骑八万五千,诣⑪高奴,击右贤王。右贤王走出塞。文帝幸太原。是时济北王反,文帝归,罢丞相击胡之兵。

---

① 饷:本指给田间耕种的人送饮,这里指送去补给物资。
② 骓(máng):青色马。
③ 骊:黑色马。
④ 骍:赤黄色马。
⑤ 间:走小路。
⑥ 持满:把弓拉满。傅矢:箭上弦。傅:通"附"。
⑦ 倍:通"背"。
⑧ 奉:进献。宗室:皇族。
⑨ 絮:粗丝绵。缯:丝织品的总称。
⑩ 略:通"掠"。
⑪ 诣:到……去。

其明年,单于遗汉书曰:"天所立匈奴大单于敬问皇帝无恙。前时皇帝言和亲事,称书①意,合欢。汉边吏侵侮右贤王,右贤王不请②,听后义卢侯难氏等计,与汉吏相距,绝二主之约,离兄弟之亲。皇帝让书③再至,发使以书报,不来,汉使不至,汉以其故不和,邻国不附。今以小吏之败约故,罚右贤王,使之西求月氏击之。以天之福,吏卒良,马强力④,以夷灭⑤月氏,尽斩杀降下之。定楼兰、乌孙、呼揭及其旁二十六国,皆以为匈奴。诸引弓之民,并为一家。北州已定,愿寝⑥兵休士卒养马,除前事,复故约,以安边民,以应始古,使少者得成其长,老者安其处,世世平乐。未得皇帝之志也,故使郎中系雩浅奉书请,献橐駞一匹,骑马二匹,驾二驷。皇帝即不欲匈奴近塞,则且诏吏民远舍。使者至,即遣之。"以六月中来至薪望之地。书至,汉议击与和亲孰便。公卿皆曰:"单于新破月氏,乘胜,不可击。且得匈奴地,泽卤⑦,非可居也。和亲甚便。"汉许之。

孝文皇帝前六年,汉遗匈奴书曰:"皇帝敬问匈奴大单于无恙。使郎中系雩浅遗朕书曰:'右贤王不请,听后义卢侯难氏等计,绝二主之约,离兄弟之亲,汉以故不和,邻国不附。今以小吏败约,故罚右贤王使西击月氏,尽定之。愿寝兵休士卒养马,除前事,复故约,以安边民,使少者得成其长,老者安其处,世世平乐。'朕甚嘉之,此古圣主之意也。汉与匈奴约为兄弟,所以遗单于甚厚。倍约离兄弟之亲者,常在匈奴。然右贤王事已在赦前,单于勿深诛⑧。单于若称书意,明告诸吏,使无负约,有信,敬如单于书。使者言单于自将伐国有功,甚苦兵事。服绣袷绮衣、绣袷长

---

① 书:信。
② 请:谒见。
③ 让书:责备的书信。
④ 强力:强健有力。
⑤ 夷灭:平定,消灭。夷:平。
⑥ 寝:息。
⑦ 泽卤:低注盐碱地。
⑧ 诛:责罚。

襦、锦袷袍①各一,比余②一,黄金饰具带一,黄金胥纰③一,绣十匹,锦三十匹,赤绨④、绿缯各四十匹,使中大夫意、谒者令肩遗单于。"

后顷之,冒顿死,子稽粥立,号曰老上单于。

老上稽粥单于初立,孝文皇帝复遣宗室女公主为单于阏氏,使宦者燕人中行说傅⑤公主。说不欲行,汉强使之。说曰:"必我行也,为汉患者。"中行说既至,因⑥降单于,单于甚亲幸之。

初,匈奴好汉缯絮食物,中行说曰:"匈奴人众不能当汉之一郡,然所以强者,以衣食异,无仰于汉也。今单于变俗好汉物,汉物不过什二,则匈奴尽归于汉矣。其得汉缯絮,以驰草棘中,衣袴皆裂敝⑦,以示不如旃裘之完善也。得汉食物皆去之,以示不如湩酪⑧之便美也。"于是说教单于左右疏记⑨,以计课其人众畜物。

汉遗单于书,牍以尺一寸,辞曰"皇帝敬问匈奴大单于无恙",所遗物及言语云云。中行说令单于遗汉书以尺二寸牍,及印封⑩皆令广大长,倨傲其辞曰"天地所生日月所置匈奴大单于敬问汉皇帝无恙",所以遗物言语亦云云。

汉使或言曰:"匈奴俗贱老。"中行说穷⑪汉使曰:"而汉俗屯戍从军当发者,其老亲岂有不自脱⑫温厚肥美以赍送饮食行戍乎?"汉使曰:"然。"中行说曰:"匈奴明以战攻为事,其老弱不能斗,故以其肥美饮食壮健者,盖以自为守卫,如此父子各得久相保,何以言匈奴轻老也?"汉使曰:"匈

---

① 绣袷(jiá)绮衣:用绣花的丝织品做衣面,用织花丝绸做衣里的夹上衣。绣袷长襦:用绣花丝品做衣面的长夹袄。锦袷袍:用彩色丝织品做衣面的夹袍。
② 比余:一种金制的发饰。
③ 胥纰:一种金制的衣带钩。
④ 绨(tí):一种厚而光滑的丝织品。
⑤ 傅:辅佐,教导。
⑥ 因:趁机。
⑦ 袴:通"裤"。敝:破。
⑧ 湩(dòng):乳汁。酪:乳汁制品。
⑨ 疏记:分条记载事物。
⑩ 印:印章。封:封泥。
⑪ 穷:辩难。
⑫ 脱:让出。

奴父子乃同穹庐而卧。父死,妻其后母;兄弟死,尽取其妻妻之。无冠带之饰,阙庭①之礼。"中行说曰:"匈奴之俗,人食畜肉,饮其汁,衣其皮;畜食草饮水,随时转移。故其急则人习骑射,宽则人乐无事,其约束轻,易行也。君臣简易,一国之政犹一身也。父子兄弟死,取其妻妻之,恶②种姓之失也。故匈奴虽乱,必立宗种③。今中国虽详不取其父兄之妻,亲属益疏则相杀,至乃易姓,皆从此类。且礼义之敝,上下交怨望,而室屋之极④,生力必屈⑤。夫力耕桑以求衣食,筑城郭以自备,故其民急则不习战功,缓则罢于作业。嗟土室之人⑥,顾⑦无多辞,令喋喋而佔佔⑧,冠固何当?"

自是之后,汉使欲辩论者,中行说辄曰:"汉使无多言,顾汉所输匈奴缯絮米蘖⑨,令其量中,必善美而已矣,何以为言乎?且所给备善则已;不备,苦恶,则候秋孰⑩,以骑驰蹂而稼穑耳。"日夜教单于候利害处。

汉孝文皇帝十四年,匈奴单于十四万骑入朝那、萧关,杀北地都尉卬,虏人民畜产甚多,遂至彭阳。使奇兵入烧回中宫,候骑⑪至雍甘泉。于是文帝以中尉周舍、郎中令张武为将军,发车千乘,骑十万,军长安旁以备胡寇。而拜昌侯卢卿为上郡将军,宁侯魏遬为北地将军,隆虑侯周灶为陇西将军,东阳侯张相如为大将军,成侯董赤为前将军,大发车骑往击胡。单于留塞内月余乃去,汉逐出塞即还,不能有所杀。匈奴日已骄,岁入边,杀略人民畜产甚多,云中、辽东最甚,至代郡万余人。汉患之,乃使使遗匈奴书。单于亦使当户报谢,复言和亲事。

---

① 阙庭:此处指朝廷。
② 恶:以……为羞耻。
③ 宗种:宗族的继承人。
④ 室屋:指修建宫室。极:极度。
⑤ 屈:竭。
⑥ 土室之人:住在土石屋里的人,此处指中原人。
⑦ 顾:通"姑",姑且。
⑧ 喋喋:说话没完没了。佔佔(zhān):《史记集解》:"衣裳貌。"
⑨ 蘖:酒麴。
⑩ 孰:通"熟"。
⑪ 候骑:侦察骑兵

孝文帝后二年,使使遗匈奴书曰:"皇帝敬问匈奴大单于无恙。使当户且居①雕渠难、郎中韩辽遗朕马二匹,已至,敬受。先帝制:长城以北,引弓之国,受命单于;长城以内,冠带之室,朕亦制之。使万民耕织射猎衣食,父子无离,臣主相安,俱无暴逆。今闻渫恶民贪降②其进取之利,倍义绝约,忘万民之命,离两主之欢,然其事已在前矣。书曰:'二国已和亲,两主欢说,寝兵休卒养马,世世昌乐,闟然③更始。'朕甚嘉之。圣人者日新,改作更始,使老者得息,幼者得长,各保其首领而终其天年。朕与单于俱由④此道,顺天恤民,世世相传,施⑤之无穷,天下莫不咸便。汉与匈奴邻国之敌⑥,匈奴处北地,寒,杀气⑦早降,故诏吏遗单于秫糵金帛丝絮佗物⑧岁有数。今天下大安,万民熙熙,朕与单于为之父母。朕追念前事,薄物细故,谋臣计失,皆不足以离兄弟之欢。朕闻天不颇⑨覆,地不偏载。朕与单于皆捐⑩往细故,俱蹈大道,堕⑪坏前恶,以图长久,使两国之民若一家子。元元⑫万民,下及鱼鳖,上及飞鸟,跂行喙息⑬蠕动之类,莫不就安利而辟⑭危殆。故来者不止,天之道也。俱去前事:朕释逃虏民,单于无言章尼等。朕闻古之帝王,约分明而无食言。单于留志⑮,天下大安,和亲之后,汉过不先⑯。单于其察之。"

单于既约和亲,于是制诏御史曰:"匈奴大单于遗朕书,言和亲已定,

---

① 且居:《史记索隐》:"《汉书》作'且渠',匈奴官名。"
② 渫(xiè):污浊。贪降:贪恋。
③ 闟(xī)然:安定的样子。
④ 由:根据。
⑤ 施(yì):延续。
⑥ 敌:相匹敌的邻国。
⑦ 杀气:寒冷的天气。
⑧ 秫(shú):粘高粱。糵:通"蘖",酒麴。佗:通"他"。
⑨ 颇:偏。
⑩ 捐:抛弃,放弃。
⑪ 堕(huī):废弃。
⑫ 元元:善良美好。
⑬ 跂行:爬行。此处指昆虫。喙(huì):鸟嘴。息:呼吸。此处指鸟类。
⑭ 辟:通"避"。
⑮ 留志:留意。
⑯ 汉过不先:汉不先犯过失。

亡人不足以益众广地,匈奴无入塞,汉无出塞,犯今约者杀之,可以久亲,后无咎,俱便。朕已许之。其布告天下,使明知之。"

后四岁,老上稽粥单于死,子军臣立为单于。既立,孝文皇帝复与匈奴和亲。而中行说复事之。

军臣单于立四岁,匈奴复绝和亲,大入上郡、云中各三万骑,所杀略甚众而去。于是汉使三将军军屯北地,代屯句注,赵屯飞狐口,缘边亦各坚守以备胡寇。又置三将军,军长安西细柳、渭北棘门、霸上以备胡。胡骑入代句注边,烽火通于甘泉、长安。数月,汉兵至边,匈奴亦去远塞,汉兵亦罢。后岁余,孝文帝崩,孝景帝立,而赵王遂乃阴①使人于匈奴。吴楚反,欲与赵合谋入边。汉围破赵,匈奴亦止。自是之后,孝景帝复与匈奴和亲,通关市,给遗匈奴,遣公主,如故约。终孝景时,时小入盗边,无大寇。

今帝即位,明和亲约束,厚遇,通关市,饶②给之。匈奴自单于以下皆亲汉,往来长城下。

汉使马邑下人聂翁壹奸兰出物与匈奴交③,详为卖马邑城以诱单于。单于信之,而贪马邑财物,乃以十万骑入武州塞。汉伏兵三十余万马邑旁,御史大夫韩安国为护军,护四将军以伏单于。单于既入汉塞,未至马邑百余里,见畜布野而无人牧者,怪之,乃攻亭④。是时雁门尉史行徼⑤,见寇,葆⑥此亭,知汉兵谋,单于得,欲杀之,尉史乃告单于汉兵所居。单于大惊曰:"吾固疑之。"乃引兵还。出曰:"吾得尉史,天也,天使若言。"以尉史为"天王"。汉兵约单于入马邑而纵,单于不至,以故汉兵无所得。汉将军王恢部出代击胡辎重,闻单于还,兵多,不敢出。汉以恢本造⑦兵

---

① 阴:暗中,背地里。
② 饶:丰富。
③ 奸兰出物:犯禁将货物私运出境,即走私。奸兰:触犯禁令。奸,干犯。兰,通"栏",此处指约束人们的禁令。交:交市,交易。
④ 亭:边塞用于了望、守卫的岗哨。
⑤ 行徼(jiào):巡察。
⑥ 葆:通"保"。
⑦ 造:这里指提议。

谋而不进,斩恢。自是之后,匈奴绝和亲,攻当路①塞,往往入盗于汉边,不可胜数。然匈奴贪,尚乐关市,嗜汉财物,汉亦尚关市不绝以中之②。

自马邑军后五年之秋,汉使四将军各万骑击胡关市下。将军卫青出上谷,至茏城,得胡首虏七百人。公孙贺出云中,无所得。公孙敖出代郡,为胡所败七千余人。李广出雁门,为胡所败,而匈奴生得广,广后得亡归。汉囚敖、广,敖、广赎为庶人。其冬,匈奴数入盗边,渔阳尤甚。汉使将军韩安国屯渔阳备胡。其明年秋,匈奴二万骑入汉,杀辽西太守,略二千余人。胡又入③败渔阳太守军千余人,围汉将军安国,安国时千余骑亦且尽,会燕救至,匈奴乃去。匈奴又入雁门,杀略千余人。于是汉使将军卫青将三万骑出雁门,李息出代郡,击胡。得首虏数千人。其明年,卫青复出云中以西至陇西,击胡之楼烦、白羊王于河南,得胡首虏数千,牛羊百余万。于是汉遂取河南地,筑朔方④,复缮⑤故秦时蒙恬所为塞,因河为固。汉亦弃上谷之什辟县造阳⑥地以予胡。是岁,汉之元朔二年也。

其后冬,匈奴军臣单于死。军臣单于弟左谷蠡王伊稚斜自立为单于,攻破军臣单于太子於单。於单亡降汉,汉封於单为涉安侯,数月而死。

伊稚斜单于既立,其夏,匈奴数万骑入杀代郡太守恭友,略千余人。其秋,匈奴又入雁门,杀略千余人。其明年,匈奴又复入代郡、定襄、上郡,各三万骑,杀略数千人。匈奴右贤王怨汉夺之河南地而筑朔方,数为寇,盗边,及入河南,侵扰朔方,杀略吏民甚众。

其明年春,汉以卫青为大将军,将六将军,十余万人,出朔方、高阙击胡。右贤王以为汉兵不能至,饮酒醉,汉兵出塞六七百里,夜围右贤王。右贤王大惊,脱身逃走,诸精骑往往随后去。汉得右贤王众男女万五千

---

① 当路:直通之路。
② 中之:迎合匈奴的心意。中:适合。
③ 入:进一步。
④ 朔方:汉郡名。
⑤ 缮:修缮。
⑥ 什辟:通"斗僻",曲折幽僻。此处指与匈奴地界交错而偏僻之地。造阳:县名。

人,禅小王十余人。其秋,匈奴万骑入杀代郡都尉朱英,略千余人。

其明年春,汉复遣大将军卫青将六将军,兵十余万骑,乃再出定襄数百里击匈奴,得首虏前后凡万九千余级,而汉亦亡两将军,军三千余骑。右将军建得以身脱,而前将军翕侯赵信兵①不利,降匈奴。赵信者,故胡小王,降汉,汉封为翕侯,以前将军与右将军并军分行②,独遇单于兵,故尽没。单于既得翕侯,以为自次王③,用其姊妻之,与谋汉。信教单于益北绝幕④,以诱罢汉兵,徼极⑤而取之,无近塞。单于从其计。其明年,胡骑万人入上谷,杀数百人。

其明年春,汉使骠骑将军去病将万骑出陇西,过焉支山千余里,击匈奴,得胡首虏骑万八千余级,破得休屠王祭天金人⑥。其夏,骠骑将军复与合骑侯数万骑出陇西、北地二千里,击匈奴。过居延,攻祁连山,得胡首虏三万余人,禅小王以下七十余人。是时匈奴亦来入代郡、雁门,杀略数百人。汉使博望侯及李将军广出右北平,击匈奴左贤王。左贤王围李将军,卒可四千人,且尽,杀虏亦过当。会博望侯军救至,李将军得脱。汉失亡数千人,合骑侯后骠骑将军期,及与博望侯皆当死,赎为庶人。

其秋,单于怒浑邪王、休屠王居西方为汉所杀虏数万人,欲召诛之。浑邪王与休屠王恐,谋降汉,汉使骠骑将军往迎之。浑邪王杀休屠王,并将其众降汉。凡四万余人,号十万。于是汉已得浑邪王,则陇西、北地、河西益少⑦胡寇,徙关东贫民处所夺匈奴河南、新秦中以实之,而减北地以西戍卒半。其明年,匈奴入右北平、定襄各数万骑,杀略千余人而去。

其明年春,汉谋曰"翕侯信为单于计,居幕北,以为汉兵不能至"。乃

---

① 兵:用兵,战事。
② 并军分行:与大军别行。
③ 自次王:匈奴封赵信的王号。
④ 益北绝幕:益:更。北:名词动用,此处指向北迁移。绝幕:越过沙漠。幕:通"漠"。
⑤ 徼极:要汉兵疲极。徼:要。
⑥ 祭天金人:《史记集解》引《漢书音义》:"匈奴祭天处本在云阳甘泉山下,秦夺其地,后徙之休屠王右地,故休屠有祭天金人象,祭天主也。"
⑦ 少:轻视。

粟马①，发十万骑，(负)私[负]从马②凡十四万匹，粮重不与③焉。令大将军青、骠骑将军去病中分④军，大将军出定襄，骠骑将军出代，咸约绝幕击匈奴。单于闻之，远其辎重，以精兵待于幕北。与汉大将军接战一日，会暮，大风起，汉兵纵左右翼围单于。单于自度战不能如汉兵，单于遂独身与壮骑数百溃汉围西北遁走。汉兵夜追不得。行斩捕匈奴首虏万九千级，北至阗颜山赵信城而还。

单于之遁走，其兵往往与汉兵相乱而随单于。单于久不与其大众相得，其右谷蠡王以为单于死，乃自立为单于。真单于复得其众，而右谷蠡王乃去其单于号，复为右谷蠡王。

汉骠骑将军之出代二千余里，与左贤王接战，汉兵得胡首虏凡七万余级，左贤王将皆遁走。骠骑封⑤于狼居胥山，禅⑥姑衍，临翰海而还。

是后匈奴远遁，而幕南无王庭。汉度河自朔方以西至令居，往往通渠置田，官吏卒五六万人，稍蚕食，地接匈奴以北。

初，汉两将军大出围单于，所杀虏八九万，而汉士卒物故⑦亦数万，汉马死者十余万。匈奴虽病，远去，而汉亦马少，无以复往。匈奴用赵信之计，遣使于汉，好辞请和亲。天子下其议，或言和亲，或言遂臣之。丞相长史任敞曰："匈奴新破，困，宜可使为外臣，朝请⑧于边。"汉使任敞于单于。单于闻敞计，大怒，留之不遣。先是汉亦有所降匈奴使者，单于亦辄留汉使相当。汉方复收士马，会骠骑将军去病死，于是汉久不北击胡。

数岁，伊稚斜单于立十三年死，子乌维立为单于。是岁，汉元鼎三年也。乌维单于立，而汉天子始出巡郡县。其后汉方南诛两越，不击匈奴，匈奴亦不侵入边。

---

① 粟马：用粟喂马。
② 私[负]从马：《史记正义》谓"负担衣粮，私募从者，凡十四万匹"。从：使……跟从。
③ 不与：没有计算在内。
④ 中分：各分一半。
⑤ 封：在山上祭天的仪式。
⑥ 禅：在山下祭地的仪式。
⑦ 物故：死的委婉说法。
⑧ 朝请：诸侯王朝见天子，春天朝见叫朝，秋天朝见称请。

乌维单于立三年，汉已灭南越，遣故太仆贺①将万五千骑出九原二千余里，至浮苴井而还，不见匈奴一人。汉又遣故从骠侯赵破奴万余骑出令居数千里，至匈河水而还，亦不见匈奴一人。

　　是时天子巡边，至朔方，勒②兵十八万骑以见武节③，而使郭吉风④告单于。郭吉既至匈奴，匈奴主客⑤问所使，郭吉礼卑言好，曰："吾见单于而口言。"单于见吉，吉曰："南越王头已悬于汉北阙。今单于（能）即[能]前与汉战，天子自将兵待边；单于即不能，即南面而臣于汉。何徒⑥远走，亡匿于幕北寒苦无水草之地，毋为也。"语卒而单于大怒，立斩主客见者，而留郭吉不归，迁之北海上。而单于终不肯为寇于汉边，休养息⑦士马，习射猎，数使使于汉，好辞甘言求请和亲。

　　汉使王乌等窥匈奴。匈奴法，汉使非去节⑧而以墨黥其面者不得入穹庐⑨。王乌，北地人，习胡俗，去其节，黥面，得入穹庐。单于爱之，详许甘言，为遣其太子入汉为质，以求和亲。

　　汉使杨信于匈奴。是时汉东拔秽貉、朝鲜以为郡，而西置酒泉郡以鬲⑩绝胡与羌通之路。汉又西通月氏、大夏，又以公主妻乌孙王，以分匈奴西方之援国。又北益广田至胘雷为塞，而匈奴终不敢以为言。是岁，翕侯信死，汉用事者以匈奴为已弱，可臣从也。杨信为人刚直屈⑪强，素非贵臣，单于不亲。单于欲召入，不肯去节，单于乃坐穹庐外见杨信。杨信既见单于，说曰："即欲和亲，以单于太子为质于汉。"单于曰："非故约。故约，汉常遣翁主，给缯絮食物有品，以和亲，而匈奴亦不扰边。今乃欲

---

① 贺：指公孙贺。
② 勒：统率，率领。
③ 武节：军威。
④ 风：通"讽"，婉言劝告。
⑤ 主客：主管接待外交使节的官员。
⑥ 徒：白白地。
⑦ 息：繁殖。
⑧ 节：使臣用作凭证的信物。
⑨ 穹庐：匈奴的帐篷。
⑩ 鬲：通"隔"。
⑪ 屈：通"倔"。

反古,令吾太子为质,无几①矣。"匈奴俗,见汉使非中贵人,其儒先②,以为欲说,折其辩;其少年,以为欲刺,折其气。每汉使入匈奴,匈奴辄报偿。汉留匈奴使,匈奴亦留汉使,必得当乃肯止。

杨信既归,汉使王乌,而单于复谄③以甘言,欲多得汉财物,绐谓王乌曰:"吾欲入汉见天子,面相约为兄弟。"王乌归报汉,汉为单于筑邸于长安。匈奴曰:"非得汉贵人使,吾不与诚语。"匈奴使其贵人至汉,病,汉予药,欲愈之,不幸而死。而汉使路充国佩二千石印绶往使,因送其丧,厚葬直④数千金,曰"此汉贵人也"。单于以为汉杀吾贵使者,乃留路充国不归。诸所言者,单于特空绐王乌,殊无意入汉及遣太子来质。于是匈奴数使奇兵侵犯边。汉乃拜郭昌为拔胡将军,及浞野侯屯朔方以东,备胡。路充国留匈奴三岁,单于死。

乌维单于立十岁而死,子乌师庐立为单于。年少,号为儿单于。是岁元封六年也。自此之后,单于益西北,左方兵直云中,右方直酒泉、燉煌郡。

儿单于立,汉使两使者,一吊单于,一吊右贤王,欲以乖⑤其国。使者入匈奴,匈奴悉将致单于。单于怒而尽留汉使。汉使留匈奴者前后十余辈,而匈奴使来,汉亦辄留相当。

是岁,汉使贰师将军广利西伐大宛,而令因杅将军敖筑受降城。其冬,匈奴大雨雪,畜多饥寒死。儿单于年少,好杀伐,国人多不安。左大都尉欲杀单于,使人间⑥告汉曰:"我欲杀单于降汉,汉远,即兵来迎我,我即发。"初,汉闻此言,故筑受降城,犹以为远。

其明年春,汉使浞野侯破奴将二万余骑出朔方西北二千余里,期至浚稽山而还。浞野侯既至期而还,左大都尉欲发而觉⑦,单于诛之,发左

---

① 几:通"冀",希望。
② 先:先生。
③ 谄(chǎn):通"谄"。
④ 直:通"值"。
⑤ 乖:离间。
⑥ 间:同"间",秘密地,悄悄地。
⑦ 觉:被察觉。

方兵击浞野。浞野侯行捕首虏得数千人。还,未至受降城四百里,匈奴兵八万骑围之。浞野侯夜自出求水,匈奴间捕①,生得浞野侯,因急击其军。军中郭纵为护,维王为渠②,相与谋曰:"及诸校尉畏亡将军而诛之,莫相劝归。"军遂没于匈奴。匈奴儿单于大喜,遂遣奇兵攻受降城。不能下,乃寇入边而去。其明年,单于欲自攻受降城,未至,病死。

儿单于立三岁而死。子年少,匈奴乃立其季父乌维单于弟右贤王呴犁湖为单于。是岁太初三年也。

呴犁湖单于立,汉使光禄徐自为出五原塞数百里,远者千余里,筑城鄣③列亭至庐朐,而使游击将军韩说、长平侯卫伉屯其旁,使强弩都尉路博德筑居延泽上。

其秋,匈奴大入定襄、云中,杀略数千人,败数二千石④而去,行破坏光禄所筑城列亭鄣。又使右贤王入酒泉、张掖,略数千人。会任文击救,尽复失所得而去。是岁,贰师将军破大宛,斩其王而还。匈奴欲遮⑤之,不能至。其冬,欲攻受降城,会单于病死。

呴犁湖单于立一岁死。匈奴乃立其弟左大都尉且鞮侯为单于。

汉既诛大宛,威震外国。天子意欲遂⑥困胡,乃下诏曰:"高皇帝遗朕平城之忧,高后时单于书绝悖逆。昔齐襄公复九世之雠,《春秋》大之。"是岁太初四年也。

且鞮侯单于既立,尽归汉使之不降者。路充国等得归。单于初立,恐汉袭之,乃自谓"我儿子,安敢望汉天子!汉天子,我丈人行⑦也"。汉遣中郎将苏武厚币赂遗单于。单于益骄,礼甚倨,非汉所望也。其明年,浞野侯破奴得亡归汉。

其明年,汉使贰师将军广利以三万骑出酒泉,击右贤王于天山,得胡

---

① 间捕:暗中捕捉。
② 渠:渠帅,即匈奴投降兵士的首领。
③ 鄣:小的城堡。
④ 二千石:汉太守的俸禄,这里代指太守。
⑤ 遮:拦截。
⑥ 遂:立即,马上。
⑦ 丈人:对年长者的尊称。行:辈份。

首虏万余级而还。匈奴大围贰师将军，几不脱。汉兵物故什六七。汉复使因杅将军敖出西河，与强弩都尉会涿涂山，毋所得。又使骑都尉李陵将步骑五千人，出居延北千余里，与单于会，合战，陵所杀伤万余人，兵及食尽，欲解①归，匈奴围陵，陵降匈奴，其兵遂没，得还者四百人。单于乃贵陵，以其女妻之。

后二岁，复使贰师将军将六万骑，步兵十万，出朔方。强弩都尉路博德将万余人，与贰师会。游击将军说将步骑三万人，出五原。因杅将军敖将万骑步兵三万人，出雁门。匈奴闻，悉远其累重于余吾水北，而单于以十万骑待水南，与贰师将军接战。贰师乃解而引②归，与单于连战十余日。贰师闻其家以巫蛊族灭，因并众降匈奴，得来还千人一两人耳。游击说无所得。因杅敖与左贤王战，不利，引归。是岁汉兵之出击匈奴者不得言功多少，功不得御③。有诏捕太医令随但，言贰师将军家室族灭，使广利得降匈奴。

太史公曰：孔氏著《春秋》，隐桓之间则章④，至定哀之际则微，为其切当世之文⑤而罔⑥褒，忌讳之辞也。世俗之言匈奴者，患其徼⑦一时之权，而务谄纳其说，以便偏指⑧，不参⑨彼已；将率席⑩中国广大，气奋⑪，人主因以决策，是以建功不深。尧虽贤，兴事业不成，得禹而九州宁。且欲兴圣统，唯在择任将相哉！唯在择任将相哉！

---

① 解：解围，脱围。
② 解：通"懈"，松懈，懈怠。引：避开，退却。
③ 御：相当、相抵。
④ 章：显明。
⑤ 文：指法典条文、礼乐制度。
⑥ 罔：无。
⑦ 徼：求。
⑧ 偏指：片面的意见。指：通"旨"。
⑨ 参：考察。
⑩ 率：通"帅"。席：凭借。
⑪ 气奋：气壮。

一、文化拓展:

(1) 对于异族,儒家很早就持蔑视态度。《春秋公羊传》云:"《春秋》内其国而外诸夏,内诸夏而外夷狄",这就是被后世广为引用的所谓"《春秋》大义"。孔子对异族的轻视屡见乎经典,如《论语》中云:"夷狄之有君,不如诸夏之亡也";他对管仲高度赞扬的一个重要原因就是:"微管仲,吾其被发左衽矣";《春秋谷梁传》又有这样一段记述:

> 夏,公会齐侯于郏谷。公至自郏谷。离会不致,何为致也?危之也。危之,则以地致何也?为危之也。其危奈何?曰郏谷之会,孔子相焉。两君就坛,两相相揖。齐人鼓譟而起,欲以执鲁君。孔子历阶而上,不尽一等,而视归乎齐侯,曰:"两君合好,夷狄之民何为来?"为命司马止之。齐侯逡巡而谢曰:"寡人之过也。"退而属其二三大夫曰:"夫人率其君与之行古人之道,二三子独率我而入夷狄之俗,何为?"

儒家对异族的此种轻视态度影响深远。班固《汉书·匈奴传赞》云:"夫规事建议,不图万世之固,而偷恃一时之事者,未可以经远也。若乃征伐之功,秦、汉行事,严尤论之当矣。故先王度土,中立封畿,分九州,列五服,物土贡,制外内,或修刑政,或昭文德,远近之势异也。是以《春秋》内诸夏而外夷狄,夷狄之人贪而好利,被发左衽,人面兽心,其与中国殊章服,异习俗,饮食不同,言语不通,辟居北垂寒露之野,逐草随畜,射猎为生,隔以山谷,雍以沙幕,天地所以绝外内地。是故圣王禽兽畜之,不与约誓,不就攻伐;约之则费赂而见欺,攻之则劳师而招寇。其地不可耕而食也,其民不可臣而畜也,是以外而不内,疏而不戚,政教不及其人,正朔不加其国;来则惩而御之,去则备而守之。其慕义而贡献,则接之以礼让,羁縻不绝,使曲在彼,盖圣王制御蛮夷之常道也。"可谓变本加厉,已然把异族视同禽兽。而且,《汉书·五行志》居然这样解释天象与灾异:"辰星,杀伐之气,战斗之象也。与太白俱出东方,皆赤而角,夷狄败,中国胜;与太白俱出西方,皆赤而角,中国败,夷狄胜"、"五星分天之中,积于东方,中国大利;积于西方,夷狄用兵者利"、"秦始皇帝二十六年,有大人长五丈,足履六尺,皆夷狄服,凡十二人,见于临洮。天戒若曰,勿大为夷狄之行,将受其祸。是岁,始皇初并六国,反喜以为瑞,销天下兵器,作金人十二以象之。遂自贤圣,燔《诗》、《书》,坑儒士;奢淫暴虐,务欲广地;南戍五岭,北筑长城,以备胡、越;堑山填谷,西起临洮,东至辽东,径数千里。故大人见于临洮,明祸乱之起。后十四年而秦亡",这又是把异族视为假想敌,把"夷狄之行"视为邪恶行径的代名词了。

以后历代封建王朝对异族的观念有着相同基调：异族被视为素质低劣的人种——"性气贪婪,凶悍不仁"(《晋书》卷五六),而且,冥顽不化——"不可以仁义说"(《资治通鉴》卷十二),所以,"中国之於夷狄,犹太阳之於列星,理无降尊,俯同藩服"(《通典》卷一百八十六《边防二》),这才是正常秩序,异族不应该强大,一旦强大,那便会有灾变发生,如《新唐书·五行志》云："水,太阴之气也。若臣道颛,女谒行,夷狄强,小人道长,严刑以逼,下民不堪其忧,则阴类胜,其气应而水至;其谪见于天,月及辰星与列星之司水者为之变,若七曜循中道之北,皆水祥也。"

对异族此种观念的实质是：狭隘的民族情绪,盲目的优越感。胡铨《上高宗封事》曾被视为洋溢着爱国激情的古文名篇,其中有这样的句子："夫三尺童子至无识也,指犬豕而使之拜,则怫然怒。今丑虏则犬豕也,堂堂大国,相率而拜犬豕,曾童孺之所羞,而陛下忍为之耶?";《资治通鉴》卷二百八十一载："节度判官吴峦在城中,谓其众曰:'吾属礼义之俗,安可臣于夷狄乎!'众推峦领州事,闭城不受契丹之命,契丹攻之,不克",亦被视为爱国之举。可是,分析了上述对异族的观念之后,我们还当思考一下"爱国"背后的狭隘与非理性。所以,回过头来再看司马迁的民族观念,我们不能不惊叹史公独立千古的高才卓识。

(2)与匈奴有关史料还可见于《史记》的卷五《秦本纪第五》、卷六《秦始皇本纪第六》、卷八《高祖本纪第八》、卷十《孝文本纪第十》、卷十一《孝景本纪第十一》、卷十二《孝武本纪第十二》、卷二十《建元以来侯者年表第八》、卷二十五《律书第三》、卷二十八《封禅书第六》、卷三十《平准书第八》、卷四十八《陈涉世家第十八》、卷五十《楚元王世家第二十》、卷五十二《齐悼惠王世家第二十二》、卷五十六《陈丞相世家第二十六》、卷五十七《绛侯周勃世家第二十七》、卷五十九《五宗世家第二十九》、卷六十《三王世家第三十》、卷八十一《廉颇蔺相如列传第二十一》、卷八十六《刺客列传第二十六》、卷八十八《蒙恬列传第二十八》、卷九十三《韩信卢绾列传第三十三》、卷九十五《樊郦滕灌列传第三十五》、卷九十七《郦生陆贾列传第三十七》、卷九十九《刘敬叔孙通列传第三十九》、卷一百《季布栾布列传第四十》、卷一百二《张释之冯唐列传第四十二》、卷一百三《万石张叔列传第四十三》、卷一百四《田叔列传第四十四》、卷一百六《吴王濞列传第四十六》、卷一百八《韩长孺列传第四十八》、卷一百九《李将军列传第四十九》、卷一百一十一《卫将军骠骑列传第五十一》、卷一百一十二《平津侯主父列传第五十二》、卷一百一十五《朝鲜列传第五十五》、卷一百一十六《西南夷列传第五十六》、卷一百一十七《司马相如列传第五十七》、卷一百一十八《淮南衡山列传第五十八》、卷一百二十《汲郑列传第六十》、卷一百二十二《酷吏列传第六十二》、卷一百二十三《大宛列传第六十三》、卷一百二十五《佞幸列传第六十五》、卷一百二十六《滑稽列传第六十六》、卷一百二十七《日者列传第六十七》、卷一百二十八《龟策列传第六十八》、卷一百三十《太史公自序第七十》。

(3) 司马迁是较早关注民族史的史家，除《匈奴列传》之外还有《东越列传》、《南越列传》、《朝鲜列传》、《西南夷列传》、《大宛列传》。

二、文学链接：

1. 相关文学典故：

中行：

谁人笞中行，谁人擒可汗。

（雷发《乌乌歌》）

冒顿：

将军出紫塞，冒顿在乌贪。

（卢照邻《战城南》）

匈奴未灭：

匈奴今未灭，画地取封侯。

（杨炯《紫骝马》）

匈奴犹未灭，魏绛复从戎。

（陈子昂《送魏大从军》）

长孺事边：

复闻韩长孺，辛苦事匈奴。

（陈子昂《答韩使同在边》）

飞将军：

尝闻汉飞将，可夺单于垒。

（常建《吊王将军墓》）

谁怜李飞将，白首没三边。

（李白《古风》）

霍嫖姚：

借问大将谁，恐是霍嫖姚。

（杜甫《出塞》）

双旌拥万戟,中有霍嫖姚。

（韦应物《广陵行》）

卫青：

卫青不败由天幸,李广无功缘数奇。

（王维《老将行》）

2. 后世有关的著名文学作品：

江统《徙戎论》　杜甫《故武卫将军挽歌》　王昌龄《出塞》　苏洵《审敌》　苏轼《王韩论兵》　苏辙《汉武帝》

三、集评：

案帝王《诗》、《书》所以号名蛮夷戎狄者,以其无礼义忠信为相别异之称也,初不论远近内外。盖其百官氏族,既皆以功德厚薄赐之;其不在此数,而种落众强不率上命者,即为夷狄,此山戎、猃狁、荤粥、蛮荆及《春秋》、《左传》所载诸夷狄之名,所以为多而不同也,皆在九州岛之内、诸侯之间。春秋以后,礼义坏而为战国,文教衰而为武事,先王之道尽废,华戎无别,混为一区,于是九州岛之内,但以地势为中夏,而在九州岛之外者,方起而为敌国矣。如匈奴、东胡、月氏、楼烦之属,盖莫知所始。迁为《匈奴传》,不服详考,徒杂取经传所谓戎狄者论次之,而特以匈奴为宗;又谓其为夏之苗裔曰淳维,时大时小,别散分离,至冒顿而世传官号,始可得记,若一种姓者,疏略甚矣。

迁言："尧虽贤,兴事业不成,得禹而九州岛宁,且欲兴圣统,惟在择任将相哉!"盖叹卫、霍、公孙弘之事微其词也,汉武用妄人,残民不已,几亡天下,其不能兴圣统固宜也。然未知迁所谓"择人以兴"者,又当如何？尧舜三代之待夷狄,九州岛之内无礼义之俗也,故礼义修而夷狄服,不必盛兵力也。若秦汉以后,中国无复夷狄,而外区异种盛衰大小,不可预知,则中国所以待之者,又乌有定法？可和则和,可征则征,其要在于备守谨,封疆固,不虚内以事外,使夷狄不能加而已。如以汉武为"建功未深",而异人间出,盖将有功于此者,则余不能知矣。

——叶适《习学纪言》卷十九

文帝于匈奴来则御之,未尝穷追,正严尤所谓中策,而尤独遗文帝,何哉？愚谓文帝,三代所以待夷狄者也。

——黄震《黄氏日抄》卷四十

太史公甚不满武帝穷兵匈奴事，特不敢深论，而托言择将相，其旨微矣。

——茅坤《史记钞》卷七五

太史公《匈奴传·赞》曰："孔氏著《春秋》，隐桓之间则章，至定哀之际则微，为其切当世之文而罔褒，忌讳之辞也。"子长深不满武帝，而难以显言，故著此二语，可谓微而章矣。班椽《元帝·赞》称其"鼓琴瑟，吹洞箫，自度曲，被歌声，分刌节度，穷极幼眇"。《成帝·赞》"善修容仪"，"临朝渊嘿，尊严若神，可谓穆穆天子之容"。此皆称其所长，则所短不言而自见，最得史臣之体。

——焦竑《焦氏笔乘》卷二

传内每言击胡，胡辄入边杀掠，及留胡使，胡亦留汉使，相当。至匈奴远遁，破耗矣，然犹不能臣服之，且不免涅野。李陵、贰师之败没，见武帝虽事穷黩，而未得十分逞志也。篇中大意如此，其微旨实寓讥云。

——凌氏《史记评林·匈奴列传》余有丁批语

太史公纪武帝征伐事，先之以文、景和亲，匈奴信汉，然后序两将军连年出塞，又必随之以匈奴入塞，杀掠甚多，纪《酷吏传》先之以吏治蒸蒸，民朴畏罪，然后序十酷吏更迭用事，又必随之以民益犯法，盗贼滋起，可见匈奴盗贼之京戏者，皆武帝穷兵酷罚致之，此太史公微意也。

——凌氏《史记评林·匈奴列传》凌约言批语

《匈奴列传》：孝文帝后二年使使遗匈奴书，备录和亲诏书，繁而不杀，穷兵黩武之诫，隐然言外，于《赞》始微及之。

——何焯《义门读书记·史记》

汉以来，方有和亲款塞之说，则冒顿之为匈奴第一代开疆鼻祖可知。然其开疆始祖而即以杀父诛母鱼肉昆弟为务，是则礼教亲厚之意总不足以系属之，矣明甚矣。

——姚苧田《史记菁华录·匈奴列传》

班氏录匈奴，汉报遗两书，汉丑恶难盖后季世矣。为史者固宜直书之无隐匿。于此者亦不为载，岂识书法之隐而不隐哉！史公引而不扬，其得体也欤！其得体也欤！

——杨琪光《史汉求是》卷五五

四、思考与讨论：

1. 汉文帝是司马迁甚为推崇的帝王，可是，匈奴对中国的几次大规模入侵恰恰发生在汉文帝时期。汉武帝甚为司马迁所讥刺,然而对匈奴却取得了较大的军事胜利。你怎样评价二人的民族政策?

2.《匈奴列传》前有《韩长孺列传》、《李将军列传》,后有《卫将军骠骑列传》、《平津侯主父列传》,你认为这样的编排有无深意?为什么?

循 吏 列 传

题解：

  徐复观先生曾指出，"循吏"之"循"即司马谈《论六家要旨》中所说的"以虚无为本，以因循为用"中的"循"[①]。古代有些学者将"循吏"之"循"理解为"循良"，又以儒家的标准来诠释"良"，这是以《汉书》中重儒学教化的"循吏"看待太史公的《循吏列传》，自然不能做出恰切的评价。

  "以因循为用"之"循"是黄老思想的重要体现。"循"在现代汉语中主要对应两种语义：一、顺应。二、按照、依据。

  《齐太公世家》中，我们可以看到齐太公的"因其俗"实际上是对民风人情的顺应（参阅《齐太公世家》的"文化拓展"部分）。无独有偶，《循吏列传》中孙叔敖改库车的故事也是着眼于"好庳车"的楚民之"俗"。孙叔敖是一代名相，可司马迁并没有写他对于军国大事的处理，反而写了一件看起来非常琐碎的小事：楚王拍脑袋想让楚人把马车增高的目的，孙叔敖虽然也要下令，却不像楚王那样直接下令让楚人把马车增高，还说那样会导致"令数下，民不知所从"，为什么？不正是因为楚王的下令没能顺应人情，是与"好庳车"的楚俗相对抗，是强制，必然导致民众的抗拒与怠工。这就需要在下令之后配以一系列的"令"如宣传鼓动工作、具体规定、督促监管、奖惩措施等，自然就会"令数下，民不知所从"。所谓"俗"，正是民风人情的集中体现，孙叔敖有着鲜明的顺应人情的理念：人情恶强制，孙叔敖就采取诱导的方式；人情畏难而好易，孙叔敖下令让大家做比改"库车"更便利的事情；人情喜效法榜样，孙叔敖让"君子"起到了榜样的作用；人情趋利避害，孙叔敖用增高门槛的方式防范水灾；人情渴求尊重，孙叔敖以增高门槛的象征作用让民众有社会地位提高之感。

  公仪休"休妻"、"拔葵"的故事表面看来很不近人情，但实际上却体现出了"因循"的智慧。人情有着"上有所好，下必从之"的特点，公仪休树立了领导者的示范作用，表现出不与民争利的姿态，从而顺应了趋利避害的人情。他不近的是"私"

[①] 徐复观：《两汉思想史》第三卷《论史记》，华东师范大学出版社，2001。

情,从"公"情的角度来讲他却也体现出对人情的因循。

本篇也与《齐太公世家》一样写了对"时势"的顺应:"秋冬则劝民山采,春夏以水,各得其所便,民皆乐其生。"

本篇中还写到了对"旧"的顺应:孙叔敖恢复旧的币制而挽救了楚国处于崩溃边缘的经济、公仪休"无所变更"却收到了"百官自正"的效果。在一般人看来,"因循守旧"似乎是一个贬义词,是缺少开拓创新精神的体现,但司马迁却对顺应"旧"颇加赞赏,这是非常耐人寻味的。

"按照、依据"语义的"循"主要体现在对"法"、"职"以及"理"的奉行。石奢、李离以生命捍卫了法律的尊严、恪尽了他们作为法官的职守。在古代,"理"之原始意义在于辨析罪行轻重等级,以使刑罚公正适当,"理"在古代还有法官之义,如本篇中的李离就是"晋文公之理"。总之,"理"在古代与法律有着密切关系,就本篇而言,"因循"在"顺应"语义中强调的是顺应人情,其功效主要是"导民";在"按照、依据"语义中强调的则是法律的尊严,其功效主要是"禁奸"。

司马迁将孙叔敖、公仪休、子产三位名相列入"吏"似乎颇令人费解,不过,知道官、吏在古代的区别大概就能在一定程度上消除这样的困惑。官、吏在古代主要有两种区别,一种区别是:官是行政长官,吏是行政属员;官发号施令,吏具体执行。在这样的区别下,"吏"的职务级别是低于官的。一种区别是:官在中央任职,吏则在地方任职。在这样的区别下,"吏"的职务级别不一定低于官,例如,明清时期总督、巡抚这样的"封疆大吏"比许多京官在职务级别上要高很多。司马迁有着非常鲜明的"大一统"观念,孙叔敖、公仪休、子产都只是在诸侯国中任相,和一统天下的汉王朝对应,无论如何不能说是在"中央"任职,把他们归入"循吏"其实是着眼于他们在地方上的政绩。

正文:

太史公曰:法令所以导民也,刑罚所以禁奸也。文武①不备,良民惧然身修者,官未曾乱也。奉职循理②,亦可以为治,何必威严哉?

孙叔敖者,楚之处士③也。虞丘相④进之于楚庄王,以自代也。三月

---

① 文武:本指礼乐教化和军事,此处指行政法规和刑罚。
② 奉:遵循。循:按照,依照。
③ 处士:隐居不仕之人。
④ 虞丘相:国相虞丘。

为楚相，施教导民，上下和合，世俗盛美，政缓禁止①，吏无奸邪，盗贼不起。秋冬则劝民山采，春夏以水，各得其所便，民皆乐其生。

庄王以为币轻，更以小为大，百姓不便，皆去其业。市令言之相曰："市乱，民莫安其处，次行不定。"相曰："如此几何顷乎？"市令曰："三月顷。"相曰："罢，吾今令之复矣。"后五日，朝，相言之王曰："前日更币，以为轻。今市令来言曰'市乱，民莫安其处，次行②之不定'。臣请遂令复如故。"王许之，下令三日而市复如故。

楚民俗好庳车③，王以为庳车不便马，欲下令使高之。相曰："令数下，民不知所从，不可。王必欲高车，臣请教闾里使高其梱④。乘车者皆君子，君子不能数下车。"王许之。居半岁，民悉自高其车。

此不教而民从其化，近者视而效之，远者四面望而法之。故三得相而不喜，知其材自得之也；三去相而不悔，知非己之罪也。

子产者，郑之列大夫也。郑昭君之时，以所爱徐挚为相，国乱，上下不亲，父子不和。大宫子期言之君，以子产为相。为相一年，竖子不戏狎，班白不提挈⑤，僮子不犁畔⑥。二年，市不豫贾⑦。三年，门不夜关，道不拾遗。四年，田器不归⑧。五年，士无尺籍⑨，丧期不令而治。治郑二十六年而死，丁壮号哭，老人儿啼，曰："子产去我死乎！民将安归？"

公仪休者，鲁博士也。以高弟⑩为鲁相。奉法循理，无所变更，百官自正。使食禄者不得与下民争利，受大者不得取小。

客有遗相鱼者，相不受。客曰："闻君嗜鱼，遗君鱼，何故不受也？"相

---

① 禁止：有禁则止，意谓政令能够得到很好的执行。
② 次行：秩序。
③ 庳车：指底座低的矮车。
④ 梱：门坎。
⑤ 班白：鬓发花白，此借指老人。班，同"斑"。提挈：提着东西。挈，提。
⑥ 僮子：儿童。犁畔：在田边耕种，也即干农活。
⑦ 不豫贾：不预先抬高物价，指交易时买卖双方公平议价。豫，同"预"。贾，同"价"。
⑧ 田器不归：指农民收工不把农具带回家也没人偷窃。田器，指农具。
⑨ 尺籍：汉制，把杀敌斩首的功劳记录在一尺长的竹板上，称"尺籍"。无尺籍是指男子不必再当兵出征。
⑩ 高弟：指品第高。弟，同"第"。

曰:"以嗜鱼,故不受也。今为相,能自给鱼;今受鱼而免,谁复给我鱼者?吾故不受也。"

食茹①而美,拔其园葵而弃之。见其家织布好,而疾出其家妇,燔其机,云"欲令农士工女安所雠②其货乎"?

石奢者,楚昭王相也。坚直廉正,无所阿避。行县,道有杀人者,相追之,乃其父也。纵其父而还自系焉。使人言之王曰:"杀人者,臣之父也。夫以父立政③,不孝也;废法纵罪,非忠也;臣罪当死。"王曰:"追而不及,不当伏罪,子其治事矣。"石奢曰:"不私其父,非孝子也;不奉主法,非忠臣也。王赦其罪,上惠也;伏诛而死,臣职也。"遂不受令,自刎而死。

李离者,晋文公之理④也。过听⑤杀人,自拘当⑥死。文公曰:"官有贵贱,罚有轻重。下吏有过,非子之罪也。"李离曰:"臣居官为长,不与吏让位;受禄为多,不与下分利。今过听杀人,傅⑦其罪下吏,非所闻也。"辞不受令。文公曰:"子则自以为有罪,寡人亦有罪邪?"李离曰:"理有法,失刑则刑,失死则死。公以臣能听微决疑,故使为理。今过听杀人,罪当死。"遂不受令,伏剑而死。

太史公曰:孙叔敖出一言,郢市复。子产病死,郑民号哭。公仪子见好布而家妇逐。石奢纵父而死,楚昭名立。李离过杀而伏剑,晋文以正国法。

一、文化拓展:

"因循守旧"对一般人而言是个贬义词,但《史记》中却常常对"因循守旧"赞赏有加。除了本篇孙叔敖下令恢复旧的币制"三日而市复如故"、公仪休"无所变更,百官自正"外,司马迁对"萧规曹随"在多处予以了高度的评价:不仅把曹参列入

---

① 茹:蔬菜的总称。
② 雠:出售。
③ 立政:树立政绩。
④ 理:法官。
⑤ 过听:审理案件出现过失。
⑥ 当:判罪。
⑦ 傅:附着,此处指把罪责推诿给别人。

"世家",还在《太史公自序》中明确指出"续何相国,不变不革,黎庶攸宁。嘉参不伐功矜能,作《曹相国世家》第二十四"的立传宗旨,并在《曹相国世家》中引用民间歌谣"曹参代之,守而勿失。载其清净,民以宁一",又在"太史公曰"中点出曹参"清静极言合道"、"天下俱称其美矣"。《曹相国世家》中还让曹参夫子自道,揭示出曹参"因循守旧"的理据:

> 参子窋为中大夫。惠帝怪相国不治事,以为"岂少朕与"?乃谓窋曰:"若归,试私从容问而父曰:'高帝新弃群臣,帝富於春秋,君为相,日饮,无所请事,何以忧天下乎?'然无言吾告若也。"窋既洗沐归,间侍,自从其所谏参。参怒,而笞窋二百,曰:"趣入侍,天下事非若所当言也。"至朝时,惠帝让参曰:"与窋胡治乎?乃者我使谏君也。"参免冠谢曰:"陛下自察圣武孰与高帝?"上曰:"朕乃安敢望先帝乎!"曰:"陛下观臣能孰与萧何贤?"上曰:"君似不及也。"参曰:"陛下言之是也。且高帝与萧何定天下,法令既明,今陛下垂拱,参等守职,遵而勿失,不亦可乎?"惠帝曰:"善。君休矣!"

原来,曹参看到了"萧规"的合理之处:虽然旧,却比自己能制定的要"贤",要"明",在这样的情形下,自己应该做到的只是"守职"、"遵而勿失",如果为了刻意表现自己的"新"而抛弃合理的"旧",那是"伐功矜能"而不是能够有所改善的开拓创新。

司马迁对此种类型之"因循"的阐发能够帮助人们更好地思考"守旧"与"创新"之间的关系:"守旧"如果是出于惰性的固步自封、出于胆怯的不敢越雷池一步、出于僵化的不知变通,"因循守旧"便是贬义词。但"守旧"如果是对"旧"之合理性的充分利用,那么刻意地"生新"反而不是创新而是妄为。

仍以《史记》为例。有一种观点认为,窦太后"因循守旧",阻碍了历史的发展;汉武帝作了许多革新,代表了历史的进步力量。这是典型的"以己度人"、"以今度古",其实,司马迁把武帝的许多新举措视为多事、多欲:频繁的币制更新纯属朝令夕改,是典型的"令数下,民不知所从";大兴土木、穷兵黩武如此劳民伤财,蓄下了深重的社会危机,连武帝自己也都有所反省,下了《轮台罪己诏》;兴儒学、繁文辞不过是"内多欲而外施仁义"……

此种类型之"因循"对我们一种错误的改革理念有很大的启发意义:改革需要创新,但并不是要与"旧"划清界限,不是要弃旧而是要善于用旧。

古今中外,智慧都是相通的。松下公司有一种"只改进,不发明"理念,并不强调发明全新的产品,而强调对旧产品的改进。发明全新的产品无论在人力物力还是外在条件上都有很高的要求,很难做到,不适合作为战略目标。而对旧产品的改进因为有"旧"作为基础比较容易,如果处理得当会有很好的效果。松下公司有过这样一个成功的案例:索尼公司发明的"贝塔马克斯"录像机虽然先行进入市场,但是后来赚了大钱的是松下公司,因为松下公司改进后的录像机容量大,体积小,操作简便,性能可靠,而且外型美观、价格低廉。

二、文学链接:

1. 相关文学典故:

公仪之廉:

其孝类颍考叔,廉类公仪休,而又文以文之,学以辅之,而天子以为之知。

  (柳宗元《唐故秘书少监陈公行状》)

由径反诮澹防子,防葵仍笑公仪休。

  (李吕《承德功仙尉出示直翁感兴之作辄次其韵》)

哀哉吴隐之,已矣公仪休。众皆殖货利,我独嫉贪牟。

  (吕南公《哭刘郎中》)

子产遗爱:

齐人爱公如子产,儿啼卧路呼不还,我惭山郡空留连。

  (苏轼《约公择饮是日大风》)

2. 文学分析:

本篇中对于子产政绩的记述具有"虚"的特点,并没有记述子产为政的一件实事,而只是写了"为相一年,竖子不戏狎,斑白不提挈,僮子不犁畔。二年,市不豫贾。三年,门不夜关,道不拾遗。四年,田器不归。五年,士无尺籍,丧期不令而治"的为政效果,以及子产去世之后民众的反应:"丁壮号哭,老人儿啼,曰:'子产去我死乎!民将安归?'"这样的虚写一方面可以体现黄老之学"以虚无为本"的特点:重要的不是以具体模式供人复制,而是灵活、变通、开放地应对具体情形;另一方面也体现出子产对人情的"因循"。因为,若无对人情的"因循",为政不可能出现这样的效果,民众不可能出现这样的反应。

三、集评:

著《循吏》,则不言冉、季之政事;至于《货殖》为传,独以子贡居先。掩恶扬善,既忘此义,成人之美,不其阙如?

  ——刘知几《史通》外篇卷十六

太史公《循吏传》文简而高，意淡而远，班孟坚《循吏传》不及也。

——佚名《木笔杂抄》卷二

《史记索隐》谓，《司马相如传》不宜在西南夷下；《大宛传》不宜在酷吏、游侠之间，此论固当。然凡诸夷狄当以类相附，则匈奴亦岂得在李广、卫青之间乎？循吏、儒林而下，一节之人皆居列传之末，盖得体矣。及至刺客乃独第之李斯之上，循吏则第之汲郑之上，复何意哉？

——王若虚《滹南遗老集》卷十四《史记辨惑》

昔太史公传汉循吏，谓其能奉法循理，不尚威严，故得列于是。予尝思夫代之为理者，法而能奉，则承流宣化以尽职，而非法者有所不为矣；理而能循，则持廉秉公以守身，而非理者有所不行矣。如是，则德化渐洽而民心悦服，又何待威严之及哉？凡假威严以为治，而强民之从者，皆不足于理法者也。内之有不足，而惟外是假，欲臻治理之效，不可得也。及效之不臻，而乃诬民曰："难治。"岂理也哉？

——倪谦《倪文僖集》卷十九《赠扬郡太守王君赴官序》

又尝观太史公《循吏传》，至公仪休则独述其拔园葵、辞馈鱼一二细事，而略不及乎其它。窃意休之所以能垂世而立名者，必有经国之大计，而此二事乃匹夫之小廉耳，何太史公舍彼经国之大计而取其匹夫之小廉也？其意可知矣：盖以为苟不自利，必能利人；苟不为己，必能为人也欤？余从缙绅之后见世所谓贤士大夫者多矣，未见有一毫无所利于官者也。夫世之洁清好修者不啻几人，而余以为未能无所利者，非过欤？盖检于耳目之所及，而或忽于所不及；慎于大，或忽于细。此仅愈于黩冒无耻者则可耳，其去古之循吏不亦远乎？

——唐顺之《重刊荆川先生文集》卷十一《赠彭石屋序》

司马氏胡为而传循吏哉？惧棰笞之伤马，而惠文不足与治也，故曰："奉职循理，何必威严。"意念深矣！

——叶春及《石洞集》卷十一《名宦传论》

《公孙弘传》后，忽列南越、东越、朝鲜、西南夷等传，下又列《司马相如传》。相如之下，又列淮南、衡山王传。循吏后，忽列汲黯、郑当时传。儒林酷吏后，又忽入《大宛传》。其次第皆无意义，可知其随得随编也。

——赵翼《廿二史札记》卷一

钝吟云，所列循吏五人，略其事实，有空叙，有叙其逸事者，止写性情气度，而循吏一片恻怛涌现。太史公曰法令云云，钝吟云，此叙亦刺时之言。

——何焯《义门读书记》卷十四

自周以来,治民之官可称循吏者多有,太史公只取五人,汉代如文翁、吴公,实称循良之职,太史公亦概未之及,固知《循吏传》殆非太史公用意文字,未免疏漏也。子产相业,特著《春秋》,只载《循吏传》中,尚属曲抑,未足为允也。石奢、李离二人行事,未见为循吏,编之《传》中,亦属不伦。

——牛运震《读史纠谬》卷一

四、思考与讨论:

1. 在《循吏列传》中,孙叔敖同样也要下令,但为什么却说楚王"令数下,民不知所从"?

2. 孙叔敖通过增高门槛的方式迂回地实现了楚王改"卑车"的要求,原因是什么?他在这个故事中体现出了对哪些"人情"的因循?

3. 公仪休"休妻"、"拔葵"的故事似乎很不近人情,但为什么司马迁却认为他体现出了"因循"的智慧?

儒 林 列 传[①]

题解：

  与其说本篇是从先秦到汉武帝时期的儒学兴衰史，还不如说是儒学"境遇记"。也就是说，本篇记述的重点是，从孔子时代到汉武帝时期，统治者怎么样看待儒学、儒学在政治生活中起到了怎么样的作用。

  司马迁在《史记》各传记中的议论放在结尾处的较多，此篇则在一开始就来了一段深沉的感慨：

    太史公曰：余读功令，至于广厉学官之路，未尝不废书而叹也。

  从后文可以看出，"广厉学官"实际上标志着儒学成为官学、得到统治者的认可乃至倡导、儒学成为在政治生活中居于统治地位的学说，这是亘古未有的事情。如果把此篇视为儒学兴衰记，此时应该是儒学最为兴盛的时期。而司马迁恰恰在儒学最为兴盛的时期"废书而叹"，这就耐人寻味了。我们自然要追问，司马迁为什么要"废书而叹"？

  为什么？难道司马迁在感叹：儒学直到此时才"兴盛"，走过了太长的路程，付出了太多的代价？

  并非如此。从本文的字里行间，再联系《史记》的其他一些篇章，我们不难看出，司马迁对儒学的"兴盛"颇不以为然：

  在这所谓的儒学"兴盛"时期，作为儒学代表人物之一的公孙弘不过是个"曲学以阿世"的典型——在记述完辕固生直抒己见而得罪窦太后、不得不去斗兽、差点儿丢掉老命之后，文中突然写道："固之征也，薛人公孙弘亦征，侧目而视固。固曰：'公孙子，务正学以言，无曲学以阿世！'"，辕固生对公孙弘这番告诫恐怕不是空穴来风吧，作为古文大家的司马迁此等笔墨恐怕也不是随意写就，而是微言大意吧。

  再参之以《平津侯主父列传》、《汲郑列传》、《平准书》，公孙弘竟然是这样一个人物：他不敢直言进谏，常常迎合汉武帝的意思。汉武帝穷奢极欲，他就声称"人

[①] 儒林：儒者之林。形容众多儒者。

主病不广大,人臣病不节俭";汉武帝独断专行,他就"每朝会议,开陈其端,令人主自择,不肯面折庭争";自己的建议不被武帝采纳,他也从不"庭辩"之。甚至有一次,他与汲黯等商量好要向武帝提意见,可是,一到汉武帝面前他就"倍其约以顺上旨"。当汲黯当场抨击他背信弃义时,他说:"夫知臣者以臣为忠,不知臣者以臣为不忠",可汉武帝居然认为他说得对,"益厚遇之"。可见,他对于汉武帝的逢迎是深受汉武帝赏识的,此人高居相位也正是由于这一点,以至于当淮南、衡山造反时,连公孙弘自己都为自己无功被封深为不安,上书乞免,汉武帝都没有答应,称赞了他的"谨行",使他"竟以丞相终"。而所谓"谨行",不过就是他善于逢迎上意罢了,总是逢迎上意的公孙弘难道还能够坚守儒学的种种原则、主张吗?司马迁对公孙弘还有这样的断词:"为人意忌,外宽内深,诸尝与弘有郤者,虽详与善,阴报其祸",在此篇《儒林列传》中我们也可以看到:

> 公孙弘治《春秋》不如董仲舒,而弘希世用事,位至公卿。董仲舒以弘为从谀。弘疾之,乃言上曰:"独董仲舒可使相胶西王。"

别说这不是温良恭俭让的儒者所当为,就是一般人有这样的行径恐怕也会被人骂一声卑劣吧。

再看看在这所谓的儒学"兴盛"时期,此篇对其他儒者的记述:

> 学官弟子行虽不备,而至于大夫、郎中、掌故以百数。言《诗》虽殊,多本于申公。

> 诸齐人以《诗》显贵,皆固之弟子也。

> 自是之后,而燕赵间言《诗》者由韩生。韩生孙商为今上博士。

> 张汤死后六年,兒宽位至御史大夫。九年而以官卒。宽在三公位,以和良承意从容得久,然无有所匡谏;于官,官属易之,不为尽力。

> 孔氏有古文《尚书》,而安国以今文读之,因以起其家。

> 襄以容为汉礼官大夫,至广陵内史。延及徐氏弟子公户满意、桓生、单次,皆尝为汉礼官大夫。而瑕丘萧奋以《礼》为淮阳太守。是后能言《礼》为容者,由徐氏焉。

> 何以《易》,元光元年征,官至中大夫。齐人即墨成以《易》至城阳相。广川人孟但以《易》为太子门大夫。鲁人周霸,莒人衡胡,临菑人主父偃,皆以《易》至二千石。然要言《易》者本于杨何之家。

> 褚大至梁相。步舒至长史,持节使决淮南狱,于诸侯擅专断,不报,以《春秋》之义正之,天子皆以为是。弟子通者,至于命大夫;为郎、谒者、掌故者以

百数。而董仲舒子及孙皆以学至大官。

　　这里,按五经《诗》、《书》、《礼》、《易》、《春秋》的顺序逐一记人叙事,人物纷繁却秩序井然。从中我们可以看出,司马迁所记述的这些儒者并没有为国为民的政治作为,他们的共同特点是因儒学而"起其家"、"至大官"、"显贵"。再联系此篇前面所说的"绌黄老、刑名百家之言,延文学儒者数百人,而公孙弘以《春秋》白衣为天子三公,封以平津侯。天下之学士靡然乡风矣"、"公卿大夫士吏斌斌多文学之士矣",我们是不是已经约略明白,司马迁的"废书而叹"是感慨儒学虽然开始为统治者所礼遇,却已被异化为功名利禄之学呢?此篇还追述了先秦时代、汉代武帝"独尊儒术"之前儒者们的种种遭遇,我们再联系《孔子世家》中孔子与弟子对儒学"天下莫能容"的议论,是否已经可以看出,司马迁确实对儒学的所谓"兴盛"颇不以为然,倒更为称赞儒学未"兴盛"之时的真精神呢?

正文:

　　太史公曰:余读功令①,至于广厉学官之路②,未尝不废书而叹也③。曰:嗟乎!夫周室衰而《关雎》作④,幽厉微而礼乐坏⑤,诸侯恣⑥行,政由强国。故孔子闵⑦王路废而邪道兴,于是论次《诗》、《书》⑧,修起⑨礼乐。适齐闻《韶》⑩,三月不知肉味。自卫返鲁,然后乐正⑪,《雅》、《颂》各得其

---

① 功令:古时国家考核和选用学官的法规。
② 厉:通"励",劝勉。学官:又称"教官",指主管学务的官员和官学教师,如汉代开始设置的五经博士。
③ 未尝:未曾,不曾。废:放下,停止。
④ 夫(fú):发语词。周室:周世王朝。《关雎》:《诗经·周南》中的名诗,为《诗经》首篇。《诗序》说它是歌咏"后妃之德",《鲁诗》则说是大臣(毕公)刺周康王好色晏起之作。朱熹认为是爱情民歌。
⑤ 幽:指周幽王,公元前781——前771年在位。被犬戎所杀,西周亡。厉:指周厉王,贪狠好利,横征暴敛,钳制言论。公元前842年京城居民暴动,他逃奔到彘(今山西霍县)。微:衰微。
⑥ 恣:放纵。
⑦ 闵:通"悯"。忧伤。
⑧ 论次:论定编次。指整理。《诗》,中国最早的诗歌总集,儒家列为经典之一,故称为《诗经》。《书》:亦称为《尚书》、《书经》,上古历史政治汇编,儒家经典之一。
⑨ 修起:修订兴起。
⑩ 《韶》:虞舜乐名。
⑪ 乐正:使音乐归为雅正。

所①。世以混浊莫能用,是以仲尼干②七十余君无所遇,曰"苟有用我者,期月③而已矣"。西狩获麟④,曰"吾道穷矣"。故因史记作《春秋》⑤,以当王法,其辞微而指博⑥,后世学者多录焉。

自孔子卒后,七十子之徒散游诸侯,大者为师傅卿相⑦,小者友教士大夫⑧,或隐而不见⑨。故子路居卫,子张⑩居陈,澹台子羽⑪居楚,子夏居西河⑫,子贡终于齐⑬。如田子方、段干木、吴起、禽滑厘之属⑭,皆受业于子夏之伦⑮,为王者师。是时独魏文侯⑯好学。后陵迟⑰以至于始皇,天下并争于战国,儒术既绌焉⑱,然齐鲁之间,学者独不废也。于威、宣⑲之际,孟子、荀卿之列,咸遵夫子之业而润色之,以学显于当世。

---

① 《雅》、《颂》:《诗经》的内容,按作品性质和乐调的不同,分为"风"、"雅"、"颂"三类。"风"是各国的民歌,"雅"是周王畿地乐歌。"颂"是朝廷祭祀鬼神,赞美功德的乐歌。

② 干:求取官职。

③ 期月:一年。引语见《论语·子路》。

④ 西狩获麟:古代传说麟是一种仁兽,是圣王的祥瑞。鲁哀公十四年春,在鲁国的西部猎获一只麟。孔丘伤周道不兴,有感于祥瑞无由而至,所以因鲁史而修《春秋》,绝笔于"获麟"一句。

⑤ 《春秋》:编年体史书,儒家的经典之一。相传为孔丘依据鲁国的史官所编的《春秋》加以整理修订而成的。

⑥ 辞微:言词含蓄。指博:意旨广博。指:通"旨"。

⑦ 师傅:官名,古代官职有太师、太傅、太保、少师、少傅、少保等,统称为师傅、师保、保傅。卿:古代高级长官和爵位的称谓。西周、春秋时天子、诸侯所属的高级长官都称为卿。战国时作为爵位的称谓有上卿、亚卿等。相:辅佐诸侯的大臣,也称相国、相邦或丞相,为百官之长。

⑧ 友教:交结和教育。

⑨ 隐:隐居。见:通"现"。

⑩ 子张:孔子的学生。陈国人。姓颛孙,名师,字子张。

⑪ 澹台子羽:孔丘的学生。鲁国武城(今山东费县)人。姓澹台,名灭明,字子羽。

⑫ 子夏:孔丘的学生。晋国温(今河南温县西南)人。姓卜,名商,字子夏。曾在卫国西河(今河南安阳)一带讲学,魏文侯亲咨国政,待以师礼。相传《诗》、《春秋》等儒家经典是由他传授下来的。

⑬ 子贡:孔丘的学生,卫国人。姓端木,名赐,字子贡。善于词令,曾游说齐、吴等国。终:老死。

⑭ 田子方:魏国人。曾为魏文侯所优礼。段干木:姓段干,名木,魏国人。吴起:兵家。卫国左氏(今山东曹县北)人。后任楚国令尹,辅佐楚悼王实行变法,促进楚国的富强。楚悼王死,被旧贵族所杀。禽滑厘:后来成为墨家代表人物。

⑮ 伦:同类、同辈。

⑯ 魏文侯:魏斯。战国时魏国的建立者。公元前445——前396年在位。

⑰ 陵迟:像丘陵逶迤逐渐低下,意为走下坡路。迟,通"夷",平坦。

⑱ 绌:通"黜"。贬退;排除。

⑲ 威、宣:指齐威王、齐宣王。

及至秦之季世①，焚《诗》、《书》，坑术士②，六艺③从此缺焉。陈涉之王也，而鲁诸儒持孔氏之礼器往归陈王。于是孔甲为陈涉博士④，卒与涉俱死。陈涉起匹夫，驱瓦合适戍⑤，旬月⑥以王楚，不满半岁竟灭亡，其事至微浅⑦，然而缙绅先生之徒负孔子礼器往委质为臣者⑧，何也？以秦焚其业⑨，积怨而发愤于陈王也。

及高皇帝诛项籍，举兵围鲁，鲁中诸儒尚讲诵习礼乐，弦歌之音不绝，岂非圣人之遗化⑩，好礼乐之国哉？故孔子在陈，曰"归与归与⑪！吾党之小子狂简⑫，斐然成章⑬，不知所以裁之"。夫齐鲁之间于文学⑭，自古以来，其天性也。故汉兴，然后诸儒始得修其经艺⑮，讲习大射⑯乡饮之礼。

---

① 季世：末世。
② 焚《诗》、《书》，坑术士：秦始皇三十四年（前217），博士淳于越反对中央集权的郡县制，要求根据古制实行分封，丞相李斯加以驳斥，主张禁止儒生以古非今、以私学诽谤朝政。秦始皇采纳李斯的建议，下令焚烧《秦记》以外的列国史记，对不属于博士官的私藏《诗》、《书》等限期缴出烧毁；有敢谈论《诗》、《书》的处死，以古非今的灭族；禁止私学，要学法令以吏为师。次年，卢生、侯生等方士、儒生攻击秦始皇。秦始皇派御史查究，将四百六十名方士和儒生坑死在咸阳，史称"焚书坑儒"。详见《秦始皇本纪》、《李斯列传》。
③ 六艺：即六经：《诗》、《书》、《易》、《礼》、《乐》、《春秋》。
④ 孔甲：孔鲋，字甲。孔丘八代孙。博士：古代学官名，源于战国。秦及汉初，博士所掌为古今史事以备顾问及书籍典守。
⑤ 瓦合：如破瓦之相合，虽说聚合，而不齐同。形容不相亲附。适：通"谪"，指封建时代的官吏或百姓有罪被遣戍远方。
⑥ 旬月：一个月。旬，训为"遍"，所以满一月叫旬月。
⑦ 微浅：（事情的规模）细小。
⑧ 缙绅：亦作"搢绅"、"荐绅"。古时原指高级官吏的装束，后来用为官宦的代称。　委质："质"通"贽"，古代臣下向君主献礼，表示献身。另一说为下拜，表示恭敬承奉之意，引申为归顺。
⑨ 业：古时的书版，此处指六经等书籍。
⑩ 遗化：遗留下来的教化。
⑪ 与：通"欤"。
⑫ 党：乡党。周制以五百家为党，一万二千五百家为乡。小子：旧时长辈称晚辈，或老师称学生。狂简：急于进取而流于疏阔，致行事不切实际。
⑬ 斐然成章：文采斐然可观。斐，有文采的样子。
⑭ 文学：古时"文学"一词接近现在所说的"学术"之义。
⑮ 经艺：儒家经典"六经"又称为"六艺"，因亦称为"经艺"。
⑯ 大射：为祭祀而举行的射礼。

儒林列传

叔孙通作汉礼仪①,因为太常②,诸生弟子共定者,咸为选首③,于是喟然叹兴于学。然尚有干戈,平定四海,亦未暇庠序之事也④。孝惠、吕后时,公卿皆武力有功之臣,孝文时颇征用,然孝文帝本好刑名⑤之言。及至孝景,不任儒者,而窦太后又好黄老之术⑥,故诸博士具官⑦待问,未有进者。

及今上⑧即位,赵绾、王臧⑨之属明儒学,而上亦乡之,于是招方正贤良文学之士⑩。自是之后,言《诗》于鲁则申培公⑪,于齐则辕固生⑫,于燕则韩太傅⑬。言《尚书》自济南伏生⑭。言《礼》自鲁高堂生⑮。言《易》自菑川田生⑯。言《春秋》于齐鲁自胡毋生⑰,于赵自董仲舒⑱。及窦太后

---

① 叔孙通:薛县(今山东滕县南)人。曾为秦博士。后归刘邦,任博士,称稷嗣君。汉朝建立,与儒生共立朝仪。后任太子太傅。
② 太常:官名。秦置奉常,汉景帝时改称太常。掌宗庙礼仪,兼掌选试博士。为九卿之一。
③ 选首:优先被选用的对象。
④ 暇遑:空闲。庠序:古代学校名。夏名校,殷名庠,周名序。
⑤ 刑名:亦称"形名"。原指形体(或实际)和名称。先秦法家则把"刑名"和"法术"联系起来,把"名"引申为法令、名分、言论等,主张循名责实,慎赏明罚。
⑥ 黄老之术:战国后期,道家思想与名家、法家相结合,在政治上体现为所谓的黄老之术(因号称祖述黄帝、老子而得名);而法家申不害、韩非等亦早已吸收道家"自然"之义作为法制的理论基础,故汉初黄老、刑名并称,颇为统治者推重。
⑦ 具官:配备应有的官员。形式上有此种官员的设置,但不被信用。
⑧ 今上:指汉武帝刘彻。
⑨ 赵绾、王臧:都是当时有名的儒者。
⑩ 招方正贤良文学之士:汉文帝为了寻访政治得失,始下诏"举贤良方正能直言极谏者",中选者授予官职。武帝时复诏举贤良文学,名称虽有不同,性质仍无异。
⑪ 申培公:姓申,名培。"公"是敬称。申培为今文《诗》学"鲁诗学"的开创者,文帝时为博士。
⑫ 辕固生:齐人。今文《诗》学"齐诗学"的开创者,景帝时任博士。
⑬ 韩太傅:姓韩,名婴。燕人。今文《诗》学"韩诗学"的开创者,文帝时任博士。景帝时为常山王刘舜的太傅。著有《韩诗内传》和《韩诗外传》。
⑭ 伏生:姓伏,名胜。"生"是敬称。济南人。今文《尚书》的最早传授者。西汉的《尚书》学者,都出于他的门下。今本今文《尚书》二十八篇,即由他传授而存。
⑮ 《礼》:又名《仪礼》、《礼经》,儒家经典之一,是春秋战国时一部礼制的汇编。高堂生:姓高堂,字伯,鲁人。今文《礼》学的最早传授者。今本《仪礼》十七篇即出于他的传授。
⑯ 《易》:又名《周易》、《易经》。儒家经典之一。菑(Zi)川:封国名。在今山东寿光县境内。
⑰ 胡毋生:姓胡毋,字子都。齐人。今文经学家,治《《春秋》公羊传》。景帝时为博士。
⑱ 董仲舒(前179年—104年):广川(今河北枣强县东)人,今文经学大师,专治《春秋公羊传》。汉武帝举贤良文学之士,他对策建议说:"诸不在六艺之科、孔子之术者,皆绝其道,勿使并进。"为武帝所采纳,开此后两千余年封建社会以儒学为正统的先声。著有《春秋繁露》及《董子文集》。

崩,武安侯田蚡为丞相①,绌黄老、刑名百家之言,延文学儒者数百人,而公孙弘以《春秋》白衣为天子三公②,封以平津侯。天下之学士靡然乡风矣③。

公孙弘为学官,悼道之郁滞④,乃请曰:"丞相御史言⑤:制曰⑥'盖闻导民以礼,风之以乐⑦。婚姻者,居室之大伦也⑧。今礼废乐崩,朕甚愍⑨焉。故详延天下方正博闻之士,咸登诸朝。其令礼官⑩劝学,讲议洽闻⑪兴礼,以为天下先。太常议,与博士弟子⑫,崇⑬乡里之化,以广⑭贤材焉'。谨与太常臧、博士平等议曰⑮:闻三代之道,乡里有教⑯,夏曰校,殷曰序,周曰庠。其劝善也,显之朝廷⑰;其惩恶也,加之刑罚。故教化之行也,建首善⑱自京师始,由内及外。今陛下昭至德,开大明⑲,配天地,本人伦,劝学修礼,崇化厉贤,以风四方,太平之原也。古者政教未洽⑳,不

---

① 田蚡:长陵(今陕西咸阳东北)人。汉景帝王皇后同弟,好儒术。武帝时,封武安侯,拜太尉,后迁丞相。
② 公孙弘(前200年—前121年):菑川薛人。治《春秋公羊传》;曾建议设五经博士,置弟子员。以熟悉文法吏治任丞相,封平津侯。白衣:古代平民着白衣,因而以之为平民的代称。三公:西汉时以丞相、太尉、御史大夫合称三公。
③ 靡然:朝一边倒下的样子。乡风:顺风归化。
④ 悼:担心,忧伤。道:一定的世界观、人生观、政治主张或思想体系。这里指儒家的道理和主张。郁滞:闭结滞留而不向前发展。
⑤ 丞相:官名。始于战国时,为百官之长。秦以后为封建官僚组织中的最高官职,辅佐皇帝,综理全国政务。御史:官名。此指御史大夫,秦汉时仅次于丞相的中央最高长官,主要职务为监察、执法、兼掌重要文书图籍。
⑥ 制:帝王的命令。
⑦ 风:感化。
⑧ 居室:指夫妇同关系。大伦:伦常之道,指古时统治阶级规定的人与人关系的根本准则。
⑨ 愍(mǐn):忧伤。
⑩ 礼官:掌教化、礼仪的官。
⑪ 洽闻:多闻博知。
⑫ 博士弟子:汉代以在太学学习者为博士弟子。
⑬ 崇:使……兴盛。
⑭ 广:扩大。
⑮ 臧:孔臧,人名。平:人名。
⑯ 教:此处指教育组织的形式。
⑰ 显:彰显,显扬。
⑱ 首善:实施教化的开始和榜样。
⑲ 开:显示。大明:本指日月的光明,此处为美化帝王之德的颂词。
⑳ 洽:周遍;普及。

备其礼,请因旧官而兴焉①。为博士官置弟子五十人,复其身②。太常择民年十八已③上,仪状端正者,补博士弟子。郡国县道邑有好文学④,敬长上,肃政教,顺乡里,出入不悖所闻者,令相、长、丞上属所二千石⑤,二千石谨察可者,当与计⑥偕⑦,诣⑧太常,得受业如弟子。一岁皆辄试,能通一艺⑨以上,补文学掌故⑩缺;其高弟⑪可以为郎中者,太常籍奏⑫。即有秀才⑬异等,辄以名闻。其不事学若下材及不能通一艺,辄罢之,而请诸不称者罚。臣谨案诏书律令下者,明天人分际⑭,通古今之义,文章尔雅⑮,训辞⑯深厚,恩施甚美。小吏浅闻,不能究宣⑰,无以明布谕下。治礼次治掌故⑱,以文学礼义为官,迁留滞⑲。请选择其秩比⑳二百石以上,及吏百石通一艺以上,补左右内史、大行卒史㉑;比百石已下,补郡太守卒史㉒:皆各二人,边郡一人。先用诵多者㉓,若不足,乃择掌故补中二千石

---

① 因:根据。旧官:指原有的学官。
② 复其身:免除租税和徭役。
③ 已:通"以"。
④ 道:指少数民族聚居的县。邑:指皇帝、后妃、公主的封地。
⑤ 上属:指向上举荐。属,交付。所二千石:此指侯国相、县长、县丞所隶属的上级郡守和诸侯王国相。二千石:汉代对郡太守及王国相的通称。因其俸禄为二千石(月俸为一百二十斛谷),故称。
⑥ 计:计吏。郡国掌计簿(报告地方政情的文书)的官吏。
⑦ 偕:偕同。
⑧ 诣:前往。
⑨ 一艺:一种经学。
⑩ 文学掌故:官名,掌管学术故实。
⑪ 弟:通"第",考试的等次。
⑫ 籍奏:造册上奏。籍:簿籍。
⑬ 秀才:本系通称才之秀者,汉以来成为荐举人员科目之一。这里指才能特别优秀。
⑭ 分际:区别和联系。
⑮ 尔雅:雅正。
⑯ 训辞:教导的言词。
⑰ 究宣:透彻无误地宣示讲解。
⑱ 治:研究。掌故:国家典章制度或学术方面的故实。此句"次治"二字可能系衍文。
⑲ 迁留滞:此处指晋升缓慢造成人才积压。
⑳ 比:类。
㉑ 左右内史:汉代京畿地方长官,后改名左冯翊、京兆尹。大行:官名,掌接待宾客。卒吏:官名,官署中的办事人员。
㉒ 太守:郡的最高行政长官。
㉓ 诵多者:指熟知经书能大量诵讲的人。

属①，文学掌故补郡属，备员②。请著功令。佗③如律令。"制曰："可。"自此以来，则公卿大夫士吏斌斌多文学之士矣④。

申公者，鲁人也。高祖过鲁，申公以弟子从师⑤入见高祖于鲁南宫。吕太后时，申公游学长安，与刘郢同师⑥。已而郢为楚王，令申公傅其太子戊。戊不好学，疾⑦申公。及王郢卒，戊立为楚王，胥靡⑧申公。申公耻之，归鲁，退居家教，终身不出门，复谢绝宾客，独王⑨命召之乃往。弟子自远方至受业者百余人。申公独以《诗经》为训⑩以教，无传⑪（疑），疑者则阙不传。

兰陵王臧既受《诗》⑫，以事孝景帝为太子少傅⑬，免去。今上初即位，臧乃上书宿卫⑭上，累迁，一岁中为郎中令⑮。及代⑯赵绾亦尝受诗申公，绾为御史大夫。绾、臧请天子，欲立明堂以朝诸侯⑰，不能就其事，乃言师申公。于是天子使使束帛加璧安车驷马迎申公⑱，弟子二人乘轺传

---

① 属：泛指官署的各种吏员。
② 备员：担任官吏而无实权。
③ 佗：通"他"，别的。
④ 斌斌：同"彬彬"。文质兼备的样子。
⑤ 师：指浮丘伯。
⑥ 刘郢：汉高祖之弟，楚元王刘交之子。
⑦ 疾：痛恨。
⑧ 胥靡：亦作"縃縻"，古代对一种奴隶的称谓，因被绳索牵连着强迫劳动，故名。汉代常常用作一种罚作苦工的罪犯的名称。
⑨ 王：指鲁恭王刘馀。
⑩ 训：解释。
⑪ 传：阐述经文的文字。
⑫ 兰陵：县名。在今山东枣庄市东南。受：接收。此处引申为"学习"。
⑬ 太子少傅：官名。为辅导太子之官。
⑭ 宿卫：在宫禁中值宿警卫。
⑮ 郎中令：官名。始于秦，汉初沿设。为皇帝左右亲近的高级官职，所属有大夫、郎、谒者及期门、羽林宿卫官等。
⑯ 代：国名。地在今山西省北部、河北省西北部和内蒙古自治区东南部一带，原都代（今河北省蔚县东北），汉文帝时改都中都（今山西平遥县西南）。
⑰ 明堂：古代帝王宣明政教的地方，凡朝会及祭祀、庆赏、选士、养老、教学等大典，均在此举行。
⑱ 束帛：古代聘问、赏赐的礼物。把三丈六尺的帛两端合卷成一匹，五匹束成一束，称为束帛。安车：一种可以安坐的小车。是敬老尊贤的一种优待。驷马：古代一车套四马，因以称一车所驾之四马或驾四马之车。

从①。至，见天子。天子问治乱之事，申公时已八十余，老，对曰："为治者不在多言，顾力行何如耳。"是时天子方好文词，见申公对，默然。然已招致，则以为太中大夫②，舍鲁邸③，议明堂事。太皇窦太后好老子言，不说儒术，得赵绾、王臧之过以让上，上因废明堂事，尽下赵绾、王臧吏④，后皆自杀。申公亦疾免以归，数年卒。

弟子为博士者十余人：孔安国⑤至临淮太守，周霸至胶西内史⑥，夏宽至城阳内史，砀鲁赐至东海太守，兰陵缪生至长沙内史，徐偃为胶西中尉⑦，邹人阙门庆忌⑧为胶东内史。其治官民皆有廉节，称其好学。学官弟子行⑨虽不备⑩，而至于大夫、郎中、掌故以百数。言《诗》虽殊，多本于申公。

清河王⑪太傅辕固生者，齐人也。以治《诗》，孝景时为博士。与黄生争论景帝前。黄生曰："汤武非受命，乃弑也。"辕固生曰："不然。夫桀纣虐乱，天下之心皆归汤武，汤武与天下之心而诛桀纣，桀纣之民不为之使而归汤武，汤武不得已而立，非受命为何？"黄生曰："冠虽敝，必加于首；履虽新，必关于足⑫。何者？上下之分也。今桀纣虽失道，然君上也；汤武虽圣，臣下也。夫主有失行，臣下不能正言匡过⑬以尊天子，反因过而诛之，代立践南面⑭，非弑而何也？"辕固生曰："必若所云，是高帝代秦即

---

① 轺(yáo)传：古代驿站车子的一种，驾一匹马或两匹马。
② 太中大夫：官名。掌议论。
③ 邸：侯王或朝见皇帝的官员在京城的住所。
④ 下……吏：把……交给司法的官吏审问治罪。
⑤ 孔安国：经学家。相传他曾得孔丘住宅壁中所藏古书《尚书》，开古文《尚书》学派，但为后来学者所怀疑。
⑥ 周霸：鲁人。内史：西汉初，诸侯王国设内史，掌民政。
⑦ 中尉：官名。主管王国军事。
⑧ 阙门庆忌：姓阙门，名庆忌。
⑨ 行：造诣；德行。
⑩ 备：完美。
⑪ 清河：国名。地在今河北省、山东省交界地区。治所在清阳(今河北清河县东南)。这时的国王是汉景帝的儿子刘乘。
⑫ 关于足：穿在脚上。关：贯，穿。
⑬ 匡过：纠正过错。
⑭ 践：帝王登位。南面：古代以面向南为尊位，帝王之位南向，故称居帝位为"南面"。

天子之位，非邪？"于是景帝曰："食肉不食马肝①，不为不知味；言学者无言汤武受命，不为愚。"遂罢。是后学者莫敢明受命放杀②者。

窦太后好老子书，召辕固生问老子书。固曰："此是家人③言耳。"太后怒曰："安得司空城旦书乎④？"乃使固入圈刺豕。景帝知太后怒而固直言无罪，乃假固利兵⑤，下圈刺豕，正中其心，一刺，豕应手而倒。太后默然，无以复罪，罢之。居⑥顷之，景帝以固为廉直，拜为清河王太傅。久之，病免。

今上初即位，复以贤良征固。诸谀儒多疾毁固，曰"固老"，罢归之。时固已九十余矣。固之征也，薛人公孙弘亦征，侧目而视固。固曰："公孙子，务正学以言，无曲学⑦以阿世！"自是之后，齐言《诗》皆本辕固生也。诸齐人以《诗》显贵，皆固之弟子也。

韩生者，燕人也。孝文帝时为博士，景帝时为常山王⑧太傅。韩生推《诗》之意而为《内外传》数万言⑨，其语颇与齐鲁间殊，然其归一也。淮南贲生受之。自是之后，而燕赵间言《诗》者由韩生。韩生孙商为今上博士。

伏生者，济南人也。故为秦博士。孝文帝时，欲求能治《尚书》者，天下无有，乃闻伏生能治，欲召之。是时伏生年九十余，老，不能行，于是乃诏太常使掌故朝错⑩往受之。秦时焚书，伏生壁藏之。其后兵大起，流亡，汉定，伏生求其书，亡数十篇，独得二十九篇，即以教于齐鲁之间。学

---

① 马肝：马的肝脏。相传马肝有毒，食之能致人于死。
② 放杀：此处指流放、杀掉天子。
③ 家人：奴仆。
④ 司空：主刑徒之官。城旦：秦汉时有一种刑罚，罚人作苦工，昼窥敌伺寇，夜修筑城墙，故称作城旦。《史记集解》引《汉书音义》云："道家以儒法为急，比之于律令。"由于辕固将道家书称为奴仆人之书，窦太后此处把儒家书称为罪犯之书。
⑤ 假：给予；授予。利兵：锋利的兵器。
⑥ 居：处；经过。
⑦ 曲学：本指邪僻之学，以别于所谓正学。此处指出于个人功利目的有意曲解儒学经典。阿世：迎合世俗。
⑧ 常山：国名。地在今河北省西部，治所在元氏（今元氏县西北）。这时的国王是汉景帝的儿子刘舜。
⑨ 《内外传》：指《韩诗内传》与《韩诗外传》。南宋后仅存《韩诗外传》，清人辑《内传》佚文，附于后。
⑩ 朝错：即晁错。朝：通"晁"。

者由是颇能言《尚书》,诸山东大师无不涉《尚书》以教矣。

伏生教济南张生及欧阳生①,欧阳生教千乘兒宽②。兒宽既通《尚书》,以文学应郡举,诣博士受业,受业孔安国。兒宽贫无资用,常为弟子都养③,及时时间行佣赁④,以给衣食。行常带经,止息则诵习之。以试第次⑤,补廷尉史⑥。是时张汤方乡⑦学,以为奏谳掾⑧,以古法议决疑大狱⑨,而爱幸宽。宽为人温良,有廉智,自持,而善著书、书奏,敏于文,口不能发明⑩也。汤以为长者,数称誉之。及汤为御史大夫,以兒宽为掾,荐之天子。天子见问,说之。张汤死后六年,兒宽位至御史大夫。九年而以官卒。宽在三公位,以和良承意从容得久⑪,然无有所匡谏;于官,官属易之⑫,不为尽力。张生亦为博士。而伏生孙以治《尚书》征,不能明也。

自此之后,鲁周霸、孔安国,雒阳贾嘉⑬,颇能言《尚书》事。孔氏有古文⑭《尚书》,而安国以今文读之⑮,因以起其家。逸《书》得十余篇,盖《尚书》滋多于是矣。

诸学者多言《礼》,而鲁高堂生最本⑯。《礼》固自孔子时而其经不具,

---

① 欧阳生:字伯河,千乘人。西汉今文《尚书》学"欧阳学"的开创者。千乘:郡县名。地在今山东省北部,治所在千乘(今高青县东北)。
② 兒(ní 泥):姓,同"倪"。兒宽:后任左内史、御史大夫。曾在郑国沿岸开发"六辅渠",扩大灌溉效益。又曾与司马迁共同制定《太初历》。
③ 都养:为众人当炊事员。
④ 间行:暗中行动。佣赁:受雇做工。
⑤ 第次:等次,名次。
⑥ 廷尉:官名。掌刑狱,为九卿之一。廷尉史:廷尉属官,秘书之类。
⑦ 乡:通"向"。
⑧ 谳:审判定案。掾(yuàn):古代属官的通称。奏:臣子向君主进言、上书。
⑨ 议决:朝议决定。疑大狱:案情不明、难以判决的大案件。
⑩ 发明:阐发清楚。
⑪ 和良:谦和温良。承意:奉迎他人的旨意。从容:指善于周旋。
⑫ 官属:主官的属吏。易:轻视。
⑬ 贾嘉:贾谊孙。后为郡守、九卿。
⑭ 古文:此处指秦、汉以前的古文字。
⑮ 今文:专指隶书。隶书是汉代通行的文字,当时称为"今文"或"今字"。
⑯ 最本:此指最切近本义。

及至秦焚书,书散亡益多,于今独有《士礼》①,高堂生能言之。

而鲁徐生善为容②。孝文帝时,徐生以容为礼官大夫。传子至孙徐延、徐襄③。襄,其天姿④善为容,不能通《礼经》;延颇能,未善也。襄以容为汉礼官大夫,至广陵内史⑤。延及徐氏弟子公户满意、桓生、单次,皆尝为汉礼官大夫。而瑕丘萧奋以《礼》为淮阳太守⑥。是后能言《礼》为容者,由徐氏焉。

自鲁商瞿受《易》孔子,孔子卒,商瞿传《易》,六世至齐人田何⑦,字子庄,而汉兴。田何传东武人王同子仲,子仲传菑川人杨何。何以《易》,元光⑧元年征,官至中大夫⑨。齐人即墨成以《易》至城阳⑩相。广川人孟但以《易》为太子门大夫⑪。鲁人周霸,莒人衡胡,临菑人主父偃⑫,皆以《易》至二千石。然要言《易》者本于杨何之家。

董仲舒,广川人也。以治《春秋》,孝景时为博士。下帷⑬讲诵,弟子传以久次相受业⑭,或莫见其面,盖三年董仲舒不观于舍园⑮,其精如此。进退容止⑯,非礼不行,学士皆师尊之。今上即位,为江都相。以《春秋》

---

① 《士礼》:即《仪礼》。简称《礼》,亦称《礼经》。儒家经典之一。
② 善为容:擅长于礼节仪式。容:指礼节、仪式。
③ 徐延为徐生子,徐襄为徐生孙。
④ 天姿:犹言"天资"。姿:资质、品质。
⑤ 广陵:国名。地在今江苏省长江北岸一带,治所在广陵(今扬州市西北)。
⑥ 瑕丘:县名。《春秋》鲁负瑕邑。在今山东省兖州东北。淮阳:地在今河南省淮阳县一带,治所在陈(今淮阳)。
⑦ 六世:商瞿传桥庇,再传馯臂子弓,再传周醜,再传孙虞、田河,共为六代。田河:西汉今文《易》的开创者。
⑧ 元光:汉武帝年号(前134—前129年)。
⑨ 中大夫:官名。掌议论。属于光禄勋。
⑩ 城阳:国名。地在今山东莒县一带,治所在莒县(今莒县)。
⑪ 广川:国名。地在今河北省南部和山东省交界地区,治所在信都(今河北省冀县)。太子门大夫:官名。为太子太博或少博的属官,秩六百石。
⑫ 主父偃:(?—前126年):任中大夫。主张进一步削弱割据势力,使诸侯王多封子弟为侯。武帝采其建议,下"推恩令",以此王国封地愈来愈小,名存实亡。后为齐相,以胁齐王自杀,被杀。
⑬ 下帷:放下室内悬挂的帷幕,指居家讲学。
⑭ 传:依次轮流。久次:以问学时间长短为次序。
⑮ 舍园:屋舍旁的园圃。
⑯ 容止:仪容举止。

灾异之变推阴阳所以错行①,故求雨闭诸阳,纵诸阴,其止雨反是。行之一国,未尝不得所欲。中废为中大夫,居舍,著《灾异之记》。是时辽东高庙灾②,主父偃疾③之,取其书奏之天子。天子召诸生示其书,有刺讥。董仲舒弟子吕步舒不知其师书,以为下愚④。于是下董仲舒吏,当死,诏赦之。于是董仲舒竟不敢复言灾异。

董仲舒为人廉直。是时方外攘四夷⑤,公孙弘治《春秋》不如董仲舒,而弘希世用事⑥,位至公卿。董仲舒以弘为从谀⑦。弘疾之,乃言上曰:"独董仲舒可使相胶西王⑧。"胶西王素闻董仲舒有行⑨,亦善待之。董仲舒恐久获罪,疾免居家。至卒,终不治产业,以修学著书为事。故汉兴至于五世之间⑩,唯董仲舒名为明于《春秋》,其传公羊氏也。

胡毋生,齐人也。孝景时为博士,以老归教授。齐之言《春秋》者多受胡毋生,公孙弘亦颇受焉。

瑕丘江生为穀梁《春秋》⑪。自公孙弘得用,尝集比其义⑫,卒用董仲舒。

仲舒弟子遂者⑬:兰陵褚大,广川殷忠,温吕步舒⑭。褚大至梁相。步舒至长史,持节使决淮南狱⑮,于诸侯擅专断,不报,以《春秋》之义正

---

① 阴阳:中国哲学的一种范畴。古代思想家看到一切现象都有正反两方面,就用阴阳这个概念来解释自然界两种对立和互相消长的物质势力。错行:交替运行。
② 辽东:郡名。地在辽宁大凌河以东,治所在襄平(今辽宁市)。高庙:汉高祖的寺庙。
③ 疾:通"嫉",妒嫉。
④ 下愚:至愚之人。
⑤ 四夷:古代泛指四方各部落
⑥ 希世:迎合世俗。用事:行事。
⑦ 从谀:逢迎谄谀。
⑧ 胶西王:汉景帝的儿子刘端,为人阴险狠毒,曾杀害胶西国的许多相和高级官吏。详见《五宗世家》。
⑨ 行:指道德学问。
⑩ 五世:指汉高祖、吕后、文帝、景帝、武帝五代。
⑪ 穀梁:复姓。战国时鲁人穀梁赤著有《〈春秋〉穀梁传》。
⑫ 集比:收集,比较。
⑬ 遂:通达,有成就。
⑭ 温:县名。即今河南省温县。
⑮ 节:使者所持以作凭证的信物,用竹、木制成。淮南狱:指淮南王刘安谋反案件。

之①,天子皆以为是。弟子通者②,至于命大夫③;为郎、谒者、掌故者以百数。而董仲舒子及孙皆以学至大官。

一、文化拓展:

(1)《史记》在班固父子看来有这样的罪状:"论大道则先黄老而后六经"、"其是非颇谬于圣人",也就是说,不以儒学为正统。这种说法影响很大,后世很多人都因此而对《史记》颇有偏见。

当然,这种说法并非空穴来风。司马迁确实比较崇尚黄老之学。《乐毅列传》中,司马迁列举了黄老之学的传承谱系:"乐臣公学黄帝、老子,其本师号曰河上丈人,不知其所出。河上丈人教安期生,安期生教毛翕公,毛翕公教乐瑕公,乐瑕公教乐臣公,乐臣公教盖公。"此处所说的盖公便是曹参的老师,"萧规曹随"正是黄老之学在政治上的体现,得到了司马迁的高度评价:"参为汉相国,清静极言合道。然百姓离秦之酷后,参与休息无为,故天下俱称其美矣。"(《曹相国世家》)除此之外,《齐太公世家》、《管晏列传》中齐太公、管仲等人"因其俗,简其礼"、"因祸而为福,转败而为功"的治国之术亦为司马迁所肯定,而这样的治国之术正是"黄老之学"(参看《齐太公世家》之"文化史拓展");汲黯"学黄老之言,治官理民,好清静,择丞史而任之。其治,责大指而已,不苛小"、"治务在无为而已,弘大体,不拘文法"(《汲郑列传》)也甚为司马迁所称道;吕后、文帝的"休息"、"无为"在司马迁看来亦是善政;在《循吏列传》中,司马迁还明确提出:"奉职循理,亦可以为治,何必威严哉?"以此来质疑酷吏政治,这同样也是以黄老之学为基础的。

而对于儒林人物,司马迁确实也有不少微词乃至讥讽:在《史记》中,并没有为大儒董仲舒专立一传,只在《儒林列传》中提及董仲舒以治《春秋》名家;叔孙通制礼,不过是使专制君主感叹一声:"吾乃今日知为皇帝之贵也"(《叔孙通列传》);公孙弘因儒学而由白衣至三公,任学官时曾向武帝上疏倡导儒学并为武帝所采纳,使得当时儒学大行,可是,这么一个儒学方面的重要人物在《史记》中却基本上是一个"希世用事"、"曲学阿世"、"外宽内深"(《平津侯主父列传》、《儒林列传》)的反面角色。司马迁对儒学在当时的盛行也是持一种批判态度:"太史公曰:余读功

---

① 正:治罪。
② 通:处境顺利,做官显达。
③ 命大夫:受皇帝赐命的大夫,如光禄大夫、太中大夫、谏大夫等。命,原指帝王以爵位仪物赐给臣子的诏书。

令,至于广厉学官之路,未尝不废书而叹也。"后世著名学者方苞对此有着相当精辟的分析:"其意盖曰:自周衰,'王路废而邪道兴',孔子以儒术正之,道穷而不悔,其弟子继承,虽陵迟至于战国,儒学即绌焉,而孟子荀卿独遵其业,遭秦灭学,齐鲁诸儒讲诵不绝。汉兴七十余年,自天子公卿皆不悦儒术,而诸老师尚守遗经。其并出于武帝之世者,皆秦汉间摧伤摈弃,而不肯自贬其所学者也。盖诸儒以是为道术所托,勤而守之,故虽困而不悔。而弘之兴儒术也,则诱以利禄,而曰'以文学礼义为官',使试于有司",以圣人之经为艺,以多诵为能通,而比于掌故。由是儒之道污,礼义亡,而所号为文学者,亦与古异矣。"(《又书〈儒林传〉后》)

可是,话又说过来,司马迁对周公孔子这样的圣人、对于"六经"这样的儒家经典其实评价很高:并无侯国、封地的孔子被列入"世家",而且,孔子摄鲁相事在"迭见法"中多次出现;儒家的经典"六经"是司马迁作史时的重要参照——"考信于六艺"①,司马迁在《太史公自序》中还多次提到自己写作《史记》正是效法《春秋》。

以上所述看似矛盾,其实不然。司马迁是有着深刻理性精神的学者,他心中并没有先验地悬搁任何权威,不仅仅秦皇汉武等有着特殊政治地位的人士不是权威,就是在当时已被定为官学的儒学也不是权威。在他看来,孔子固然值得钦敬,但也没必要全以圣人之是非为是非,儒者其实也有着"滑稽而不可轨法;倨傲自顺,不可以为下;崇丧遂哀,破产厚葬,不可以为俗;游说乞贷,不可以为国"、"繁登降之礼,趋详之节,累世不能殚其学,当年不能究其礼"(《孔子世家》)、"博而寡要,劳而少功"(《太史公自序》)、"用文乱法"(《老子韩非列传》)、"不知时变"(《叔孙通列传》)、"文多质少"(《万石张叔列传》)、"怀诈饰智"(《汲郑列传》)等缺陷弊病。而且,从《孔子世家》、《孟子荀卿列传》、《仲尼弟子列传》等篇章的字里行间,我们不难发现,司马迁最为称赞的是先秦儒以"道"抗"势"、以"德"抗"力"的人格精神。而这种人格精神在《儒林列传》所记述的汉儒那里则失落了,汉儒们得到显赫地位是因为"曲学阿世"、"阿人主取容"、"希世用事",儒学在成为官学的同时也沦落为利禄之学。可以看出,司马迁并非不分青红皂白地贬低儒学、指谪儒林,而是对异化、扭曲、堕落了的儒学与儒林人物予以理性化的解剖与批判,重新以"道"与"德"而不是"势"与"力"作为价值判断的标准。所以,司马迁不仅"是非不谬于圣人",而且还是对圣人学说之真精神的承继与弘扬。

(2)《叔孙通列传》可与本篇中"叔孙通作汉礼仪"相发明;《秦始皇本纪》载博

---

① 《史记·伯夷列传》

士淳于越议政之言,这可说是李斯倡议焚书坑儒的直接导火索,学习《儒林列传》,可以参看此事。本篇所谓"齐鲁之间,学者独不废也"的具体情形,可从《田敬仲完世家》中了解到。

(3) 本篇中所说的"明堂"即"明政教化之堂",是古代天子宣明政教的地方。《孟子·梁惠王》曰"夫明堂者,王者之堂也"、"明堂,王者所居,以出政令之所也";《礼记》云:"天子居明堂";《淮南子》中也提到明堂,根据高诱对它的"解",明堂上圆下方,其中供奉祖宗牌位的处所叫做"太庙",它上面观测吉凶、记录天气情况的地方叫做"灵台",外面圆圆的地方叫做"宫"。西周初期就建有明堂,后来不断修建,到汉代明堂内已经设有白、青、黄、赤、黑五帝庙,凡是天子朝会、祭祀、庆赏、选拔士人、养老、教学等重大典礼,均在此举行。作为一个建筑物,它具有重要的象征意义和文化价值。在《史记》中,《孝武本纪》多次提到明堂,其他如《天官书》、《封禅书》、《魏其武安侯列传》、《司马相如列传》、《太史公自序》中也都谈到过明堂。

(4) 要了解文化史上博士制度的发展,此篇也有重要意义。博士之名由来已久,早在春秋战国时期就出现了博士这一官职,职能主要是以学术备朝中顾问,或因习礼而掌朝廷礼仪等事务。秦朝相沿,始皇时设博士七十余人,当时诸子、诗赋、术数、方技都设有博士。汉武帝建元五年(前136)始置五经博士,此时博士制度发生了根本变化:第一,博士仅管学术事业,一般不再参议朝政;第二,其他学术被排斥出去,只有儒家的经学被立为学官,儒学取得独尊的地位;第三,改变博士需要兼通诸经和诸家学术的做法,每经设博士,由专人传习,或某经的某家学说皆可立为博士,专守其学。后来董仲舒上书称:"养士之大者,莫大乎太学。太学者,贤士之所关也,教化之本原也。……臣愿陛下兴太学,置明师,以养天下之士。"(《汉书·董仲舒传》)到武帝元朔五年(前124),应丞相公孙弘之奏请,设立太学。太学的教师即五经博士,学生称博士弟子,也称太学生。博士弟子来源有三:一由太常选补(即奉常,掌管宗庙礼仪,景帝时改名太常);二是郡国察贡,三是以"父任"入学。

二、文学链接:

1. 相关文学典故:

仲舒不窥园

且逍遥,还酩酊,仲舒漫不窥园井。

（刘言史《刘萤怨》）

三年曾不窥园树，辛苦萤窗暮。
（葛胜仲《虞美人·酬卫卿弟兄赠》）

伏生

白首穷经，少伏生八岁；青云得路，多太公二年。
（陈正敏《遁斋闲览·记梁颢状元及第后谢启》）

申公

友鲁申公，师浮丘伯，尚可教书村学堂。
（刘克庄《沁园春·六和》）

2. 后世有关的著名文学作品：

扬雄《渊骞篇》 韩愈《处州孔子庙碑》 欧阳修《书〈春秋繁露〉后》 苏洵《任相》 苏轼《儒林传感申公故事作小诗一绝》 秦观《石庆论》 归有光《送计博士序》 方苞《又书〈儒林传〉后》

三、集评：

子思之后，子高、子顺、子鱼皆守家法，学者祖之。叔孙通本学于子鱼，子鱼始仕始皇。陈馀儒者，与子鱼善。陈胜首事，馀荐子鱼。馀轻韩信以取败亡，鲋死陈下，儒学几绝。独通遗种仅存，卒赖以有力。司马迁、班固曾不能言其所自来，乃为《儒林传》自武帝始。楚汉间辩士说客多妄言，迁、固一切信之，反以陆贾为优于叔孙通。余固深叹汉、隋、唐末之祸，他书尽亡，无以质正，而惟迁、固之信，使学者不复识孔氏本末，然则何止秦火为害也。

——叶适《习学纪言》卷十七

太史传儒林，不采道德之士及说经者之旨，独疏六艺门户，此其不知学之故。古人云，汉儒传经而经亡，于此亦可概见也。

——茅坤《史记钞》卷八五

《儒林列传序》千百年文学废兴，悉备于此，至其叙述《六经》，推崇孔孟，亦复不遗余力。读此而犹谓太史公专尚黄老，岂非眊耶！

——储欣《史记选》卷六

太史公不知道，颇述六经源流，必以孔子为归，可谓识其大者。汉武申明儒术，乃相公孙弘，而仲舒止于国博，何其悖也。使正谊明道之学，获见于时，儒林之美，将必斐然有闻于世。乃功令虽广，仅补苴章句而已，斯文曾不得与三代之盛也,岂非一时君相之咎哉!秦火过后,得以昌明六艺,则广厉学官之功,不可没耳。

——王治皞《史记榷参·儒林》

传儒林自是并叙《六经》诸儒,然史公却令有微意,则以贬公孙而尊董子,薄公孙之希世取容,而悲董子之直道见疾也。盖史公之《史记》之外,本于《春秋》之义闻于董子,而董子之遇抑于公孙,故传中用意如此,而其称论董子学行,亦隐然见其奄有诸儒之长,语无泛设也。只有幅唱叹齐鲁之士,是推本圣人遗化,举其多者论之。然董子非齐鲁人,兴起较难而写来却是汉代第一儒宗。则一面唱叹齐鲁,一面更已隐为董子衬起一层身分矣。凡比意思本自朗然,文中向来未经拈出,只是习而不察耳。

——汤谐《史记半解·儒林列传》

汉承奉禁学,圣道中绝,故因群儒殷勤传述之绪,以大启六经而广谕之,本先王《诗》《书》《礼》《乐》造士之旨,使之兴道,讽谕言语以尽其材,而历世磨钝,论官治吏之典具焉。且其职之也兼行艺,故人无悖行,其用之也通儒吏,故官无废事,此正所称诏书,明天人分际,通古今之义者也。史公叹兴复六艺之难,嘉予广厉学官之意,乃褒之不暇,而又何讥焉?

——张九镡《笙雅堂文集》卷三《书史记儒林传后》

汉文仁让,太史公《儒林传·序》称其本好刑名之言,人或疑之。然其行事类多诎情任法,此真刑名之意也。故知刑名者莫知孝文帝,知孝文者,亦莫如太史公。

——杨于果《史汉笺论》卷五

余读《史记·儒林传》曰,嗟乎!儒术之坏自此始矣。古之养民也,立庠序学校以教之,升之司徒司马以宠荣之,然必考之以孝友睦姻任恤,进之以智仁圣义中和,范之以礼而和之以乐,使之心知道之实有可乐而非以为荣宠也。其所以荣宠之者,亦为取其所有余,以治民之不足,而非特为之报也。故学者多有廉耻之节,而士大夫无相冒之行。汉兴几百年,历文景之治而后学校立,寝寝乎故一时之盛也,然气所举者治六经之说已耳,非有古者三德六行之选也,而方汲汲乎以利诱之,为博士弟子,为郎中,为秀才异等,释奠舍、采诵弦、书礼之教,盖无闻焉。而自布衣为天子三公者,乃公孙弘等,而申公、韩生、董仲书皆以抗直黜去,则是风天下之为学者,治章句以为荣宠之资,而争为阿谀之术以取宰相卿大夫,抗颜而为儒林而不知愧也。当周之衰,攻战从横之术行,然孔门弟子游夏之属,各有徒数十人,后百余年而有孟子、荀卿。秦始皇尽烧天下之书,杀戮诸儒,然陈涉起而孔甲从,伏生之徒犹守其遗经以至汉,岂非先圣人遗风流俗犹有存者,而无为而为仁者,人之良心未尽泯哉!汉之举贤良孝弟,古庠序之法也,教唐宋为盛,其使天下骛于功利而背乎先王之道,而学校之失也。公孙弘之曲学阿世,诸儒诋之。学校兴而幸进之徒得所资而起,而汉遂无儒矣。太史公叙云,建元、元狩之间,文辞可观,伤儒林之徒,有文辞自此始也。故学校不坏于周之废,而坏之汉之兴,则公孙弘之罪也。孔子曰:"君子于其所不知,盖阙如也。"叔孙通制礼,而先王之教亡,其遗害百世,曷可道哉。

——杨绍文《云在文稿·史记儒林传论》

子长最不满公孙弘,风刺之屡矣。此篇录公孙弘奏疏之著于功令者,则曰:"余读功令,未尝不废书而叹。"于辕固生则曰:"公孙弘侧目视固。"于董仲书则曰:"公孙弘希世用事。"于胡毋生则曰:"公孙弘亦颇受焉。"盖当时以经术致卿相者独弘,子长既薄其学,又丑其行,故褊衷时时一发露也。

——曾国藩《求阙斋读书录》卷三

使公卿皆如汲黯,则主既不肆为非,使公卿皆如郑庄,则士复不失其所。然二人好黄老,非儒者也,故复传儒林焉。汉至武帝,始黜百家,重儒术,而是时方外攘四夷,内行神仙土木。治《诗》之申培、辕固,以正直归罢,治《春秋》之董仲舒,以廉直不容于朝,出为诸侯相,而兒宽承意从容,乃得为御史大夫,公孙弘世用事,乃得封侯为丞相,是亦叶公好龙矣。自迁创为《儒林传》,而汉后从祀孔庭者,多为《儒林传》中人。迁学术宏深,得力于《春秋》之教,而不获与仲舒并从祀者,盖后人读《史记》,先以是非谬于圣人,先黄老而后六经等语,横于胸中,未深求其用意也。

——尚镕《史记辨正》卷十

此篇以公孙弘曲学阿世为主。自公孙弘广厉学官,是后博士习经无通恰者,终汉之士,以博士家为俗儒。刘向、扬雄始振古学,而许贾马郑宗之,然皆不习博士经,是汉之儒风坏于孙弘,验也,太史之识卓也。

——吴汝纶《桐城先生点勘史记》卷一百二十一

自秦燔弃《诗》、《书》,汉兴七十余年,犹未下搜书之令,武帝始兹兹,天下靡然向风,务于文学,虽所得为曲学阿世之公孙弘,而彬彬文雅,要自兹开之,乃史公读广厉学官之功令奚为叹也。方灵皋谓自孔孟以来,群儒相承之统,经战国秦汉殄灭摈弃未绝者,至此皆废弃无余也,是何言也欤!是何言也欤!

——杨琪光《读史记臆说》卷五

四、思考与讨论：

1. 你怎么样看待对《史记》"论大道则先黄老而后六经"的指责？

2. 在此篇中，司马迁主要记述了哪几种类型的儒林人物？对这些儒林人物分别有着怎么样的评价？

3. 董仲舒是当时大儒，汉武帝"罢黜百家，独尊儒术"的文化政治就是接受了他的建议。可是司马迁对此并未提及，在此篇中也只是记述了"三年董仲舒不观于舍园"、"言灾异"、"明于《春秋》"以及遭人陷害等事迹。这种写法透露出司马迁怎样的思想感情倾向？

游 侠 列 传

题解：

《游侠列传》是《史记》名篇之一，它记述了汉代著名侠士朱家、剧孟和郭解等人的史实，被一些学者称为中国早期武侠史传的第一部完整篇章。

司马迁本来要从"古布衣之侠"写起，可是，这些人已经沉没在历史地平线之下，"靡得而闻已"、"湮灭不见"，于是就为自己所知的汉代侠士立传。值得注意的是，虽然此篇实事求是地分析了不同类型的侠客，可是，与他要写"古布衣之侠"的初衷一致，司马迁着力称赞的是"匹夫之侠"、"乡曲之侠"、"闾巷之侠"，以平民视角和进步的历史观高度评价了"其言必信，其行必果，已诺必诚，不爱其躯，赴士之厄困"、"不矜其能，不伐其德"的"侠客之义"。

为了凸显出这样的"侠客之义"，司马迁运用了多层对比。在文章的开头他就引用了韩非子一句名言，指出法家对二者皆持批判态度。然而，耐人寻味的是，随着汉武帝"罢黜百家，独尊儒术"政策的确立，儒者多在社会上位尊名扬，而侠客们却大受迫害。这是第一层对比。

文中又指出，不仅受到法家的否定，侠客们还受到儒墨的"排摈"，其在社会上真是受到了重重的压迫。可是，就在游侠之中，还可分为季札、孟尝君、春申君、平原君、信陵君之类的卿相之侠，朱家、剧孟、郭解之类的布衣之侠，以及"设财役贫"、"侵凌孤弱"的"暴豪之徒"。与卿相之侠相比，朱家等人以布衣身份名闻天下、倾倒众生，当然更加不易，更有过人之处。与"暴豪之徒"相比，布衣之侠不是欺人而是助人，是救人之难而非乘人之危，二者有着本质的不同，世俗之人把他们视为"同类"是对布衣之侠极大的歪曲与误解，司马迁在文中指出自己颇以此为悲。把布衣之侠与卿相之侠、"暴豪之徒"加以对比是文中的第二层对比。

不仅侠客中有布衣之侠与卿相之侠，儒者中也有布衣之儒与卿相之儒，司马迁指出，布衣之儒如原宪季次等虽然有盛德美名，却无功于当世；布衣之侠虽然蒙受种种恶名，甚至常常为当世法律所不容，他们却做了许多"存亡死生"的事情。文中还特意记述了卿相之儒公孙弘对郭解的残酷镇压，抨击了卿相之儒伪善的面目，对布衣之侠则寄予了深切的同情。将布衣之侠与布衣之儒、卿相之儒对比是文中的第三层对比。通过这三层对比，司马迁一唱三叹地表现出本文的主题。

还需要注意的是，在汉代，汉高祖由平民起家，对侠的依赖甚大，因此在汉初侠的势力颇大，养士之风漫延，在当时出现了朱家、剧孟等一批侠士。而至汉武帝时，为了大一统专制政权的需要，中央政府用了各种方法来收编、打击侠士，从文中司马迁详写的郭解的故事中可以看出，游侠的黄金时代到此已然结束，所以郭解的命运与汉初的侠士大为不同，以至于班固在《汉书·游侠传》中声称侠士们"以匹夫之细，窃生杀之权，其罪已不容于诛"。生杀之权自然是专制统治者的特权，游侠们之所以遭受灭门之祸正是因为犯了专制统治者的此种大忌。在司马迁生活的时代，随着专制主义的不断发展，中央政权对游侠采取了彻底取缔、坚决消灭的方针，而司马迁敢在此时逆着风向歌颂游侠，为他们树碑立传，这也正可以看出司马迁著史的勇气与魄力。

正文：

韩子曰："儒以文乱法，而侠以武犯禁。"二者皆讥，而学士多称①于世云。至如以术取宰相卿大夫，辅翼其世主，功名俱著于春秋②，固无可言者。及若季次、原宪，闾巷③人也，读书怀独行君子之德，义不苟合当世，当世亦笑之。故季次、原宪终身空室蓬户④，褐衣疏食⑤不厌。死而已四百余年，而弟子志⑥之不倦。今游侠，其行虽不轨于正义⑦，然其言必信，其行必果，已诺必诚，不爱其躯，赴士之阨⑧困。既已存亡死生矣，而不矜⑨其能，羞伐⑩其德，盖亦有足多⑪者焉。且缓急，人之所时有也。太史

---

① 称：称扬。
② 春秋：此处泛指史书。
③ 闾巷：里巷，指民间。
④ 蓬户：蓬蒿所编成的门，极言家贫。
⑤ 褐衣：粗布短衣。疏食：粗饭。
⑥ 志：怀念。
⑦ 不轨：不遵循轨道，即"不合"。正义：当时社会的道德准则，此处指国法。
⑧ 阨：通"厄"，厄困。
⑨ 矜：夸耀。
⑩ 伐：夸耀。
⑪ 多：称赞。

公曰:"昔者虞舜窘于井廪①,伊尹负于鼎俎②,傅说匿于傅险③,吕尚困于棘津④,夷吾桎梏⑤;百里饭牛⑥,仲尼畏匡,菜色陈、蔡⑦。此皆学士所谓有道仁人也,犹然遭此菑⑧,况以中材⑨而涉乱世之末流乎?其遇害何可胜道哉!

鄙人有言曰:"何知仁义,已飨⑩其利者为有德。"故伯夷丑周⑪,饿死首阳山,而文、武不以其故贬王⑫;跖、蹻⑬暴戾,其徒诵义无穷。由此观之,"窃钩者诛,窃国者侯,侯之门仁义存",非虚言也。

今拘学或抱咫尺之义⑭,久孤于世,岂若卑论侪俗⑮,与世沉浮而取荣名哉!而布衣之徒,设⑯取予然诺,千里诵义,为死不顾世⑰,此亦有所长,非苟而已也。故士穷窘而得委命⑱,此岂非人之所谓贤豪间者⑲邪?

---

① 窘:困。廪:粮仓。虞舜未为帝时,其父与后母所生的弟弟多次害他,叫他修粮仓,却在下面纵火;叫他去治井,又从上面填塞。舜几次都脱了险。可参看《五帝本纪》。

② 伊尹:名挚,商汤时的贤相。负:背着。鼎:烹煮用的炊具。俎:切菜用的案板。伊尹曾作厨师,可参看《殷本纪》。

③ 傅说:殷王武丁的贤相。匿:隐藏,这里是"埋没"的意思。傅险:即傅岩,地名,在今山西省平陆东。傅说未遇武丁时在傅险作苦工,可参看《殷本纪》。

④ 棘津:古水名,在今河南省延津东北,现已无。据史载,吕尚先前曾在棘津卖食。

⑤ 夷吾:春秋时齐桓公的名相。桎:脚镣。梏:手铐。管仲佐公子纠争位失败后曾被囚,可参看《管晏列传》。

⑥ 百里:百里傒,春秋时秦穆公的贤相。饭:喂养。

⑦ 畏:害怕,受惊。匡:春秋时卫国的地名,故址在今河南省长垣西南。孔子路过匡,匡人误以认作仇人阳虎,几乎被害。菜色:饥饿的面色。陈:国名,建都宛丘(今河南省淮阳)。蔡:国名,原建都上蔡(今河南省上蔡),后迁都州来(今安徽省寿县西北)。孔子路过陈、蔡时被困,绝粮七日。可参看《孔子世家》。

⑧ 菑:同"灾"。

⑨ 中材:中等才智的人。

⑩ 飨:食,此处指受用。

⑪ 伯夷:殷末孤竹君长子,因反对周武王伐纣,隐于首阳山,不食周粟而饿死。丑:耻,瞧不起。可参看《伯夷列传》。

⑫ 文、武:指周文王、周武王。贬王:降低作为王者的声誉。

⑬ 跖、蹻:盗跖、庄蹻,旧时被视为大盗的两个人。

⑭ 拘学:拘谨迂腐的学者。咫尺:形容渺小、狭隘。咫:古代长度单位,八寸为一咫。

⑮ 卑论:降低论调。侪俗:和世俗同流。侪:类。这里用作动词,成为同类的意思。

⑯ 设:大。此处指重视,看重。

⑰ 不顾世:不管世俗议论。

⑱ 委命:委托生命,依靠。

⑲ 贤豪间者:处于豪贤之间的人。一说,"间"为衍字。

诚使乡曲之侠，予①季次、原宪②比权量力，效③功于当世，不同日而论矣。要以功见言信④，侠客之义又曷可少哉！

古布衣之侠，靡得⑤而闻已。近世延陵、孟尝、春申、平原、信陵⑥之徒，皆因王者亲属，藉于有土卿相之富厚，招天下贤者，显名诸侯，不可谓不贤者矣。比如顺风而呼，声非加疾，其势激也。至如闾巷之侠，修行砥名，声施于天下，莫不称贤，是为难耳。然儒、墨皆排摈⑦不载。自秦以前，匹夫之侠，湮灭不见，余甚恨⑧之。以余所闻，汉兴有朱家、田仲、王公、剧孟、郭解之徒，虽时扞⑨当世之文罔⑩，然其私义廉洁退让，有足称者。名不虚立，士不虚附。至如朋党宗强比周⑪，设⑫财役贫，豪暴侵凌孤弱，恣欲自快，游侠亦丑之。余悲世俗不察其意，而猥⑬以朱家、郭解等令与暴豪之徒同类而共笑之也。

鲁朱家者，与高祖同时。鲁人皆以儒教，而朱家用侠闻。所藏活豪士以百数，其余庸人不可胜言。然终不伐其能、歆⑭其德，诸所尝施⑮，唯恐见之。振人不赡⑯，先从贫贱始。家无余财，衣不完采⑰，食不重味⑱，

---

① 予：通"与"。
② 季次：即公皙哀，孔子的学生。原宪：即子思，孔子的学生。二人都是有声誉的儒者，可参看《仲尼弟子列传》。
③ 效，通"校"。比较。
④ 要：总之。功见言信：办事见成效，说话讲信用。
⑤ 靡得：不得。
⑥ 延陵：春秋时吴国公子季札，因封于延陵，故称延陵季子。孟尝：即孟尝君田文，战国后期齐人。春申：即春申君黄歇，战国后期楚人。平原：即平原君赵胜，战国后期赵人。信陵：即信陵君魏公子无忌，战国后期魏人。
⑦ 排摈（bìn）：排斥、抛弃。
⑧ 恨：遗憾。
⑨ 扞（hàn）：触犯。
⑩ 文罔：通"文网"，法律禁令。
⑪ 朋党宗强：结成帮派的豪强。比周：互相勾结。比：近。周：合。
⑫ 设：依仗。
⑬ 猥：谬，错误。
⑭ 歆：欣喜，自我欣赏。
⑮ 诸所尝施：指那些受过其接济、救护的人。
⑯ 振：通"赈"，救济。
⑰ 完采：完整的花纹。采：通"彩"。
⑱ 重味：兼味，两种菜味。

乘不过驹牛①。专趋人之急,甚已之私。既阴脱季布②将军之阨,及布尊贵,终身不见也。自关以东,莫不延颈愿交焉。

楚田仲以侠闻,喜剑,父事朱家,自以为行弗及。田仲已死,而雒阳有剧孟。周人以商贾为资③,而剧孟以任侠④显诸侯。吴楚反⑤时,条侯⑥为太尉,乘传车⑦将至河南,得剧孟,喜曰:"吴楚举大事而不求孟,吾知其无能为已矣。"天下骚动,宰相得之若得一敌国⑧云。剧孟行大类朱家,而好博,多少年之戏。然剧孟母死,自远方送丧盖千乘。及剧孟死,家无余十金⑨之财。而符离人王孟亦以侠称江淮之间。

是时济南瞯⑩氏、陈周庸亦以豪闻,景帝闻之,使使尽诛此属。其后代诸白、梁韩无辟、阳翟薛兄、陕韩孺纷纷复出焉。

郭解,轵人也,字翁伯,善相人者许负外孙也⑪。解父以任侠,孝文时诛死。解为人短小精悍,不饮酒。少时阴贼⑫,慨⑬不快意,身所杀甚众。以躯借交报仇,藏命作奸剽攻⑭,(不)休(及)〔乃〕铸钱掘冢,固不可胜数。适⑮有天幸,窘急常得脱,若⑯遇赦。及解年长,更折节为俭⑰,以德报怨,厚施而薄望⑱。然其自喜为侠益甚。既已振人之命,不矜其功,其阴贼著

---

① 驹(qú)牛:挽驹的小牛。驹:套在牛颈上与车相连的曲木。
② 季布:原项羽将,项羽败死后,刘邦悬赏捉拿他,他听人计策作为囚徒躲至朱家处。朱家通过汝阴侯夏侯婴说情,刘邦赦免季布并拜为郎中,后官至中郎将,河东太守。可参看《季布栾布列传》。
③ 资:生活的资本。
④ 任侠:讲义气,打抱不平。
⑤ 吴楚反:汉景帝三年,吴、楚七国起兵反叛中央。
⑥ 条侯:周亚夫,封于条。
⑦ 传车:驿车。
⑧ 敌国:与本国势均力敌的国家。
⑨ 金:古代计算货币的单位,在汉代一斤或一镒黄金称一金。
⑩ 瞯(xián):古时姓氏。
⑪ 相人:给人相面。
⑫ 阴贼:感情隐蔽,内心残忍。
⑬ 慨:愤慨。
⑭ 藏命:窝藏亡命之徒、逃犯。作奸:犯法。剽攻:抢掠、劫夺。
⑮ 适:遇到。
⑯ 若:或。
⑰ 折节:改变操行。俭:通"检",检束,检点。
⑱ 望:怨。

于心，卒发于睚眦如故云①。而少年慕其行，亦辄为报仇，不使知也。解姊子负解之势，与人饮，使之嚼②。非其任，强必灌之。人怒，拔刀刺杀解姊子，亡去。解姊怒曰："以翁伯之义，人杀吾子，贼不得。"弃其尸于道，弗葬，欲以辱解。解使人微知③贼处。贼窘自归，具以实告解。解曰："公杀之固当，吾儿不直。"遂去④其贼，罪其姊子，乃收而葬之。诸公闻之，皆多解之义，益附焉。

解出入，人皆避之。有一人独箕倨⑤视之，解遣人问其名姓。客欲杀之，解曰："居邑屋⑥至不见敬，是吾德不修也，彼何罪！"乃阴属尉史曰："是人，吾所急⑦也，至践更⑧时脱之。"每至践更，数过，吏弗求。怪之，问其故，乃解使脱之。箕踞者乃肉袒谢罪。少年闻之，愈益慕解之行。

雒阳人有相仇者，邑中贤豪居间⑨者以十数，终不听。客乃见郭解。解夜见仇家，仇家曲听⑩解。解乃谓仇家曰："吾闻雒阳诸公在此间，多不听者。今子幸而听解，解奈何乃从他县夺人邑中贤大夫权乎！"乃夜去，不使人知，曰："且无用，待我去，令雒阳豪居其间，乃听之。"

解执⑪恭敬，不敢乘车入其县廷。之旁郡国，为人请求事，事可出⑫，出之；不可者，各厌⑬其意，然后乃敢尝酒食。诸公以故严重⑭之，争为用。邑中少年及旁近县贤豪，夜半过门常十余车，请得解客舍养之⑮。

---

① 卒：通"猝"，突然。
② 嚼：通"釂"，干杯。
③ 微知：暗中探知。
④ 去：放走。
⑤ 箕倨：岔开两腿坐着，像簸箕之状，是一种无礼不恭敬的表现。倨：通"踞"。
⑥ 邑屋：乡里。
⑦ 急：关心。
⑧ 践更：《史记集解》引如淳曰："更有三品，有卒更，有践更，有过更。古有正卒无常人，皆当迭为之，一月一更，是为卒更也。贫者欲得顾更钱者，次直者出钱顾之，月二千，是为践更也。"
⑨ 居间：从中间调解。
⑩ 曲听：委屈心意而听从。
⑪ 执：谨守。
⑫ 出：得到解决。
⑬ 厌：通"餍"，满足。
⑭ 严重：尊重。
⑮ 舍养：供养在自家房舍之中。

及徙豪富茂陵也①,解家贫,不中訾②,吏恐,不敢不徙。卫将军为言"郭解家贫不中③徙"。上曰:"布衣权至使将军为言,此其家不贫。"解家遂徙。诸公送者出千余万。轵人杨季主子为县掾,举④徙解。解兄子断杨掾头。由此杨氏与郭氏为仇。

解入关,关中贤豪知与不知,闻其声,争交欢解。解为人短小,不饮酒,出未尝有骑。已又杀杨季主⑤。杨季主家上书,人又杀之阙下⑥。上闻,乃下吏捕解。解亡,置其母家室夏阳,身至临晋。临晋籍少公素不知解,解冒⑦,因⑧求出关。籍少公已出解,解转入太原,所过辄告主人家。吏逐之,迹⑨至籍少公。少公自杀,口绝。久之,乃得解。穷治⑩所犯,为解所杀,皆在赦前。轵有儒生侍使者坐,客誉郭解,生曰:"郭解专以奸犯公法,何谓贤!"解客闻,杀此生,断其舌。吏以此责解,解实不知杀者。杀者亦竟绝⑪,莫知为谁。吏奏解无罪。御史大夫公孙弘议曰:"解布衣为任侠行权,以睚眦杀人,解虽弗知,此罪甚于解杀之。当⑫大逆无道。"遂族郭解翁伯。

自是之后,为侠者极众,敖⑬而无足数者。然关中长安樊仲子,槐里赵王孙,长陵高公子,西河郭公仲,太原卤公孺,临淮儿长卿,东阳田君孺,虽为侠而逡逡⑭有退让君子之风。至若北道姚氏,西道诸杜,南道仇

---

① 茂陵:汉武帝的陵墓。按汉武帝建元二年(前139),为扩充新修的茂陵的居民人数,迁移全国家财在三百万以上的人家到茂陵居住;至元朔二年(前127),又迁郡国富豪人家到茂陵居住。郭解就在这时需要迁居茂陵。
② 訾:通"资",钱财。
③ 中:符合。
④ 举:检举。
⑤ 已:不久。
⑥ 阙下:宫阙之下。
⑦ 冒:冒昧。此处指冒然相见。
⑧ 因:顺便。
⑨ 迹:追寻线索。
⑩ 穷治:深究其事,追问到底。
⑪ 绝:此处指消息断绝。
⑫ 当:判处。
⑬ 敖:通"傲",傲慢无礼。
⑭ 逡逡(qūn):谦虚退让的样子。

景,东道赵他、羽公子,南阳赵调之徒,此盗跖居民间者耳,曷足道哉!此乃乡①者朱家之羞也。

太史公曰:"吾视郭解,状貌不及中人,言语不足采者②。然天下无贤与不肖,知与不知,皆慕其声,言侠者皆引以为名。谚曰:"人貌荣名,岂有既乎!"③于戏④,惜哉!

一、文化拓展:

(1) 许多人可能有着这样的想法:"侠"不仅身怀绝技,而且义薄云天;不仅是异人,而且还是义士。实际上,古侠不一定有"义",甚至,有时他们还悖于"义"。韩非曾在《五蠹》篇中说"侠以武犯禁",班固曾经斥游侠"以匹夫之细窃生杀之权,其罪已不容于诛矣"(《汉书·游侠传》),荀悦曾把游侠直接称为"德之贼"(《汉纪》卷十)……就连对游侠最无偏见的太史公免不了也要说游侠"不轨于正义"(《史记·游侠列传序》)。唐人李德裕虽有"夫游侠者,盖非常人也……义非侠不立,侠非义不成"(《豪侠论》)之论,但他又指出"侠"与"义""难兼之矣"。从唐人对"侠"的具体描述来看,并未着眼于"义"而称人为"侠"。例如,段成式《酉阳杂俎》中有"盗侠"之目,"盗"亦可称为"侠"。同书中的"僧侠"被选入《剑侠传》中,此一"僧侠"也是个从身份上说是僧,从行径上说是"盗"的人物——"唐建中初,士人韦生移家汝州,中路逢一僧,因与连镳,言论颇洽。日将夕,僧指路歧曰:'此数里是贫道兰若,郎君能垂顾乎?'士人许之,因令家口先行。僧即处分从者,供帐具食。行十余里,不至。韦生问之,即指一处林烟曰:'此是矣。'及至,又前进……是僧前行百余步,韦生知其盗也,乃弹之……僧前执韦生手曰:'贫道盗也,本无好意。不知郎君艺若此,非贫道亦不支也。今日固无他,幸不疑耳。适来贫道所中郎君弹悉在。'"

唐宋传奇中,被《太平广记》之"豪侠"类所收的"侠"有不少都是"盗",除上述《僧侠》外,可以举出的还有《嘉兴绳技》、《车中女子》、《京西店老人》、《田膨郎》等。为"盗"若是杀富济贫、铲除奸佞、除暴安良、匡扶正义倒也不妨称之为"义",这些

---

① 乡:通"向",从前。
② 不足采:不值得采取。
③ 人貌荣名,岂有既乎:用荣名作人的容貌,难道会衰老吗?("既"解释为"尽")此句也可以另外解释为:人的容貌和人的名声,难道必定有联系吗?("既"解释为"定"。)
④ 于戏:通"呜呼"。表感叹。

小说中却并没有多少这方面的描写，主要渲染的还是这些人物的绝技或异术。

贾人妻、崔慎思妾报仇杀人情况不详，作者只说她们"妾有冤仇，痛缠肌骨，为日深矣"，根本就未着意于她们的报仇行为是"义"还是不"义"；洪州书生、香丸女子所杀倒不是什么好人，但是这些人毕竟还罪不至死；荆十三娘不杀主恶者却将妓者的父母杀死，虽不能说是善恶不分但起码也有些滥杀；解洵妾因夫妇间的口角便将解洵杀死，就算是诛负心之徒也有些过当；此外，张训妻行迹诡秘，其中还有这样一段："初，其妻每食必待其夫。一日训归，妻已先食，谓训曰：'今日以食味异常，不待君先食矣。'训入厨，见甑中蒸一人头。"（吴淑《江淮异人录·张训妻》）被张训妻所杀之人是善是恶，文中根本没有提及；《兰陵老人》写了一位老人的神奇剑术，但并未告知读者他有过怎样的义举；《潘将军》中所着重描写的也只是那位三鬟女子的绝技，写了她的"偶遇朋侪为戏"，也根本未从伦理道德上着眼……

而明以后，虽然也将某些身怀绝技的异人称为"侠"，与前代相比，伦理道德却被大大强调，"义"是称某人为"侠"的重要条件。例如，《亘史》"侠部"之"剑术"类有这样一段话："技则奇矣，然其行多合于义"；《艳异编》、《艳异编续编》、《广艳异编》收录唐传奇身怀绝技的"异人"时把它们归入"义侠"一类；《韦十一娘传》也很强调"侠"的行为要"轨于正义"——"不得妄传人，妄杀人，不得为不义"；《鸳渚志异雪窗谈异·侠客传》的本事是罗大经的《鹤林玉露·秀州刺客》，可是，罗大经写"侠"不过两百余字，着眼于侠者是一位"奇"男子；《鸳渚志异雪窗谈异·侠客传》则敷演为几千字，篇幅主要是这样增加的：让侠客大发了一通高论，在他的高论中表明他的"义"——没有出于个人的利益去刺杀一位贤良之臣，而是主动告知那位贤良之臣他所面临的险境，让他及早防范："试观天下，比比滔滔，是人心尤甚于山川也，公知之乎？"在他的高论中表明他的"忠"——"然鄙人虽鲁，粗知顺逆，当苗、刘募勇时，恐公危于他人之手，鄙人所以先身应命者，岂为贼用哉？"在他的高论中表明他的"孝"："老母衰居河北，形命相依，岂若私已弃亲，钓荣僭禄"；还在他的高论中表明他的"廉"——"公以我为金帛来与？得公之首何患无金，鄙人诚贫，不敢要贤者之赐"……可以看出，增加的篇幅主要是用来表现这位侠客在伦理道德方面的精神品质，钓鸳湖客在此也将此位侠客与过去的侠客作了一番对比："自聂政、荆轲而下，皆狙诈是尚。间有善者，亦激于一时气勇使然，非要名则冒利也。惟斯客也，力则勇矣，技则奇矣，然而姓名悉讳，非假此以托干进之阶；金帛力辞，非借此以厌贪饕之欲，盖其顺逆之势素明，君国之忧甚切……所以仗义怀忠，披肝露胆，奋然而起"……可以看出，明以后"侠"观念与前代的不同点主要是对伦理道德的强调。

甚至,明以后还着眼于伦理道德的角度将那些并没有身怀绝技的普通人称为"侠"。如《二刻拍案惊奇》卷十二的题目是《硬勘案大儒争闲气　甘受刑侠女著芳名》,其中的"侠女"是指台州名妓严蕊。可是,这位被称为"侠"的女子便根本不会绝技乃至武艺,文中也只写了她"乃是个绝色女子","一应琴棋书画、歌舞管弦之类,无所不通,善能作诗词,多自家新造句子,词人推服";"又博晓古今故事"。可是,这么一个弱女子为什么被称为"女侠"呢?是因为她"行事最有义气"。文中主要写朱熹与台州太守不和,"连严蕊也拿来收了监,要问他与太守通奸情状"。对她来说,"身为贱伎,纵是与太守有奸,料然不到得死罪招认了,有何大害",然而,虽遭酷刑,她却本着"天下事,真则是真,假则是假,岂可自惜微躯,信口妄言,以污士大夫"的见识而决不招认。底下文中便写到,"只因死不肯招唐仲友一事,四方之人重他义气。那些少年尚气节的朋友,一发道是堪比古来义侠之伦"。可见,她被称为"侠"主要是从伦理的角度,绝技、武艺在此处根本不是"侠"的必要条件。

《西湖二集》第十九卷《侠女散财殉节》中的女子乃是一婢女,也根本不会武艺,此篇作品把她称为"侠女"也是因为"义女殉节,……真千古罕见之事,强似现今假读书之人,受了朝廷大俸大禄,不肯仗节死难,做了负义贼臣,留与千古唾骂,看了这篇传记,岂不羞死",很明显也是出于伦理的角度。《型世言》第五卷题目为《淫妇背夫遭谴,侠士蒙恩得宥》,被称为"侠士"的耿埏也并无武艺,从上下文来看,说他是"侠士"乃着眼于他的义举:自己杀了人,看到别人屈打成招时挺身而出去自首,为别人洗去了冤屈;《醉醒石》第二卷题目为《恃孤忠乘危血战　仗侠孝结友报仇》,是从"孝"的角度称人为"侠"……

此外,明万历年间的《二侠传》中有序述书名之由云:"盖取男之嵘然于忠孝,女之铮然于节义",其凡例又云:"古有男侠而未闻以女侠。呜呼!兹其捐生就义,杀身成仁者续于简后,殊见妾妇可为丈夫,丈夫可愧于妾妇乎!"不少手无缚鸡之力的读书人与闺中弱女子也被冠之以"侠"的美名,其着眼点当然是"其捐生就义",他们是否身怀绝技与异术完全被忽略了。

《情史类略》中有《情侠》类,其中《冯蝶翠》、《娄江妓》乃是写沦落风尘的女子在情人落魄时慷慨解囊;《沈小霞妾》写沈小霞的爱妾在沈小霞遭难时仍没有抛弃丈夫,本来已怀有身孕却还要追随被谪戍的沈小霞,并以自己的智慧营救了自己的丈夫;《邵金宝》写女主人公在自己情人"将坐重辟"的危难之时设法营救情人的事;《京邸兵官》写一民妇在战乱中与丈夫失散,已享富贵却还没有忘怀已沦为乞丐的丈夫,以致连掳掠她为妾的"兵官"都大为感动,"即时遣回,仍赐钱米以给其归"……这些女子并不像唐宋传奇中的女侠那样身怀绝技,可是,作者着眼于她们的"仗义"而称她们为"侠";邹之麟《女侠传》中有"剑侠"之目而无文,对身怀绝技与异术的女子略而不谈,津津乐道的还是女子的"节"与"义"——书中有"节侠"、"义侠"两类,所述主要是闺中弱女子的"节义"事迹而非过人绝技;另外,《亘史》"侠部"有《杨烈妇》、《窦烈女》等名目,把节妇烈女也视为"侠"。

综上所述,"侠"未必身怀绝技——平时他们也许只是很平常的"闾里之士"或闺中的弱女子,而当某些关键性的时刻来临,他们往往能够"捐生就义",能够仗义行事,表现出相当的"英雄"气概,明以后视他们为"侠"无疑是从伦理上着眼,出于"忠"、"孝"、"节"、"义"等角度。

明以后称人为"侠"着眼于伦理道德、尤其是儒家"忠"、"孝"、"节"、"义"的观念,这不是一个偶然的现象,与特定的历史文化背景有关。理学虽说形成于宋,但"宋弗究于用,甚至有厉禁焉"(《宋史·道学传》)。从《宋史纪事本末·道学崇黜》的记载以及两宋理学家的代表人物二程与朱熹的生平经历来看,他们在政治上并不得志,二程被王安石所代表的新党排挤、被苏氏家族为代表的蜀党攻击且不必说,被后世大尊特尊的朱熹竟曾被划入"伪学逆党"的黑名单,以至于当时竟出现了"稍涉义理者悉皆黜落,《六经》、《语》、《孟》、《中庸》、《大学》之书,为世大禁"的现象。

在明代,理学则不仅是一种学说,而且,还被作为统治思想确立下来。洪武十七年颁《科举程式》,规定乡试、会试的首场"试四书义三道,经义四道,四书主朱子集注",从此,八股文风泛滥天下,文中只能"代圣贤立言",不能出五经四书之范围,不能发表自己的见解,严重束缚了读书人的思想。永乐十四年,《五经大全》、《四书大全》、《性理大全》三部大书修成,理学思想的统治地位进一步得到了确立与巩固。

在理学思想的统治下,文人士大夫中还出现了众多的讲学家,"气节操守,终明之世不衰"(孟森:《明清史讲义》上册,中华书局,1981,第118页)。所谓"气节操守",还是以"忠"、"孝"、"节"、"义"观念为核心。有着这样伦理纲常观念的文人士大夫相当普遍,就连颇有异端气质的徐渭、李贽、冯梦龙由于历史条件的限制对于"忠"、"孝"、"节"、"义"的伦理纲常也并无微词——徐渭称赏《琵琶记》是这样立论的:"《琵琶》高人一头处,妙在将妻恋夫,夫恋妻,都写作了子恋父母,妇恋舅姑……此其不淫不伤,发乎情,止乎礼义者也";李贽在被捕后审问官员指斥他是"异端"时说自己的观点"于圣教(指儒教)有益无损";他还写了《三教归儒说》,把释道二教统摄于儒教之中;在《复邓石阳》中还曾表白自己"绝未曾自弃于人伦之外者",强调"于伦物上加明察,则可以达本而识真源";冯梦龙的"情教"在当时在后世都有极大的影响,可是,他的主张仍然着眼于"君臣父子"的伦理纲常:"六经皆以情教也……凡民之所必开者,圣人亦因而导之,俾勿作于凉,于是流注于君臣、父子、兄弟、朋友之间"(情史类略叙》)……

另外,在明代,小说戏曲曾遭严禁,可是,统治者对演"忠臣节妇、孝子顺孙"的戏曲小说却网开一面,使得百姓的娱乐活动也都渗透着忠孝节义的伦理教化。在这样的历史文化背景下,过去唐宋传奇中蔑视礼法、自操生杀大权的豪侠便很难进入明代小说的表现领域,倒是那些恪守伦理纲常的"忠臣"、"孝子"、"义士"、"节妇"开始被称为"侠",尽管他们未必有过人的本领。

(2) 读曹植、鲍照、庾信、王勃、杨炯、李白、王维、李贺等人的作品,我们不难发现,在这些作家的笔下,游侠往往是被礼赞的对象,"侠"与"义"似乎又是统一在一起的。其实不然。游侠虽然常常"不轨于正义",但是他们豪放不羁的个性、天马行空的神采、舍己助人的激情、功成身退的潇洒还是很有魅力的,后世的诗人们("载道"的古文中就很难见到了)常常以游侠的意象来表达建功立业的豪情,游侠也被他们赋予了浪漫与理想化的色彩。

二、文学链接:

1. 相关文学典故:

朱家:

历抵海岱豪,结交鲁朱家。

　　(李白《早秋赠裴十七仲堪》)

不是朱家施意气,英雄准拟入天牢。

　　(《水浒传》第二十二回)

郭解:

孙宾遥见待,郭解暗相通。

　　(卢照邻《结客少年场行》)

关内诸公,深知郭解。

　　(杨炯《唐昭武太尉曹君神道碑》)

剧孟：

博徒称剧孟，游侠号王孙。

（王褒《长安有狭邪行》）

洛阳人物，高谈剧孟。

（杨炯《唐昭武太尉曹君神道碑》）

2. 后世有关的著名文学作品：

曹植《白马篇》，李白《少年行》，王维《少年行》，高适《邯郸少年行》，孟浩然《醉后赠马》，李德裕《豪侠论》，孟郊《游侠行》，张耒《游侠论》，秦观《司马迁论》。

3. 文学分析：

史迁遭李陵之难，交游莫救，身受法困，故感游侠之义，其辞多激，故班固讥其奸雄，此太史之过也，然咨嗟慷慨，感叹宛转，其文曲至百代之绝矣。（凌氏《史记评林》引董份批语）

篇中先以儒侠相提而论，层层回环，步步转折，典尽其妙。后乃出二传，反若借以为印证，为注解，而篇章之妙，此又一奇也。（吴见思《史记论文·游侠列传》）

先言游侠之义足多，又言缓急时有，以见世少不得此辈人，此进一步法。

——姚苎田《史记菁华录·游侠列传》

"儒"、"侠"二字一篇眼目。太史公援儒称侠，谓侠客之义有合于士君子之行也。后文则以卿相之侠形出布衣之侠，而又称游侠之士与豪暴之徒不同，以终一篇之旨，意思最为深厚，评量极为平允，往复跌宕，淋漓尽致，太史公最有斟酌用意文字，不得以"退处士而进奸雄"议之也。（牛运震《史记评注·游侠列传》）

《游侠列传·序》分三等人：术取卿相，功名俱著，一也；季次、原宪，独行君子，二也；游侠，三也。于游侠中又分三等人：布衣闾巷之侠，一也；有土卿相之富，二也；暴富恣欲之徒，三也。反侧错综，语南意北，骤难觅其针线之迹。

（曾国藩《求阙斋读书录》卷三）

篇虽简短，纯是一团精神结聚，自是史公极用意文字。（李景星《史记评议·游侠》列传）

三、集评：

游侠，曰窃国灵也。

——扬雄《法言》卷八

如郭解之代人报仇,灌夫之横怒求地,游侠之徒,非君子之所为也。

——颜子推《颜氏家训》卷下

班固以司马迁序游侠、述货殖,是非悖谬,信如此便不合登载而,仍用迁条例,因其旧文,无所更易,是不知迁之所为……迁之所以取于游侠者,止谓其布衣匹夫,趋人之急,以此立名。

——叶适《习学纪言》卷二三

朱家周人之急,家无余材,而终身不自以为德,太史公慕焉。郭解折节振人,人为解杀人,解不知,而公孙弘族解,太史尤为之痛惜。愚谓朱家诚贤矣,为人忘己,墨氏之弊,而解之见杀,则亦其平昔嗜杀所致。孔氏有言,古之学者为己,孟子亦谓穷则独善其身,士亦何必务名誉,出于寻常之外也哉!

——黄震《黄氏日抄》卷四六

《史记·游侠传》曰:"今拘学或抱咫尺之义,久孤于世,岂若卑论侪俗,与世浮沉而取荣名哉。"观是数语,太史公浅陋,大率如此。然汉儒自董、贾之外,多是此等见识。《史记》奇崛处多出《战国策》,浅俚处多是褚少孙所补,后人辄以咎子长,亦失考之过。

——郑瑗《井观琐言》卷一

《史记·游侠传》序论,此正是太史公愤激著书处。观其言,以术取卿相士大夫,辅翼其主,功名俱著者为无可言,而独有取于布衣之侠。又以虞舜井廪,伊尹鼎俎,傅说板筑,吕尚卖食,夷吾、百里桎梏饭牛,以至孔子畏匡之事,以见缓急人之所时有。世有如此者,不有侠士济而出之,使拘学抱咫尺之义者,虽累数百,何益于事?又引鄙语"何知仁义,已享其利者为有德",盖言世之所谓有德者,未必真有德也。故窃钩者诛,而窃国者天下之大非也,则宜为诛首矣而为诸侯。夫为诸侯,则天下之为仁义者争趋之,仁义所往遂为之仁义,不复计其昔之大非矣,此不曰"侯之门仁义存"耶?故曰"已享其利者为有德"。然则世之所是者果真是耶?世之所非者果真非耶?此真是《庄子》之俶诡博达,谬悠其说,以舒其轻愤不平之气。而世之不知者,遂以此为太史公之庄语耶,岂所谓痴人前说梦耶!

——何良俊《四友斋丛说》卷五

《史记》"侯之门仁义存",出《庄子》。解者言:人臣委质于王侯之门,则叙存仁义。其旨大谬。本意谓"窃钩者诛,窃国者侯",侯则为仁义矣,何言窃哉?盖言是非无定,成则为是,贵则称仁,岂愤之词也?

——于慎行《读史漫录》卷二

秦任法律,赭衣盈路。汉初矫枉过正,漏网吞舟,故朱家、剧孟之徒,以豪侠闻而保首领。武帝时禁网密矣,战国余风尽矣,郭解不终,宜其然矣。然非《诗》、《书》之教相传者,未有不犯世忌。太史公引季次、原宪而叹之,盖有由哉!

——何焯《义门读书记·史记》

《游侠传》:"两者皆讥,而学士多称于世云。"谓二者实皆可讥,而学士多见称于世,盖有感于侠客之独为儒墨所排摈也。"至如以术取宰相卿大夫,辅翼其世主,功名俱著于春秋,固无可言者。"功名俱著于春秋,言其行事具载国史也。固无可言者,鄙琐龌龊不足道也。盖谓公孙弘、张汤等辈。"今拘学或抱咫尺之义,久孤于世,岂若卑论侪俗与世浮沉而取荣名哉!"此讥拘学始或抱义,及不为所取,则变其初志,以为不若与世浮沉而取荣名也。所谓荣名,即以术取卿大夫,非君子所谓荣也。曲学阿世,为卑鄙之论以侪于俗,乃与世浮沉以取荣名之术。

——方苞《史记注补正·游侠列传》

杨慎曰,延陵,吴季札也,不必引延陵生。太史公作传,其不名者必其显著者也。或曰,季札岂游侠耶? 余曰,太史公作传,既重游侠矣,必援名人以尊之,若《货殖》之援子贡也。子贡既入《货殖》,季札独不入游侠乎? 故曰延陵、孟尝、春申、平原、信陵之徒,皆因王者亲属,籍于有土,若赵之延陵生,不可言王者亲属也。

——杭世骏《史记考证·游侠列传》

吾读班固《汉书》有曰:史公进奸雄,而不觉为之三叹也。夫太史公传游侠,虽借儒形侠,而首即特书曰"学士多称于世"云,则其立言之旨为何如哉? 即有抑扬激昂之论,亦有自抒吾感愤不平之气,而固所谓反言之、激言之论,奈何操戈论出,遂令后世不善读书者守之而不化乎?

——王又朴《史记七篇读法》

按子贡入《货殖》,以孔子之言为据。吴札虽未尝以侠名,然观其历聘诸国,乐于贤士大夫交,还至徐,解剑挂徐君冢而去,此其言必信,已诺必诚,心喜任侠可知也。故史迁以为游侠也。太史公作《游侠列传》,与儒者比量轻重处,极斟酌,而班氏谓其退处士而进奸雄,过矣!

——杨于果《史汉笺论》卷五

四、思考与讨论:

1. 你怎么样看待班固"序游侠则退处士而进奸雄,述货殖则崇势利而羞贱贫"的说法?

2. 此篇把儒侠对举,司马迁为什么要如此安排?

3. 有人认为司马迁写此篇是因为自己受宫刑时无人营救、对"缓急人所时有"体会颇深,你是否这样认为? 为什么?

4. 后世文人往往把游侠与刺客混同,但《史记》中司马迁分列《游侠列传》与《刺客列传》,对比阅读这两篇文章,思考作者为什么要明确地区分二者? 你认为二者有哪些不同?